新时代大学体育运动与健康教程

艾 丽 张 平 主编

清華大學出版社
北 京

内容简介

本书根据中华人民共和国教育部《高等学校体育工作基本标准》精神要求，较系统和全面地介绍了体育基本理论知识和基本运动技能，涵盖面广、难易程度适中、指导性强。全书共分两篇、二十章，具体包括体育与健康概述、新时代大学公共体育课程思政理论与实践、大学生体质健康测试、体育运动损伤与急救方法、田径运动、篮球运动、排球运动、足球运动、乒乓球运动、羽毛球运动、网球运动、高尔夫球运动、武术运动、健身气功、跆拳道运动、健身瑜伽、健美运动、啦啦操运动、体育舞蹈、滇西特色少数民族传统体育运动。书中微课资源丰富，融入了体育课程思政、大学生体质健康测试、滇西特色少数民族传统体育运动等内容，突出反映了健康第一、终身体育的指导思想。

本书既可以作为高等院校大学生体育必修或选修教材，也可作为体育运动爱好者入门学习的参考书。

图书在版编目（CIP）数据

新时代大学体育运动与健康教程 / 艾丽，张平主编 . —北京：清华大学出版社，2022.8
ISBN 978-7-302-61690-0

Ⅰ . ①新… Ⅱ . ①艾… ②张… Ⅲ . ①体育－高等学校－教材②健康教育－高等学校－教材
Ⅳ . ① G807.4 ② G647.9

中国版本图书馆 CIP 数据核字 (2022) 第 150044 号

责任编辑：施　猛
封面设计：常雪影
版式设计：方加青
责任校对：成凤进
责任印制：杨　艳

出版发行：清华大学出版社
网　　址：http：//www.tup.com.cn，http：//www.wqbook.com
地　　址：北京清华大学学研大厦 A 座　　**邮　　编：**100084
社 总 机：010-83470000　　**邮　　购：**010-62786544
投稿与读者服务：010-62776969，c-service@tup.tsinghua.edu.cn
质 量 反 馈：010-62772015，zhiliang@tup.tsinghua.edu.cn
印 装 者：北京鑫海金澳胶印有限公司
经　　销：全国新华书店
开　　本：185mm×260mm　　**印　　张：**20.25　　**字　　数：**456 千字
版　　次：2022 年 8 月第 1 版　　**印　　次：**2022 年 8 月第 1 次印刷
定　　价：59.80 元

产品编号：098713-01

前　言

体育课程是大学公共必修课程，是学校课程体系的重要组成部分，是学校体育工作的中心环节。公共体育教材作为大学体育课程实施的重要载体，对于推进素质教育、加强课程建设、提高公共体育教学的质量、实现体育教学目标、完成教学任务、稳定教学秩序等具有非常重要的作用，也是大学生获取体育资源、从事体育活动的蓝本，影响着大学生的体育认知水平、运动健身观念和体质健康水平。

为更好地贯彻“健康第一”的教育理念，使学生掌握科学的锻炼方法，掌握体育运动的技能，为“终身体育”的实现打下坚实的基础，按照教育部《高等学校体育工作基本标准》精神要求，在遵循体育课程建设的客观规律、广泛参阅众多优秀教材的基础上，结合丽江文化旅游学院的办学理念及学生的实际需要，由15名体育教师共同完成本书编写，编写分工如下：主编艾丽编写第一章、第二章、第三章、第四章和第十三章，主编张平编写第五章、第六章、第十一章和第十七章，副主编程香编写第八章和第十四章，副主编许欣编写第九章和第十二章，副主编陶翠香编写第七章和第十章，副主编程向敏编写第十六章，副主编陈文华编写第十五章，副主编熊文茂编写第十二章，副主编赵庆华编写第二十章，副主编章舒晴编写第十八章和第十九章。艾丽、张平、程香、许欣、陶翠香、程向敏、陈文华、熊文茂、罗国婷、曹冲、王荣利、李瑶、岩香应等多位教师还参与了本教材微课视频的录制。

本教材紧密结合当前高校体育教学的需要和大学体育改革的现状，以学生为本，从实际出发，确立了“健康第一”与“终身体育”的理念及以增进学生身心健康为目标的体育教学体系。本教材是2022年丽江文化旅游学院课程思政教改项目“普通高校公共体育课程思政元素的挖掘与教材编写”（XYSZJG202219）的研究成果。与目前市场上的其他同类教材相比，本教材具有以下几个特点。

（一）全面性。本教材分为基础理论篇和运动技能篇，基础理论篇融合了我校的教学改革、课程思政建设、体育与健康教育、大学生体质健康测试等重点工作内容，运动技能篇介绍了我校目前开设的大学公共体育课、体育类综合素质教育选修课及公益体育课程内容，体现了本教材的全面性。

（二）实用性。本教材从大学生的身心特点出发，在内容的选择上突出了新时代大学生体育学习的基本需求，力求易学易练，并与学生的终身体育发展紧密结合。

（三）创新性。以二维码链接的方式拓展本教材的内容，使运动技能以微课视频的方式展现，从而大大提高了教材的实用性和有效性，体现了线上与线下、课内与课外有机结合的体育学习理念。

（四）独特性。本教材在内容设计上融入了体育课程思政、提升大学生体质健康水平的路径、高尔夫特色课程及滇西民族传统体育理论与实践等内容，既增加了我校体育教学及本教材的地域特色，又增强了育人功能，彰显独特性。

编者在编写本教材的过程中借鉴和引用了一些体育专业书籍和体育教材，在此向相关作者表示衷心的感谢！由于时间紧迫和编写人员水平有限，本教材难免存在不妥之处，恳请各位专家学者和广大读者提出宝贵意见，以便改版时及时修正。反馈邮箱：wkservice@vip.163.com。

编　者

2022 年 7 月

目 录

基础理论篇

运动技能篇

基础理论篇

第一章　体育与健康概述

本章导读

- ◆ 了解体育的基础理论知识
- ◆ 了解健康的基础理论知识
- ◆ 了解大学体育与健康的关系

第一节　体育概述

一、体育的概念

英语physical culture，本意为“以发展体力、增强体质为主要任务的教育”，而汉语中“体育”一词，则源自日语taiiku，是对英语physical culture的意译。随着国际交往的扩大，体育事业发展的规模和水平已成为衡量一个国家及其社会发展进步的一项重要标志。体育已成为国家间外交及文化交流的重要手段。

体育是人类社会发展中，根据生产和生活的需要，遵循人体身心的发展规律，以身体练习为基本手段，达到增强体质，提高运动技术水平，进行思想品德教育，丰富社会文化生活而进行的一种有目的、有意识、有组织的社会活动，是伴随人类社会的发展而逐步建立和发展起来的一个专门的科学领域。

体育的概念有广义和狭义之分。广义的体育，也称体育运动，是指以身体练习为基本手段，以增强人的体质，促进人的全面发展，丰富社会文化生活和促进精神文明为目的的一种有意识、有组织的社会活动。它是社会总文化的一部分，其发展受一定社会的政治和经济的制约，并为一定社会的政治和经济服务。狭义的体育，也称体育教育，是发展身体，增强体质，传授锻炼身体的知识、技能，培养道德和意志品质的教育过程。它是对人体进行培育和塑造的过程，是教育的重要组成部分，是培养全面发展的人的一个重要方面。

二、体育的分类

（一）学校体育

学校体育是学校教育的组成部分，是全民体育的基础，是国家“全民健身”战略的重点。学校体育按不同教育阶段、年龄、性别特征，通过体育教学、课外活动、课余训练和体育竞赛的不同组织形式，以发展学生身体、增强学生体质、增进学生健康为核心，着眼于学生将来“享受”和“发展”的需要；力求在满足学生个人体育兴趣的基础上，讲究体育锻炼的科学性，启发学生主动参与意识，提高其体育欣赏水平，并与其他教育环节共同构成一个完整的教育过程，使学生在德智体美劳几方面都得到全面发展，以适应社会不断发展的需要。

（二）竞技体育

竞技体育亦称“竞技运动”，是指为了战胜对手，取得优异运动成绩，最大限度地发挥和提高个人、集体在体格、体能、心理及运动能力等方面的潜力所进行的科学的、系统的训练和竞赛。竞技体育包括运动训练和运动竞赛两种形式。竞技体育具有以下几个特点。

（1）充分调动和发挥运动员的体力、智力、心理等方面的潜力。

（2）具有激烈的对抗性和竞赛性。

（3）具有一定的技艺性，参加者有充沛的体力和高超的技艺。

（4）按照统一的规则竞赛，比赛规则往往国际通用，比赛成绩具有公认性。

（三）大众体育

大众体育亦称“社会体育”“群众体育”，是为了娱乐身心，增强体质，防治疾病和培养体育后备人才，在社会上广泛开展的体育活动的总称。大众体育包括职工体育、农民体育、社区体育、老年人体育、妇女体育、伤残人体育等，其主要活动形式有锻炼小组、运动队、辅导站、体育之家、体育活动中心、体育俱乐部、棋社，以及个人自由体育锻炼等。大众体育活动的开展应遵循因人、因时、因地制宜的原则，同时应遵循自愿、小型、多样、文明的原则。广泛开展大众体育活动，是发挥体育的社会功能，提高民族素质和完成体育任务的重要途径。

（四）娱乐体育

娱乐体育是指在闲暇时间或特定时间所进行的一种以愉悦身心为目的的体育活动。娱乐体育具有业余性、消遣性、文娱性等特点，其内容一般包括球类游戏、活动性游戏、旅游、棋类以及传统民族体育活动等。按活动的组织方式，娱乐体育可分为个人性活动、家庭性活动和集体性活动；按活动条件，娱乐体育可分为室内性活动和室外性活动；按竞争性，娱乐体育可分为竞赛性活动和非竞赛性活动；按经营方式，娱乐体育可分为商业性活动和非商业性活动；按参加活动的方式，娱乐体育可分为观赏性活动和运动性活动。开展娱乐性体育活动，有益于身心健康，能够陶冶情操，培养高尚品格。

（五）医疗体育

医疗体育是指运用有目的的体育手段治疗某些疾病与创伤，增强机体对疾病的抵抗力和免疫力，加强机体对外界自然环境的适应力，改善和提高机体的代谢水平，恢复和改善机体功能的一种医疗方法。与其他医疗方法相比，医疗体育具有以下几个特点。

（1）医疗体育是一种主动治疗方法，要求伤者主动参加治疗过程，通过锻炼治疗疾病。

（2）医疗体育是一种全身治疗方法，通过神经、神经反射机制改善全身机能，达到增强体质，提高抵抗力的目的。

（3）医疗体育是一种自然疗法，一般不受时间、地点、设备条件的限制，通常采用医疗体操、慢跑、散步、自行车、气功、太极拳和特制的运动器械（如拉力器、自动跑台等），以及日光浴、空气浴、水浴等为治疗手段。医疗体育宜因人而异，需持之以恒、循序渐进，并配合药物或手术治疗及心理疏导。两千多年前，我国已将“导引”“养生”“八段锦”“易筋经”作为防治疾病的手段，后来这些古老的治疗手段不断发展与提高，成为中国运动医学的重要组成部分。

三、体育的功能

体育的功能就是指体育运动对社会进步和人类发展所产生的特殊作用和影响。随着社会经济发展繁荣，体育越来越融入人们的生活，人们对体育的作用认识也越来越广泛和深入。一般而言，在现代社会中，体育的功能重要表现在健身、教育、娱乐、经济、政治5个基本方面。

（一）健身功能

体育的基本活动方式是通过身体运动来完成的。人在进行身体运动时，身体各器官和机能就会受到影响，并产生相应的适应性变化，良好的机体适应性变化会产生增强体质的效果。因此，体育的健身功能是体育最基本、最直接的功能，是决定体育其他功能的基础。体育的健身功能主要表现在以下几个方面。

（1）体育运动能促进人体的生长发育，提高运动能力。骨骼是人体的支架，它的生长发育不仅对人体形态有着重要影响，还对内脏器官的发育、对人的劳动能力和运动能力有直接影响。体育运动能刺激软骨生长，从而促进骨的生长。实践证明，经常参加体育运动的青少年的身高增长比一般青少年要快。同时，经常参加体育运动能使骨骼变粗，骨密质增厚，骨骼抗弯、抗压、抗折的能力增强。人的任何运动都是通过肌肉工作来完成的，而体育锻炼能使肌肉发达并富有弹性，对提高人的劳动能力、运动能力有直接作用。

（2）体育运动能改善和提高中枢神经系统的工作能力，使人头脑清醒、思维敏捷。体育锻炼可以促进人的感知能力的发展。经常参加体育活动的人，视觉和听觉灵敏，知觉准确，极容易捕捉瞬息万变的各种信息，中枢神经系统的转换速度快、灵活性强、稳定性高。在运动中，大脑皮层处于兴奋—抑制的交替过程中，能够提高大脑的调节功能，从而提高整个人体的工作能力。

（3）体育运动能改善人体心血管系统的工作能力。经常从事体育锻炼的人，心脏机能明显增强，主要表现为心肌增强、心壁增厚、心腔容积增大、血管壁弹性增强。在机能上，心脏的脉搏输出量增加，而心率减少，出现“节省化”现象。经常参加运动的人，肺功能也会提高，表现为肺活量增大，呼吸深度加大。

（4）体育运动可以提高人体的适应能力。体育运动除能增强体质，还能提高人体的免疫能力，特别是提高人体的适应能力。实践证明，经常参加体育运动的人很少因气候变化而感冒，不易因酷热而中暑，也能比较快地适应空气稀薄的高原环境。体育运动还可以培养人们适应快节奏、紧张、繁重、艰苦的学习、工作和生活环境的能力。

（5）体育运动可以防病治病，推迟衰老，延年益寿。我们的先辈早已对体育的医疗保健功能有了深刻的认识，形成了利用体育运动强身祛病的好传统。相传原始社会末期，我国人民就创造了“消肿舞”，用来治疗关节病；春秋战国时期采用“导引术”“吐纳术”防病治病；西汉时期，“导引术”已发展成为有各种套路的保健体操，东汉名医华伦创作了保健体操“五合戏”，宋代的“八段锦”，明清时极为盛行的各家“太极拳”，都显示了我国传统健身术的特异功效。

当今时代，人们为了谋求健康，强身健体，不断以更大的热情从事各式各样的体育运动，努力使体育进入自己的生活，如通过跑步、步行、爬山、健美、舞蹈等体育活动来防病治病，提高健康水平。

（二）教育功能

体育是一种重要的教育方式，具有教育的意义和教育的内容，主要表现在以下几个方面。

（1）体育中的身体教育。身体教育就是指身体的锻炼和训练。事实证明，人的坐、立、行、走都要后天习得，学习这些基本技能，既是发展身体的过程，也是教育的过程。

（2）体育中的政治道德教育。体育运动本身就是一个有章可循的社会活动，对培养年轻人遵守社会生活准则、树立良好的道德观念、团结合作精神和责任感等具有很好的强化作用。

（3）体育中的心理品质教育。体育运动能开阔心胸、陶冶情操，培养坚忍不拔的意志品质。

（4）体育中的智能教育。人们在学习掌握一定的体育知识、技能和技术的同时，思维能力、记忆力、观察力等智能因素也得到了发展。

（三）娱乐功能

首先，体育的娱乐功能表现为参与者自身在运动过程中得到乐趣。人们通过亲自参加体育活动，特别是参加那些自己喜欢和擅长的项目，会使人得到一种非常美好的享受。例如，当你学习、工作之余，去运动场上打球、做操、游泳，去野外郊游、爬山时，就会感到振奋、愉悦；当你轻松地越过跳高横杆，或扣下一个漂亮的球得到其他同学的欢呼和赞扬时，就会从心底里感到说不出的高兴与快乐。

其次，体育的娱乐功能表现为观赏乐趣。由于现代体育比赛的激烈竞争性、胜负变化的戏剧性、姿态优美的艺术性、技巧复杂的惊险性、服从裁判的纪律性、巧妙配合的集体性，吸引着成千上万的观众。运动员发达的肌肉、匀称的体型、优美的线条，给人以“健”和“美”的感受。同时，一些运动员丰富多彩的运动姿势及其相互间各种动作的绝妙编排与组合，在一定时间和空间里尽善尽美地完成难、新、尖、高技术动作，不仅显示了他们的体能优势，还充分体现形式美的规律特征，给人以美的享受。尤其是韵律体操、艺术体操、花样滑冰等运动项目，具有更强烈的艺术美感，增强了运动的艺术效果，把人们带进诗情画意的绝妙境界。正因为如此，当今观赏体育运动竞赛与表演，已成为一种高尚的精神享受，受到人们的普遍喜爱。

（四）经济功能

体育是人的活动，总是在一定物质消费的基础上进行，必然要消耗一定的人力、物力和财力。当体育成为大众性、经常性的活动后，与体育活动相关的服装、器材、装备和体育场地设施等就会随之兴起，体育服务等社会经济行业就必然出现。体育运动和社会经济的相互作用如下所述。

（1）社会经济的发展推动了体育产业经济的快速发展。

（2）体育运动的发展为社会创造了无限的商机。

（3）体育运动对人们的身体素质起到塑造功效，间接地促进了社会经济的发展。

（五）政治功能

体育的政治功能，一方面可体现在国际交往的舞台上；另一方面可体现在某个团体上。这个团体往大了说，可以是一个国家、一个民族，往小了说，可以是一个集体，也就是说体育能促进大至一个国家、一个民族，小至一个集体内部的安定团结。政治对体育起主导和支配作用，规定和影响着体育的目的与任务；反之，体育以特有的方式能动地影响和反作用于政治，为政治服务。这种影响和作用主要表现在以下几个方面。

（1）体育能振奋民族精神，提高国家的威望和地位。

（2）体育能改善和促进国家之间的关系，增进友谊。

（3）体育能促进国家政治一体化，是增强集体、民族凝聚力的有效手段。

四、体育起源与发展

（一）体育起源

体育作为人类文化的重要组成部分，是随着人类社会的发展而逐渐形成和发展起来的。最初，它萌芽于原始社会，与人类最基本的生存需要以及早期的生产劳动实践有着直接联系。据史学家和考古学家的研究，人类早在原始时代就把走、跑、跳跃、投掷、攀登、爬越等作为最基本的生产劳动和日常生活的技能和本领传授给下一代。这是人类教学的萌芽，也是体育活动的萌芽。

生产工具的改进和社会生产力的不断提高，对人们掌握生产技术的能力提出了更高的要求。起初，人们为了使刺杀动物的工具发挥更大作用，把锋利的石片或骨片嵌在木棒上。这就是原始狩猎工具的发明，但这种原始的工具只能局限于近距离刺杀动物。为了刺杀几十米以外的动物，出现了较为先进的原始标枪；为了对付那些快速奔跑和飞翔的禽兽，人们发明了弓箭。弓箭的发明，把物体的弹力和人体的力量完美结合在一起，使之成为整个石器时代最先进、最具威力的工具，极大地提高了原始人类狩猎的能力。

随着人们劳动生产经验的积累，劳动工具和技能的改进提高，为更好地进行狩猎与劳作，就需要对年轻一代进行各种训练和教育，向他们传授各种知识和技能，于是产生了人类最初的教育，其中也包含体育的因素，如走、跑、跳跃、投掷、攀登、爬越、游泳，以及攻防、格斗等。追本溯源，现代体育的许多项目都是从人类这些基本活动技能发展起来的。现代体育许多项目中仍相当程度地保留了这些原始生产、劳动锻炼的内容，如竞走、跑步、跳高、跳远、投标枪、射箭、游泳、拳击、摔跤等。

综上所述，体育是在人类的生产活动中产生的。体育的发展与教育、军事、科学技术的发展，以及人们的宗教活动、休闲娱乐活动有着密切的关系。需要指出的是，体育在社会发展过程中，受一定的政治经济制约，并为一定的政治经济服务。

（二）体育的发展

随着历史的进步和人类社会对体育需要层次的提高，体育逐渐发展起来。由于社会生产力的提高，剩余产品的出现，人类生活中出现了教育、军事、医疗保健、文化娱乐等现象，体育的发展同这些方面的发展有着密切的联系。体育的发展大致经过了以下三个时期：体育的萌芽时期；自觉从事体育时期；形成与完善体育制度时期。经过这三个时期，逐步形成了现代的体育体系，其中竞技体育的发展更是推动现代体育发展的主要动力。

1. 体育的萌芽时期

伴随原始社会后期生产力的发展、经济水平的提高，每个氏族、部落、民族之间血亲复仇，争夺地盘和资源财富的战争此起彼伏，在实践中人们逐渐认识到通过体育这种手段能使人强身健体，能为社会培养更多更好的劳动力，能为战争培养更多、更优秀的勇士。因此，这时的体育就是培养、造就强壮机敏的身体，是生存、战争和社会的需要。

2. 自觉从事体育时期

社会发展进入奴隶社会，随着奴隶制经济的发展，战争的频繁发生，统治阶级仍需要培养社会成员具备参加战争的体魄。进入封建社会，体育在发展的速度和规模上，都向前迈进了一大步，文武双全成为封建社会衡量人才的重要标准，军事武艺在社会活动中越来越显露出它的重要性，也使这一时期体育活动项目日益增多，如在五代及宋朝时，就有武学，其内容有弓箭、武艺和阵法。此外，养生术和养生思想的发展尤为迅速。

3. 形成与完善体育制度时期

17世纪中叶，英国资产阶级革命的胜利，标志着人类社会步入了新的历史时期。与这个历史时期相适应的体育，便随着资本主义的兴起而迅速发展。此时，人类的体育有如下几个特点：①体育开始形成独立的科学体系，重视广泛运用近代科学的研究成果，并将其作为发展的理论基础；②体育运动已具有强烈的竞赛性和广泛的国际性；③体育已成为造就全面发展的人才的重要内容与手段；④体育运动项目和规模都远远超过了封建社会和奴隶社会，是奴隶社会无法比拟的；⑤体育已成为学校教育的重要组成部分。

社会主义社会力求把每个社会成员都培养成为德智体美劳全面发展的人才，使之具备从事各种有益于社会的工作能力和良好的思想品质。体育作为培养全面发展的人才的重要内容与手段，社会对它的要求也不断提高。在优越的社会主义制度下，体育事业不断发展，无论就它的内容、形式、深度或广度而言，还是从它在物质文明建设和精神文明建设中所起的作用来看，都是历史上任何一种社会形态的体育所望尘莫及的。

综上所述，体育在人类社会发展的历史进程中，对于人类的生存、强身健体、子孙繁衍等方面起着相当大的作用。随着科学技术、教育事业的不断进步，体育已发展成为比较完善的，又具有独立的理论与实践的学科体系，尤其与多学科的交叉和结合后，大大促进了体育学科的飞速发展。体育与人们的生活越来越密不可分，对改善人类自身的特殊作用也越来越被人们所认识，已成为整个人类社会的一种独具特色的文化现象。

第二节　健康概述

一、健康的概念

健康是指一个人在身体、精神和适应社会等方面都处于良好的状态。健康包括两个方面的内容：一是主要脏器无疾病，身体形态发育良好，体形匀称，人体各系统具有良好的生理功能，有较强的身体活动能力和劳动能力，这是对健康的基本要求；二是个体对疾病的抵抗能力较强，能够适应环境变化，能够抵抗各种生理刺激以及致病因素对身体的作用。传统的健康观是“无病即健康”，现代人的健康观是整体健康，世界卫生组织提出“健康不仅是躯体没有疾病，还要具备心理健康、社会适应良好和有道德”。因此，现代人的健康内容包括躯体健康、心理健康、心灵健康、社会健康、智力健康、道德健康、环境健康等。

健康是人的基本权利。健康是人生的第一财富。

1948年，世界卫生组织（World Health Organization，WHO）在其宪章中对健康的定义是：“健康不仅仅是没有疾病和衰弱的状态，而是一种在身体上、精神上和社会上的完好状态。”

1968年，WHO进一步明确，健康是“身体精神良好，具有社会幸福感”，更加强调了人的社会属性。

1978年，WHO在《阿拉木图宣言》中提出“健康是基本人权，达到尽可能的健康是全世界一项重要的社会性指标”。从这一点可以看出，健康是人发展的基本目标。

1989年，WHO又提出“身体健康、心理健康、道德健康、社会适应良好”4个方面的健康标准。

WHO提出的关于健康的10条标准如下所述。

（1）精力充沛，能从容不迫地应付日常生活和工作的压力，而不感到过分紧张。

（2）处事乐观，态度积极，乐于承担责任，不挑剔。

（3）善于休息，睡眠良好。

（4）应变能力强，能适应环境的各种变化。

（5）能抵抗普通感冒和传染病。

（6）体重合适，身材匀称，站立时头、肩、臂的位置协调。

（7）眼睛明亮，反应敏捷，眼睑不发炎；

（8）牙齿清洁，无龋齿，无痛感，牙龈颜色正常，无出血现象；

（9）头发有光泽，无头屑；

（10）肌肉、皮肤富有弹性，走路轻松有力。

二、健康的分类

（一）按照健康的定义划分

1. 身体健康

身体健康表现为主要脏器无疾病，身体形态发育良好，体形匀称，人体各系统具有良好的生理功能，有较强的身体活动能力和劳动工作能力，且对疾病有抵抗能力（即维持健康的能力）。

2. 心理健康

心理健康表现为身体、智力、情绪十分调和；适应环境，人际关系中彼此谦让；有幸福感；在工作中，能充分发挥自己的能力，有工作效率。

3. 社会适应良好

社会适应主要从以下几个方面考虑：与家庭与亲属的关系密切程度；工作与学习积极性和主动性；和熟人、朋友之间的活动、交往的程度；参加社团活动；参加其他社会活动，如参加体育活动、舞蹈、戏剧仪式、音乐演奏活动等。

（二）从微观和宏观角度划分

1. 个体健康

从微观来说，健康指个人健康。个体健康是指个人的综合健康状况，是评价个人生存质量的基本指标。

2. 人群健康

从宏观来说，健康指人群健康。人群健康是指不同地域或不同特征人群的整体健康状况。人群健康对制定健康政策，评定国家或地区的健康状况和健康服务非常重要。

人群健康是以个体健康为基础的，个体健康的提高能促进人群整体健康水平的提高。

（三）根据健康评估的综合判断

1. 第一状态

第一状态，即健康状态，1948年WHO便提出“身体上、精神上和社会上的完好状态”。一般认为，经过临床全面系统检查证实没有疾病，主观又没有虚弱感觉与不适症状，精力充沛，工作、学习、处事、社交处于自我感觉满意状态，即可视为健康状态。

2. 第二状态

第二状态，即疾病状态，首先按照《国际疾病分类》的标准来确定疾病，然后根据病情和病程来确定疾病状态。

3. 第三状态

第三状态，即亚健康状态，是非健康、非疾病的状态。按照健康概念，这些人虽然没有疾病，但主观却有虚弱感觉，表现为以下几种状态：有不适和各种症状；日常精神欠佳，机体活力降低；反应能力减退，工作效率降低；办事能力较差，适应能力降低等。

亚健康状态是在不断变化发展的，既可向健康状态转化，也可向疾病状态转化，究竟向哪方面转化，取决于自我保健措施和自身的免疫力水平。向疾病状态转化是亚健康状态的自发过程，而向健康状态转化则需要采取自觉的防范措施，如加强自我保健，合理调整膳食结构等。

三、影响健康的因素

（一）环境与健康

自然环境是人类赖以生存的基础，为人类提供了生活的必需物质。良好的自然环境可以陶冶情操、放松精神、愉悦心情，有利于人的身心健康。恶劣乃至被污染的自然环境则会损害身心健康，如酷暑、严寒、飓风、雪灾、空气中的有害气体、河流中的有毒微生物等，会引起人体的种种不适，甚至引发疾病。

社会环境是人类在自然环境基础上，有目的、有计划创造而成的人工环境，是人类物质文明和精神文明发展的标志。现代社会中，快节奏的生活、大强度的工作、激烈的竞争、巨大的压力，无一不侵蚀着人类的健康，如疲惫综合征、伏案综合征、空调综合征、静电综合征等。社会的快速发展也在一定程度上牺牲了人类的健康。

（二）心理与健康

《黄帝内经》中提到“怒伤肝”“喜伤心”“悲伤脾”“恐伤肾”。现代医学证实，心理因素的异变可能诱致心身症（即心身疾病），又称精神生理反应，最初表现为植物神经和内脏系统的功能性改变，继而发展为躯体的功能失调，甚至发生组织结构的损害，如溃疡、偏头痛、心悸等。积极的心理状态能保持和增进健康，对疾病的治疗、痊愈有显著作用。

（三）生活方式与健康

生活方式是在遗传提供的可能性前提下，在所处客观环境中养成的一种行为模式。这种行为模式表现为日常生活中习以为常的行为。

生活方式对机体产生累积性和广泛性的影响。生活方式是影响健康的重要因素之一，而良好的生活方式是长寿的重要保障。

（四）体育锻炼与健康

科技的进步和社会的发展提高了人类整体健康水平，但是新的健康问题（涉及人的机体功能状态、人与自然的关系、人与社会的关系等领域）不断涌现，严重威胁着人类的生存。体育和健康在现代社会紧密地联系在一起，体育成为健康发展的核心主题之一，其对健康的特殊意义越来越得到肯定和重视。

体育锻炼是身体健康的保证。经常运动能预防并减少许多疾病，如心脏病、癌症、糖尿病等，也有利于维持健康的体重，增加抗压能力，改善睡眠质量等。美国卫生部的研究表明，身体缺乏运动的人容易超重、肥胖、患慢性疾病和出现心理不健康等问题。世界卫生组织统计，全球每年有200多万人因缺乏运动而导致死亡。对此，专家建议，坚持每天活动半小时是保持健康的最低要求。

四、体育运动对健康的促进作用

（一）体育运动促进机体健康

经常从事体育运动有益于全身各个系统的发展，可改善肌肉、心血管、呼吸系统功能，提高神经、内分泌和免疫调适能力，改善亚健康状况，从而达到人体形态结构（体格、体型、营养状况、身体成分）、生理功能（机体新陈代谢水平、各器官及系统的功能、抵抗疾病能力）、运动能力（跑、跳、投、攀爬等运动能力）的完好状态，使人精力更加充沛，工作效率提高。

（二）体育运动促进心理健康

健康心理的促进与维护是现代人所必须重视的一种心理教育内容，也是预防心理异常的最好方法。经常参加体育运动可以培养良好的心理素质（情绪乐观，意志坚强，有较强的抗干扰、抗刺激的能力），减轻或消除紧张、焦虑和抑郁，培养自觉性、坚韧性、竞争意识，提高自控能力，可使人超越自我，超越别人。这些心理素质有利于形成开朗的性格、坚强的意志和充分的自信心。积极的、快乐的情绪是获得健康、幸福与成功的动力，可使人充满生机。

（三）体育运动带来积极的生活方式

世界卫生组织有关专家结合当今人类的健康特征与疾病危害趋势，明确指出，缺乏体育运动是导致疾病与死亡的主要原因，是当今最不合理的生活方式之一。世界卫生组织发布的材料指出：“缺乏体力活动是疾病和残疾的主要原因。”积极参加体育运动，坚持终身体育，享受健康人生是我们追求的人生目标之一，也是我们获得健康的基本保证。

第三节　大学体育与健康

一、大学体育概述

学校体育，是指在以学校教育为主的环境中，运用身体运动、卫生保健等手段对受教育者施加影响，促进其身心健康发展的有目的、有计划、有组织的教育活动。

从时间顺序看，大学体育是学校体育的最高层次和最后阶段。作为教育和体育的交集概念，大学体育同时具有教育和体育的属性，既是教育的组成部分，又是国民体育的基础。因此，大学体育应与学校教育的总目标相一致，促进学生全面发展。高等学校体育主要包括体育课、课外体育活动、课余体育训练和体育竞赛等。它们构成普通高等学校体育工作的整体，不同内容凸显着不同的作用和特点，既互相促进，又互相制约，共同实现大学体育的目的。

（一）体育课

体育课是体育教学的基本组织形式，主要使学生掌握体育与保健基础知识，掌握基本技术、技能，实现学生思想品德教育，提高运动技术水平。

围绕实现体育课程教学目标，通常体育课程由以下几种教学组织形式（课型）完成。

1. 基础体育课

基础体育课的目的是使学生正确认识体育的重要意义，树立正确的体育观，掌握体育的基础理论知识、技术、技能，加强身体全面训练，以提高学生身体素质和运动能力，改善身体形态、机能，促进健康。

2. 选项体育课

选项体育课是在完成全面身体训练的基础上，根据学生的喜好和特长，以某一类（组）身体练习项目来组织教学，使其掌握该项目科学锻炼的基本知识、技术、技能，培养其锻炼的兴趣和习惯，以及培养其对体质和健康的自我评价能力。

3. 选修体育课

选修体育课是相对必修课而言的，其内容、特征与选项课相同，目的是进一步提高学生体育理论和体育实践能力，为终身体育打下基础。

4. 保健体育课

保健体育课是针对特殊群体（如伤、残、病）所开始的康复课程，可作为高年级的选修课，其内容、特征与选项课相一致。

（二）课外体育活动

课外体育活动是体育课的延续和补充。课外体育活动使课堂教育与课外活动相统一，形成课内、课外有机结合的课程结构。课外体育活动是体育课程的重要构成内容。

《学校体育工作条例》规定：“普通高等学校除安排有体育课、劳动课的当天外，每天应当组织学生开展各种课外体育活动。”2007年，国务院颁布的《中共中央国务院关于加强青少年体育增强青少年体质的意见》中，再次强调要确保学生每天锻炼一小时，坚持每天出早操，要把课外体育活动纳入学校日常教学计划，使每个学生每周至少参加三次课外体育锻炼。课外体育活动主要有以下几种形式。

1. 晨练

晨练又称“早操”，是高校作息制度的重要组成部分，也是构建科学、文明、健康的生活的方式。大学生坚持晨练，是保持合理的生活作息制度、养成良好的生活习惯的有效措施。科学证明，晨练能提高大脑皮质的兴奋性，使人以良好的身心状态开始一天的学习和生活，有利于提高学习和工作效率。开展晨练，对形成良好的校风、学风、班风，加强个人的组织纪律性，促进校园精神文明建设具有重要意义。

2. 课间体育活动

课间体育活动是指利用课间时间所进行的身体活动。它的主要目的在于活动躯体，进行积极性休息，消除脑力和久坐产生的疲劳，适时地调节大脑的兴奋与抑制机能，使身体更具充沛精力。

3. 大学生单项体育协会和体育俱乐部

大学生单项体育协会和体育俱乐部，是大学生根据自己的兴趣、爱好，自主选择、自愿参加的群众性课余体育组织，是贯彻实施《全民健身计划纲要》的重要组织形式，其宗旨是宣传、发动、组织、指导所属成员参加体育锻炼，开展群众性体育活动，以及组织单项运动训练和竞赛，提高运动技术和健身技能。

（三）课余体育训练

课余体育训练是利用课余时间对部分身体素质较好并有体育特长的大学生进行系统训练的一种专门教育过程。它既是体育课程的组成部分，也是实现高校体育目标的重要组织形式。

《学校体育工作条例》第12条规定：“学校应当在体育教学和课外体育活动的基础上，开展多种形式的课外体育训练，提高学生的运动技术水平。”同时，该条例指出：“普通高等学校经国家教育委员会批准，可以开展培养优秀体育后备人才的训练。”

普通高校开展课余体育训练是执行《学校体育工作条例》、推进高校体育工作的重要环节，也是贯彻普及与提高相结合的有力措施。它一方面可以将有体育天赋的学生组织起来，在实施全面训练及单项训练的基础上提高其运动技术水平，为国家培养体育后备人才；另一方面，可以培养体育骨干，推动大学生群体活动开展。此外，通过训练和比赛，可以丰富学生课余文化生活，促进校园精神文明建设。

（四）体育竞赛

体育竞赛是高校体育工作的组成部分，是实现高效体育目的的重要组成形式。《学校体育工作条例》规定：“学校体育竞赛应贯彻小型多样、单项分数、基层为主、勤俭节约的原则。学校每学年至少举行一次以田径项目为主的全校性运动会。”按层次，大学体育竞赛，可分为世界性竞赛、洲际性竞赛、国家级竞赛、省市级竞赛、校际竞赛和校内体育竞赛；按内容（项目），大学生体育竞赛可分为若干单项体育竞赛。

高校开展体育竞赛，是推动普及、促进提高的有力杠杆，能够检验体育课教学效果和训练质量，促进教学与训练以及运动技术水平的提高，对于广泛吸引大学生参加体育活动，推动高校群众性体育活动的开展，增强体育意识，增进身心健康，丰富校园文化生活，加强精神文明建设等都具有重要作用。

二、大学体育课的目标

目标是人们想要达到的境地或标准。体育课程目标是指在一定时间和范围内，体育教学过程中师生所应达到的教学结果和标准。根据《中共中央国务院关于深化教育改革全面推进素质教育的决定》和国务院批准发布施行的《学校体育工作条例》的精神，确定了新时期我国普通高等学校体育课程目标的内容。

普通高等学校体育课程目标由基本目标和发展目标构成。基本目标是根据大多数学生的基本要求而确定的；发展目标是针对部分学有所长和学有余力的学生而确定的，也可作为大多数学生的努力目标。基本目标和发展目标各分为5个领域目标。

（一）体育课程基本目标

1. 运动参与目标

学生积极参与各种体育活动并基本形成自觉锻炼的习惯，基本形成终身体育的意识，能够编制可行的个人锻炼计划，具有一定的体育文化欣赏能力。

2. 运动技能目标

学生熟悉掌握两项以上健身运动的基本方法和技能；能科学地进行体育锻炼，进而提高自己的运动能力；能掌握常见运动创伤的处置方法。

3. 身体健康目标

学生能测试和评价体质健康状况，掌握有效提高身体素质、全面发展运动技能的知识与方法；能合理选择人体需要的健康营养食品；养成良好的行为习惯，形成健康的生活方式；具有健康的体质。

4. 心理健康目标

学生能根据自己的能力设置体育学习目标；自觉通过体育活动改善心理状态、克服心理障碍，养成积极乐观的生活态度；运用适宜的方法调节自己的情绪；在运动中体验运动的乐趣和成功的感觉。

5. 社会适应目标

学生能表现出良好的体育道德和合作精神；能正确处理竞争与合作的关系。

（二）体育课程发展目标

1. 运动参与目标

学生能形成良好的体育锻炼习惯；能独立制定适用于自身的健身运动方案；能具有

较高的体育文化素养和观赏水平。

2. 运动技能目标

学生能积极提高运动技术水平，发展自己的运动才能，在某个运动项目上达到或相当于国家级运动员水平；能参加有挑战性的野外活动和运动竞赛。

3. 身体健康目标

学生能选择良好的运动环境，全面发展体能，提高自身科学锻炼的能力，练就强健体魄。

4. 心理健康目标

学生在具有挑战性的运动环境中能够表现出勇敢顽强的意志品质。

5. 社会适应目标

学生能形成良好的行为习惯，主动关心、积极参加社区体育事务。

大学体育是一个多功能的系统工程，进行体育教育不仅是增强学生体质的需要，更重要的是教会学生如何健康地生活，这也是体育的社会价值所在。生活中许多人把参加体育锻炼、观赏体育比赛作为文化生活的重要内容之一，以此为生活乐趣，从中获得精神上的满足和享受，同时把体育锻炼作为消除工作和学习所带来的紧张与疲劳的积极手段。

鉴于此，随着终身体育指导思想的逐步确立，学校体育的发展目标就应立足于长期效益的探索和追求，充分利用学生在高校接受体育教育的有利时机，奠定学生终身体育的基础，帮助学生形成自学、自练、自控的能力，培养其进行体育锻炼的兴趣和习惯，使其转变态度、更新观念，使学生不仅在学校阶段，更在步入社会后的任何阶段、任何情况下都自觉独立地进行体育锻炼，变成一个真正的终身体育者，练就良好、健康的体魄。

第二章 新时代大学公共体育课程思政理论与实践

本章导读

- ◆ 了解新时代大学公共体育课程思政的实施背景
- ◆ 了解体育与新时代大学生爱国主义品质的培养
- ◆ 了解体育与新时代大学生诚信品质的培养
- ◆ 了解体育与新时代大学生公平公正精神的培养
- ◆ 了解体育与新时代大学生团队合作精神的培养

第一节 新时代大学公共体育课程思政的实施背景

党的十八大以来，以习近平同志为核心的党中央高度重视高校思想政治工作。习近平总书记发表一系列重要讲话，提出一系列明确要求，深入回答了高校思想政治工作的方向性、根本性问题。其中，将课程思政建设提升到解决“培养什么人、怎样培养人、为谁培养人”根本问题和落实“立德树人”根本任务的崭新高度。

2016年12月，习近平总书记在全国高校思想政治工作会议上强调：“要用好课堂教学这个主渠道，思想政治理论课要坚持在改进中加强，提升思想政治教育亲和力和针对性，满足学生成长发展需求和期待，其他各门课都要守好一段渠、种好责任田，使各类课程与思想政治理论课同向同行，形成协同效应。”2017年2月，中共中央、国务院印发的《关于加强和改进新形势下高校思想政治工作的意见》指出，高校应坚持全员全过程全方位育人，把思想价值引领贯穿教育教学全过程和各环节，形成教书育人、科研育人、实践育人、管理育人、服务育人、文化育人、组织育人长效机制。2018年9月，习近平总书记在全国教育大会上再次强调：“要把立德树人融入思想道德教育、文化知识教育、社会实践教育各环节。”2019年9月，教育部出台的《关于深化本科教育教学改革全面提高人才培养质量的意见》（教高〔2019〕6号）提出：“把课程思政建设作为落实立德树人根本任务的关键环节。”2020年5月，教育部颁布的《高等学校课程思政建设指导纲要》指出，课程思政建设要在所有高校、所有学科专业全面推进。至此，“全面推进高校课程思政建设”工作全面展开。

高校公共体育课作为高等教育的重要组成部分，是培养全面发展、德才兼备的时代新人的重要手段。目前，高校公共体育课程思政建设还处于起步阶段，主要是将思想政治教育中的思政元素融入公共体育课，挖掘体育课程中蕴含的思政元素。高校公共体育课不仅需要培养学生的体育技能、体育知识，还应探索如何从中挖掘人文资源、健康文化资源与思想意识等。

体育课程思政作为高校课程思政建设格局的重要组成部分，担负着帮助广大学生享受锻炼乐趣、增强身体素质、健全人格特质和锤炼意志品质的作用，是通过体育课程坚定学生理想信念和厚植学生爱国主义情怀的重要内容。体育课程思政是将思政教育贯穿于体育教学的理念和实践之中，也是高校体育落实“立德树人”“三全育人”的重要路径。高校体育课程思政建设立足于体育课程对大学生“以体育人，育体铸魂”的独特功能，充分发掘蕴含在学校体育教学、课外体育活动、运动训练竞赛等体育课程与教学通路中的思政资源，紧紧围绕学生实现德智体美劳全面发展的特质，以及学校的发展定位和人才培养目标，使学生通过体育课程的学习，不仅掌握科学运动与健康促进的客观规律，还能够体悟蕴含在体育锻炼与学习中的独特意蕴和精神，进而增长个人见识和塑造个人品格。

课程思政强调要将高校思想政治教育融入各类课程教学和改革的各环节、各方面，实现立德树人的根本任务。在此理念引领下，高校公共体育课程思政建设，不仅要树立健康第一的教育理念，帮助学生在教学实践中享受乐趣、增强体质、健全人格、锤炼意志，还要将价值塑造、知识传递、能力培养相统一，并融入教学全过程，在专业领域着力培养有理想、有本领、有担当的德智体美劳全面发展的社会主义建设者和接班人。高校体育课程思政建设具有重要的实践意义和现实价值，其实施背景主要体现在如下几个方面。

一、为党育人，为国育才，建设社会主义强国

“教育是国之大计、党之大计”是习近平总书记站在我国历史发展新方位，着眼党长期执政、国家长治久安提出的原创性重要论断。高等教育发展水平是一个国家发展水平和发展潜力的重要标志。培养什么人，是教育的首要问题。我国是中国共产党领导的社会主义国家，决定了现代教育的任务即培养德智体美劳全面发展的社会主义建设者和接班人。因此，高等教育发展必须契合国家大政方针，满足于人民发展、社会建设、国家治理的需要。“为党育人，为国育才”既是对“为谁培养人、培养什么人”这一根本问题的深刻回答，同时也为新时代教育发展指明方向，成为新时代高等教育现代化发展的首要逻辑。

党的十八大以来，面对世界百年未有之大变局，着眼于实现中华民族伟大复兴的大局，党和国家把高等教育地位提升到新的高度。党的十九大报告提出，“建设教育强国是中华民族伟大复兴的基础工程”，进一步把教育与建设社会主义现代化强国联系在一起。当前，我国已全面开启建设社会主义现代化强国的新征程。基于此，高校公共体育课程思政需要围绕政治认同、家国情怀、文化素养、宪法法治意识、道德修养等各个方面提供教学资源供给，为坚定学生建设社会主义现代化强国的理想信念提供精神指引。

二、以立德树人为根本，深化教育教学改革

“坚持党对教育事业的全面领导，坚持把立德树人作为根本任务，坚持优先发展教育事业，坚持社会主义办学方向，坚持扎根中国大地办教育，坚持以人民为中心发展教育，坚持深化教育改革创新，坚持把服务中华民族伟大复兴作为教育的重要使命。”这是习近平总书记站在发展中国特色社会主义、实现中华民族伟大复兴的战略高度，对新

时代教育改革提出的新思路、新理念，不仅指明教育发展的办学方向，同时也指出立德树人作为高等学校立身之本的重要性。

立德树人作为一种综合教育理念，是对我国数千年来教育传统的创造性继承与创新性发展，是对中国共产党百年来思想道德建设和中华人民共和国成立以来教育改革发展经验的高度凝练和系统总结。当前，“课程思政”成为新时代教育领域实现“立德树人”根本任务的重要抓手和着力点，也是课程与教学领域开展综合改革的重点方向和指南。由此就要求高校公共体育课程思政，一方面要用好课堂主渠道，多措并举地将思想政治教育融入体育教育教学，实现育人与育才相统一；另一方面必须以立德树人为根本，统筹课程思政各项工作开展，构建全课程和全过程的课程思政内容体系，实现课程育人的全课程覆盖。

三、提高思政教育能力，践行教书育人使命

教师作为教育活动的重要依托，是履行教育职责的先行者、实践者，也是教学组织的主导者、管理者。在全面推进高等教育现代化建设的新时代背景下，对教师队伍的建设和打造成为落实立德树人中心任务和全员育人教育方案的基础和前提。专业课教师不仅要掌握丰富的专业知识和超高的专业技能，还要具备较高的道德意识和道德修养，更好地把握课程知识背后蕴含的社会价值，实现以德育人、以文化人。习近平总书记多次强调教师是立教之本、兴教之源，提出“办好思想政治理论课关键在教师，关键在发挥教师的积极性、主动性、创造性”。在此背景下，践行教书育人使命，必须提高教师的思政教育能力。

教育的本质是培养人，既要引人以大道，启人以大智，也要树人以大爱，立人以大德。教书育人、立德树人成为教师使命和职责。教师不仅肩负着传递知识、教授技能的职责，更重要的是履行育人的使命。由此，体育教师必须要处理好课程中“知”与“德”的辩证关系，既要提高教学方法与技巧，更要挖掘整理课程思政元素与资源，有意识地将政治认同、家国情怀、宪法法治意识等与体育教学中的规则规范、武德精神、公平公正等内容结合起来，贯穿教育教学全过程，不断为体育课程思政建设助力赋能。

四、贯彻课程思政理念，促进人的全面发展

“课程承载思政、思政寓于课程”，注重在思政教育和价值传播中带有知识底蕴，同时在知识传播中强调价值的导向作用，是课程思政理念的重要内涵。我国是一个崇尚道德的国家，道德的尽善尽美是个人及社会追求的终极目的。因此，德育在我国教育教学中一直备受关注。课程思政不仅开阔以德育人的视野，拓宽思政育人的渠道，还要将修身立德贯穿于求知过程，促进“求知”与“立德”相统一，促使思政育人更具深刻性，促使专业教学更具德育性。可见，落实立德树人任务，必须贯彻课程思政理念。

新时代教育改革提出的培养“德智体美劳全面发展的社会主义建设者和接班人”，是站在追求人的全面发展的高度做出的价值理性判断。当前，在高校传统教学模式中，时有知识技能教学与思政育人相分离、育人与育才相脱节的现象。作为与德智体美劳深

具内在关联的体育课程本身，其课程思政建设应进一步以立德为引领，贯通并举，让学生自然浸润于德智体美劳五育之中，实现人的全面发展。

第二节　体育与新时代大学生爱国主义品质的培养

一、爱国主义的内涵

（一）爱国主义的概念

目前对爱国主义的解释主要有如下三种：爱国主义是指对祖国的忠诚和热爱的思想；爱国主义就是对祖国的忠诚和热爱，核心是对国家和民族生存与发展、繁荣与兴旺等根本性利益的关心与维护；爱国主义是指个人或集体对祖国的一种积极的支持态度，集中体现为民族自信心和民族自尊心，为争取、保卫祖国的独立富强而献身的奋斗精神。爱国主义不仅体现在政治、道德、法律、艺术、宗教等各种意识形态及整个上层建筑之中，还渗透到社会生活的各个方面，会成为影响国家、民族命运的重要因素。爱国主义作为一种爱的情感，主要是对民族、国家深层次的情感认可、理性认知、历史认同、文化认识的心理现象和道德表现，蕴含着丰富的内涵。

（二）爱国主义的基本内涵

爱国主义作为由心理、道德、历史、文化等多种因素形成的情感，其主要有5个方面的具体内涵。

第一，爱国主义表现为一种心理情感，正如列宁所说的："爱国主义是由于千百年来巩固起来的对自己祖国的一种最深厚的感情。"这种心理情感更多地表现为对故土之情、恋乡之情、念祖之情的集中流露，是长年以来对祖国的浓厚感情。

第二，爱国主义表现为一种理性的认识，是人们对祖国深厚感性认识基础上的一种观念形态，表现为一种基本的道德规范及一定的政治原则。人们正是在正确认识的指导下进行着爱国行动，爱国主义日益成为评价、约束人们实践行为的思想要求和基本准则，不断激励一代又一代爱国者去思考、探索，是激励人们爱国、护国的重要精神力量。

第三，爱国主义是一种价值取向，不仅是一种直接感受和情绪体验，还蕴含着主体内心深处的价值取向和价值追求，即体现出人们对爱国的价值认同，是把对祖国的形象、利益、尊严、荣誉等置于至高无上地位的价值认可，愿意用自己的一切来维护祖国的发展和声誉。

第四，爱国主义是一种社会思潮，是指一定社会的历史时期不同阶层或整个民族所反映的当时社会、政治、文化状况的众多思想汇集。不同的时代有不同的爱国主义内涵，如"五四"爱国运动开启新民主主义革命，又如科技兴国、实践强国等爱国主义思想，都在很大程度上推进了国家的发展和进步。

第五，爱国主义更是一种行为范式。爱国主义作为一种精神力量，只有在实际行动中才能体现其真正的价值与力量，给人以震撼，如表现为“国家兴亡，匹夫有责”的担当意识；表现为“先天下之忧而忧，后天下之乐而乐”的社会责任；表现为埋头苦干、全心全意为人民服务的奉献精神等。这些精神力量都以实际行动诠释着爱国主义的精神实质和内涵。

爱国主义的外在情感主要体现为民族的自信心、自尊心和自豪感，而其思想的内在实质则体现为义务感和责任感，在精神层面上爱国主义是一种道德规范和政治原则。

二、培养新时代大学生爱国主义品质的重要意义

（1）加强新时代大学生爱国主义教育是培养中国特色社会主义可靠接班人和合格建设者的迫切需要。高校的最终使命是育人，是培养一大批具有中国特色社会主义可靠接班人和合格建设者。习近平指出：“培养什么人，是教育的首要问题。我国是中国共产党领导的社会主义国家，这就决定了我们的教育必须把培养社会主义建设者和接班人作为根本任务，培养一代又一代拥护中国共产党领导和我国社会主义制度、立志为中国特色社会主义奋斗终身的有用人才。”百年大计、教育为本，教育大计、德育为先，大学生的思想品德素质的培养是教育的关键，关乎人的价值取向与成长方向。新时代大学生不仅要加强自身的社会公德、家庭美德、职业道德、个人品德的培养和教育，更要培养坚定的理想信念和爱国主义情怀，以德立身，以德立学，以德立人。正如习近平总书记所说，我们培养的大学生不仅仅要长着中国人的脸，更要有浓浓的中国情和中国味。因此，加强新时代大学生爱国主义教育，使他们成为又红又专的人，懂得爱国奉献，护国奋斗的新时代先进青年，是高等教育的首要任务，也是高等教育的初心，必须牢牢把握，持之以恒地开展好爱国主义教育。

（2）加强新时代大学生爱国主义教育是践行社会主义核心价值观的迫切需要。党的十八大提出，倡导“富强、民主、文明、和谐、自由、平等、公正、法治、爱国、敬业、诚信、友善”，积极培育和践行社会主义核心价值观，是推进中国特色社会主义伟大事业、实现中华民族伟大复兴中国梦的战略任务。“爱国、敬业、诚信、友善”是公民个人层面的价值准则，需要每个人，尤其需要当代大学生积极践行、带头践行。习近平总书记指出：“要结合弘扬和践行社会主义核心价值观，在广大青少年中开展深入、持久、生动的爱国主义宣传教育，让爱国主义精神在广大青少年心中牢牢扎根，让广大青少年培养爱国之情、砥砺强国之志、实践报国之行，让爱国主义精神代代相传、发扬光大。”

加强大学生爱国主义精神的培育是高校大学生思想政治教育工作中培育和践行社会主义核心价值观的中心环节。中国特色社会主义进入新时代，面对纷繁复杂的国际社会和多元的社会意识形态，面对互联网信息的鱼龙混杂，我们更需要用社会主义核心价值观来引领大学生的思想，更需要比任何时候都热爱自己的国家，牢固树立报效祖国的雄心壮志。因此，高校必须加强对大学生的爱国主义培育，才能使大学生通过接受教育，树立祖国利益高于一切的理想信念，并充分认识到祖国的繁荣富强和快速发展、国家的长治久安与个人的关联性，从而把个人的理想和国家的梦想有机结合起来，逐步把爱国

之情、强国之志、报国之行转变成自觉行动。

（3）加强新时代大学生爱国主义培养是实现中华民族伟大复兴中国梦的迫切需要。爱国主义既具有历史性，又具有现实性，既具有时代特性，也具有永恒性。爱国主义要在现实中体现，必须要有具体的目标和载体，而中国梦便是习近平总书记所提的重要指导思想和重要执政理念。2012年11月29日由习总书记首次提出，指出“实现中华民族伟大复兴，就是中华民族近代以来最伟大的梦想”，其核心目标概括为“两个一百年”，即到2021年中国共产党成立100周年和2049年中华人民共和国成立100周年时，逐步并最终顺利实现中华民族的伟大复兴，具体表现为国家的富强、民族的振兴、人民的幸福。2013年3月17日，在十二届全国人大一次会议闭幕会上，习近平总书记坚定表示“实现中国梦必须走中国道路，必须弘扬中国精神，必须凝聚中国力量”，并强调“中国梦的最大特点，就是把国家、民族和个人作为一个命运共同体，把国家利益、民族利益和每个人的具体利益紧紧联系在一起”。新时代大学生作为中国特色社会主义的接班人，作为中国梦的奋斗者、创造者，若没有对祖国的热爱、对祖国的真挚情感、对祖国的思想认同和理论认知，就不可能迸发出对新时代中国特色社会主义的建设热情，没有他们的努力奋斗和前仆后继，就会影响中国梦的实现，由此，加强新时代大学生爱国主义的培育，便上升为事关民族复兴的伟业，事关中国特色社会主义事业建设的成败。

三、高校体育对新时代大学生爱国主义品质培养的体现

（1）结合辉煌的中国近代奥运史对大学生进行爱国主义教育，激发大学生的爱国真情。尽管我国体育代表团因政治、经济等种种原因的影响，到了1984年才算正式组建团队参加第23届奥运会，但中国体育代表团自参加奥运会以来，在奥运赛场上取得了令人骄傲的竞技成绩。目前，我国体育综合竞技水平已跨入世界第一集团行列，尤其是2000年后一直保持在世界前三的位置，中国已成为当今世界的体育大国，中国北京已在2008年成功举办了第29届夏季奥运会，并且取得了圆满成功，获得了各国的广泛赞誉，向全世界人民展示了中国人的体育竞技实力和组织举办体育赛事的超强能力。北京还成功举办了2022年冬奥会，北京成了世界上唯一一座既举办过夏季奥运会又举办冬奥会的城市，令我们华夏儿女倍感骄傲和自豪。

中国体育代表团参加奥运会的发展史本身就是一部具有深远教育意义的爱国主义教育史，让我们每一个中华儿女对中国体育代表团取得的辉煌成绩心生崇敬与爱戴，尤其大大激发了广大青年学子的爱国真情。铭记历史，以史育人，激励青年学子更是体育人的职责和使命所在。

（2）结合伟大的中华体育精神对大学生进行爱国主义教育，激发大学生的爱国热情。中国体育竞技的起步、发展、崛起，从微观上讲主要在于广大运动员的刻苦训练、顽强拼搏、敢于胜利、不服输的意志品质和勇往直前的精神气质，在于教练员的科学训练、精心谋划、细心指导，在于广大体育工作人员提供周到的服务和可靠的保障。经过一代又一代中国体育人长期的体育实践和竞技比赛，中国体育形成了具有自身特点的、

伟大的中华体育精神，这种体育精神是指中国人在体育实践活动中形成的，以爱国奉献、公平竞争、团结合作、顽强拼搏、快乐健康为主要价值准则的意识、思维活动和一般的心理状态，以爱国主义精神、英雄主义精神、公平竞争精神、团队合作精神、乐观自信精神及实用理性精神为主要内容的精神意识。中华体育精神激励中国运动员在一次次的竞技比赛中屡创佳绩。中华体育精神是中华民族文化的重要内容。正因为有着对祖国深沉的爱、浓浓的情，一代又一代华夏健儿才孕育并铸就了中华体育精神，迸发出为祖国奉献牺牲自我的竞技精神和意志。可见，弘扬和传承优秀的中华体育精神，可以激发新时代大学生的爱国热情。

（3）结合我国运动员具体的体育经典故事对大学生进行爱国主义教育，激发大学生的爱国激情。2019年9月30日，习近平总书记在会见中国女排时强调：“广大人民群众对中国女排的喜爱，不仅是因为你们夺得了冠军，更重要的是你们在赛场上展现了祖国至上、团结协作、顽强拼搏、永不言败的精神面貌。”女排精神代表着一个时代的精神，回想20世纪80年代女排五连冠，每一场比赛就是一场场经典赛，激励着人们喊出“团结起来，振兴中华”的心声。当然还有许许多多中国运动员创造的经典赛事，都令人动容，让人见识到运动员们为国拼搏的劲头和意志品质，如奥运六朝元老王义夫在1996年亚特兰大奥运会上，发着高烧还坚持比赛，直到最后晕倒在赛场，最后仅以0.1环之差与奥运金牌失之交臂，获得了银牌，着实让人泪目；又如世界速滑全能冠军叶乔波，在1994年2月19日第十七届挪威利勒哈默尔冬奥会上，顶着膝盖的疼痛，咬着牙坚持完成了1000米比赛，并获得一枚铜牌，这块奖牌是在她韧带断裂，髌骨错位，软骨破碎，“乱了套”的膝盖中含了大大小小13块碎骨的情况下获得的，这样的伤痛一般常人难以忍受，也难以想象，这需要何等的勇气和毅力！还有很多令人惊叹和感慨的运动员经典故事，他们的那种“为国争光，为中华民族争气”的精神气概，都是培育大学生爱国主义精神的优质资源，传承经典，学习榜样，必将激发新时代热血大学生对祖国的深厚感情。

（4）结合中国特色社会主义体育先进文化对大学生进行爱国主义教育，激发大学生的爱国自豪感。自1978年党的十一届三中全会开启改革开放以来，我国体育制度不断完善。1990年，国务院批准《学校体育工作条例》；1995年6月，国务院批准和颁布了《全民健身计划纲要》，使群体体育的开展有了纲领性文件；1995年8月，全国人大全票通过了《中华人民共和国体育法》，使广大群众参加体育活动有了法律的保护；2007年，中共中央、国务院颁布《关于加强青少年体育增强青少年体质的意见》；2009年，我国全面实施《全民健身条例》；2016年，中共中央、国务院印发了《“健康中国2030”规划纲要》等一系列有关体育的法规和行动计划、意见，确保了我国体育事业的法制化建设，彰显了我国体育制度的优越性；2019年9月30日，习近平总书记在会见中国女排时指出：“实现体育强国目标，要大力弘扬新时代的女排精神，把体育健身同人民健康结合起来，把弘扬中华体育精神同坚定文化自信结合起来，坚持举国体制和市场机制相结合。”中国特色的体育文化制度先进性在于集中所有力量为体育事业的发展提供多重保障，既为竞技体育水平的提高群策群力，也为全民族健康素质的提升提供政策、制度、体育设施等全方位的支撑，真正使广大人民群众享受到体育所带来的诸多实惠和益处，使人人都能享受到体育的乐趣，在体育中感受爱国主义的情感。这是中国特色社会主义体育文化的自信，值得每一个中国人自豪，更值得每一个新时代大学生骄傲。

四、体育培养大学生爱国主义精神的基本路径与方法

（一）以体育课堂为主渠道，加强大学生爱国主义教育

体育课程是高校体育教育教学的主渠道，必须坚持发挥课堂育人的重要作用，科学设计体育课堂教学计划、明确教学目标，并把加强爱国主义教育作为其重要内容在体育课堂上。教师开展爱国主义教育的方法主要有以下几个。

（1）深入挖掘每个体育运动项目中所蕴含的爱国主义元素。体育教师要认真备课，充分挖掘体育项目中的爱国主义资源，如田径运动中，运动员刘翔夺得110米栏奥运会冠军，创造“亚洲飞人”的奇迹；乒乓球项目中，一代又一代中国乒乓人在世界大赛中屡次为国争光，彰显我们乒乓球王国自豪的故事；中国女排多次获得世界冠军傲视群雄背后的内在动因；中国跳水队为何能保持长盛不衰的世界领先水平等，这些都需要体育教师细心挖掘并整理课程材料，融入教案，作为爱国主义教育的素材、故事，与新时代大学生共同分享，使他们在心理、情感、思想上产生共鸣与认同。

（2）在课堂内组织学生开展模拟比赛，体会并践行爱国主义精神。竞技是体育的一个鲜明特点，也是体育育人的优势所在，爱国主义教育不仅需要理论上的阐述，更需要具体的实践体验。年轻的大学生通常争胜好强，体育竞技能很好地激发他们的好胜心。体育模拟比赛，一方面使大学生感受到取得的胜利来之不易；另一方面让大学生意识到团队的重要性，培育他们的集体主义和爱国主义情怀。

（3）从经典体育赛事中，引导大学生感知爱国主义精神。体育教师要积极关注体育时事并结合最新的国际体育比赛，引导学生关注、关心有中国运动员参加的体育赛事，组织学生观看相应的体育赛事，并组织学生进行思考、点评，使他们在众多优秀运动身上，感知、学习爱国主义精神的可贵和重要，激发新时代大学生的爱国意识。

（二）加强校园体育文化建设，宣传中国体育好故事，营造良好的爱国主义教育氛围

习近平总书记指出，文化是一个国家、一个民族的灵魂，也是一个国家、一个民族发展中更基本、更深沉、更持久的力量。所以，广大体育教师在做好体育教学的同时，也要加强校园体育文化建设，认真开展广泛的群众性体育运动和校园体育赛事，积极宣传中国体育经典事迹、先进事迹，宣传身边的体育先进和典型。体育教师既要加强传统的媒体宣传，也要充分利用“互联网＋”这个现代化多媒体宣传途径的优势，宣传好体育爱国的故事，用体育报国的经典，弘扬体育爱国精神，传播体育正能量、正气，积极营造良好的爱国主义教育文化气氛，在潜移默化中使大学生感受到浓浓的爱国主义教育氛围。

（三）体育教师要以身作则，立德树人，成为爱国主义的榜样

师者，所以传道授业解惑也。教师首先必须要有正确的世界观、人生观和价值观。加强大学生爱国主义教育，教师要以身作则，要立德树人，要从热爱自身的本职工作做起，从热爱自己的学生、热爱自己的学校、热爱中国共产党、热爱中国特色社会主义做起，使学生感受到爱国不是空洞的，而是具体的、实实在在的。新时代体育教师更要以“四有好老师”和“四个引路人”的标准来严格要求自己，真正把爱国主义教育融入日常体育教育教学，关心、关注、爱护学生，潜心做好本职工作。唯有如此，我们的体育教育才能真正走进学生的心灵，在传授体育运动技能的过程中培养学生爱国的情怀和意识，塑造他们爱国的品德，引领他们爱国的精神。

第三节　体育与新时代大学生诚信品质的培养

一、“课程思政”与诚信培养

习近平总书记在2016年全国思想宣传工作会议上强调：“思想政治理论课要坚持在改进中加强，提升思想政治教育亲和力和针对性，满足学生成长发展需求和期待，其他各门课都要守好一段渠、种好责任田，使各类课程与思想政治理论课同向同行，形成协同效应。”“课程思政”的提出在于发挥各门课程的育人作用和价值，真正使课程承载思政，思政寓于各门课程之中，努力做到全方位、全员、全程育人，以全面提升大学生思想道德素质。

诚信作为人之为人的基本道德品质，作为我国公民道德建设的重要内容，无疑是高校课程育人中所要加强的必要内容之一。2019年10月27日，中共中央、国务院印发了《新时代公民道德建设实施纲要》（以下简称《纲要》）。《纲要》指出，在当前国内外形势深刻变化、我国经济社会深刻变革的时代背景下，因市场经济规则，社会治理、政策法规还不够健全，以及受不良思想文化侵蚀和网络有害信息影响，道德领域依然存在不少问题，如一些地方和领域不同程度存在道德失范现象，拜金主义、享乐主义、极端个人主义仍然比较突出；一些社会成员道德观念模糊甚至缺失，是非、善恶、美丑不分，唯利是图。见利忘义、损人利己、造假欺诈、不讲信用的现象久治不绝，突破公序良俗底线、妨害人民幸福生活、伤害国家尊严和民族感情的事件时有发生。这些问题必须引起全党全社会高度重视，采取有力措施切实加以解决。《纲要》明确要求，持续推进诚信建设，主要是大力弘扬与社会主义市场经济相适应的诚信理念、诚信文化、契约精神，推动各行业各领域制定诚信公约，加快个人诚信、政务诚信、商务诚信、社会诚信和司法公信建设，构建覆盖全社会的征信体系，健全守信联合激励和失信联合惩戒机制，开展诚信缺失突出问题专项治理，提高全社会诚信水平；同时，加强思想品德教育，遵循不同年龄阶段的道德认知规律，结合基础教育、职业教育、高等教育的不同特点，把社会主义核心价值观和道德规范有效传授给学生。《纲要》还要求，要注重融

入贯穿，把公民道德建设的内容和要求体现到各学科教育中，体现到学科体系、教学体系、教材体系、管理体系建设中，使传授知识过程成为道德教化过程。《纲要》的要求、做法与“课程思政”保持了高度的一致，体现了对公民道德建设，尤其是公民诚信教育的高度重视。

按照党和国家所倡导的社会主义核心价值观、“课程思政”的教育理念、新时代公民道德建设的要求及体育学科自身的发展目标，下面我们从体育学科自身的特点出发，结合当前大学生诚信的现状，阐述高校体育在培养大学生诚信品质方面有自身的特点和优势以及如何通过体育来培育大学生诚信品质的基本路径。

二、诚信的内涵和特性

（一）诚信的内涵

“诚”本义是不虚伪、真心实意，引申为真实，南宋理学大家朱熹认为“诚”是一种美德，即“诚者，真实无妄之谓”；“信”在《说文解字》中解释为“诚也。从人从言”，本义是语言真实，引申为相信、信任；“诚信”在《现代汉语词典》中的含义是诚实、守信用。诚信是中华民族的优秀传统，是人类普遍意义上的美德，无论时代如何变迁，诚信永远是人之为人的根本特性。诚信不仅是人的立身之本，也是立业之本，更是立国之本。

（二）诚信的特性

区别于传统意义上的理解，诚信在现代社会主义市场经济体制下，具有以下三个特性：第一，诚信具有普遍性。市场经济要求交易的主体是自由、平等、双向的，要求双方必须尊重彼此的权利和利益，这就决定了诚信是对不同的人采取同样的交易原则，即一视同仁，以打破带个人色彩的非人格交换关系。第二，诚信具有理性。理性诚信是指人们能够按照对事实的掌握、分析而做出判断是否信任对方。随着现代社会信用体系的建立与不断完善，人们往往通过人的信用记录和体现能力的外在资质来作为判断的重要条件，如人品信任和能力信任。第三，诚信具有功利性。马克思和恩格斯在历史唯物主义的基础上，揭示了道德在本质上对一定社会利益关系的反映，道德与利益有着密不可分的联系，现代社会的诚信作为影响双方利益的重要道德要素，必然具有道义和功利的双重属性。

三、高校体育培养大学生诚信品质的优势

体育是以身体练习为基本手段，增强体质、增进健康、提高心理健康为目标的课程，而高校体育所具有的高等性则体现在学习基本技术、基本技能的基础上，注重大学生道德层面的养成与提升，除了体育学科应有的技艺性、运动负荷性、竞争性、情意性、人文性外，还集中体现在其培育人的道德养成和精神提升，即在体育实践中培养、提高大学生的道德品质和精神境界。高校体育是大学生道德品质形成的重要手段和途

径，如通过体育教育可以培养大学生的参与精神、规则意识和诚信品质、拼搏精神等，这些都是高校体育所应承载的育人内容。

高校体育作为育人的重要内容，《全国普通高等学校体育课程教学指导纲要》中明确了高校体育课程的5个基本目标，即运动参与目标、运动技能目标、身体健康目标、心理健康目标、社会适应目标，其中在社会适应目标中进一步明确了大学生要有良好的体育道德和合作精神，还明确提出了要培育大学生的诚信品质。因此，在高校体育中培养大学生的诚信品质是体育教学的题中之义。

在2016年6月，国务院办公厅《关于强化学校体育，促进学生身心健康全面发展的意见》(国办发〔2016〕27号)明确指出，要以“天天锻炼、健康成长、终身受益”为目标，充分发挥体育在培养大学生践行社会主义核心价值观的综合作用，切实提升学生的人格品质，为培养德、智、体、美、劳全面发展的社会主义合格建设者和可靠接班人而贡献体育学科的智慧和力量。无疑，当我们进入中国特色社会主义新时代之际，国家与社会对体育给予更高的时代使命，体育除了使人强身健体外，更要在道德建设方面承担更多的育人责任，是大学生践行社会主义核心价值观的重要路径与手段。

（一）体育培养大学生诚信品质的课程规范性优势

体育作为一门公共课程，旨在促进大学生身心健康。为贯彻“健康第一”教学指导思想，各高校基本都设有规范的体育教学课程，同时还有丰富的课外体育锻炼活动。为保证课堂教学的规范进行和日常课外体育锻炼的开展，学校均有完善的制度规范，如课堂教学的常规、课外体育锻炼打卡制度，积极倡导大学生诚信参加体育教学和课外体育锻炼，要求学生诚信参加体育考试、诚信体育锻炼，对有不诚信行为的同学给予严厉的处罚，同时还通过高科技手段来监测学生开展诚信锻炼，如通过定位系统来统计学生跑步锻炼的距离、时间、配速等，避免代打卡等不诚信体育行为。完善的规章制度和规范，以及科学的管理都是体育课程培养大学生诚信品质的重要措施。

（二）体育培养大学生诚信品质的竞技文化契合性优势

体育作为一门课程，有其自身的教学要求，每个运动项目有自身的规则，更有体育教学自身的文化和规律。首先，体育技能的掌握与形成需要遵循运动技能的形成规律，体质的增强同样需要遵循超量恢复的原理等。体育倡导持之以恒不间断的练习，所谓“冬练三九、夏练三伏”，就是体育对人的一种考验，更是对人自身诚信的考验。因为每一个技术动作的形成都必须经历泛化、固化、自动化三个阶段，每一次自身体能的增强，都需要付出勤奋与努力，没有捷径可走。在动作掌握、技能形成、体质增强规律面前，谁没有坚持练习、没有达到足够的练习时间、没有付出足够的努力，都不会轻而易举地掌握娴熟的动作技术要领，都不会有体质的真正提高，这是体育课程本身对大学生的诚信要求，也是学科自身的内在优势。其次，体育比赛倡导“公平、公正、公开”的规则精神。规则面前人人平等，不允许任何人破坏规则、践踏规则，不仅有裁判的公正判决，同样有成千上万观众的监督，更有科学的跟踪监督，例如有国际专门组织调查运动员是否服用兴奋剂等。再次，体育运动崇尚“更快、更高、更强”的超越精神。人类要在体育运动实现自我超越，必须建立在对运动热爱、诚信参与的基础上，没有对运动技术一招一式的诚信练习，没有长年累月的体能锻炼和虔诚的辛苦付出，奥运文化就不会是“更快、更高、更强”精神的写照。因此，体育文化所追求的目标和规则执行的过程就是铸造诚信品质的过程，参与体育的过程就是一个考验人诚信品质真正养成的过程。

四、高校体育培养大学生诚信品质的基本路径

（一）以身作则，体育教师要率先垂范践行诚信品质

教师作为体育课程的主导者，无疑对大学生诚信品质的影响是巨大的。“学高为师，身正为范”是对所有老师的职业规范和要求，新时代体育教师不仅要有过硬的体育专业理论知识、扎实的运动技术及技能，更要有良好的师德师风。2018年11月，教育部发布了《新时代高校教师行为准则十条》，其中第八条就明确规定了教师要秉持公平诚信的要求；2014年9月，习近平总书记在视察北京师范大学时提出，广大教师要成为有理想信念、有道德情操、有扎实学识、有仁爱之心的“四有”好老师；2016年教师节前夕，习近平总书记在北京市八一学校考察并发表重要讲话，强调广大教师要努力成为学生的“四个引路人”，即要做学生锤炼品格的引路人，做学生学习知识的引路人，做学生创新思维的引路人，做学生奉献祖国的引路人，以真正担负起立德树人，为党育人、为国育才的重要使命。新时代体育教师要加强自身的思想道德品质修炼，积极践行诚信行为，无论是与学生交往中，还是教学实践和工作生活中，都要处处以身作则，体现诚信品格和行为，以成为学生学习的诚信榜样。

（二）以良好的体育诚信教学环境濡化学生

体育教学环境是学生开展体育教学的重要环境，优质的教学不仅需要优越的物质教学环境，更需要良好的人文教学环境，尤其是体育活动需要进行频繁的人际交往，良好的师生关系、生生关系直接影响教学的顺利进行及教学质量，更关系到学生心理、道德、思想的成长与发展。师生、生生之间的交往，均要以诚信为基本准则，以相互信任为原则。首先，教师对学生要诚信，信任学生，尊重学生人格，平等对待学生，为学生做表率。其次，教师可通过团队的形式组建学生学习小组，以学习任务和目标为导向，开展相应的游戏活动、技能练习和竞赛，使团队学生相互信任与精诚合作，在潜移默化中促进学生的诚信意识与品质。

（三）以体育规则和教学要求规范大学生诚信行为

体育教学与其他课程一样，有自己的课堂教学纪律和要求，除了准时上课等基本要求外，体育课堂有自身特有的要求。第一，要求学生诚信守纪。这个要求在运动基本规范上表现得尤为突出，如上体育课要求学生穿运动服、运动鞋，以确保学生的运动安

全。第二，要求学生诚信请假。体育课以身体练习为主，要求同学积极参与，当身体不适时学生可以请假，这就要求学生诚信请假。第三，要求学生诚信测试和比赛。开展体育测试和比赛是体育教学的一个显著特点，要求学生能够遵循“公平、公正、公开”的原则，认真参加各项测试和教学竞赛。第四，要求学生诚信锻炼。随着互联网技术的快速发展与运用，体育锻炼利用App平台已成为一种时尚，很多高校课外体育锻炼都采用这种方式，使学生不能投机取巧，抑制了不诚信行为的产生。体育教师要大力倡导及表扬诚信的行为和现象，对于体育课程中少数大学生出现的不诚信行为和现象，要及时阻止、批评教育。

（四）以科学合理的体育成绩评价体系引导大学生的诚信行为

体育教学要改变传统的唯体育运动成绩为单一指标的评价体系和标准，要在体育成绩评价体系中纳入体育运动技术、技能水平、身体素质等反映运动成绩的指标，还要纳入反映学生参与体育的学习态度、思想品德、日常锻炼情况等指标，对于日常体育活动和竞赛中有不诚信行为的，要充分体现在成绩评价中；在评价主体中，既要有教师的评价，也要让同学参与进来，开展相互评价，真实体现学生在日常体育学习、练习、锻炼中的真实情况，真正把诚信教育落实到具体的体育学习、锻炼、测试、比赛和日常活动中。

第四节　体育与新时代大学生公平公正精神的培养

一、公平公正精神的内涵

“公平”的基本内涵主要体现在两个方面：一方面，公平是指以同样的态度对待同样的人和事，如我们常说的“一视同仁”；另一方面，公平是指人们在从事同样的社会活动时，必须遵循同样的规则和程序，不允许有任何例外者。总之，“公平”所强调的是态度、规则、程序的同一性。

“公正”的基本内涵有三点：一是指实事求是；二是指去私立公；三是指遵循一定的道理、规律说话做事。

二、高校体育对大学生公平公正精神培养的体现

高校体育作为体育运动的一个有机组成部分，既要传习体育知识、体育技术及技能，也要传承体育运动文化与精神的使命，尤其是对奥林匹克精神的传播与传承。其中“公平、公正、公开”就是奥林匹克精神的重要内容，其对人的影响是全面和深远的，是高校体育自身发展和育人的重要目标。高校对大学生公平公正精神的培养主要体现在以下几个方面。

（一）法律法规给予大学生参与体育活动的保障，有利于强化大学生公平意识的养成

《中华人民共和国体育法》第三章从宏观的角度明确了大学生参与体育的权利，不论是身体健全的学生，还是身体不健全的学生，同样享有参与体育活动的权利，学校要为他们开设体育课程，并为他们创造开展课外体育锻炼活动的条件，任何人不得侵犯或剥夺。而《学校体育工作条例》更加细致地规定了学校体育该如何保证、落实体育法的要求与规定，出台了具体的细则，为大学生参与体育活动提供人、财、物的保障。当前高校选项体育课及保健体育课的开设，是公平公正精神的充分体现，不论性别、不论身体素质的差异、不论地域的差异、不论技术技能的高低等，每一个学生都有机会平等地选择自己喜欢的运动项目，并接受老师的帮助、指导，积极平等地参与教学活动。同样在体育成绩的评定与考核时，每一个大学生均在同样的成绩评定标准面前接受公平、公正、公开的检验，以获得各自相对应的体育成绩。大学生还能自由地选择课外体育锻炼项目等。这些均充分体现了大学生参与体育的公平、公正、公开精神。体育法的实施有利于强化大学生公平、公开、公正地参与体育活动的权利意识。

（二）高校体育的实践性特点有利于培养大学生光明正大、公开做事的阳光个性

体育运动是以身体练习为基本手段，通过与个体思维相结合的“技艺性”实践活动。体育运动是一种实实在在的行为，是外显的，而不是内隐的；是具体的，而不是抽象的，所有的体育教学与体育竞赛及课外锻炼都是光明正大地开展的，在大众视线下进行的。接受运动伙伴、老师及其他同学的监督是体育运动自身形式所决定的。体育课程具有实践性，这是有别于其他一切文化类课程的显著特点。体育课程的实践性特点潜移默化地影响着大学生习惯于接受监督、公开处事的态度和意识。通过长期的体育教学与坚持锻炼，大学生能够逐渐养成一种敢于公开展示自我、公平竞争的良好精神风貌和阳光的个性。

（三）体育运动项目的规则对大学生公平公正精神的养成有着深刻的教化作用

高校体育教学的项目众多，但每个体育运动项目都有一定的比赛规则，每个大学生必须严格遵守运动项目的规则，以确保每个人都有在同一“起跑线”上的权利。运动项目规则的权威性，能整治一切有意或无意的不良行为。运动项目的规则对一切不公平的“非法”行为都会给予严肃的惩罚。举个简单的例子，如田径项目中的百米赛跑，每个参与者都有属于自己的一条跑道，都站在同一起跑线上，若哪个参与者提前抢跑或在跑进过程中抢占别人的跑道，均是违反规则的，必将遭到严肃的处罚。规则的严肃性是建立在法治基础之上的，对每个参与者都有严肃的警示作用。运动规则的合理性、公平

性、公正性，必将促使大学生们树立起规范、标准、有序的价值理念。体育运动项目的规则对大学生公平公正精神的养成有着深刻的教化作用，同时对培养大学生的诚信意识起到了良好的教育和引导作用。

（四）体育比赛中裁判员和运动员代表的庄严宣誓对大学生公平公正精神的培养有着强烈的引领作用

高校体育教学与体育竞赛不仅是大学生相互学习、竞技的过程，更是高校对大学生开展育人的一个过程。几乎所有的学校在体育竞赛中均有运动员代表与裁判员代表庄严宣誓的仪式。宣誓既体现了运动员对裁判员、对手、观众的尊重、友谊与友好，更体现了所有参与人员确保比赛公平、公正、公开的信心与决心。这种神圣的仪式，不仅对参与竞赛的学生树立"公平、公正、公开"精神有着强烈的引领与模样作用，对所有观众与工作人员也是一次深刻的社会规范教育。以下是裁判员代表和运动员代表宣誓词的基本介绍。

（1）裁判员代表宣誓词。在体育比赛中，我们将认真履行裁判员职责，坚决服从裁判长指挥，严格遵守裁判员纪律和竞赛规则，严格遵循公开、公正、公平的基本原则，尊重参赛选手，文明裁判，严肃认真，为运动员创造佳绩提供良好的比赛条件。

（2）运动员代表宣誓词。我们将以积极饱满的热情参加本次赛会，严格遵守赛事的各项安排，遵守比赛规则和赛场纪律，服从裁判，尊重对手，团结协作，公平竞争，顽强拼搏，赛出风格，赛出水平。

两篇宣誓词均体现了对"公平、公正、公开"的体育精神的维护与崇尚，这其实就是对人类优秀体育文化的传承，也是对大学生进行体育文化熏陶。

（五）裁判员公正正确地执法对大学生树立公平公正精神有着良好的榜样作用

在一切比赛中，裁判员的公正执法，不徇私情舞弊，不偏袒任何一方，公平对待每一位参赛运动员；所有运动员在规则面前一律平等，不管是谁违反了比赛规则，违反了体育道德，裁判员就按照规则的要求做出相应的处罚和裁定，这些不仅对参与者起到了较大的威慑作用，对其他运动员也有深刻的警示教育作用，对大学生起到良好的示范效应。裁判员公平、公正、公开的执法会对大学生树立公平公正精神有着良好的榜样作用。

第五节　体育与新时代大学生团队合作精神的培养

一、团队合作精神的内涵

有关团队的定义，不同学科各有着重，本书从社会学和管理学来定义，指出团队是指一个为了实现某一目标而相互合作的个体组成的正式群体。

合作是指个人与个人、群体与群体之间为达到共同目标而进行彼此尽责的一种联合行动。合作分为直接合作与间接合作，自觉合作与不自觉合作，结构性合作与非结构性合作等类型。

团队合作是指团队内各成员之间，按照规范有序的方式，为实现团队的目标而进行共同配合的行为。团队合作是一个成员之间互相助推的行为。

团队合作精神是指在团队中每个成员发挥自己最大所能，且在行动上互相配合、支持，情感上互相认同、激励，为达到共同的目标所具有的意识和品质。团队合作精神是人们客观存在的主观状态，属于意识形态范畴。

二、大学生团队合作精神培养的背景

（一）培养团队协作精神是大学生“精神成人”的内在需要

大学阶段是大学生精神发育和成长的黄金期，在大学阶段，大学生既要有专业知识、技术、技能的武装，更不能缺少把握个人发展方向的精神思想。然而大学生成长的现状表明，大学生“精神成人”方面还存在一定的欠缺，如一些大学生不同程度地存在着政治信仰迷茫、理想信念模糊、价值取向扭曲、诚信意识淡薄、社会责任感淡化、艰苦奋斗精神缺失、团结合作观念较差及心理素质欠佳等问题，这些不良的精神和心理现象，是完全不符合高等教育育人目标的，也不符合社会对当代大学生的期望。要真正把大学生培养成为中国特色社会主义事业的合格建设者和可靠接班人，就必须把培育大学生良好的精神素养提到极其重要的位置上来，加强大学生的团队合作精神培育就是其中比较重要的一个精神因素，须切实贯彻到实践教学中。

（二）培养大学生团队合作精神是社会发展的客观要求

现代社会知识更新的周期越来越短，科技的快速发展，信息技术“互联网＋”的广泛应用，使得知识的专业化程度越来越高，行业分工越来越细，不同行业、企业之间的依赖性越来越强。新时代的大学生必须在学好学业的同时，学会认识社会、适应社会、改造社会。马克思说，人是一切社会关系的总和，而不是一个孤立的生物个体。人是一个与社会各种事物、群体有着诸多关联的、带有能动意识和思想信念的精神存在体，人有自己的多种需要和价值追求，离不开人与人之间的各种合作。所以，大学生必须学会与人合作共处，掌握与人积极沟通的能力。在各门课程教学中，大学生通过学习，把自己的思想、行为、心理、情感，尤其是精神品质提高到与社会相适应的高度，应是大学生学习的重要目标，更是大学教学的重要任务。

三、高校体育与大学生团队合作精神的培养

（一）高校体育应注重发展大学生的精神成长

高等教育在人的培养上，不仅要加强大学生对专业知识、技术、技能的学习，还应

注重发展大学生的精神内涵，如理想信念、自主精神、合作意识等。一个受过良好高等教育的人，能够在人发展的最高层次——精神的发展上显示出其个人的文明素质或受过教育后所达到的应有高度。高等教育的根本属性应是人的“个性化”，以追求人的精神世界的发展为使命。体育作为以身体练习为主要特征的教育学科，同样负有促进大学生“精神成人”的重要使命与责任，在关注大学生体育学习掌握基本知识、基本技术、基本技能的基础上，注重发展大学生的精神品质，促进大学生的社会化，体现大学体育的高等性。合作精神作为现代人应有的精神品质和素质要求，应成为体育教学中所要高度关注和认真教育的内容。

（二）以团队为单位开展教学，在日常教学中培育大学生团队合作精神

体育以身体练习为主要特征，以学习体育的基本技术、技能为主要内容，而技术的学习会经历泛化、分化、固化等学习阶段，是一个循序渐进的过程。由于不同学生的体育基础、体育学习能力等各异，会出现学生个体间掌握技术、技能的差异性。教师作为教学的主导者，有责任来指导、帮助学习困难的同学，同时也应倡导团队的团结协作、互帮互助，在教学中注重对整个团队学习、练习取得的成绩进行评价和鼓励，以培养大学生的团队合作精神。教师要善于观察、了解学生，对团队中积极发挥作用、体现出互帮互助精神的现象要进行及时褒奖，对具有良好团队合作精神的学生予以大力表扬。

（三）开展形式多样的教学比赛，培养大学生的团队合作意识

体育教学是一种纯粹的技术、技能练习，既需要一定的体能付出，又需要积极激发自己的运动素质、运动心理、身体机能。持续练习的过程有时会因技术动作的机械性而呈现枯燥的一面，影响学生练习的积极性，而开展形式多样的体育教学游戏、教学比赛及学校大型的体育赛事会更好地激发学生对体育运动的积极性，也能满足他们的好胜心，提升其成就感。以团队为单位开展的体育游戏和比赛会在很大程度上激发学生的战斗力，也会激发每位学生为团队贡献自己力量的决心，会增进团队成员之间的友谊，更能磨炼大学生在团队面对困难时精诚合作的精神。做好每一次体育教学的游戏和比赛，有针对性地培养大学生的团队合作意识是体育特有的优势。

（四）坚持团队考核与个人考核相结合，在成绩考核中强化大学生团队合作精神

教学评价是对师生双方完成教学任务和教学目标情况的基本考核，不同的教学评价体系会产生不同的教学指向，影响师生的教学思想与教学行为，当然也会产生不同的教学效果。传统的体育教学评价以考核个人的技术、技能、素质等项目为内容，尽管还有平时学习的指标纳入其中，但对大学生合作精神方面的考评显得相对欠缺，而把团队合作学习的情况作为考核的内容列入测评范围，会在一定程度上强化大学生对团队合作的意识，会使他们对团队概念的理解更加深入，也会更好地体现团队合作的精神。

第三章　大学生体质健康测试

本章导读

◆ 了解国家学生体质健康标准
◆ 掌握各个测试项目的测试方法
◆ 掌握各个测试项目的锻炼方法

第一节　大学生体质健康的测试与评价

一、体质的概念

体质是指人体生命的质量，是个体在先天遗传性和后天获得性的基础上表现出来的人体形态结构、生理功能、身体素质、心理品质和适应能力等方面相对稳定的特征。

体质是人的生命活动和工作与劳动的物质基础，在其形成、发展和消亡的过程中具有明显的阶段性，从最佳状态到严重疾病或功能障碍，可呈现各种不同阶段的体质水平。一个人的体质好与坏，既依赖于先天因素，又与后天因素相关，而后天因素起着决定性作用。在测定和评价体质时，必须注意体质的综合性特点，并采用多项指标予以评价。

二、体质的构成

人体的形态结构、生理功能、身体素质和运动能力（简称体能）、心理发育以及对外界环境的适应能力是构成体质不可分割的5个重要因素。身体的形态结构是体质的物质基础；生理功能、体能和心理发育是体质的主客观表现；对外界环境的适应能力是体质的综合反映。构成体质的这5个因素相互统一、密切联系。体能是各器官系统机能在人体运动过程中的客观反映。发展和提高体能的过程会相应地引起机体形态结构、生理功能的一系列变化。而伴随着形态结构、生理功能的变化及体能的提高，又会产生一定的心理过程和个性心理特征，从而促进人的心理发展。

三、体质与健康的关系

体质与健康之间有着密切联系。两者都是对人体状况的描述，都涉及人体的形态结构、生理机能、体能和心理发育及对外界环境（包括人际关系）的适应能力等方面，它们之间既有联系，又有所不同。体质是生命活动的基本要素，也是健康的物质基础；而健康是人体理想状态的标志，是体质所追求的目标体现。体质侧重于体格、体型、身体素质、运动能力等，而健康侧重于研究人体的心、肝、脾、肺、肾及血管组织结构和生理功能的疾病、异常和死亡。体质是从“外观”上研究人体，健康是从“内部”研究人体。体质是人体的质量，健康则是体质状况的反映和表现，所以在评价体质和健康状况时，有些指标很难说成纯属检测体质的指标，另一些指标也很难说成纯属健康检查的指标。

四、体质测试与评价

体质测试是指选择能够客观地反映体质状况的各种指标和方法，对人体进行定量的测试，以获得反映体质状况的资料，为更好地进行身体锻炼和促进健康成长提供科学依据。对体质测试所得的资料进行科学的统计与分析，做出某一方面或综合的健康判断，称为体质评价。

体质测试的基本内容及指标包括以下几类。

（1）身体形态指标，主要包括身高、体重、胸围、上臂围、坐高和身体组成（皮脂厚度、体脂率、去脂体重等）。身体形态指标是人体生长发育的重要指标之一。

（2）生理功能指标，主要包括安静时心率、血压，以及肺功能及心血管运动试验指标等。

（3）身体素质指标，包括力量指标、爆发力指标、悬垂力指标、柔韧性指标、灵敏和协调性指标、平衡性指标、耐力指标，以及跑、跳、投等身体运动能力指标。

（4）心理发展水平指标，包括智力、情感、性格、意志等方面。

（5）适应能力指标，包括对环境的适应能力和对疾病的抵抗能力等指标。

五、大学生体质健康标准概述

为建立健全国家学生体质健康监测评价机制，激励学生积极参加身体锻炼，引导学校深化体育教学改革，推动各地加强学校体育工作，促进青少年身心健康、体魄强健、全面发展，在认真总结各地实施现行《国家学生体质健康标准》的基础上，结合新时期青少年体质健康状况和学校体育工作实际，教育部组织专家对原《国家学生体质健康标准》进行了修订，并于2014年7月颁布。

（一）说明

（1）《国家学生体质健康标准》（以下简称《标准》）是国家学校教育工作的基础性指导文件和教育质量基本标准，是评价学生综合素质、评估学校工作和衡量各地教育发展的重要依据，是《国家体育锻炼标准》在学校的具体实施，适用于全日制普通小学、初中、普通高中、中等职业学校、普通高等学校的学生。

（2）本标准的修订坚持健康第一，落实《国家中长期教育改革和发展规划纲要（2010—2020年）》、《国务院办公厅转发教育部等部门关于进一步加强学校体育工作若干意见的通知》（国办发〔2012〕53号）和《教育部关于印发〈学生体质健康监测评价办法〉等三个文件的通知》（教体艺〔2014〕3号）有关要求，着重提高《标准》应用的信度、效度和区分度，着重强化其教育激励、反馈调整和引导锻炼的功能，着重提高其教育监测和绩效评价的支撑能力。

（3）本标准从身体形态、身体机能和身体素质等方面综合评定学生的体质健康水平，是促进学生体质健康发展、激励学生积极进行身体锻炼的教育手段，是国家学生发展核心素养体系和学业质量标准的重要组成部分，是学生体质健康的个体评价标准。

（4）本标准将适用对象划分为以下组别：小学、初中、高中按每个年级1组，其中小学为6组、初中为3组、高中为3组。大学一、二年级为一组，三、四年级为1组。

（5）小学、初中、高中、大学各组别的测试指标均为必测指标。其中，身体形态类中的身高、体重，身体机能类中的肺活量，以及身体素质类中的50米跑、坐位体前屈为各年级学生共性指标。

（6）本标准的学年总分由标准分与附加分之和构成，满分为120分。标准分由各单项指标得分与权重乘积之和组成，满分为100分。附加分则根据实测成绩确定，即对成绩超过100分的加分指标进行加分，满分为20分；小学的加分指标为1分钟跳绳，加分幅度为20分；初中、高中和大学的加分指标为男生引体向上和1000米跑，女生1分钟仰卧起坐和800米跑，各指标加分幅度均为10分。

（7）根据学生学年总分评定等级：90.0分及以上为优秀，80.0～89.9分为良好、60.0～79.9分为及格，59.9分及以下为不及格。

（8）每个学生每学年评定一次体质健康，记入《国家学生体质健康标准登记卡》。特殊学制的学校，在填写登记卡时可以按规定和需求相应地增减栏目。学生毕业时的成绩和等级，按毕业当年学年总分的50%与其他学年总分平均得分的50%之和进行评定。

（9）学生测试成绩评定达到良好及以上者，方可参加评优与评奖；成绩达到优秀者，方可获体育奖学分。测试成绩评定不及格者，在本学年度准予补测一次；补测仍不及格的，学年成绩评定为不及格。对于普通高中、中等职业学校和普通高等学校学生毕业生，测试成绩达不到50分者按结业或肄业处理。

（10）学生因病或残疾可向学校提交暂缓或免于执行《标准》的申请，经医疗单位证明，体育教学部门核准，可暂缓或免予执行《标准》，并填写《免于执行〈国家学生体质健康标准〉申请表》，存入学生档案。确实丧失运动能力、被免予执行《标准》的残疾学生，仍可参加评优与评奖，毕业时《标准》成绩需注明免测。

（11）各学校每学年开展覆盖本校各年级学生的《标准》测试工作，《标准》测试数据经当地教育行政部门按要求审核后，通过“中国学生体质健康网”传至“国家学生体质健康标准数据管理系统”。测试和数据上传时间由教育行政部门确定。

（二）单项指标与权重

学生体质健康的单项指标与权重如表3-1所示。

表3-1　单项指标与权重

测试对象	单项指标	权重/%
大学各年级学生	体重指数（BMI）	15
	肺活量	15
大学各年级学生	50米跑	20
	坐位体前屈	10
	立定跳远	10
	男生引体向上；女生1分钟仰卧起坐	10
	男生1000米跑；女生800米跑	20

（三）《国家学生体质健康标准》评分标准

大学生各项测试评分如表3-2～表3-8所示。

表3-2 体重指数（BMI）单项评分表

等级	单项得分	大学（男）	大学（女）
正常	100分	17.9～23.9千克/米^2	17.2～23.9千克/米^2
低体重	80分	≤17.8千克/米^2	≤17.1千克/米^2
超重		24.0～27.9千克/米^2	24.0～27.9千克/米^2
肥胖	60分	≥28.0千克/米^2	≥28.0千克/米^2

表3-3 肺活量单项评分表

等级	单项得分	肺活量（男）		肺活量（女）	
		大一 大二	大三 大四	大一 大二	大三 大四
优秀	100分	5040毫升	5140毫升	3400毫升	3450毫升
	95分	4920毫升	5020毫升	3350毫升	3400毫升
	90分	4800毫升	4900毫升	3300毫升	3350毫升
良好	85分	4550毫升	4650毫升	3150毫升	3200毫升
	80分	4300毫升	4400毫升	3000毫升	3050毫升
及格	78分	4180毫升	4280毫升	2900毫升	2950毫升
	76分	4060毫升	4160毫升	2800毫升	2850毫升
	74分	3940毫升	4040毫升	2700毫升	2750毫升
	72分	3820毫升	3920毫升	2600毫升	2650毫升
	70分	3700毫升	3800毫升	2500毫升	2550毫升
	68分	3580毫升	3680毫升	2400毫升	2450毫升
	66分	3460毫升	3560毫升	2300毫升	2350毫升
	64分	3340毫升	3440毫升	2200毫升	2250毫升
	62分	3220毫升	3320毫升	2100毫升	2150毫升
	60分	3100毫升	3200毫升	2000毫升	2050毫升
不及格	50分	2940毫升	3030毫升	1960毫升	2010毫升
	40分	2780毫升	2860毫升	1920毫升	1970毫升
	30分	2620毫升	2690毫升	1880毫升	1930毫升
	20分	2460毫升	2520毫升	1840毫升	1890毫升
	10分	2300毫升	2350毫升	1800毫升	1850毫升

表3-4 50米跑单项评分表

等级	单项得分	50米跑（男）		50米跑（女）	
		大一 大二	大三 大四	大一 大二	大三 大四
优秀	100分	6.7秒	6.6秒	7.5秒	7.4秒
	95分	6.8秒	6.7秒	7.6秒	7.5秒
	90分	6.9秒	6.8秒	7.7秒	7.6秒

（续表）

等级	单项得分	50米跑（男）		50米跑（女）	
		大一 大二	大三 大四	大一 大二	大三 大四
良好	85分	7.0秒	6.9秒	8.0秒	7.9秒
	80分	7.1秒	7.0秒	8.3秒	8.2秒
及格	78分	7.3	7.2秒	8.5秒	8.4秒
	76分	7.5秒	7.4秒	8.7秒	8.6秒
	74分	7.7秒	7.6秒	8.9秒	8.8秒
	72分	7.9秒	7.8秒	9.1秒	9.0秒
	70分	8.1秒	8.0秒	9.3秒	9.2秒
	68分	8.3秒	8.2秒	9.5秒	9.4秒
	66分	8.5秒	8.4秒	9.7秒	9.6秒
	64分	8.7秒	8.6秒	9.9秒	9.8秒
	62分	8.9秒	8.8秒	10.1秒	10.0秒
	60分	9.1秒	9.0秒	10.3秒	10.2秒
不及格	50分	9.3秒	9.2秒	10.5秒	10.4秒
	40分	9.5秒	9.4秒	10.7秒	10.6秒
	30分	9.7秒	9.6秒	10.9秒	10.8秒
	20分	9.9秒	9.8秒	11.1秒	11.0秒
	10分	10.1秒	10.0秒	11.3秒	11.2秒

表3-5 坐位体前屈单项评分表

等级	单项得分	坐位体前屈（男）		坐位体前屈（女）	
		大一 大二	大三 大四	大一 大二	大三 大四
优秀	100分	24.9厘米	25.1厘米	25.8厘米	26.3厘米
	95分	23.1厘米	23.3厘米	24.0厘米	24.4厘米
	90分	21.3厘米	21.5厘米	22.2厘米	22.4厘米
良好	85分	19.5厘米	19.9厘米	20.6厘米	21.0厘米
	80分	17.7厘米	18.2厘米	19.0厘米	19.5厘米
及格	78分	16.3厘米	16.8厘米	17.7厘米	18.2厘米
	76分	14.9厘米	15.4厘米	16.4厘米	16.9厘米
	74分	13.5厘米	14.0厘米	15.1厘米	15.6厘米
	72分	12.1厘米	12.6厘米	13.8厘米	14.3厘米
	70分	10.7厘米	11.2厘米	12.5厘米	13.0厘米
	68分	9.3厘米	9.8厘米	11.2厘米	11.7厘米
	66分	7.9厘米	8.4厘米	9.9厘米	10.4厘米
	64分	6.5厘米	7.0厘米	8.6厘米	9.1厘米
	62分	5.1厘米	5.6厘米	7.3厘米	7.8厘米
	60分	3.7厘米	4.2厘米	6.0厘米	6.5厘米

（续表）

等级	单项得分	坐位体前屈（男）		坐位体前屈（女）	
		大一 大二	大三 大四	大一 大二	大三 大四
不及格	50分	2.7厘米	3.2厘米	5.2厘米	5.7厘米
	40分	1.7厘米	2.2厘米	4.4厘米	4.9厘米
	30分	0.7厘米	1.2厘米	3.6厘米	4.1厘米
	20分	−0.3厘米	0.2厘米	2.8厘米	3.3厘米
	10分	−1.3厘米	−0.8厘米	2.0厘米	2.5厘米

表3-6　立定跳远单项评分表

等级	单项得分	立定跳远（男）		立定跳远（女）	
		大一 大二	大三 大四	大一 大二	大三 大四
优秀	100分	273厘米	275厘米	207厘米	208厘米
	95分	268厘米	270厘米	201厘米	202厘米
	90分	263厘米	265厘米	195厘米	196厘米
良好	85分	256厘米	258厘米	188厘米	189厘米
	80分	248厘米	250厘米	181厘米	182厘米
及格	78分	244厘米	246厘米	178厘米	179厘米
	76分	240厘米	242厘米	175厘米	176厘米
	74分	236厘米	238厘米	172厘米	173厘米
	72分	232厘米	234厘米	169厘米	170厘米
	70分	228厘米	230厘米	166厘米	167厘米
	68分	224厘米	226厘米	163厘米	164厘米
	66分	220厘米	222厘米	160厘米	161厘米
	64分	216厘米	218厘米	157厘米	158厘米
	62分	212厘米	214厘米	154厘米	155厘米
	60分	208厘米	210厘米	151厘米	152厘米
不及格	50分	203厘米	205厘米	146厘米	147厘米
	40分	198厘米	200厘米	141厘米	142厘米
	30分	193厘米	195厘米	136厘米	137厘米
	20分	188厘米	190厘米	131厘米	132厘米
	10分	183厘米	185厘米	126厘米	127厘米

表3-7　引体向上、1分钟仰卧起坐评分表

等级	单项得分	引体向上（男）		1分钟仰卧起坐（女）	
		大一 大二	大三 大四	大一 大二	大三 大四
优秀	100分	19次	20次	56次	57次
	95分	18次	19次	54次	55次
	90分	17次	18次	52次	53次

（续表）

等级	单项得分	引体向上（男）		1分钟仰卧起坐（女）	
		大一大二	大三大四	大一大二	大三大四
良好	85分	16次	17次	49次	50次
	80分	15次	16次	46次	47次
及格	78分	—	—	44次	45次
	76分	14次	15次	42次	43次
	74分	—	—	40次	41次
	72分	13次	14次	38次	39次
	70分	—	—	36次	37次
	68分	12次	13次	34次	35次
	66分	—	—	32次	33次
	64分	11次	12次	30次	31次
	62分	—	—	28次	29次
	60分	10次	11次	26次	27次
不及格	50分	9次	10次	24次	25次
	40分	8次	9次	22次	23次
	30分	7次	8次	20次	21次
	20分	6次	7次	18次	19次
	10分	5次	6次	16次	17次

表3-8　耐力跑评分表

等级	单项得分	耐力跑（男）		耐力跑（女）	
		大一大二	大三大四	大一大二	大三大四
优秀	100分	3′17″	3′15″	3′18″	3′16″
	95分	3′22″	3′20″	3′24″	3′22″
	90分	3′27″	3′25″	3′30″	3′28″
良好	85分	3′34″	3′32″	3′37″	3′35″
	80分	3′42″	3′40″	3′44″	3′42″
及格	78分	3′47″	3′45″	3′49″	3′47″
	76分	3′52″	3′50″	3′54″	3′52″
	74分	3′57″	3′55″	3′59″	3′57″
	72分	4′02″	4′00″	4′04″	4′02″
	70分	4′07″	4′05″	4′09″	4′07″
	68分	4′12″	4′10″	4′14″	4′12″
	66分	4′17″	4′15″	4′19″	4′17″
	64分	4′22″	4′20″	4′24″	4′22″
	62分	4′27″	4′25″	4′29″	4′27″
	60分	4′32″	4′30″	4′34″	4′32″

（续表）

等级	单项得分	耐力跑（男）		耐力跑（女）	
		大一 大二	大三 大四	大一 大二	大三 大四
不及格	50分	4′ 52″	4′ 50″	4′ 44″	4′ 42″
	40分	5′ 12″	5′ 10″	4′ 54″	4′ 52″
	30分	5′ 32″	5′ 30″	5′ 04″	5′ 02″
	20分	5′ 52″	5′ 50″	5′ 14″	5′ 12″
	10分	6′ 12″	6′ 10″	5′ 24″	5′ 22″

大学生体质健康标准加分情况如表3-9所示。

表3-9　大学生体质健康标准加分情况

加分幅度	引体向上（男）		1分钟仰卧起坐（女）		耐力跑（男）		耐力跑（女）	
	大一 大二	大三 大四	大一 大二	大三 大四	大一 大二	大三 大四	大一 大二	大三 大四
10分	10分	10分	13分	13分	−35″	−35″	−50″	−50″
9分	9分	9分	12分	12分	−32″	−32″	−45″	−45″
8分	8分	8分	11分	11分	−29″	−29″	−40″	−40″
7分	7分	7分	10分	10分	−26″	−26″	−35″	−35″
6分	6分	6分	9分	9分	−23″	−23″	−30″	−30″
5分	5分	5分	8分	8分	−20″	−20″	−25″	−25″
4分	4分	4分	7分	7分	−16″	−16″	−20″	−20″
3分	3分	3分	6分	6分	−12″	−12″	−15″	−15″
2分	2分	2分	4分	4分	−8″	−8″	−10″	−10″
1分	1分	1分	2分	2分	−4″	−4″	−5″	−5″

注：引体向上、1 分钟仰卧起坐为高优指标，学生成绩超过单项评分 100 分后，以超过的次数所对应的分数进行加分；1000 米跑、800 米跑均为低优指标，学生成绩低于单项评分 100 分后，以减少的秒数所对应的分数进行加分。

第二节　《国家学生体质健康标准》的测试项目及其锻炼方法

一、测试项目

（一）身高与体重

1. 测试目的

测试学生身高，与体重测试相配合，评定学生的身体匀称度，评价学生生长发育的水平及营养状况。

2. 测试方法

受试者赤足，立正站在身高体重仪底板上（上肢自然下垂，足跟并拢，足尖分开

60°角）。足跟、骶骨部及两肩胛区与立柱相接触，躯干自然挺直，头部正直，耳屏上缘与眼眶下缘最低点呈水平位。测试仪器自动完成测试，并把成绩保存在测试仪器里，分别以厘米和千克为单位，保留一位小数。

（二）肺活量

1. 测试目的

测试学生的肺通气功能。

2. 测试方法

受试者面对仪器站立，手持吹气口嘴，使用干燥的一次性口嘴，深吸气，屏住气向口嘴处慢慢呼出至不能再呼为止，吹气完毕后，液晶屏上最终显示的数字即为肺活量毫升值。测试2到3次，选取最大值作为测试结果，以毫升为单位，不保留小数。

（三）坐位体前屈

1. 测试目的

测量学生在静止状态下的躯干、腰、髋等关节可能达到的活动幅度，评价这些部位的关节、韧带和肌肉的伸展性和弹性及学生身体柔韧素质的发展水平。

2. 测试方法

受试者直角坐，两腿伸直，两脚脱鞋平蹬测试纵板，两脚分开10～15厘米，上体前屈，两臂伸直向前，用两手中指尖逐渐向前推动游标，直到不能前推为止。脚蹬纵板内沿平面为0点，向内为负值，向前为正值，测试结果以厘米为单位，保留一位小数。

3. 注意事项

（1）身体前屈，两臂向前推游标时两腿不能弯曲。

（2）受试者应匀速向前推动游标，不得突然发力。

（四）50米跑

1. 测试目的

测试学生速度、灵敏素质及神经系统灵活性的发展水平。

2. 测试方法

受试者两人一组测试。站立起跑，受试者听到“跑”的口令后开始起跑。发令员在发出口令同时要摆动发令旗。计时员视旗动开表计时，受试者躯干部到达终点线的垂直面停表。以秒为单位记录测试成绩，精确到小数点后一位，小数点后第二位数按非零进1原则进位，如10.11秒记录为10.2秒。

3. 注意事项

（1）受试者测试时要根据场地条件穿钉鞋或运动鞋，不得穿皮鞋、凉鞋等不利于运动的鞋。

（2）发现有抢跑者，要当即召回重跑。

（五）立定跳远

1. 测试目的

测试学生下肢爆发力及身体协调能力的发展水平。

2. 测试方法

受试者两脚自然分开站立，站在起跳线后，脚尖不得踩线，两脚原地同时起跳，不得有垫步或连跳动作。丈量起跳线后缘至最近着地点后垂直距离。每人试跳3次，取最好一次的成绩。测试结果以厘米为单位，不计小数。

3. 注意事项

（1）犯规时，此次成绩无效。3次试跳均无成绩者，应允许再跳，直至取得成绩为止。

（2）不得穿钉鞋、皮鞋、凉鞋参加测试。

（六）引体向上

1. 测试目的

测试学生的上肢肌肉力量的发展水平。

2. 测试方法

受试者面向单杠，跳起后，双手正握杠，两手与肩同宽成直臂悬垂。待身体摆动停止后，两臂同时用力向上引体（身体不能有附加动作），上拉到下颌超过横杠上缘为完成一次。在做下一次引体前，两臂须伸直。

3. 注意事项

（1）受试者应双手正握单杠，待身体静止后开始测试。

（2）引体向上时，身体不得做大的摆动，也不得借助其他附加动作撑起。

（七）仰卧起坐

1. 测试目的

测试学生的腹肌耐力。

2. 测试方法

受试者仰卧于垫上，两腿稍分开，屈膝约成90°角，两手指交叉贴于脑后。另一同伴压住其踝关节，以固定下肢。受试者坐起时两肘触及或超过双膝为完成一次。仰卧时两肩胛必须触垫。测试人员发出“开始”口令的同时开表计时，记录1分钟内完成次数。1分钟到时，受试者虽已坐起但肘关节未达到双膝，不计该次数，测试结果精确到个位。

3. 注意事项

（1）如发现受试者借用肘部撑垫或臀部起落的力量起坐时，该次不计数。

（2）测试过程中，测试人员应向受试者报数。

（3）受试者双脚必须放于垫上。

（八）800米或1000米跑

1. 测试目的

测试学生耐力素质发展水平，特别是心血管呼吸系统的机能及肌肉耐力。

2. 测试方法

受试者采用站立式起跑。当听到“跑”的口令后开始起跑。计时员看到旗动开表计时，当受试者的躯干部到达终点线垂直面时停表。以分、秒为单位记录测试成绩，不计小数。

二、锻炼方法

（一）肺活量

肺活量是指在不限时间的情况下，一次最大吸气后再尽最大力量所呼出的气体量。肺活量是反映人体生长发育水平的重要机能指标之一。

经常运动的人比一般人的肺活量要大。长跑、游泳、健美操、跳绳、跑楼梯、上下台阶、长距离竞走、篮球和足球等项目都是提高人体肺活量的有效方法。

（二）50米跑

50米跑是国际上通用的体质测试项目，能够通过较短距离的高强度跑测试速度素质。

速度素质可以反映人体中枢神经系统的机能状态和神经与肌肉的调节机能，也可以综合地反映人体的爆发力、灵敏性和柔韧性等素质。

50米跑的锻炼方法如下所述。

（1）小步跑，体会前脚掌快速扒地的动作，上下肢放松协调配合。

（2）高抬腿跑，提高大腿高抬的幅度，增强腿部力量，增加动作频率。

（3）后蹬跑，纠正后蹬用力不充分和“坐着跑”等缺点，增强腿部力量。

（4）小步跑转入加速跑，加速跑50～60米。

（5）高抬腿跑转入快速跑，快速跑50～60米。

（6）后蹬腿跑转入快速跑，快速跑50～60米。

（7）进行顶风跑、顺风跑、上坡跑、下坡跑。

（8）进行30米、50米计时跑。

（9）跑60～80米，以中等速度反复练习。

此外，还可采用负重练习，以增强腿部力量。

（三）立定跳远

立定跳远是发展下肢肌肉力量、腰腹力量、协调性及跳跃能力的指标之一，是测试爆发力的项目。爆发力是在最短时间内发挥的最大力量。爆发力的大小不仅取决于力量，还取决于力量和速度的结合。

采用快速力量的各种跳跃练习以及负重练习，能够有效地发展腿部肌肉力量和肌肉速度，提高弹跳能力。立定跳远的锻炼方法如下所述。

（1）深蹲跳。全蹲下去，双脚同时用力向上跳起，连续做多次。

（2）单脚跳。用左脚连续向上或向前跳一定的次数，再换右脚做连续跳。

（3）多级跨步跳。连续以最少的步数，跨出最远的距离。

（4）多级蛙跳。屈膝半蹲，上体稍前倾，双脚同时用力蹬地，充分伸直髋、膝、踝三关节，同时两臂迅速上摆；身体向前跃出，双腿屈膝落地缓冲后再接着向前跳。

（5）跳台阶。原地双脚起跳，跃上台阶或其他物体，然后跳下，反复进行。

（6）跳绳。进行各种方式、方法的跳绳练习。

（7）身体负重（肩负杠铃或沙包、腰和腿绑沙袋、身穿沙衣等）做各种跳跃练习。

（四）坐位体前屈

坐位体前屈是反映人体柔韧性的测试项目。柔韧性是指人体完成动作时，关节、肌肉、肌腱和韧带的伸展能力。一个人的韧性程度越好，表示其关节的活动幅度越大，关节灵活性越强。

柔韧性与健康的关系极为密切。柔韧性越高，身体协调能力越好，能够更好地发挥力量、速度等素质，对提高技能和技术、防止运动创伤等都有积极作用。

坐位体前屈的锻炼方法如下所述。

（1）正压腿。一腿直立，另一腿举起放于高度适当的高物上，身体正对抬起的腿，上体向前，尽量用胸部贴腿，双膝不得弯曲，还原后连续做多次。

（2）侧压腿。一腿直立，另一腿举起放于高度适当的高物上，身体侧对抬起的腿，上体尽量侧屈，用头的一侧贴腿；不要前倾或后仰，还原后连续做多次。

（3）正踢腿。直立，两臂平举，左脚向前迈出一小步，右腿绷脚面伸直，急速有力地向上踢腿，落下时要有控制；两腿交替练习。

（4）并腿体前屈。两腿并立，上体前屈，两手触地，上体与腿尽量贴近，还原后连续做多次。

（5）两腿左右开立，大于肩宽，上体前屈，臀部自然后移，双膝伸直，两手先向左腿外侧摸地面，还原后向右腿外侧摸地面，连续做多次。

（6）双腿伸直坐于垫上或床上，上体前屈，两臂向前伸，尽力用双手触脚尖，膝关节不得弯曲，还原后连续做多次。

（五）引体向上（男）

引体向上主要测试上肢肌肉力量的发展水平。引体向上是锻炼背部肌肉的基本方法，也是衡量男性体质的重要测试项目。

做引体向上时，要求练习者有一定的握力、上肢力量和肩带力量，这个力量必须能克服自身的体重才能完成一次。引体向上是一种力量耐力项目，对发展上肢悬垂力量、肩带力量和握力有重要作用。它以按动作规格完成的次数来计算成绩，做得越多，成绩越好。

引体向上的锻炼方法如下所述。

在练习引体向上时，一般3～5组，每组8～12次，组间休息1分钟左右；也可以在做第一组时做到几乎竭尽全力（无论是3个还是4个），然后做两组，每组尽力而为，能做多少就做多少，下次再做时，尝试每组多做一两个。

当引体向上每组次数超过12次时，即可考虑负重练。一般要做3～8组，每组8～12次，组间休息1～2分钟。休息时长因人而异；也可按照规定次数练习。例如，第一组采用顶峰收缩法做8次，有余力也不多做，组间休息1分钟；第二组按规定做8次，直至最后几组，用尽全力，即便借助外力，动作不太规范，也要完成规定的8次。

（六）仰卧起坐（女）

仰卧起坐是测试腹肌力量和耐力的一个项目。测试方法简单易行，多年来在学校体育的锻炼和测验中一直受到重视。

仰卧起坐的锻炼方法如下所述。

1. 垫上练习

（1）直腿仰卧起坐。仰卧于垫上，双腿并拢伸直，两臂上举；上腹用力，使上体坐起，两臂前伸，用手触脚；还原后连续做多次。

（2）仰卧团身。两手上举仰卧于垫上，双腿并拢屈膝，大小腿成90°；收腹起上身，同时双膝往上提，臀部随之离地，两臂抱腿，头尽量碰膝，仅腰部贴地；还原后连续做多次。

（3）单腿仰卧起坐。两手抱头仰卧于垫上，双腿屈膝大于90°；左膝上提，同时收腹夹肘起上身，尽力用右肘碰左膝；还原后，右膝上提，同时收腹夹肘起上身，尽量用左肘碰右膝；连续做多次。

（4）仰卧举腿。直体仰卧于垫上，两手抓垫，连续做向上直腿举腿动作。

2. 垫上负重和其他器械练习

（1）斜板仰卧起坐。两臂上举，仰卧在稍有高度的斜板上，脚朝上，头朝下，将双脚固定；当上身起坐时，两手尽量往脚尖伸去；还原后连续做多次。

（2）支撑举腿。两臂伸直，支撑在双杠或其他物体上，身体保持正直，双腿并拢后，快速收腹举腿，使大腿与上体成90°，保持几秒钟后，还原后连续做多次。

（3）悬垂举腿。双手正握单杠或肋木（背向肋木）呈悬垂，双腿伸直，最大限度地向上举起大腿，还原后连续做多次。

（4）仰卧双腿举重物。仰卧于垫上，双手抓住固定物体；双脚夹重物或踝关节绑沙袋向上举起后放下；还原后连续做多次。

（5）负重仰卧起坐。仰卧于垫上，双腿伸直，双手在头后持重物；腹肌迅速收缩，使上体坐起并前屈，然后慢慢还原；还原后连续做多次。

（七）1000米跑（男）、800米跑（女）

1000米跑（男）、800米跑（女）项目，既测试受试者有氧耐力水平，也测试无氧耐力水平。因为耐力是衡量人的体质健康状况和劳动工作能力的基本因素之一，是从事各项运动必不可少的一种运动素质，所以测试耐力水平对于评价学生的体质健康状况有着非常重要的意义。

长跑测试既可以反映肌肉耐力，又可以反映呼吸系统和心血管系统的机能水平，测试方法简单易行，具有其他测验项目不可替代的作用。更为重要的是，《标准》把长跑测试作为一种手段，引导学生更多地关注自己的耐力和心肺功能，引导学生主动积极地参加长跑等体育锻炼，从而发展体能，增强耐力，提高体质健康水平。

1000米跑（男）、800米跑（女）的锻炼方法如下所述。

（1）匀速跑800～1500米，全程都以均匀的速度跑。

（2）中速跑500～1000米，要跑得轻松自然，动作协调，放开步子。

（3）重复跑。反复跑几个段落，如200米、400米或800米等，中间休息时间较长。跑的距离、重复次数、快慢、强度可根据自己的情况而定，以发展速度耐力。

（4）加速跑60～80米。反复跑，中间可有较短时间的休息。

（5）变速跑1500～2500米。要求快跑与慢跑结合，如采用100米慢跑、100米快跑，或100米慢跑、200米快跑等方法交替进行，以发展速度耐力。

（6）越野跑。利用自然地形条件进行练习，如在公路、田野或山坡上进行跑步练习，以发展耐力、灵敏、弹跳等素质。

（7）进行跑台阶、跑楼梯练习。

第四章　体育运动损伤与急救方法

本章导读

◆ 了解体育运动中常见的生理反应及处理
◆ 了解体育运动中常见运动损伤的预防与处理
◆ 掌握体育运动的急救方法

第一节　体育运动中常见的生理反应及处理

世界卫生组织指出，适量规律的体育锻炼有以下好处：延年益寿；强健筋骨、肌肉和关节；有效控制体重；减少患心脑血管病、高血压、直肠癌、2型糖尿病的概率；预防和减少骨质疏松症的发生；促进心理健康，减少抑郁症、强迫症和孤独感的发生；帮助青少年预防和控制不良习惯，远离烟草、酒精。在体育锻炼过程中，人体的生理平衡会受到暂时性破坏，会出现某些生理反应，这种反应称为“运动生理反应”。运动中常见的生理反应及处理办法如下所述。

一、运动后肌肉疼痛和紧绷

刚开始从事某项运动或是很长一段时间没有运动的人，运动后，常会有肌肉酸痛或紧绷的感觉。在运动后数小时内所产生的急性肌肉酸痛被认为与运动肌群缺乏血流量（氧含量）及肌肉疲劳有关。

另外，在运动后24小时出现的肌肉疼痛、肌肉酸痛或肌肉僵硬的现象，称为延迟性肌肉酸痛。这种肌肉酸痛较常见于开始一个新的锻炼计划，或改变日常活动计划，或大幅度地增加持续练习时间和强度的运动后。延迟性肌肉酸痛在运动后24～72小时酸痛达到顶点，5～7天后疼痛基本消失。延迟性肌肉酸痛是运动疲劳的正常反应，是一个身体适应的过程，将导致肌肉的恢复及肌纤维的增粗，会产生更强的耐力和力量。

延迟性的疼痛与运动过程中肌肉拉伤或扭伤产生的疼痛不同，延迟性肌肉酸痛一般是运动疲劳，与肌肉和关节本身及周围结缔组织过度伸展或撕裂等因素有关。

（一）原因和征象

延迟性肌肉酸痛是由细小肌肉纤维撕裂导致的。细小肌肉纤维撕裂的数量（和疼痛）取决于运动的强度、时间以及运动类型。进行不熟悉的运动项目可能导致延迟性肌肉酸痛，肌肉在增加长度时的剧烈收缩也会导致肌肉酸痛。

引起肌肉强烈收缩的运动包括下楼跑、下坡跑、俯卧撑，以及降低身体重心和下蹲的运动。

（二）处理

1. 运动恢复

有关研究表明，低强度的有氧运动可增加血液流量，减少肌肉酸痛。在剧烈运动或比赛后，可采用低强度的有氧运动帮助肌肉放松。

在高强度运动后，完全休息是恢复的最好方法。然而，研究也发现了通过运动恢复的一些优势。运动恢复是指训练后从事低强度运动。运动恢复有两种形式：一是在剧烈运动后立即放松；二是在比赛和高强度运动后的第二天从事低强度运动。

2. 休息恢复

在没有任何特殊处理的情况下，运动后肌肉疼痛通常会在3～7天内消失。运动后，要保证足够的休息，以便身体肌肉组织尽快恢复、重建和加强。

3. 按摩恢复

按摩能够帮助减少肌肉疼痛和肿胀，还不会影响肌肉的功能。按摩有助于改善肌肉的灵活性，提高关节活动范围减少肌肉僵硬，也有助于改善按摩区的血液流动，增加肌肉温度，减少软组织的疼痛，还有助于减少焦虑和改善情绪。

对于运动后肌肉疼痛，其他的治疗方法还有很多，如进行温和的拉伸练习、采用药物治疗、练习瑜伽等，但最重要的方法还是以预防为主，切记从事体育运动要循序渐进，不可急于求成。

（三）预防

1. 热身活动

适当的热身活动可增加活动肌肉的血液流量，从而减少肌肉僵硬，降低受伤的风险，提高运动表现。此外，热身还可在生理和心理方面做好运动准备。典型的热身运动包括以下几种。

（1）逐渐增加专项运动的强度。例如，跑步时，先慢跑一会儿，再做几个冲刺型的动作来动员所有的肌纤维。

（2）以缓慢平稳的方式添加非专项动作。例如，以球为专项的球员经常使用无关球的练习作为他们的热身活动。

（3）进行拉伸。为避免受伤，拉伸肌肉最好在血液流量增加后。天冷时拉伸肌肉会增加受伤的危险，因此，最好在拉伸之前做有氧运动。有氧运动后做些拉伸练习可使肌肉变软，增加血液流量，并使肌肉温度提高。

2. 放松活动

运动后应以温和的伸展运动来放松。伸展运动是提高体能和健康的基本方式。伸展运动可以促进循环，扩大运动范围，改善体姿，减少关节僵硬，降低肌肉张力，提高肌肉表现。

在进行伸展练习时，应注意以下几点：①均匀地拉伸身体两侧的肌肉；②避免过度伸展，不要有疼痛或不适感，以感到轻微的紧张感为佳；③慢慢地、均匀地拉伸肌肉，保持姿势约15秒；④拉伸的时候不要反弹或猛拉，否则会导致肌肉超出伸展能力而发生损伤，拉伸动作应流畅而缓慢；⑤练习时应放松，深呼吸是放松的关键，在拉伸时不要屏住呼吸。

二、运动中腹痛

运动中腹痛泛指在运动过程中或运动结束时产生的腹部疼痛。

（一）原因

引起腹痛的原因，大体可分为两类：一类是腹内脏器病变所致，另一类是腹腔以外脏器或全身性病变所致。腹内脏器病变所致者，又可分为器质性病变和功能性病变两种。运动中，腹痛既有器质性的，也有功能性的，原因如下所述。

1. 胃肠痉挛

胃肠痉挛可引起腹痛，轻者为钝痛、胀痛，重者为阵发性绞痛。饭后过早参加运动，运动前吃得过饱、喝水过多、喝冷饮过多或空腹锻炼引起胃酸或冷空气对胃的刺激等，都会引起胃痉挛，其疼痛部位在上腹部。运动前吃了胀气或不易消化的食物，如豆类、薯类、牛肉等，以及腹部受凉或蛔虫刺激等，均可引起肠痉挛，其疼痛部位多在肚脐周围。宿便刺激也可引起肠痉挛，其疼痛部位在左下腹部。

2. 肝脾瘀血

肝脾瘀血可引起腹痛。肝脾瘀血肿胀，增加肝脾被膜的张力，使肝被膜上的神经受到牵扯，产生疼痛。肝痛表现在右季肋部，脾痛表现在左季肋部，疼痛性质为胀痛或牵扯痛。发生肝脾瘀血的原因可能是运动前准备活动不够或开始运动时速度过快。当内脏器官的功能还没提高到应有的活动水平，就加大运动强度，特别是心肌力量较弱时，心脏搏动无力，会影响静脉血回流至心脏，致使下腔静脉压力上升，肝静脉回流受阻，从而引起肝脾瘀血肿胀。此外，剧烈运动时，会破坏均匀、有节奏的呼吸，引起呼吸肌疲劳或痉挛；膈肌疲劳后会减弱对肝的“按摩”作用，同时由于呼吸短浅，胸膜腔内压增长，会影响下腔静脉血的回流，这些都可使肝脾发生瘀血肿胀。

3. 腹直肌痉挛

夏季进行剧烈运动时，由于大量排汗，盐分缺失，会使水盐代谢发生紊乱，加上疲劳，可引起腹直肌痉挛。这种腹痛多发生在运动后期，疼痛部位比较表浅。

4. 髂腰肌血肿

在剧烈运动时，由于髂腰肌拉伤，会产生血肿而引起腹痛。

5. 腹部慢性疾病

慢性肝炎、溃疡病或慢性阑尾炎患者参加剧烈运动时，由于病变部位受到牵扯、震动等刺激，会产生疼痛。这种疼痛的部位同病变的部位一致。

（二）征象

运动中腹痛的部位一般与有关脏器的解剖部位有关。腹部分为上、中、下三部分或左、中、右三部分。右上腹痛者，多为肝瘀血、胆囊炎、胆石症等；中上腹痛者，多为胃痉挛、十二指肠溃疡、急性胰腺炎等；左上腹痛者，多为脾瘀血；腹中部痛者，多为肠痉挛、肠套叠或蛔虫症等；右下腹痛者，多为阑尾炎、右髂腰肌血肿；左下腹痛者，多因宿便刺激引起的肠痉挛或左髂腰肌血肿；腹直肌痉挛多在相应的部位疼痛，且比较表浅。但是，也有的疾病在发病初期其疼痛部位并不一定与病变部位完全一致，如急性阑尾炎早期的疼痛部位多在上腹部或脐周围。也有些疾病虽然表现为急性腹痛，但病变部位却在腹外器官，如急性心肌梗死、大叶性肺炎等。

（三）处理

运动中发生腹痛时，一般只需减慢跑速、加深呼吸以调整呼吸与运动的节奏、按压疼痛部位或弯着腰跑一段距离，疼痛即可减轻或消失。如疼痛仍不减轻，甚至加重，就应立即停止运动，并做进一步的鉴别诊断和处理。若是由胃肠痉挛引起的腹痛，可针刺或用指掐、点、揉内关、足三里、大肠俞等穴位，必要时口服解痉止痛药物；若是腹直肌痉挛，可进行局部按摩，或采用背伸动作拉长腹肌。如果上述措施均不见效，就应请医生进行诊断和处理。

（四）预防

一是合理安排膳食。运动前避免吃得过饱和饮水过多，饭后1.5～2小时才可进行剧烈运动，并在运动前做好充分的准备活动。二是运动时要坚持循序渐进的原则，并注意呼吸与动作之间的节奏配合。三是加强体检与监控。各种腹部脏器的慢性疾病应及早就医、彻底治疗，在疾病未愈之前，应暂停训练，或只参加一些力所能及的运动。

三、运动性贫血

（一）原因

贫血可由各种原因所引起，它不是独立的疾病，而是一种症状。运动员在训练过程中如果生理负担量过大，也会导致贫血，这种贫血称为运动性贫血。运动性贫血多为缺铁性贫血，少数为溶血性贫血，个别为混合型贫血。从该病发生率看，女性发病率高于男性，年龄小的运动员的发病率高于年龄大的运动员。血红蛋白是红细胞的主要成分，正常人血红蛋白的浓度和红细胞的数量密切相关。在一般情况下，血液中红细胞数量越多，血红蛋白浓度就越高。我国成年健康男性血红蛋白浓度为120～160克／升，成年女性血红蛋白浓度为110～150克／升。成熟红细胞的寿命约120天，机体在正常情况下每天都有一定数量的红细胞在新生和衰亡，两者之间维持动态平衡，使血液中红细胞与血红蛋白的数量保持在相对稳定的水平上，一旦这种平衡受到某些因素的破坏，即可引起贫血。由于血红蛋白减少，血液输送氧的功能不足，全身各器官、组织就会缺氧，从而引起各种临床症状。

（二）征象

运动性贫血发病缓慢，主要表现为头晕、乏力、易疲倦、记忆力下降、食欲差等症状。运动时症状较明显，常伴有气喘、心悸等症状，主要的征象为皮肤和黏膜苍白，心率较快，心尖区可听到收缩期吹风样杂音等。症状的轻重程度与血红蛋白的数量多少及运动负荷的大小有密切关系。血液检查时，血红蛋白的含量减少，男性血红蛋白浓度低于120克／升，女性血红蛋白浓度低于110克／升，是诊断本病的标准。

（三）处理

适当减少运动量，必要时应停止训练，改善营养，尤其是补充富有蛋白质和铁的食物。口服硫酸亚铁片剂，每日3次，每次0.3克，饭后服用，这对治疗缺铁性贫血有明显效果，并同时服用维生素C和胃蛋白酶合剂，以利于铁的吸收。也有人采用中西药结合来治疗运动性贫血，也有较好的疗效。由其他原因引起的贫血，则应及时查明原因，对症治疗。

（四）预防

对于此类疾病的预防，应合理安排运动量和运动强度，遵守循序渐进和个别对待的原则；多食含蛋白质丰富的食物，克服偏食习惯；对大运动量训练的运动员可进行预防性补铁，建立合理的膳食制度，使运动与进食有一定的间隔时间。

四、运动性昏厥

在运动中或运动后脑部一时性血供不足或血液中化学物质的变化引起突发性、短暂性意识丧失、肌张力消失，并伴有跌倒的现象，称为运动性晕厥。

（一）原因

运动性昏厥是供应给大脑的血液和氧减少而引起的。晕厥是一种临时的意识丧失，通常持续不到一分钟。运动性昏厥可能是由于多种因素引起的，如严重的脱水、低血糖或高温。此外，在运动中晕倒也常常与血液循环受到影响有关。

（二）征象

运动性晕厥多表现为头昏、眼花、面色苍白、全身乏力、出冷汗，进而出现意识丧失和瞳孔缩小。一般数秒钟内，患者便可恢复正常，少数人在数小时后清醒，其他异常体征不明显。

（三）处理

对病情较轻的昏厥者，要保持安静，取平卧位，注意保暖，并予以必要的对症处理，口服镇静剂，吃容易消化的食物等；对心功能不全的患者，应保持安静，取端坐位，并予以吸氧及点掐内关穴、足三里穴；对昏迷者，可点掐人中、百会穴、涌泉穴，并保持呼吸道通畅；若患者发生呼吸、心搏骤停，必须立即就地做人工呼吸和胸外心脏按压，同时速请医生做进一步处理。

（四）预防

预防晕厥，首先在于加强体育锻炼，提高身体素质和机能水平。其次，在训练和比赛中，应结合身体实际情况量力而行。患病期间，可暂停训练，积极治疗并注意休息。伤病初愈者，要注意逐渐增加运动量。凡在重大比赛和大强度训练前，运动员均应做全面深入的体格检查。对有高血压病史、心血管系统疾病史的运动员或有家族病史者应禁止参加剧烈运动和比赛。此外，饭后要休息2～3小时再进行运动。

五、肌肉痉挛

肌肉痉挛（俗称抽筋）是指肌肉不自主地强直收缩。在体育运动中，最易发生痉挛的肌肉是小腿腓肠肌，其次是足底的拇长屈肌和趾长屈肌。

（一）原因

1. 大量排汗

进行剧烈运动时（尤其是夏天），由于大量排汗、失水、失盐严重，体内电解质的平衡发生紊乱，体内氯化钠的含量过低，引起肌肉神经的兴奋性增高而发生肌肉痉挛。

2. 肌肉收缩失调

在运动中，由于肌肉快速地连续收缩，放松的时间太短，肌肉收缩与放松的协调交替关系发生破坏，特别是局部肌肉处于疲劳状态时，更易发生肌肉痉挛。

3. 寒冷的刺激

在寒冷的环境下进行体育活动时，若未做准备活动或准备活动不充分，肌肉受到寒冷的刺激常可引起肌肉痉挛。此外，局部肌肉疲劳或有微细损伤时，也可引起肌肉痉挛。

（二）征象

肌肉发生痉挛时，局部肌肉坚硬或隆起，剧烈疼痛，且一时不易缓解。

（三）处理

牵引痉挛的肌肉，几分钟即可缓解痉挛。例如，腓肠肌痉挛时，先让患者平坐或仰卧，伸直膝关节；牵引者双手握住患者足部并抵于牵引者的腹部，利用牵引者躯干前倾的适度力量，将踝关节缓慢地背伸，拉长痉挛的腓肠肌。又如拇长屈肌、趾长屈肌痉挛时，用力将足和足趾背伸，但切忌使用暴力。此外，可配合局部按摩，如重力按压、点掐承山、涌泉、委中等穴位，以使痉挛得到缓解。

（四）预防

运动前应做充分的准备活动对易痉挛的肌肉事先做适当按摩。冬季户外锻炼时要注意保暖，夏季进行剧烈运动时应注意补充盐分、水及维生素等。游泳前要先用冷水淋湿全身，以提高机体对冷水刺激的适应能力；若水温较低，游泳的时间不宜太长；若发生腓肠肌痉挛，切勿惊慌失措，可采用仰泳，一手划水，用患足对侧的手握住患足拇趾，用力将患肢的踝关节背伸；若无效或两侧腓肠肌同时痉挛时，应立即呼救。

六、运动中暑

（一）原因

在较高的温度下，长时间进行体育锻炼易发生中暑。尤其在温度高、通风不良的条件下，头部缺乏保护，被烈日直接照射更容易中暑。

（二）征象

在中暑早期，患者会出现头晕、头痛、呕吐，后逐步发展为体温升高、皮肤干燥；严重者可精神失常、虚脱、抽搐、心律失常和血压下降，甚至昏迷。

（三）处理

一是降温消暑。将患者扶到阴凉通风处休息，使其平卧，头部抬高，解开衣领。如果患者神志清醒，并无恶心、呕吐症状，可饮用含盐的清凉饮料、茶水或绿豆汤等，并补充生理盐水或葡萄糖等，以起到降温和补充血容量的作用。

二是人工散热。可采用电风扇吹风等散热方法，但不能直接对着患者吹风，以防止感冒。

三是冰敷。可在患者头部、腋下或腹股沟等大血管处放置冰袋（用冰块、冰棍或冰激凌等放入塑料袋内，密封即可），并可用冷水或30%的酒精进行擦浴，直到皮肤发红。每10～15分钟测量1次体温。

对于重症中暑患者，经临时处理后，应迅速送医院救治。

（四）预防

在高温炎热的季节进行锻炼时，应适当减少运动量和运动时间，避免在烈日下长时间锻炼。夏天在室外锻炼时，应戴白色的凉帽，穿宽敞透气的衣服。在室内锻炼时，应保持良好的通风，并备有低糖的饮料。

第二节　体育运动中常见运动损伤的预防与处理

一、运动损伤的原因

在体育运动中所发生的损伤，统称为运动损伤。造成运动损伤的直接原因较多，主要有以下几个方面。

（1）思想上不够重视。运动损伤的发生，常与学生对预防运动损伤的意义认识不足、思想上麻痹大意及缺乏预防知识有关，如运动前不检查器械、预防措施不得力、好胜好奇，常在盲目和冒失行动中受伤。

（2）运动前准备活动不充分，特别是缺乏有针对性的准备活动，运动器官、内脏器官机能没有达到运动状态而造成运动损伤。人体从相对静止状态过渡到紧张的运动状态，必须依靠准备活动来提高神经系统和各系统器官的功能，缺乏准备活动或准备活动不合理、不充分，就容易发生运动损伤。

（3）运动情绪低下，或在畏难、恐惧、害羞、犹豫以及过分紧张时容易发生伤害事故；有时也会因缺乏运动经验和缺乏自我保护能力而致伤，如摔倒时用肘部或直臂撑地，会造成肘关节或尺、桡骨损伤。

（4）训练内容组合不科学、方法不合理、纪律松散以及技术上的错误等，都可能造成运动损伤，如投掷标枪时，上臂外展，屈肘小于90°，肘部低于肩部，容易造成肌肉拉伤，甚至肱骨骨折。

（5）运动场地狭窄，地面不平坦，器械安置不当或不坚固，锻炼者拥挤或多种项目在一起，容易相互冲撞致伤。

（6）动作粗野或违反规则。在比赛中不遵守比赛规则，或在教学训练中相互逗闹，动作粗野，故意犯规等，是篮球、足球等项目中发生运动损伤的重要原因。

（7）不良气象的影响。空气污浊、噪声、光线暗淡、气温过高或过低等，都可直接或间接地造成伤害事故。

二、运动损伤的预防

在体育运动中，如果忽视运动损伤的预防工作，或者未能积极采取各种有效的预防措施，就可能发生各种伤害事故。因此，在体育运动中，要了解各种造成运动损伤的原因，并及时总结规律，把握导致损伤的特点，预防在先。运动损伤的预防有以下几点。

（1）加强运动安全教育，克服麻痹思想，提高预防损伤意识。

（2）认真做好准备活动，准备活动要有针对性，不同项目重点活动的部位不同；天冷准备活动时间可长一些，天热也不要忽视准备活动；对可能发生运动损伤的环节和易伤部位，要及时采取预防措施。

（3）合理组织锻炼，合理安排运动量，防止局部运动器官负担过重。

（4）加强易伤部位和相对薄弱部位的练习，提高其机能，是预防运动损伤的积极措施。

（5）提高自我保护能力。如摔倒时，立即屈肘低头，团身滚动，切不可直臂或肘部撑地；由高处跳下时，要用前脚掌着地，注意屈膝、弯腰，两臂自然张开，以利于缓冲和保持身体平衡；面对粗野动作，要及时闪避，不要“硬碰硬”，尽量避免身体直接接触。

三、运动损伤的处理

体育运动中出现的损伤多为闭合性软组织损伤，如扭伤、挫伤和肌肉拉伤等，这种损伤一般可分为早、中、晚三个时期。这三个时期之间并没有明显界限，除与伤的轻重相关外，还与伤后及时合理的急救处理、治疗及康复有关。

（一）早期

损伤早期为伤后24～48小时，严重的，可持续72小时，主要症状是组织撕裂或断裂后出现血肿和水肿，出现反应性炎症，表现为不同程度的红肿热痛及功能障碍。此时，处理原则主要是防止内出血、制动、防肿和止痛。处理办法有以下几种：立即停止活动，以减少出血；用冷水浸泡或用冰块冷敷受伤部位以达到止血、防肿和止痛效果；用绷带加压包扎，防止肿胀的扩大。需要注意的是，早期肿胀形成越小，后期康复就越容易，早期的正确处理对于治疗运动损伤起着关键的作用。

（二）中期

损伤中期为伤后48小时到6周，此时伤处开始消肿。损伤后，可在24～48小时内进行热疗，以消除水肿，促进机体尽快吸收，并减少瘢痕形成；还可用针灸、按摩、理疗等治疗方法，并应尽早进行受伤部位的功能锻炼。热疗和按摩在此时期的治疗中极为重要，热敷时温度不要太高，时间不要太长，避免烫伤；按摩手法应从轻到重，先按摩损伤部位周围，再局部按摩损伤部位，以免加重受伤部位，造成再出血。

（三）后期

损伤晚期从伤后3周至痊愈。此时期的治疗主要是提高肌肉、肌腱和其他组织的功能，治疗方法主要是进行受伤部位的功能锻炼，可以逐渐增加负荷，直至能够进行剧烈运动，另外要配合热敷、按摩和理疗等治疗方法。

四、常见的运动损伤

（一）开放性软组织损伤

常见的开放性软组织损伤包括擦伤、切伤、刺伤、撕裂伤等外部损伤。运动中，开放性软组织损伤主要表现为擦伤。擦伤是因皮肤受摩擦所致的皮肤黏膜伤。轻度擦伤可用2%红汞水或1%～2%甲紫溶液（紫药水）或0.05%碘酒涂抹，不需包扎即可痊愈。需要注意的是，涂抹时不宜直接涂抹伤口，可在伤口周围消毒。

重度擦伤应首先用生理盐水和过氧化氢冲洗消毒，然后用消过毒的敷料包扎。切伤、刺伤、撕裂伤等发生后，皮肤都会有不同程度的规则或不规则的裂口，早期处理主要是清创、缝合和抗破伤风。伤口内有异物者应先清除，然后止血、缝合、包扎。

（二）挫伤

挫伤是外来钝性暴力作用或运动员相互撞击所致，一般会出现红热肿痛及功能障碍等现象，即俗称的“硬伤”。轻度挫伤可按照闭合性软组织损伤处理。挫伤的同时伴有周围重要组织或脏器损伤的，称为复杂性挫伤。这是一种较为严重的损伤，如头部挫伤，轻者可发生脑震荡，严重者可有颅骨骨折或合并脑挫伤，而危及生命；胸、背部挫伤可合并肋骨骨折或肺组织的损伤，形成气胸或血胸；腰、腹部挫伤可合并肾挫伤和肝、脾破裂，而引起内出血和休克；睾丸挫伤可因剧烈疼痛，而引起休克。

（三）肌肉拉伤

肌肉拉伤是体育运动中常见的损伤，在准备活动不充分或肌肉疲劳时较易发生。另外，压腿或者劈叉时因幅度过大也容易发生肌肉拉伤。肌肉拉伤会严重影响锻炼、生活和学习。发生肌肉拉伤后，轻者会出现少量肌纤维撕裂，应立即做冷敷、加压包扎和抬高患肢处理，然后让肌肉处于松弛位固定休息；中后期可以进行按摩、理疗和针灸等治疗方法。严重者会出现肌肉完全断裂，应及时运送医院做缝合处理。

（四）腰肌劳损

慢性腰肌劳损是引起慢性腰痛的重要原因。腰肌劳损主要是由腰部活动过多及长期过度负荷，或急性腰扭伤后治疗不彻底与多次损伤后逐渐演变成慢性损伤所致。长期姿势不正确或固定于某种体位、运动后受凉等也是致病因素。大多数腰肌劳损患者都能坚持体育锻炼或进行中小运动负荷训练，表现为运动前腰后部疼痛，只有少数症状较重者完全不能运动。按摩、理疗、针灸和拔罐疗法等对治疗腰肌劳损的效果较好。运动时可用腰部保护带（护腰），并注意加强腰背肌群练习。

（五）踝关节扭伤

踝关节扭伤在足球、篮球项目中发生率较高，主要是由跳起落下时身体重心不稳、踩在别人脚上或者场地凹凸不平所致。踝关节扭伤后要及时治疗，避免出现习惯性扭伤。

在发生踝关节扭伤后，要在现场及时进行处理。处理措施是立即用指压迫止血，同时做强迫内翻试验及踝关节抽屉试验检查，判断损伤的程度。若关节错动较小，可先手动复位，然后用冰敷或蒸发冷冻剂喷洒降温并加压包扎，抬高患肢，按闭合性软组织损伤处理，或送医疗单位处理。为避免习惯性扭伤，再次运动时要打弹性绷带进行包扎固定，并协助踝关节发力，限制踝关节过度内翻，这对二度扭伤有较好的预防作用。

第三节　体育运动中的急救方法

一、运动损伤的急救

运动损伤的急救是指在运动中对突然发生的运动损伤进行紧急、合理的处理，并为伤者转送医院进一步诊治创造条件的活动。

（一）急救原则

（1）抓住主要矛盾进行急救。急救情况比较复杂，有时会出现多种损伤，此时急救人员必须抓住主要矛盾进行急救。如果发现患者休克，应先进行抗休克措施；如伴有出血，应同时实施止血，然后进行其他的损伤处理。

（2）准确判断。急救人员要准确地判断损伤的性质、部位和程度，并实施正确的抢救技术。

（3）分工明确，临危不惧。急救人员既要有高度的责任感和救死扶伤的崇高品质，又要有临危不惧的心理素质，能分工明确、有条不紊地进行抢救，并具有熟练的技术和丰富的临场经验。

（4）快抢、快救、快运送。抢救必须分秒必争，当机立断，切勿延误时机。在伤者得到初步处理后，尽快将其转送医院做进一步治疗。

（二）急救方法

（1）止血方法。①冷敷法：常用于闭合性软组织损伤，最简便的方法是用冷水冲洗或用冷毛巾敷于患处。②抬高伤肢法：将出血的伤肢抬高，超过心脏水平。③压迫法：在出血部位的上端用手指、止血带加压，切断血流通道，该方法常用于动脉出血。

（2）搬运方法。伤者经过现场急救后，应迅速安全地被转移到安全区域休息或直接送往医院诊治。①扶持法：此方法适用于神志清醒、伤势较轻、自己基本能步行的伤者。施救时，急救人员应挽住伤者的腰部，并让伤者一手搭在自己的肩上。②托抱法：三人同站在一侧，将伤者托抱起来，并协调地行走。此方法适用于伤势严重或神志不清的伤者。

（3）人工呼吸方法。人工呼吸有举臂压胸、胸外心脏按压、俯卧压背、口对口呼吸等方法。其中以胸外心脏按压法和口对口人工呼吸法效果最好。心脏胸外按压法是将伤者仰卧，急救人员两手上下重叠，将掌根置于患者胸骨的下半段处，借助于急救人员体重和肩臂力量，均匀而有节奏地向下施加压力，以将伤者胸骨下压3～4厘米为度，然后迅速将手提起，伤者胸骨也自然地弹回，如此反复，以每分钟100～120次的频率进行，直至伤者心脏恢复跳动为止。口对口人工呼吸法是将伤者平卧，使其头部后仰，拖住下颚，捏住鼻孔，压住环状软骨，防止空气吹入胃里；急救人员深吸口气，两口相对，将气流大口吹入伤者口中，吹气后将捏鼻子的手松开，如此反复进行，直至伤者恢复自主呼吸。如伤者牙关扣紧，一时撬不开，则采取口对鼻吹气法。

二、溺水及其急救

（一）原因

水经口、鼻进入肺内，造成呼吸道阻塞，或因水的刺激引起咽喉痉挛而导致窒息；同时，溺水者的不断挣扎，反使窒息加重，最终导致缺氧，造成昏迷，如果落水时间稍长，则会危及生命。

（二）征象

溺水者脸色苍白而肿胀，双眼充血，口鼻充满泡沫，肢体冰冷，又因胃内充水而上腹部肿大，甚至出现呼吸、心跳停止的状况。

（三）处理

第一步，就地立即进行抢救，清除溺水者口腔中分泌物和其他异物，并迅速将溺水者呼吸道和胃里的水控出。第二步，如溺水者心跳已停止，应同时对其实施胸外心脏按压或口对口人工呼吸。急救人员之间应互相协调配合，积极、耐心地进行抢救，直至溺水者恢复自主呼吸为止。第三步，溺水者苏醒后立即送护医院，做进一步检查和治疗。在运送途中，必要时继续进行人工呼吸。

（四）预防

学生在下水前要做充分的准备活动，如先活动身体，在浅水处用水淋洗身体，待适应水温后再下水游泳；镶有假牙的学生应将假牙取下，以防呛水时假牙落入食管或气管，引起危险。对自己的水性要有自知之明，下水后不能逞能，不要贸然跳水和潜泳，更不能互相打闹；不要在急流和漩涡处游泳，更不要酒后游泳。在游泳过程中，如果感觉身体不舒服，如眩晕、恶心、心慌、气短等，要立即上岸休息或呼救；若小腿或脚部抽筋，不要惊慌，可用力蹬腿或做跳跃动作，或用力按摩、拉扯抽筋部位，同时呼救。

三、休克及其急救

休克是人体遭受体内外各种强烈刺激后所发生的严重的全身性综合征，临床上以急性周围循环衰竭为特征，有效循环血容量锐减是各类休克的共同病理生理基础。

（一）分类

休克按发生的病因分为低血容量性休克、感染性休克、心源性休克、过敏性休克和神经性休克。

（二）征象

休克的特征为迅速发生的精神呆滞或烦躁不安、体力不支、四肢发冷、皮肤潮湿而苍白或有轻度发绀、脉细弱而快速、血压下降，收缩压在10.7千帕（80毫米汞柱）以下，若不及时抢救会危及生命。

（三）处理

（1）使患者处于平卧位，下肢可略抬高，以利于静脉血回流；可将呼吸困难者头部和躯干抬高，以利于呼吸。

（2）保持患者呼吸道通畅，尤其是休克伴昏迷者。方法是将患者颈部垫高，下颌抬起，使其头部最大限度后仰，同时头偏向一侧，以防呕吐物和分泌物误吸入呼吸道。

（3）注意给体温过低的休克患者保暖，盖上被、毯。

（4）进行必要的初步治疗。对创伤骨折所致的休克患者，应给予止痛，并对骨折处进行固定；对烦躁不安者，可给予适当的镇静剂；对心源性休克患者，应给予吸氧。

（5）注意患者的运送。若事发地抢救条件有限，需尽快将患者送往有条件的医院进行抢救。对休克患者搬运得越轻越少越好，以送到离事发地最近的医院为宜。在运送途中，休克患者应有专人护理，并随时观察其病情变化，最好在运送过程中给患者采取吸氧和静脉输液等急救措施。

四、骨折与脱臼的急救

（一）骨折的急救方法

（1）处理伤口。对骨折伤者的急救以抢救生命、保护患肢、迅速转移为宗旨，以简单有效的方法妥善处理伤情。首先检查伤者全身情况，如处于休克状态，应注意保暖，尽量减少搬动，若有条件可立即输液、输血；如合并颅脑损伤处于昏迷状态，应注意保持呼吸道通畅。对出血伤口或大面积软组织撕裂伤，应立即用急救包、绷带或清洁布等予以压迫包扎，绝大多数情况下可达到止血的目的；有条件的，在包扎前用双氧水和凉开水清洗伤口，再用酒精消毒，做初期清创处理。骨折部位随着时间的推移会越来越肿，即使起初包扎得很好，也会变得不舒服，所以每隔30分钟要重新包扎一次。

（2）固定断骨。及时正确地固定断骨，可减少伤者的疼痛及周围组织的继发损伤，同时也便于伤者的搬运和转送。固定断骨的工具可就地取材，如木棍、树枝、木板、拐杖、硬纸板等都可作为固定器材，但其长短要以固定住骨折处上下两个关节或不使断骨处错动为准。如一时找不到固定的硬物，也可用布带直接将伤肢绑在身上。

（3）适当止痛。骨折使人疼痛难忍，特别是有多处骨折，容易导致伤者发生疼痛休克，因此，可以给伤者口服止痛片等，做止痛处理。

（4）安全转运。经过现场紧急处理后，应将伤者迅速、安全地转运到最近的医院做进一步救治。转运伤者过程中，要注意动作轻稳，防止震动和碰撞伤处，以减少伤者的疼痛，同时还要注意伤者的保暖和体位适当，保证昏迷伤者呼吸道畅通。在搬运伤者时，不可一人抱头、一人抱脚，也不应让伤者屈身侧卧，以防骨折处错移、摩擦而引起疼痛或损伤周围的血管、神经及重要器官。抬运伤者时，要多人同时缓缓用力平托；运送时，必须用木板或硬材料，不能用软担架或绳床。木板上可垫棉被，但不能用枕头。

颈椎骨折者的头要放正，两旁用沙袋将头夹住，使头不能随便晃动，也不能搬动伤者头部，以免损伤生命中枢神经。脊柱骨折或颈部骨折时，除非是特殊情况，如室内失火，否则应让伤者留在原地，等待携有医疗器材的医护人员来搬动。

（二）脱臼的急救方法

一般在关节发生脱臼时，可能会突然出现骨头错位的声音，出现关节部位变形、关节不能活动、感到疼痛等自觉症状。脱臼的时间越长，越难医治。有时指关节脱臼时，大力地拉紧脱臼的指关节可能会使其恢复原状，但如果对骨骼组织不熟悉，不要随意地整复脱臼部位，以免引起血管或神经线的损伤。脱臼的急救有以下几个步骤。

（1）使患处安静地固定成最舒适的位置。

（2）在患处敷上冷湿布，不要自行强硬地将脱出的部位整复原状。

（3）脱臼有可能会连带关节部的血管或韧带损伤，有时也可能出现骨折，应及早请医生治疗。

运动技能篇

第五章　田径运动

本章导读

- 了解田径运动的基础理论知识
- 掌握跑、跳、投运动的基本技术和练习方法
- 了解田径运动的竞赛规则

第一节　田径运动概述

田径运动是人类以走、跑、跳、投这些自然运动发展起来的体育运动和竞技项目。田径运动在体育世界中具有举足轻重的地位，被人们誉为“运动之母”。田径运动不仅有锻炼身体的功能，同时每一个单项又具有明显指向性，可以有效地发展速度、力量、耐力等身体素质。田径运动的很多项目及其采用的主要练习手段也经常被其他体育项目选作发展身体能力的重要训练手段，并可作为评价训练效果的测试内容和评定指标。

一、田径运动的起源与发展

早在远古时期，人们在劳动中不断重复走、跑、跳、投等动作，从而掌握了相应的技能。真正的田径运动是在公元前776年第一届古代奥运会上产生的，1896年的第一届现代奥运会则是现代田径运动的起点。

现代田径运动起源于欧洲。1912年，国际业余田径联合会成立。1896年，在希腊举办的第一届现代奥运会上，田径运动中的走、跑、跳、投等被列为主要比赛项目，此后现代田径运动逐步发展壮大。

二、田径运动的特点

（1）具有健身特点。田径运动易于在群众中广泛开展，并且是健身价值较高的运动项目，长时间系统地进行田径运动锻炼，能提高人的走、跑、跳、投等基本运动技能水平，能全面发展人的速度、力量、耐力、灵敏、柔韧等身体素质。

（2）具有竞技特点。竞技体育是社会文化不可缺少的组成部分，每年在国际和国内举行的田径运动比赛很多，田径运动比赛是竞技运动中公平竞争的典范，运动员的精神和运动美是激励人们欣赏体育的源泉。

（3）具有运动基础的特点。田径运动的运动基础特点表现在三个方面：第一，人类永远不会摆脱依靠走、跑、跳、投等基本运动技能来提高生活、生存和生命质量；第二，很多体育运动项目都离不开走、跑、跳、投等动作；第三，田径运动能有效和全面地提高人的各种身体素质。

（4）具有教育特点。在田径运动项目教学、训练和比赛中，参加者既可以在技术学习中提高心智，又要承受一定的生理、心理负荷，还必须遵守一定的要求和规则，这样有利于良好的思维、心理素质的养成。

（5）具有娱乐特点。参加田径运动可以愉悦身心，在各种以田径运动为主的游戏和比赛中，参加者自身技术的改进、运动水平的提高都会给参加者本人以很大的心理满足，使其身心得到健康发展。

（6）具有回归自然的特点。在现代社会中，人们渴望回归自然，而走、跑、跳、投是人类在与自然环境斗争中产生的技能，也是人类与自然环境进行斗争的重要手段，田径运动能力的提高可以提高人们在自然环境中的生存能力。

三、田径运动的分类

田径运动大致可以分为八大类：竞走、平跑、自然条件下的跑、障碍跑、接力跑、跳跃、投掷、全能运动。其中，全能运动有男子五项全能、十项全能；女子五项全能和七项全能等。

四、田径运动主要赛事

国际上的田径比赛主要有奥运会田径比赛、世界田径锦标赛、世界杯田径赛、国际田联钻石联赛、亚运会田径比赛、亚洲田径锦标赛等。

我国的田径比赛主要有全国田径锦标赛、全国田径冠军赛、全国田径大奖赛等。

田径运动是一种结合了速度与能力、力量与技巧的综合性体育运动，“更高、更快、更强”的奥林匹克运动精神在很多方面都能够通过田径运动得到集中体现。

在1984年洛杉矶奥运会上，我国选手朱建华获得了男子跳高铜牌，实现了中国田径奥运奖牌零的突破；在1992年的巴塞罗那奥运会上，陈跃玲获得了女子10公里竞走金牌，这是我国的第一枚奥运田径金牌；在2004年的雅典奥运会上，刘翔获得了男子110米栏的金牌，打破了欧美垄断短跨项目的神话；在2008年的北京奥运会上，我国田径运动员取得了女子马拉松和女子链球的两枚铜牌；在2021年的东京奥运会上，我国田径运动员苏炳添和他的队友们取得了男子4×100米接力的铜牌。

第二节　跑的基本技术及练习方法

跑不仅是竞技项目，也是锻炼身体价值较大的健身项目。经常跑步，能促进人体神经兴奋和抑制过程迅速交替，提高神经过程的灵活性；改善物质代谢，提高人体运动器官和内脏器官的工作能力。因此，跑已成为我国各级各类学校体育教学大纲规定的教学内容和《国家体育锻炼标准》规定的锻炼、测验项目。

跑一般分为短距离跑、中距离跑、长距离跑、马拉松、跨栏跑、接力跑、障碍跑。根据我校学生教学、锻炼与比赛的需要，本教材重点介绍短跑、中长跑和接力跑。

一、短跑

1896年，首届现代奥林匹克运动会设有男子100米和400米比赛项目，美国运动员布克分别以12秒0和54秒2获得两项冠军。在第二届奥运会上增设了200米比赛项目。女子100米、200米、400米比赛项目则是在1928年、1949年、1964年奥运会上分别设立的。

学习短跑，掌握短跑的基本技术和练习方法，可以达到健身和发展速度、力量、灵敏素质的目的。

（一）短跑的基本技术

短跑的全程技术可分为起跑、起跑后的加速跑、途中跑和终点跑4个部分。

1. 起跑

起跑的任务是获得向前的冲力，使身体摆脱静止状态，为起跑后的加速跑创造有利条件。听到发令员的口令后，运动员迅速做好“各就位”“预备”动作，并高度集中注意力听枪声。听到枪声的瞬间，两手迅速推离地面，双臂屈肘做快速有力的前后摆动，两脚同时用力蹬离起跑器，后腿以膝领先迅速向前摆动，将身体向前上方有力地送出。

2. 起跑后的加速跑

起跑后加速跑的任务是在最短时间内发挥出最快的速度。起跑时，前脚蹬离地面器即转入加速跑阶段，此时，身体大幅度前倾，后蹬充分有力，两臂用力前后摆动，摆动腿迅速向前摆出，支撑腿积极蹬伸，前脚掌积极扒地、蹬地。随着跑速加快，上体逐渐抬起，步长也逐渐加大，当身体达到正常姿势并发挥到最快速度时，即转入途中跑。

3. 途中跑

途中跑的每一单步结构均由着地缓冲、后蹬、前摆三个动作阶段组成。途中跑时，上体稍前倾或正直，两臂屈肘约成90°前后摆动，手指自然成半握拳或自然伸掌。

4. 终点跑

终点跑的任务是尽力保持途中跑的高速度跑过终点。终点跑包括终点跑技术和撞线技术。在离终点10～20米，躯干稍有前倾，加快两臂摆动速度和力量。在离终点线前约一步距离时，上体急速前压，以胸部或肩部撞终点线。

短跑时，应发挥个人的特长，反应速度快、加速能力强的运动员，争取前半程领先对手，后半程尽力保持高速度；绝对速度好的运动员应最大限度地发挥自己的速度和持久优势。

（二）短跑的练习方法

1. 原地练习

（1）原地做弓箭步摆臂练习。

（2）原地做屈臂前摆、大腿下压扒地练习。

2. 直道途中跑的学练要求

（1）在直道上以中等匀速反复跑30米、50米、60米、80米，要求动作协调、步幅开阔，注意蹬地和摆腿的正确技术。

（2）做50～60米、60～70米、70～80米不同距离的加速跑。

（3）做80～100米放松跑，要求步幅放开，动作自然有力，注意蹬摆结合技术。

（4）做80～120米重复跑，在技术动作正确的基础上加快速度。

（5）做多种跑的专门性练习，如小步跑、高抬腿跑、后蹬跑、车轮跑等。

3. 弯道途中跑的学练要求

（1）直道进入弯道，有意识地加大右腿的蹬地力量和摆动幅度。

（2）弯道进入直道，出弯道的前几步，身体逐渐正直，体会顺惯性的自然跑。

（3）做40～60米弯道跑，体会随着速度的加快，身体内倾的程度也不断加大。

（4）做100～150米弯道跑，体会进入弯道、弯道跑、出弯道跑的衔接技术。

4. 蹲踞式起跑的学练要求

（1）反复练习“各就位”“预备”动作，体会“预备”动作的提臀与探肩的空间感觉。

（2）练习起跑后的20～30米加速跑。

（3）快跑上台阶10～15级，快跑下台阶10～15级；快速上坡跑15～20米，中速下坡跑。

5. 终点跑的学练要求

（1）先快速跑20～30米并直接跑过终点，再用快速跑在接近终点1米处，做胸部撞线动作，迅速跑过终点。

（2）原地摆臂，上体迅速前倾做撞线动作。

（3）慢跑，做上体前倾、胸部撞线动作。

（4）用中等速度跑15～20米，做胸部撞线动作，完成动作后应顺势向前跑几步。

（5）快速跑 20～25 米，做上体前倾、胸部撞线动作。

二、中长跑

（一）中长跑的基本技术

中长跑是中距离跑和长距离跑的统称。在正式比赛中，把800米、1500米和3000米定为中跑，把5000米和10000米定为长跑。马拉松（42.195千米）比赛为超长距离跑。从生理学角度分析，中跑是无氧和有氧的混合代谢过程，长跑是典型的有氧代谢过程。经常进行中长跑锻炼，可以有效地提高人的心肺功能，发展耐力素质，还能培养坚毅顽强的意志品质。

1. 起跑和起跑后的加速跑

中长跑的起跑一般采用站立式起跑。800米以上距离跑是按两个信号完成起跑动作的，即“各就位”和“鸣枪”。动作顺序是听到“各就位”口令后，慢跑到起跑线，两脚前后开立，有力的脚在前，紧靠起跑线的后沿，前脚跟和后脚尖之间的距离约为一脚长，身体重心大部分落在前脚上，后脚用前脚掌支撑站立。两腿弯曲，上体前倾，眼看向前方 3～5 米处，身体保持稳定姿势，集中注意力听枪声。两臂的姿势有两种：一种是一臂在前，一臂在后；另一种是双臂在体前自然下垂。运动员多采用第一种。听到枪声时，两脚用力蹬地，后腿蹬地后迅速前摆，前腿充分蹬直，在短时间内获得较快的速度。

起跑后加速跑时，上体前倾稍摆臂，摆腿和后蹬的动作都应迅速而积极。无论是在直道上的加速跑或在弯道上的加速跑，运动员都应沿着弯道的切线方向和朝着自己有利的位置跑去，然后进入匀速而有节奏的途中跑。一般中距离跑的加速跑距离较长，跑速较快，起跑后应跑向能发挥个人跑速与战术的位置，然后进入匀速有节奏的途中跑。

2. 途中跑

中长跑的强度小于短跑，后蹬力量比短跑的小，后蹬角度比短跑的大。一腿后蹬，另一腿前摆，蹬摆必须结合好，后蹬产生的支撑反作用力是向前上方的，前摆的惯性又加大了这个推动人体前进的力量。后蹬腿的髋、膝、踝三个关节要伸展，摆动腿屈膝前摆，并带动髋部前送。两肩放松，做前后自然摆动，肘关节的角度在垂直部位可大一些，以利于两臂肌肉的放松。弯道跑时，身体应稍向左倾斜，右臂摆动的幅度较大，与短跑基本相同，只是动作的幅度与用力的程度较小。

3. 终点跑

中长跑的终点冲刺距离要根据比赛项目、个人特点和战术需要来确定。一般情况下，800米跑在最后200～250米开始加速，而在此之前的直道上要占据有利位置。1500米跑可在最后300～400米进行冲刺跑。5000～10000米跑时，在最后600～1000米开始加速跑。中长跑终点加速跑，要选择良好的时机，动员全部力量以顽强的毅力跑过终点。冲刺时，应加大摆臂，加快步频和增加躯干的前倾角度。

中长跑时，人体消耗能量较大，机体需要更多的氧（通过呼吸获得）来维持运动中需氧量和供氧量的平衡。当供氧量不能满足需要时，组织内能量物质的分解与合成过程进行缓慢，使能量供应不能满足跑的需要，因而跑速下降，步长缩短，步频减慢。可见，呼吸对发挥正确的跑的技术起着重要作用。中长跑的呼吸应和步频配合，有节奏地用鼻和口呼吸，一般是两三步一呼，两三步一吸。呼吸应自然，且有适宜的深度。

（二）中长跑的练习方法

（1）匀速跑60～80米，体会惯性跑和自然放松的技术。

（2）用均匀的速度、2／3的力量进行5分钟定时跑，体会呼吸方法和呼吸节奏，合理分配体力。

（3）跑走交替，并随着耐力的提高，逐步增加跑的距离。

（4）用一半的力量重复跑400～600米，体会跑的节奏。

（5）弯道跑50～100米，体会弯道跑技术。

（6）进行越野跑，力求自然放松，发展一般耐力。

（7）进行定时跑，以均匀的速度跑一定时间，根据跑的时间分配体力及掌握跑的速度。

（8）进行变速跑。快跑与慢跑交替进行，快跑速度以1/2的力量跑进，快跑段与慢跑段的距离应视自身情况而定。

（9）进行间歇跑训练，其效果取决于跑的段落长度、跑的速度、重复次数、间歇时间、休息的性质（是消极休息，还是积极休息）等。一般采用跑200～400米段落，间歇60～90秒。段落跑时，跑程终点的脉搏一分钟不超过180次，恢复到一分钟130次/分以下进行下一次快跑。采用这种方法，要严格控制跑的强度与恢复时间。

（10）进行重复跑训练，适用500～600米，1000～1200米，2000米或更长的距离。练习时，脉搏为170～190次/分，休息的时间取决于跑的速度，并在脉搏恢复到130次/分以下进行下一次快跑，一般休息时间为3～12分钟。

三、接力跑

（一）接力跑的基本技术

1. 持棒队员的起跑

第一棒运动员采用蹲踞式起跑，以右手持棒，接力棒不得触及起跑线和起跑线前的地面。持棒起跑技术和短跑的起跑基本上相同。

2. 接棒队员的起跑

第二、三、四棒的运动员用站立式或一手撑地的半蹲踞式起跑姿势，站在选定预跑段的起跑线前面，两脚前后开立，两膝弯曲，上体前倾。第二、四棒运动员因站在跑道外侧，所以左腿放在前面，右手撑地面，身体重心稍向右偏，头转向左后方，目视跑来的同队队员和自己的起动标志线或标志区。第三棒运动员是站在跑道内侧，应以右腿在前，用左手支撑地面，身体重心稍向左偏，头转向右后方，目视跑来的同队队员和自己的起动标记或标志区。

3. 传接棒的方法

传接棒常用的方法有上挑式和下压式两种。

（1）上挑式。接棒人的手臂自然向后伸出，手臂与躯干成140°～145°，掌心向后，拇指与其他四指自然张开，虎口朝下，传棒人将棒向前上方送入接棒人的手中。

（2）下压式。“下压式”传接棒也被称为“向前推送”的传接方法。接棒人的手臂后伸，手腕内旋，掌心向上，拇指与其余四指自然张开，虎口朝后，传棒人将棒的前端由上向下传给接棒人的手中。

（二）接力跑的练习方法

（1）了解持、接棒技术和有关规则，做上挑式和下压式的传棒练习。

（2）徒手和持棒摆臂，集体按口令做上挑式和下压式的接棒练习。

（3）两人一组，在行进中按口令做上挑式和下压式传、接棒练习。

（4）两人一组，在慢跑和中等速度跑中反复做上述练习。

第三节　跳的基本技术及练习方法

一、跳远

跳远是一个古老的田径项目，早在希腊古代奥运会上，就有跳远比赛。从事跳远练习能有效地发展速度、弹跳力和灵活性，特别是发展腿部力量，提高跳跃能力。跳远还可以培养大学生坚强的意志品质和勇于进取的精神。

（一）跳远的基本技术

跳远是克服水平障碍的跳跃项目，完整的跳远技术由助跑、起跳、腾空和落地4个部分组成。下面以挺身式跳远技术为例介绍跳远的基本技术。

1. 助跑

助跑的任务是为获得更快的水平速度，并为准确踏板和快而有力的起跳做准备。从静止状态开始，一般采用“半蹲式”或“站立式”起动姿势，并平稳加速，跑法与加速跑基本相同，开始步频较慢，然后逐渐加大步长，提高步频，动作轻松、自然。助跑开始几步的步长较短，步频较快，身体前倾也较大。助跑距离的长短应根据运动员发挥速度快慢的能力而定。男子助跑距离一般为45米左右，跑18～24步；女子一般为35米左右，跑16～18步。

2. 起跳

起跳的任务是充分利用助跑获得的速度，创造尽可能大的腾起初速度和适宜的腾起角。在助跑最后一步，起跳腿积极前摆，然后快速有力地下压，着地时以脚跟先触板，然后用全脚掌迅速蹬地。

3. 腾空

起跳脚着板后，身体重心继续积极前移，迫使起跳腿的髋、膝、踝三个关节主动弯曲，做“退让”工作，为蹬伸创造有利条件。蹬伸时，起跳腿的髋、膝、踝三个关节充分伸展，上体和头部保持正直，摆动腿以腿带髋积极、迅速地向前上方摆动，摆动腿大腿接近水平，小腿自然下垂。当起跳腿开始蹬伸时，同侧臂屈肘向前、向上摆动，异侧臂后引或侧引向体侧或体后摆动。当肘关节屈肘摆到与肩接近平行时，摆臂动作突然停止，以维持身体平衡。

4. 落地

落地时，尽可能推迟脚落地的时间，加大着地点和身体重心投影点之间的距离，保证身体移过着地点，安全落地。落地技术包括以下几个动作：着地前两腿屈膝高抬或团身，膝关节主动向胸部靠拢；着地时，膝关节伸直，小腿前伸，以脚跟先接触沙面；着地后屈膝骨盆前移，两臂前摆，使身体迅速移过着地点，避免后坐。

（二）跳远的练习方法

1. 学习助跑与起跳相结合技术

（1）做原地起跳模仿练习。

（2）走步中做起跳练习。

（3）助跑3～5步或4～6步结合起跳。

（4）助跑4～6步起跳后成“腾空步”。

（5）助跑6～8步起跳后成“腾空步”，然后摆动腿下落沙坑，继续向前跑出。

2. 助跑技术的练习方法

（1）做各种距离的加速跑练习。

（2）用加速跑测定助跑后的第20、25、30、35、40米处的成绩，以测定个人发挥最高速度时的距离。确定距离后，反复进行加速跑练习，确定步数和全程跑距离，最后移到助跑道上，进一步加以调整。在起跳线上设一个标志，在起跳板前8步处设一个标志。

3. 腾空姿势和落地的练习方法

（1）进行原地挺身式跳远的模仿练习。

（2）从高处跳下，完成挺身式空中模仿动作。

（3）4～6步助跑起跳成“腾空步”后，摆动腿放下，并向后摆，髋部前移，挺胸展体成挺身姿势，双脚落于沙坑。

（4）进行半程、全程助跑挺身式跳远练习。

二、跳高

跳高是一项由节奏性助跑、单脚起跳、越过横杆落地等动作组成，以越过横杆上缘的高度来计算成绩的田径比赛项目。跳高起源于古代人类在生活和劳动中越过垂直障碍的活动。现代跳高始于欧洲。18世纪末，苏格兰已有跳高比赛；19世纪60年代；跳高开始流行于欧美国家。跳高有跨越式、剪式、俯卧式、背越式等过杆技术，现绝大多数跳高运动员都采用背越式。男、女跳高分别于1896年、1928年被列为奥运会比赛项目。

（一）背越式跳高的基本技术

背越式跳高技术是指人体通过助跑、起跳、腾空转体后以背对横杆的姿势越过横杆的跳高技术。

1. 助跑的技术要点

背越式跳高是用距横杆较远的脚起跳，一般是前段跑直线，后段跑弧线，弧线呈不等半径的抛物线形。要使全程助跑轻松、自然、快速，需要有一个准确的助跑步点。

2. 起跳的技术要点

起跳动作可分为起跳腿的着地、缓冲和蹬伸三个阶段，以及摆动腿与双臂的协调配合。

（1）起跳腿的着地、缓冲和蹬伸技术。为加快起跳的速度，起跳腿应大幅度、平稳地以脚掌外侧着地，并迅速从脚跟向前脚掌滚动，因迈步放脚时髋关节的积极快速前送和迅速的弧线助跑而形成身体向后、向内的倾斜姿势。在起跳的缓冲阶段，为了提高起跳的速度，还应减小屈膝的幅度，以利于保持水平速度。在这个阶段，当身体由倾斜转为垂直至身体重心移到起跳腿的上方时，迅速有力地充分蹬直起跳腿的髋、膝、踝三个关节，躯干在离地前瞬间几乎垂直地立于起跳脚之上。这时起跳腿的蹬伸方向应在身体重心的外侧，从而产生了过杆所必需的旋转冲力。

（2）起跳时摆动腿与双臂的协调配合技术。起跳时，离横杆较远的一臂用力地向上摆动，并且较早地制动，另一臂不要充分摆出，这样有利于肩轴倾向横杆。摆动腿的摆动应从屈膝的起跳腿旁开始，以膝盖领先，先屈膝折叠，向跳高架的远端支柱上方用力摆出。当摆动腿摆到起跳腿前方之后应向里转，而小腿和脚要稍许外展。这样的积极动作，有助于使骨盆保持在起跳力量的作用线上，围绕纵轴产生转身动作。此时，头应补偿性地转向横杆。

3. 过杆和落地的技术要点

过杆就是充分利用起跳获得的腾空时间改变身体姿势，缩短身体重心与横杆之间的距离，并利用身体的屈伸、旋转越过横杆。过杆时，立即屈髋收腹，下颚迅速引向前胸，同时双腿补偿性地高举，两小腿积极向上甩起。应注意，落地前，应先收腹举腿，以背先着地或团身以肩先着地，然后做一个后滚翻。为了控制腾越方向，头部不能后仰，要注意在落垫过程的“视力监督”，眼睛始终要注视着横杆方向。

（二）跳高的练习方法

1. 学习背越式过杆落地技术

（1）背对海绵包站立，然后提踵，挺身、向后引肩，落地。

（2）背对皮筋站立，屈膝，而后蹬伸向上跳起并于皮筋后引肩，做背越式过杆的动作。

（3）开始不放横杆，用皮筋代替横杆，进行“空跳”；熟练后，再跳过杆。

2. 学习起跳与起跳衔接过杆的技术

（1）做迈步摆腿练习。起跳腿向前迈步放脚时，身体稍向起跳腿一侧倾斜，随着屈腿向前摆动，上体由倾斜转为垂直；同时提肩，拔腰，摆臂，并蹬伸起跳腿。

（2）沿直径为15～20米的圆圈走动，每隔一步做一次摆腿和摆臂练习。

（3）自然跑2～4步起跳，做背越式过杆动作。

3. 学习助跑与起跳相结合技术

（1）沿直径15米左右的圆圈加速跑，改进弯道跑的技术。

（2）5～7步弧线助跑起跳，反手触高物。

（3）在圈上跑进时，每跑3～5步做一次起跳动作。

（4）在海绵包前，面对横杆做弧线助跑起跳练习。此练习在跳高架前进行。

4. 学习完整背越式跳高技术

（1）丈量全程助跑步点。

（2）进行全程助跑背越式跳高练习。

第四节　投的基本技术及练习方法

一、推铅球

（一）推铅球的基本技术

目前主要采用背向滑步推铅球和旋转式推铅球，这里主要分析背向滑步推铅球技术。完整的背向滑步推铅球分为握持球、滑步、最后用力、维持身体平衡4个部分。

1. 握持球的技术要点

握球手五指分开，将球放在食指、中指、无名指的指根处，拇指和小指贴在球的两侧，掌心不接触球。握好球后，把铅球放在持球手同侧肩上方锁骨窝处，紧贴颈部。

2. 滑步的技术要点

完整的滑步技术包括预备姿势、团身、滑步3个部分。

（1）预备姿势。背对投掷方向，两脚前后站立，身体重心落在右腿上，左脚置于右脚跟后20～30厘米处，以脚尖或前脚掌着地，上体与头部正直。

（2）团身。向前屈体，屈膝下蹲，同时左腿和头部向右腿靠拢，完成团身动作。

（3）滑步。当团身时，臀部后移，左大腿带髋，以左脚跟为前导快速向抵趾板中间略微左方向摆出；右腿积极蹬伸，使摆蹬动作协调配合，以摆动腿的力量带动支撑腿，同时以蹬地的力量推送摆动腿，做到摆腿与蹬地互相结合，推动身体向投掷方向移动。

3. 最后用力的技术要点

最后用力是推铅球技术的主要环节，直接影响出手速度、出手角度。最后用力分为准备和加速两个部分。

4. 维持身体平衡的技术要点

推铅球出手时，由于身体充分伸展，身体重心较高并移向左脚，再加向前的冲力较大，铅球出手后，为防止犯规，这时应迅速交换两腿，以全脚掌着地，屈膝降低身体重心来减缓冲力，以维持身体平衡。

（二）推铅球的练习方法

1. 学习原地推铅球技术

（1）练习握球、持球、推球的方法。

（2）进行原地向上推铅球练习。两脚左右开立，与肩同宽，下蹲时右肩下沉，然后迅速蹬起，将球向上推出，体会推球用力顺序。

2. 学习滑步技术

（1）进行徒手团身模仿练习。

（2）进行摆动腿的后摆与右腿的蹬伸练习。

（3）进行收拉右腿结合左脚主动快速落地的练习。

（4）进行徒手滑步练习。

（5）持轻球进行完整滑步练习。

3. 学习背向滑步推铅球完整技术

（1）徒手模仿背向滑步推铅球技术。

（2）做背向滑步推轻铅球练习。

（3）在圈内做背向滑步推轻铅球或标准重量的铅球练习，注意滑步与最后用力的连贯性，以及完成动作的加速节奏。

二、掷标枪

（一）掷标枪的基本技术

掷标枪可分为握枪、持枪、助跑、最后用力、维持身体平衡5个阶段。

1. 握枪

标枪的握法主要有普通式握法、现代式握法两种。可根据器械的特点、投掷方法和个人特点来选择握枪方法，但无论采用哪种握法，都必须符合以下几点技术要求。

（1）应有利于助跑与投掷，便于控制器械。

（2）应有利于充分发挥投掷臂的长度和手腕、手指的力量。

（3）应有利于肩、臂、手腕和手指等参与运动部位的适当放松。

2. 持枪

大多数运动员采用肩上持枪法，即持枪位于头的侧上方，枪尖略低于枪尾或平行枪尾，枪尖位于两眼平视的前方。

3. 助跑

（1）预跑。从第一标志线开始到第二标志线为助跑的第一阶段——预跑，预跑的目的是使人和器械获得一定的初速度，预跑距离一般为10～20米。预跑时，应保持一定的直线性，前脚掌着地富有弹性，动作放松自然并逐步加速。持枪的手臂随助跑前后自然摆动，非持枪的手在体侧摆动。

（2）投掷步。从第二标志线到起掷弧线为助跑的第二阶段——投掷步。投掷步的目的是在保持和加快跑速的情况下完成引枪和超越器械动作，为最后用力创造有利条件。

① 投掷步一般跑5步，优秀运动员跑7步。

② 左脚踏入第二标志线后，向前两步引枪，引枪时上体右转侧对投掷方向，上下肢协调配合。

③ 获得一定加速度后，运动员开始交叉步，两腿积极有力地向前摆蹬，以便身体获得更大的超越，同时上体扭紧，投掷臂充分后伸，形成最有力的超越器械动作。

④ 腾空阶段，运动员应积极有力地摆蹬腿，完成空中剪绞动作。

⑤ 投掷步最后一步右脚跟先着地，并迅速过渡到前脚掌，为最后用力做好准备。

4. 最后用力

助跑和最后用力是整个技术的主要部分，两者紧密衔接，是掷标枪的难点。

（1）左腿积极稳固地支撑，使下肢的动能迅速向上传。

（2）右腿蹬转送髋，上体迅速转向投掷的方向，胸部充分拉紧，投掷臂向上翻转，成“满弓”姿势。

（3）躯干迅速向前用力，上体向前加速，形成爆发式用力过程。

（4）大臂带动小臂做鞭打动作，保持合理的出手角度（29°～36°）。

5. 维持身体平衡

出手后应及时制动，向前迈一两步，身体左转，防止犯规，同时降低身体重心，维持身体平衡。

（二）掷标枪技术的练习方法

（1）练习掷枪前的姿势。身体左侧对投掷方向，两脚左右开立，右腿弯曲，身体重心落于右腿，右臂伸直，持枪于右肩后方，手稍高于肩，左臂前伸稍内旋，左肩稍高于右肩，枪头靠近右眉，并贴近面部，眼看投掷方向。

（2）练习“满弓”动作。成掷枪前姿势，在左腿稳固支撑的情况下，完成右腿前转送肩、转肩、挺胸、翻肘，成“满弓”姿势。

（3）练习最后用力动作。主要练习从掷枪前姿势到标枪离手刹那间的身体姿势和爆发力。

第五节　田径运动的竞赛规则简介

一、径赛项目规则

在国际赛事中，所有400米或以下的径赛项目，必须采用蹲踞式起跑及使用起跑器。在“各就位”及“预备”口令之后，参赛者应马上完成有关动作，不能在合理时间内完成有关动作，则属起跑犯规。除此以外，在“各就位”后，以声音或动作扰乱他人，应判其起跑犯规。400米以上的径赛项目，口令只有“各就位”，当所有参赛者均准备完成及静止后，便可鸣枪开始比赛。

在划分线道进行的径赛项目或其部分中，参赛者不得越出其指定的赛道，否则将被取消参赛资格。在任何径赛项目中，若冲撞、突然切入或阻碍其他参赛者，亦会被取消参赛资格。

跨栏项目参赛者必须在自己的线道内完成比赛，而且当参赛者跨越栏架时，若其腿或足从低于栏架项的水平线跨越或跨越并非自己赛道上的栏架，均应被取消参赛资格。若裁判员认为参赛者故意以手或足撞倒任何栏架，亦应取消其参赛资格。

4×100米接力跑是分道进行，接棒者应在30米接力区内起跑并接棒。在4×400米接力跑中，第一棒全程及第二棒的第一弯道是分道跑，第二棒运动员要跑至抢道线后方可自由抢道。第一棒的传接必须在参赛者指定的线道内进行；对于其余各棒的传接，裁判员会根据第二及第三棒运动员通过200米起点处之先后，按次序让第三及第四棒的队友在接棒范围内，由内至外排列等候接棒。所有接棒者均不可以在接棒区外起跑。接力棒必须拿在手中，直到比赛结束为止。

二、田赛项目规则

田赛项目可分为掷类和跳类。除跳高外，若参赛人数超过8名，每人应有3次试掷（跳）机会，试掷（跳）成绩最好的8名参赛者可获得另外3次试掷（跳）的机会。若超过一名参赛者同时获得相同于第8名的成绩，则每位成绩相同于第8名的参赛者，均可再获3次试掷（跳）的机会。若参赛的总人数是8人或以下，则每位参赛者应给予6次试掷（跳）的机会。若参赛者同时参加了田赛和径赛项目，或参加一项以上的田赛项目，而在比赛时间上有冲突时，田赛项目裁判可让参赛者在每一轮中更改赛前预定的试掷（跳）次序，但每一位参赛者在任何一轮的比赛中，不得有多于一次试掷（跳）的机会（跳高除外）。用距离决定胜负的田赛项目，以参赛者全部试掷（跳）中之最佳成绩计算名次。遇上最佳成绩相同时，应以次佳成绩定胜负，依次类推。若仍无法定出胜负而又涉及竞逐第一名，则成绩相同者需依原来顺序进行比赛，直至分出胜负为止。用高度决定胜负的田赛项目，遇上最佳成绩相同时，以最少试跳次数成功越过最后高度的参赛者应获排较前的位置。如仍未分胜负，则全场比赛中试跳失败次数最少（包括最后跳过的高度）的参赛者应获排较前的位置。若仍无法分别胜负而涉及竞逐第一名，虽然有关的参赛者有可能曾经在不同高度作试跳而相继失败，裁判应以其中最低高度之上，再给予一次试跳机会。如仍无法分出高下，则每次升高或降低2厘米让有关参赛者加跳一次，直至能定出胜负为止，而且在此情况下，有关参赛者必须试跳，以便判定名次。

铅球参赛者必须在推掷圈内，由静止状态开始，将铅球以单手由肩上推出。在整个推铅球的过程中，铅球应接触或接近参赛者的下颌，并且不得低于此位置，也不得移至肩线之后。推掷时，参赛者可以触碰推掷圈及抵趾板的内缘，但身体的任何部位若触到推掷圈或抵趾板上缘或推掷圈外面的地面，均视为试推失败。铅球未着地前，参赛者不得离开推掷圈；离开推掷圈时，亦必须从其后半圆离开。在推掷的过程中，参赛者可以中途停顿，甚至把铅球放下以及离开推掷圈（但仍要合乎上述规定），然后重新由静止位置开始推掷。铅球必须完全落在扇形着地区角度线范围以内方为有效。丈量时，应从铅球着地痕迹之最近端拉向推掷圈的圆心，以推掷圈内缘至铅球着地痕迹近缘的距离计算成绩。铅球投掷距离的计算以0.01米为最小单位，不足0.01米者应以较低的读数计算成绩。

标枪参赛者应握着标枪的握把处，自肩上或投掷手臂上方将枪掷出，投掷时不得将枪抛出或甩出。参赛者不得转身完全背向投掷弧。标枪着地前，参赛者不得离开助跑道，离开时也要在助跑道两边平行线的直角方向及投掷弧的两端延长线后面走出。标枪着地时，枪尖必须先着地，并落在扇形着地区的内方算有效。丈量时应由枪尖着地的最近点，通过投掷弧线的圆心，量至投掷弧线的内缘作为该掷的成绩。标枪投掷距离的计算以0.02米为最小单位，不足0.02米者应以较低的读数计算成绩。

跳高比赛开始前，裁判员必须向参赛者宣布起跳的高度及每次升杆的高度，直至只剩下一位参赛者为止。除非只余下冠军参赛者，否则横杆的升幅不得少于0.02米，而且横杆的升幅不得增加。在只剩下冠军参赛者的情况下，横杆的升幅可按其意愿增加。参赛者必须单脚起跳。若起跳后，横杆不停留在支架上或在尚未越过横杆前，身体的任何部位触及两支架间或两支架外的地面（包括其着地区），则以试跳失败论处。如果参赛者在试跳时，其脚部触及着地区，而裁判员认为并未因此而获得利益，则该跳仍算有效。参赛者可以在任何一个高度开始起跳，往后亦可以自由选择高度试跳，但不管高度为何，连续3次试跳失败，便会丧失继续比赛的资格。若参赛者曾放弃某一高度的第一次试跳，其后便不得在同一高度上再次要求试跳（成绩相同时的额外试跳除外）。

跳远参赛者触犯下列任何情况，均作试跳失败论处：不论起跳与否，身体的任何部位触及起跳线前方的地面；着地时，身体的任何部分触及着地区以外的地面，而该点较其落在着地区的位置近；完成试跳后，在着地区向后行；使用任何翻腾动作试跳。

丈量试跳成绩时，距离的计算以0.01米为最小单位，不足0.01米者应以较低的读数计算成绩。三级跳远由单足跳、跨步跳及跳跃三个部分组成。第一步起跳后，须以同足着地进行第二次起跳；第二步起跳后，则要以另一足着地，然后做第三次（最后一次）起跳。

第六章　篮球运动

本章导读

◆ 了解篮球运动的基本理论知识
◆ 掌握篮球基本技术及练习方法
◆ 了解篮球基本战术
◆ 了解篮球运动的竞赛规则

第一节　篮球运动概述

一、篮球运动的起源与发展

现代篮球运动是由美国马萨诸塞州斯普林菲尔德市体育教师詹姆士·奈史密斯于1891年发明的。他从工人和儿童用球向桃子篮内做投准的游戏中受到启发，故将这项运动称为“篮球”。在最初的篮球比赛中，篮球场地大小、上场人数的多少以及比赛的时间均无严格的限制，比赛规则也比较简单。1892 年，奈史密斯制定出了最原始的13条篮球竞赛规则。1893年， 在比赛器材上，形成了近似现代篮板、篮筐和篮网。此后，篮球运动以其独特的吸引力迅速向欧洲、亚洲、非洲、大洋洲传播，其技战术水平不断提高，竞赛规则不断完善。在1936年第11届奥运会上，男子篮球被列为正式比赛项目。1950年和1953年，分别在阿根廷和智利举行了首届世界男、女篮球锦标赛。在1976年第21届奥运会篮球比赛上，女子篮球被列为奥运会正式比赛项目。

随着场上队员身高的不断增长和高空技术的不断发展，世界篮球比赛呈现高技巧、高速度、高强度、多变化、高比分、高空优势突出、高空技术出众等特点。美国、俄罗斯、塞尔维亚长期称雄于世界篮坛。尤其是美国队，在1992年巴塞罗那奥运会上，以乔丹、约翰逊、马龙、皮蓬等一代世界超级明星组成的美国“梦之队”获得了冠军。1993年，现场直播NBA（美国篮球职业联赛）赛事的国家和地区就超过了160个。进入21世纪以来，美国NBA继续引领世界篮球发展潮流。与此同时，欧洲篮球全面崛起，南美劲旅咄咄逼人，技战术不断交织融合以及规则的不断修改极大地推动了世界篮球运动向更高的水平迈进。

二、中国篮球运动发展概况

篮球运动于1895年传入我国天津，最初只在一些大城市的学校中开展，发展十分缓慢。1910 年，在南京举行的第一届全国运动会上，男子篮球被列为表演项目。1913年，在由中国、日本、菲律宾三个国家组织的远东运动会上，篮球被列为正式比赛项目，这也是我国篮球队首次参加国际性篮球比赛。1921年，我国在第5届远东运动会上获得男子篮球比赛冠军，这是旧中国篮球史上唯一一次在国际运动会上取得冠军。在1930年第4届全国运动会上，女子篮球被列为正式比赛项目。

中华人民共和国成立后，篮球运动技术水平在普及的基础上得到了迅速提高。“积极、主动、快速、灵活、准确”是各专业队训练的指导思想。到了20世纪60年代中期，我国的篮球运动水平接近世界先进水平。进入 20世纪90年代，随着中国篮球与世界交往的进一步加强，我国的篮球运动水平有了新的提高。国家男篮在1994 年第 12世锦赛和1996年第26届奥运会上获得第8名；国家女篮在1992年第25届奥运会和1994年第12届世锦赛上夺得亚军。1995年，我国举行了首届中国职业篮球甲缓联赛（CBA联赛）。1998年，以“发展高校篮球，培养篮球人才”为目标的首届CUBA（中国大学生篮球联赛）也如期举行。随着我国篮球运动与世界篮球运动的进一步接轨，以及越来越多的青少年投身于篮球运动，我国篮球事业必将得到更加快速和健康的发展。

三、篮球运动的特点

篮球运动是一项身体对抗十分激烈的运动，场上双方各5名队员，按照一定的规则，利用各种技战术，在28米×15米的场地上围绕着把球投进对方球篮和阻止对方把球投进本方球篮而展开的以得分为手段的一系列攻守对抗与激烈争夺。每名队员在场上不仅需要通过大量的奔跑移动、跳跃、投掷等身体运动来完成各种攻防技术动作，还要按照教练员的指挥与部署，对场上瞬息万变的复杂情况做出及时合理的分析判断，与同伴进行有效的攻防战术配合，从而使全队的整体战斗力达到最佳化。因此，篮球运动具有集体性、对抗性、多变性、游戏性、趣味性和观赏性等特点，集健身性、益智性、娱乐性、教育性等作用于一体，是较适合在高校开展的体育项目之一。

四、重大篮球赛事简介

（一）世界重大篮球赛事

奥运会篮球比赛、世界篮球锦标赛、美国NBA职业篮球联赛，现已成为重要的篮球赛事。这些高水平的篮球赛事推动了世界篮球运动的发展，为更多球星、更多的球队提供了展现的“舞台”。

1. 奥运会篮球比赛

篮球比赛是奥运会的重要比赛项目之一，包括男篮和女篮比赛。在1936年第11届奥林匹克运动会上，男子篮球被列为奥运会正式比赛项目。奥运会篮球比赛一般分预赛、复赛、决赛三个阶段进行。预赛通常采用分组单循环赛，复赛和决赛多采用交叉赛。

2. 世界篮球锦标赛

世界篮球锦标赛是国际篮球联合会主办的世界性篮球比赛，每4年举行一届。男子比赛始于1950年。篮球比赛的预赛分4个组，各组前三名获出线权，后三名被淘汰。出线的12支球队又分成两个小组进行复赛，然后每组的前两名参加四强决赛；每组的3、4名参加5～8名的决赛，每组的5、6名参加9～12名的决赛。

首届世界女子篮球锦标赛于1953年在智利的圣地亚哥举行，参加比赛的队数和资格与男子比赛基本相同。中国女篮于1983年首次参加了该项赛事，并取得第8名；1994年，在第12届世界女子篮球锦标赛上获得亚军。中国女篮已成为世界强队之一。

3. 美国NBA职业篮球联赛

NBA是National Basketball Association 的缩写，中文的含义是“国家篮球协会”。NBA篮球比赛是公认的世界最高水平的篮球比赛，云集了世界各国最优秀的篮球运动员。拥有众多世界篮球高手的NBA职业篮球联赛，已成为国际性的篮球比赛。NBA职业篮球联赛分为常规赛和季后赛两个阶段。常规赛从每年的11月初开始，至次年4月20日左右结束。季后赛从4月下旬开始，到6月下旬决出冠军为止。第一轮采用5战3胜制，第二、三轮（东、西部联盟半决赛和决赛）和 NBA东、西部总决赛均采用7战4胜制。

（二）国内重大篮球赛事简介

CBA、WCBA、CUBA、大学生超级篮球联赛这些赛事，正逐步地被喜爱篮球运动的中国球迷所认可。正是这些赛事，托起了中国篮球运动的竞赛阶梯，从而进一步有机地完善了“体教结合”发展构想的实现。

1. CBA男子篮球甲A联赛及CBA职业篮球联赛

CBA （Chinese Basketball Association，中国篮球协会）男子篮球甲A联赛，是我国最高水平和最大规模的篮球赛事。中国篮球协会于1995年正式推出了与国际接轨的赛事——中国男子篮球甲A联赛。首届1955—1996赛季，有12支球队参加，采用主客场制，分预、决赛两个阶段。为进一步深化联赛改革，逐步探索和建立具有中国特色的职业联赛制度，中国篮球协会在2005—2006赛季推出新的“CBA职业篮球联赛”。这个新联赛脱胎于甲A联赛，继承了甲A联赛好的思想、好的方法，但与甲A联赛又有明显的区别，它是在推进联赛职业化进程上取得的初步成果，是总结提炼出的符合我国实际的篮球职业化发展道路。

2. 中国女子篮球甲级联赛

随着全国男子篮球甲A联赛的迅速发展，中国女子篮球联赛（Women's Chinese Basketball Association，WCBA）赛制改革也被提到议事日程。为此，一项酝酿已久的赛事——全国女子篮球甲级联赛 （WCBA）于2002年2月正式拉开帷幕，标志着女子篮球甲级联赛已正式由赛会制走向赛季制。主客场联赛的实行，不但增多了女子比赛的场次，而且活跃了球市，促进了全社会对女子篮球运动的关心与了解。

WCBA联赛分为预赛和决赛两个阶段。预赛前8名的球队进行主客场3战2胜交叉淘汰赛；1/4决赛、半决赛的胜队进行3战2胜交叉淘汰赛，取得获胜场次后不再比赛；1/4决赛、半决赛的负队不再进行比赛。预赛9 ～12 名的球队进行主客场双循环比赛。联赛采用升降级的方法，第11、12 名的球队降为乙级球队，参加每年一次的全国女子篮球乙级联赛。

3. 中国大学生篮球联赛

中国大学生篮球联赛（Chinese University Basketball Association，CUBA）是在中

华人民共和国教育部全国大学生体育联合会领导下，由中国篮球协会指导的赛事活动。该联赛创办于1996 年，具有以下几个特点：其一，挖掘高校篮球潜力；其二，丰富校园文化生活；其三，拓宽与普及高等院校群众性篮球活动，提高篮球运动的文化氛围；其四，促进相关篮球产业市场在高等院校的开发。

大学生篮球联赛的竞赛组织编排体现了“一赛三阶段”和“一赛多方法”的特点。三阶段为预选赛、分区赛和决赛。预选赛，于每年的9—11月进行，基层预选赛必须以学校为单位进行，各省市根据不同的情况、不同的条件，可以采取不同的竞赛方法。分区赛，于每年的12月进行，分为东南区、西南区、西北区、东北区4个赛区进行角逐。决赛，于翌年4—5月进行男八强、女四强半决赛。对于男子大学生篮球联赛，4个赛区每区各取前两名，共8支球队，定为CUBA男八强，这8支队伍进行淘汰赛；对于女子大学生篮球联赛，4个赛区每区各取第1名，共4支球队，定为CUBA女四强，这4支队伍进行淘汰赛。男、女组冠亚军总决赛采用主客场赛制，比赛胜场出现1∶1，则在第二场结束后进行5分钟的决胜期比赛，直至决出胜负。

4. 大学生超级篮球联赛

自2003年开始，篮球运动管理中心便开始与教育部全国学生体育联合秘书处共同协商、酝酿合作办赛的具体事宜，在经过周密的商讨与细致的准备后，2004年6月1日，一项新的篮球赛事“大学生超级篮球联赛”（简称“大超”联赛）诞生。大学生超级篮球联赛创办的主要特色有以下几个：其一，强强联手，打造高水平联赛；其二，高校互动，促进校园篮球文化的发展；其三，专业化运作，提高“大超”联赛的商业空间。

2004年10月，首届大学生超级篮球联赛拉开战幕，全国16支高校男子篮球代表队分为南北两个赛区进行主客场比赛。各赛区前4名进行交叉淘汰赛，最终决出参加决赛的队伍。

第二节　篮球基本技术及练习方法

篮球技术分为进攻技术和防守技术两大部分，常用的基本技术有移动、运球、传接球、投篮、突破、防守和抢篮板球等。本文只讲述前4种基本技术。

一、移动技术

（一）基本站立姿势

两脚前后或左右开立，身体重心落于两脚间，两膝微屈，上体稍前倾，脚跟稍提起，两臂微屈于体侧，两眼注视场上情况。

（二）起动

起动是队员在篮球场上由静止状态变为运动状态时的一种脚步移动方法。起动时，上体迅速前倾或侧转，向跑动方向移动身体重心，同时用后脚或异侧脚的前脚掌短促、有力地蹬地，并迅速向跑动方向迈出。起动后的两三步要积极、短促而迅速，能在最短的距离内把速度充分发挥出来。

（三）跑

跑是队员在球场上为改变位置、争取时间完成攻防任务的脚步移动方法，具有快速、灵活、突然、多变的特点。篮球场上常用的跑步方式有侧身跑、变向跑、后退跑、变速跑等。

1. 侧身跑

侧身跑是队员向前跑动中为了观察球场上的情况，摆脱防守接侧向传来的球而采用的一种跑动方法。

动作方法：跑动时，头部和上体转向侧面或有球的一侧，两脚尖要朝着移动方向，既要保持奔跑速度，又要完成攻守的动作。

动作要领：上体前倾自然侧转，脚尖朝前。

2. 变向跑

变向跑是队员在跑动中利用突然改变方向完成攻守任务的一种方法。

动作方法：变向跑时从左向右变向时，最后一步右脚着地，脚尖稍内扣，前脚掌内侧用力蹬地，屈膝、腰部随之左转，上体向左前倾，快速移动身体重心，脚向左前方跨出，然后加速前进。

动作要领：前脚学内侧用力蹬地，身体重心转移快，右脚上步快。

3. 后退跑

后退跑是队员在由攻转守时，为了观察场上情况，背对前进方向的一种跑动方法。

动作方法：后退跑时，脚跟提起，两脚前脚掌交替用力蹬地（用力方向与向前跑动相反），上体放松直起，两臂屈肘相应摆动，保持身体平衡，两眼平视场上情况。

动作要领：脚跟提起，前脚掌用力蹬地。

4. 变速跑

变速跑是队员跑动中利用速度的变换争取主动的一种方法。

动作方法：变速跑时，要利用两脚突然短促而有力的连续蹬地，加快跑的频率，同时上体稍向前倾和手臂相应地摆动加以配合；减速跑时，利用前脚掌用力抵地来减缓快跑的前冲力，同时上体直起，保证身体重心的后移，从而降低跑速。

动作要领：掌握快慢节奏，速度变化明显。

（四）急停

急停包括跨步急停和跳步急停两种方法。

1. 跨步急停

动作方法：在快速跑动急停时，先向前跨出一大步，由脚跟着地过渡到前脚掌着地，屈膝，上体稍后仰，身体重心下降，减缓向前的冲力。第二步落地的同时，脚尖稍内扣，用脚前掌内侧蹬地，两膝微屈，腰部和胯部用力，身体稍侧转，两臂屈肘微张，控制身体平衡。

动作要领：第一步要用脚外侧着地，第二步落地时用前脚掌内侧蹬地控制身体重心。

2. 跳步急停

动作方法：急停时，用单脚或双脚起跳（一般离地不高），上体稍后仰，两脚同时平行落地，略比肩宽。两膝微屈，身体重心下降，两臂屈肘微张，保持身体平衡。

动作要领：落地时，应用前脚掌蹬地，屈膝降低身体重心，身体重心控制在两脚之间。

（五）转身

转身是队员以一脚蹬地向前或向后跨步的同时，另一脚做中枢脚进行旋转而改变身体方向的一种移动方法。转身时，两膝微屈，上体前倾，身体重心在两脚之间。转身时，以中枢脚的脚掌为轴，移动前脚掌，脚掌内侧用力蹬地跨出，上体随着移动脚转动以改变身体的方向。移动脚向中枢脚脚尖方向跨过称为“前转身”，向中枢脚脚跟方向跨过称为“后转身”。

1. 前转身

动作方法：移动脚蹬地，在中枢脚前方跨步改变身体方向。

动作要领：转体蹬地有力，身体重心迅速转移，前脚掌蹍地。

2. 后转身

动作方法：移动脚蹬地，在中枢脚后方跨步改变身体方向。行进间运用后转身，是在靠近对手时以前脚掌为中枢脚旋转，后脚蹬地做后转身。由于跑动时惯性的关系，要适当减速，加大中枢脚蹍地的力量，从而加快旋转的速度。要注意控制身体重心，保持身体平衡。

动作要领：腰胯带动躯干旋转，蹬、跨有力，保持身体平衡，身体重心不要起伏。

（六）滑步

滑步是队员防守时运用的主要移动技术之一，可分为侧滑步、前滑步和后滑步三种。

1. 侧滑步

动作方法：在基本站立姿势的基础上，两臂左右张开，并不停地上下挥动。在向左侧滑步时，右脚前脚掌内侧蹬地，左脚向左跨出，在落地的同时，右脚紧随滑动靠近左脚，左脚又继续跨出连续进行。向右侧滑步时方向相反。

2. 前滑步

动作方法：两脚前后站立，后脚的前脚掌内侧蹬地，前脚向前跨出一小步，着地后，后脚紧随着向前滑动，保持前后开立姿势。

3. 后滑步

动作方法：两脚前后站立，前脚的前脚掌内侧蹬地，后脚向后跨出一小步，着地后，前脚紧随着向后滑动，保持前后开立姿势。

练习方法：

（1）由基本站立姿势开始，按信号做迅速起动的练习。

（2）原地徒手或持球做转身跨步练习。

（3）利用标志杆做徒手起动、急停、转身、变向跑练习。

（4）原地背向站立，听信号后做转身起动、急停、转身综合练习，或按要求做变速变向跑练习。

（5）利用篮球场上的罚球圈、中圈和三分线，做变向跑、变速跑、侧身跑练习。

（6）全场或半场一对一做徒手攻防脚步动作练习。

二、运球技术

运球是组成战术配合及突破守防重要手段。运球是持球队员在原地或者行进间用单手以肘关节为主轴连续按压球，使球由地面反弹起的一种动作方法。运球是篮球比赛中个人进攻的重要技术，主要包括高运球、低运球、体前变向换手运球、背后运球、胯下运球、运球后转身等技术。

（一）高运球

抬头，目视前方，上体稍前倾，以肘关节为轴，前臂自然屈伸，手腕和手指柔和而有力地按压球的后上方，用指跟及指腹部位触球，食指向前。球的落点控制在运球手同侧脚的外侧前方，使球的反弹高度在胸腹之间，手、脚协调配合。快速运球行进时，手触球的部位要向后移，用力要稍加大，球的落地点离脚要远些。高运球主要用于行进间，球反弹较高，运球者便于观察场上情况。

（二）低运球

抬头目视前方，两膝深屈，用身体和腰保护球，屈腕，用手指和指跟部位短促地按压球的后上部，球的反弹高度在膝部左右，上下肢协调配合。低运球主要用于遇到防守急停时。

（三）体前变向换手运球

运球者从右手低运球开始，向防守队员左侧后方快速推进，同时左臂自然抬起侧身保护球。在快速运球中突然急停，使身体重心下降，当防守队员身体重心左移时，运球者运球变向，右手拍按球的右侧上方，同时上右腿，左转侧肩保护球，换至左手运球，并向前推进。

（四）背后运球

以右手运球，向对手左侧运球为例，当防守队员身体重心左移时，运球者突然用右手拍球的外侧，左脚上步的同时使球从身后反弹至左前方，左腿迅速向左前方跨步，以臂、腿保护球，换至左手运球。

（五）胯下运球

当防守队员迎面堵截时，运球者右手运球，用右手拍按球的右侧上方，将球从右拍至胯下，反弹至左侧，用左手运球。

（六）运球后转身

当防守队员堵截运球线路时，运球者持球控制在身体右侧，左脚向前跨出一步且作为中枢脚置于对手两脚之间，然后右脚用力蹬地后撤，顺势做后转身动作的同时，右手拍按球的右侧前方，将球拉引向身体的侧后方落地，转身后换手用左手运球。

练习方法：

（1）做原地运球练习。每人一球，听信号做高低运球、横向运球、拉球、推球、体侧前拉后推球、体前左右换手运球等练习。

（2）听信号做行进间高、低、变速、急起急停运球练习。

（3）沿球场内中圈和罚球圈做曲线运球和变向运球练习。

（4）绕障碍做变向换手和运球后转身练习。

（5）全场进行传、运、投技术综合练习。

（6）结合传球、投篮、突破进行运球练习。

三、传接球技术

传接球技术是篮球比赛中队员之间有目的地转移球的方法。传接球是篮球运动的重要技术之一，也是篮球比赛中运用最多的一项基本技术。它是进攻队员在场上相互联系和组织进攻的纽带，也是实现战术配合的具体手段。传接球技术的好坏，直接影响战术质量和比赛的胜负。准确巧妙的传球，能够打乱对方的防御部署，创造更多、更好的投篮机会。

传球动作和接球动作是紧密联系在一起的， 是队员之间共同完成的配合技术。传球的方法很多，但从球传出到同伴将球接住这一过程来分析，是由传球的动作方法、球的飞行路线和球的落点三个环节组成的。传球的动作方法是主要的，它决定了球的飞行路线、速度和球落点的准确性。

（一）传球技术动作

传球分单手传球和双手传球两大类，有原地、行进间和跳起等，又有前、后、左、右、上、下等不同的出球方向。虽然传球的方式很多，但不管是哪种方式，都要全身协调用力，最后通过手腕、手指动作来完成。特别是运用最多的中、近距离传球，主要靠前臂的伸、摆和手腕的用力将球传出。腕、指用力是传球中最主要的手法。

传球手法指球出手的瞬间，手腕、手指对球的飞行方向、速度、路线和传球点的控制，也就是手腕翻转、前屈和手指弹拨的用力方法。手指、手腕力量作用于球的正后方，球飞行的方向是向前的，飞行路线是平直的；手指、手腕力量作用于球的后下方，球飞行的方向是前上方，沿弧线飞行；手指、手腕力量作用于后上方，球向前下方击地后弹出起到接球人胸部（反弹球）。在球即将离手的一瞬间，用力越大、发力越快，即手腕前屈和手指用力抖动越快，则作用于球的力量就越大，球飞行的速度就越快；反之，球飞行速度就缓慢。球即将离手的一瞬间，手腕、手指用力的大小、抖腕的快慢和作用于球的部位不同，会影响球的飞行速度、方向、路线和球到位的准确性，所以，巧妙地运用手腕、手指的力量是提高传球技巧的关键。

传球时虽然手法是主要的，但是脚蹬地、腰腹、手臂腕关节的用力和手指的协调配合也是不可忽视的，特别是前臂动作的伸、摆、绕等不同用力方法，可以增加出球点，扩大出球面，提高传球的灵活性，增强传球的力度。下面介绍几种常见的传球技术动作。

1. 双手胸前传球

双手胸前传球是比赛中最基本、最常用的传球方法，用这种方法传出的球快速有力，可传向不同方向、传出不同距离，而且便于和投篮、突破等动作结合运用。

动作方法：双手持球，两手手指自然分开，拇指相对成“八”字形，用指根以上部位持球，手心空出。两肘自然弯曲于体侧，将球置于胸腹之间的部位，身体成基本站立姿势。传球时，在后脚蹬地、身体重心前移的同时前臂迅速向传球方向伸出，拇指用力拨球，手腕前屈，食指和中指用力拨球将球传出。球出手后身体迅速调整成基本站立姿势。传球距离近，前臂前伸的幅度小。远距离的传球，则需加大蹬地、伸臂和腰腹的协调用力。传球距离越远，蹬地、伸臂的动作速度越快。

双手胸前传球可在原地和跑动中进行。跑动中双手胸前接球和传球是一个连贯动作。接球时手、脚动作必须协调配合。一般在左（右）脚上步接球后，右（左）脚上步，左（右）脚抬起在落地前出球。传球的动作过程是双手接球后迅速收臂后引，接着迅速伸前臂，手腕前屈，手指拨球，将球传出。

动作要领：双手手腕前屈，食指和中指用力拨球、抖腕、控制方向。

2. 单手肩上传球

单手肩上传球是单手传球的一种基本方法。这种传球的力量大、速度快，常用于中、远距离传球。

动作方法：传球时（以右手传球为例），左脚向传球方向迈出半步，右手托球，同时将球引到右肩上方，肘部外展，上臂与地面近似平行，手腕后仰。左肩对着传球方向，身体重心落在右脚上，右脚蹬地，转体，右前臂迅速向前挥摆，手腕前屈，通过食指、中指拨球将球传出。球出手后，右脚随着身体重心前移而向前迈出半步，保持基本站立姿势。

3. 单手胸前传球

这是一种动作幅度小、隐蔽性强、出手快、便于和其他技术动作结合的传球方法。一般多用于近距离或通过防守向内线传球。

动作方法：持球方法与双手胸前传球相同。右手传球时，上体稍右转，右手腕后屈转至球的后方，同时左手离球，右臂迅速前伸，屈腕、手指拨球，将球传出。

动作要领：前臂发力，主要用屈腕、手指弹拨球，动作小而迅速。

4. 单手体侧传球

单手体侧传球主要用于近距离的外线队员向内线队员传球。

动作方法：双手胸前持球，右手传球时，左脚向左跨半步，右手将球引至身体右侧，拇指向上，手心向前，左手离球。臂向前做弧线摆动，手腕前屈，用食指、中指的力量将球拨出，出球部位在体侧。

动作要领：跨步、摆臂、引球动作要连贯；手腕前屈，食、中指拨球的力量和动作幅度要小。

5. 双手头上传球

双手头上传球的传球点高，摆臂动作幅度小，适用于身材高大的队员，多用于近距离传球，如快攻第一传、外围队员之间转移球和外围队员传给中锋的高吊球等。

动作方法：持球手法和双手胸前传球相同，传球时两手举球于头上，两肘和手心向前。近距离传球时，前臂前摆同时外旋，手腕前屈外翻的同时，拇指、食指、中指用力向前拨球。传远距离球时，要加上蹬地的力量，收腹，前臂迅速前摆，腕、指用力抖腕拨球，将球传出。

动作要领：前臂前摆，急速向前抖腕，手指用力拨球。

（二）接球技术动作

接球是篮球运动中的主要技术之一，是获得球的动作，是抢篮板球和抢断球的基础。在激烈对抗的比赛中，能否采用正确的动作牢稳地接球，对减少传球失误、弥补传球不足，以及截获对方传球等都有非常重要的作用。接球有双手接球和单手接球两种。

1. 双手接球

双手接球是基本的接球方法，也是在比赛中运用较多的动作之一，其优点是握球牢稳，易于转换其他动作。

动作方法：双手接球时，两眼注视来球方，两臂伸出迎接球，手指自然分开，两拇指成“八”字形，手指向前上方，两手成一个半圆形。当手指触球后，迅速握住球，两臂随球后引缓冲来球的力量，两手握球于胸腹之间；保持身体的平衡，做好传球、投篮或突破的准备。来球的高度不同时，两臂伸出迎球的高低也有所不同。

动作要领：面向来球方向，主动伸臂迎球，在手接触球时，收臂后引缓冲，握球于胸腹之间。

2. 单手接球

单手接球控制的范围大，能接不同方向的球。但是单手接球不如双手接球稳定，因此，在一般情况下应尽量用双手接球。

动作方法：如用右手接球，则右脚向来球方向迈出，两眼注视着来球。接球时，手掌成勺形，手指自然分开，右臂向来球的方向伸去；当手指触球时，手臂顺势将球向后下引，左手立即握球，双手将球握于胸腹之间，保持基本持球姿势。

接球是终止球在空中运行的方法。不论是双手接球还是单手接球，都必须沿着球飞行的相反方向对球施加相应的阻力，使来球的速度减弱为零。球作用在手上的力与手的缓冲距离有一定的关系，接球时减小这个力就要增大对这个力的作用距离。伸臂屈肘迎球和顺势向后引球，进一步屈肘缓冲，正是减弱来球力量至零的过程。如果来球力量大，速度较快，则要加大迎球幅度，以便有更长距离来缓冲。

动作要领：手指自然分开伸臂迎球，触球后引要快，另一手及时扶球。

行进间运球和双手胸前传接球的练习方法：

（1）直线往返进行行进间运球和双手胸前传接球练习。

（2）依次直线进行行进间运球和传接球习。

（3）沿弧线进行行进间运球和传接球练习。

（4）迎面进行直线行进间运球和双手胸前传接球练习。

（5）分组进行行进间往返运球和双手胸前传接球练习。

（6）迎面进行传接球和行进间运球练习。

（7）循环式变换方向进行行进间运球和双手胸前传接球练习。

（8）沿着切线方向进行行进间运球和双手胸前传接球练习。

（9）进行行进间曲线运球和双手胸前传接球练习。

（10）进行体前变向运球和双手胸前传接球练习。

（11）沿弧线变直线进行行进间运球和双手胸前传接球练习。

（12）进行体前变向后转身运球和双手胸前传接球练习。

（13）进行交叉变向换位运球和双手胸前传接球练习。

四、投篮技术

投篮是篮球运动中最主要的进攻技术，主要包括原地双手胸前投篮、原地单手肩上投篮、行进间单手肩上投篮、行进间单手低手投篮等技术。

（一）原地双手胸前投篮

原地双手胸前投篮是篮球运动中较早的投篮方法之一，这种投篮便于和其他技术结合，能充分发挥全身的力量，适用于中、远距离，一般女生运用这种投篮较多。

动作方法：双手持球于胸前，肘关节自然下垂，两脚前后或左右开立，两膝微屈，身体重心落在两脚之间，看准瞄篮点。投篮时，两脚蹬地，上肢随着蹬地向前上方伸臂，两手腕同时外翻，手腕前屈，拇指用力拨球，通过食指、中指拨球将球投出。球出手时，身体随投篮出手方向伸展。

动作要领：自然屈肘，投篮时下肢先蹬地，前臂内旋，手指拨球，上下肢协调用力。

（二）原地单手肩上投篮

原地单手肩上投篮是最基本的投篮方法，它是行进间投篮和跳起投篮技术的基础，是比赛中较常用的投篮方法。

动作方法：以右手投篮为例，双脚原地开立，与肩同宽，右脚稍前，身体重心落在两脚之间，屈肘，手腕后仰，掌心向上，五指自然张开，持球于右眼前上方，左手扶球左侧，两膝微屈，上体放松并稍后倾，看准瞄篮点。投篮时下肢蹬地发力，腰腹伸展，抬肘伸前臂，手腕前屈带动手指弹拨球，最后通过食指、中指柔和用力将球投出，球离手后右臂应有自然跟随动作。

动作要领：上下肢协调用力，蹬伸、展腰、屈腕、手指柔和地拨球。

（三）行进间单手肩上投篮

行进间单手肩上（高手）投篮是比赛中广泛应用的一种投篮方法，一般多在快攻或突破篮下时运用，俗称跑动投篮。行进间投篮动作方法很多，但动作结构基本相同，都是由跨步接球起跳、腾空举球出手和落地三个部分组成。

动作方法：以右手投篮为例，当球在空中运行时，右脚向来球方向或投篮方向跨出一大步，同时接球，左脚向前跨出一小步，脚跟先着地，上体稍后仰，并用力蹬地起跳，右腿屈膝，左脚蹬离地面。同时双手向前上方举球，腾空后，右臂向前上方伸展，腕、指动作同原地单手投篮。投篮出手后，两脚同时落地，两腿弯曲，以缓冲落地的力量。

动作要领：随跑随投、快速突然、蹬地起跳、举球伸臂。脚步“一大二小三蹬地”。

（四）行进间单手低手投篮

行进间单手低手投篮动作多在快速跑动中超越对手并接近篮下时运用，具有速度快、伸展距离远的特点。

动作方法：以右手投篮为例，行进间右脚跨出一大步的同时双手接球，并用身体保护球，接着左脚迈出一小步，同时用力蹬地起跳，随之充分伸展身体，右臂外旋伸直向篮圈方向举球（手心向上），当举球手接近篮圈时，做以中间三指为主的向上拨球动作，使球通过指端投出。投碰板球时要注意控制球的旋转。

动作要领：腾空时身体向前上方充分伸展，投篮出手前保持单手低手拨球上挑的动作。

第三节　篮球基本战术

一、进攻战术基础配合

（一）传切配合

传切配合是指进攻队员之间利用传球和切入技术组成的简单配合。它包括一传一切和空切配合。传切配合具有简单易学，实用性及攻击性很强的特点。切入和传球是组成传切配合的基础，切入前动作要有隐蔽性和迷惑性，切入时动作要有突然性，而传球同样需要具备以上几点。

（二）掩护配合

掩护配合是掩护队友采用合理的行动，用自己的身体挡住同伴的防守队员的移动路线，使同伴借以摆脱防守的一种配合方法，俗称为“挡拆”。

掩护配合有多种形式和方法，根据掩护者和被掩护者身体位置的不同，有前掩护、侧掩护和后掩护三种形式。根据掩护者的移动路线、方法和变化，有反掩护、假掩护、运球掩护、定位掩护和连续掩护等形式。从组成掩护配合的行动来看，一是掩护者主动去给同伴做掩护，用身体挡住同伴的防守者的移动路线，使同伴借以摆脱防守；二是摆脱者主动利用同伴的身体和位置把对手挡住，使自己摆脱防守。因此，掩护配合能否成功，关键是在一瞬间能否创造出位置差和时间差。成功的掩护配合能够争取到空间与地面的优势，从而达到攻击的目的。

（三）策应配合

策应配合是指进攻队员背对或侧对篮接球，以他为枢纽，与同伴配合而形成的一种里应外合的配合方法。

（四）突分配合

突分配合是指持球队员突破对手后，主动或应变地利用传球与同伴进行攻击的一种配合方法。

二、防守战术基础配合

防守战术基础配合是在篮球比赛中，队员两三人之间为了破坏对方进攻配合所组成的简单配合。抢过、穿过、绕过和交换是破坏掩护配合积极有效的方法。被掩护队员的防守者在掩护队员接近自己的瞬间，强行从掩护者和被掩护者之间抢过去继续防守自己的对手，叫抢过；被掩护队员的防守者从掩护队员和防守掩护者之间跑过去，叫穿过，从掩护者的防守者身后跑过去，叫绕过；交换配合是为了破坏进攻队员的掩护配合，防守队员之间及时交换自己所防对手的一种配合方法。

（一）抢过配合

抢过配合是破坏掩护配合的积极有效的方法之一。防守者在掩护队员临近自己时，要积极向前跨出一步，贴近自己的防守对手，从掩护者前面挤过或抢过去，继续防住自己的对手。运用挤过的防守队员要善于发现对方的掩护意图和所采用的方式，而防守掩护者的队员要及时提醒前者并后撤一步，以随时准备补防。

当掩护队员靠近时，防守队员应该向挤过方向快速移动，一旦挤过，应该立即降低身体重心，紧紧防住对手。防守掩护队员的防守者不要与进攻队员靠得太近，以便在同伴挤过不成时采用穿过配合。在比赛中防守对方掩护配合时，应尽量运用抢过配合。

（二）穿过配合

穿过配合是破坏掩护配合、及时防住自己对手的一种配合。当进攻队员进行掩护时，掩护队员的防守者要及时提醒同伴并主动后撤一步，让同伴及时从自己和掩护队员之间穿过，以便继续防住各自的对手。运用穿过配合战术时，防守掩护者的队员要及时发出信号并留有空隙，而穿过队员应迅速调整防守位置和距离。

（三）绕过配合

绕过配合是破坏对方掩护配合及时防守自己对手的一种配合。当进攻队员进行掩护时，掩护队员的防守者主动贴近对手，让同伴从自己的身旁绕过，继续防住各自的对手。绕过配合战术多在掩护者攻击力强、威胁大而被掩护摆脱的队员无投篮威胁情况下运用。运用绕过配合战术时，防守掩护者的队员应及时提醒同伴发现对手的掩护行动，在同伴绕过的瞬间贴近对手。绕过队员则要快速调整防守的位置和距离，一直立即盯住自己防守的对手。

（四）交换防守配合

交换防守配合一般由防守掩护者的队员发出交换防守的信号，一旦被掩护的进攻队员切入时便及时换防，并由防守掩护的队员阻截其切向篮下或接球的路线。配合时，防守被掩护者的队员要及时调整防守，采用撤步或转身挤占内侧的防守位置，堵住掩护者切入篮下的路线。这种配合常在人盯人防守中对方横向移动掩护时运用。在对方纵向移动运用掩护时，则尽量避免使用该配合，以免形成小个子队员在篮下防守对方高大队员的被动局面。

三、快攻战术

（一）快攻战术的概念

快攻是由防守转入进攻时，全队以最快的速度、最短的时间，趁对方防守未稳，力争形成人数上或位置上的优势，或创造以多打少或无人防守或人数相等的有利攻击时机，果断而合理地进行快速攻击的一种进攻战术。快攻是篮球进攻战术的重要组成部分，其特点是快攻发动突然、攻击迅速，是进攻战术中最锐利的“武器”。篮球技术的发展，促进了快攻战术的发展，快攻的速度越来越快，快攻的成功率越来越高，它的核心是争取时间、创造战机、速战速决。

（二）快攻战术的组织形式

快攻的组织形式分为长传快攻、短传快攻、运球突破快攻三种。

1. 长传快攻

长传快改也被称为长传偷袭快攻，是指队员在后场获球后，用一次或者两次传球，将球传给快速向对方篮下跑动的同伴完成投篮的一种配合。长传快攻的特点是突然性强、速度快、时间短、成功率高。

2. 短传快攻

短传快攻是队员在后场获球后，利用快速的短距离传球、运球推进到前场进行攻击的一种配合方法。短传快攻的特点是灵活多变、层次清楚、容易成功。

3. 运球突破快攻

运球突破快攻是防守队员获得球后，利用运球技术超越防守，自己投篮得分或传给比自己投篮机会更好的同伴进行攻击的方法。运球突破快攻的特点是减少环节、抓住战机、加快进攻速度。

（三）快攻战术的结构

快攻一般由发动与接应、推进、结束三个阶段组成。若是长传快攻，则由发动与接应、结束两个阶段组成。

1. 发动与接应阶段

发动与接应阶段是组织快攻的首要阶段，是形成快攻的前提。由守转攻后，队员及时按照战术行动路线分散，持球队员及时准确地组织一传和接应队员积极主动地接应一传，是发动阶段的重要环节。接应队员的任务是保证将球迅速地转入推进阶段。

2. 推进阶段

推进阶段是快攻战术中承前启后的衔接阶段，无论是传球推进，还是运球推进，都要体现一个“快”字，确保及时将球推至前场，进而转入结束阶段。

3. 结束阶段

结束阶段是快攻最后的攻击阶段，进攻队员利用人数和位置优势，快速、果断地进攻得分，以达到快攻的最终目的。

（四）发动快攻的时机

发动快攻的时机主要有三种：抢获后场篮板球后；抢、打、断球成功后；跳球得手后。比赛实践证明，抢获后场篮板球发动快攻的机会最多；抢、打、断球发动快攻的成功率最高。

第四节　篮球运动的竞赛规则简介

篮球裁判工作是搞好篮球运动竞赛必不可少的重要组成部分，它对促进篮球运动的普及与提高具有十分重要的作用。

一场比赛的圆满结束，是裁判员集体合作的成果。它既需要裁判员临场执法做到“公正、准确、积极、稳定”，又需要临场裁判员之间的默契配合，以及他们与记录台工作人员之间的沟通和协作。

裁判员是一场比赛的主持者，应依据FIBA(Federation International Basketball Association，国际篮球联合会)《篮球竞赛规则》和《篮球裁判法》的要求，依“法”有“序”地对运动员在比赛中表现出来的行为和动作，做出正确的判罚与处理，对参赛双方在比赛中的一切举止和活动进行及时的管理，使比赛得以顺球利流畅地进行并最终评定胜负。所以说，裁判员的工作对赛场的精神文明、体育道德的体现，以及双方运动员技、战术的发挥和比赛的圆满结束都起着十分重要的作用。

一、五人制篮球竞赛规则

（一）比赛

1. 篮球比赛

篮球比赛由两队参加，每队出场5名队员。每队的目标是进攻对方球篮得分，并阻止对方得分。比赛由裁判员、记录台人员和技术代表（如到场）管控。

2. 球篮：对方/本方

被某队进攻的球篮是对方的球篮，由某队防守的球篮是该队的本方球篮。

3. 比赛的胜者

比赛时间结束时比赛得分较多的队，是比赛的胜者。

（二）比赛场地

1. 比赛场地

比赛场地应是一块平坦、无障碍物的硬质地面，其尺寸是长28米、宽15米，从界线内沿丈量。

2. 后场

某队的后场由该队本方的球篮、篮板的界内部分，以及由该队本方球篮后面的端线、两条边线中线所界定的比赛场地部分组成。

3. 前场

某队的前场由对方的球篮、篮板的界内部分，以及对方球篮后面的端线、两条边线和距离对方球篮最近的中线内沿所界定的比赛场地部分组成。

4. 线

所有的线应颜色相同，且应用白色或其他能明显区分的颜色画出，宽5厘米并清晰可见。

（1）界线。比赛场地由两条端线和两条边线组成的界线所限定。这些线不是比赛场地的部分。任何障碍物包括在球队席就座的主教练、助理教练员、替补队员、出局的队员和随队人员，距离比赛场地应至少2米。

（2）中线、中圈和罚球半圆。中线应从两条边线的中点画出并平行于两条端线。中线应向每条边线外延伸0.15米。中线是后场的一部分。

中圈应画在比赛场地的中央，半径为1.80米（从圆周的外沿丈量）。

两个罚球半圆应画在比赛场地上，半径是1.80米（从圆周的外沿丈量），它的圆心在两条罚球线的中点上。

（3）罚球线、限制区和抢篮板球分位区。罚球线应画成与每条端线平行。从端线内沿到它的最外沿应是5.80米，其长度是3.60米。它的中点应落在连接2条端线中点的假想线上。限制区应是画在比赛场地上的一个长方形区域，由端线、延长的罚球线和起自端线（外沿距离端线中点2.45米）终于延长的罚球线外沿的线所限定。除了端线外，这些线都是限制区的一部分。罚球时留给队员们的沿限制区两侧的抢篮板球分位区。

（三）比赛时间、比分相等和决胜期

（1）比赛应由4节组成，每节10分钟。

（2）在第1节和第2节（上半时）之间，第3节和第4节（下半时）之间，以及每一决胜期之前，应有2分钟的比赛休息期间。

（3）如果在第4节比赛结束时比分相等，比赛有必要再继续若干个5分钟的决胜期来打破平局。对于主客场总得分制的系列比赛，如果在第2场比赛的第4节比赛结束时，两队两场比赛得分的总和相等，比赛有必要再继续若干个5分钟的决胜期来打破平局。

（4）如果结束该节或决胜期的比赛计时钟信号响时，或恰好之前发生了犯规，在该节或决胜期比赛结束之后应执行最后的罚球。如果作为此罚球的结果需要一个决胜期，那么，在该节或决胜期比赛结束后发生的所有犯规应被视为在比赛休息期间发生的，在决胜期开始之前应执行罚球。

（四）如何打球

1. 定义

在比赛中，球只能用手来打，并且球可向任何方向传、投、拍、滚或运，但受FIBA篮球规则的限制。

2. 规定

队员不能带球跑，故意踢或用腿的任何部分阻挡球或用拳击球。然而，球意外地接触到腿的任何部分，或腿的任何部分意外地触及球，不是违例。

（五）暂停

1. 定义

主教练或第一助理教练请求中断比赛是暂停。

2. 规定

（1）每次暂停应持续 1 分钟。

（2）在暂停机会期间可以准予暂停。

（3）对于双方队，当球成死球，比赛计时钟停止，以及当裁判员已结束了与记录

台的联系时；对于双方队，当在最后一次罚球成功后，球成死球时；对于非得分队，投篮得分时，一次暂停机会开始。

（4）每队可准予，上半时2次暂停。下半时3次暂停，第4节当比赛计时钟显示2:00分钟或更少时最多2次暂停；每一个决胜期一次暂停。

（5）未用过的暂停不得遗留给下半时或决胜期。

（六）替换

1. 定义

替补队员请求中断比赛成为队员是一次替换。

2. 规定

（1）对于双方队，当球成死球，比赛计时钟停止，以及裁判员已结束了与记录台的联系时；对于双方队，在最后一次罚球成功后，球成为死球时；对于非得分队，在第4节或每一决胜期的比赛计时钟显示2:00分钟或更少，投篮得分时，一次替换机会开始。

（2）一次替换机会结束于掷球入界的队员可处理球时，或第一次的罚球可处理球时。

（七）违例

1. 定义

违例是违犯规则。

2. 罚则

将球判给对方队员从最靠近发生违例的地点掷球入界，但正好在篮板后面的地点除外，除非FIBA篮球规则另有规定。

3. 队员出界

当队员身体的任何部分接触界线上方、界线上或界线外的除队员以外的地面或任何物体时，即是队员出界。

4. 球出界

当球触及下列人员和物体时，即是球出界：①界外的队员或任何其他人员；②界线上方、界线上或界线外的地面或任何物体；③篮板支撑架、篮板背面或比赛场地上方的任何物体；

5. 运球

运球是指一名队员控制一个活球的一系列动作：在地面上掷、拍、滚、运，或弹在地面上。运球过程中，不能翻腕运球（携带球）、不能双手同时拍球、不能两次运球。

6. 带球走

（1）当队员在场上持着一个活球，其一脚或双脚超出本条款所述的限制，向任一方向非法的运动是带球走。

（2）在场上正持着一个活球的队员用一脚（称为“中枢脚”）始终接触着该脚与

地面接触的那个点，而另一只脚向任一方向踏出一次或多次的合法运动是旋转。

7. 3秒钟

当某队在前场控制活球并且比赛计时钟正在运行时，该队的队员不得在对方队的限制区内停留超过持续的3秒，否则视为违例。

8. 5秒钟

一名被严密防守的队员必须在5秒内传球、投球或运球，否则视为违例。

9. 8秒钟

当一名在后场的队员获得控制活球时；或在掷球入界中，球触及后场的任何队员或者被后场的任何队员合法触及，掷球入界队员所在队仍拥有在后场的球权，该队必须在8秒内使球进入该队的前场，否则视为违例。

10. 24秒钟

当一名队员在场上获得控制活球时；或在掷球入界中，球接触场上的任何队员或被场上的任何队员合法触及，并且掷球入界队员的球队仍然控制球时，该队必须在24秒内尝试投篮，否则视为违例。

11. 球回后场

某队在其前场控制活球，如果双脚触及前场的该队队员正持球、接住球或在他的前场运球，如果球在位于前场的该队队员之间传递，则为球回后场，视为违例。

（八）犯规

1. 定义

犯规是对规则的违犯，含有与对方队员的非法身体接触、违反体育运动精神的举止。

可宣判一个队任何数量的犯规，不管罚则是什么，都要登记犯规者的每一次犯规，记入记录表并且根据这些规则进行处罚。

2. 圆柱体原则和垂直原则

圆柱体原则是篮球运动中判断球员接触时是否犯规的一种规则。在篮球场上，一名站在地面上的队员占据一个假想的圆柱体内的空间。该空间包括该队员上面的空间，并受下列限定：前面为手的双掌，后面为臀部、两侧为双臂和双腿的外侧。双手和双臂可以在躯干前面伸展，其肘部的双臂弯曲不超过双脚的位置，因此两前臂和双手是举起的。他的双脚间的距离应依据他的身高有所不同。

在比赛中，每一名队员都有权占据未被对方队员已经占据的任何场上位置（圆柱体），这就是垂直原则。这个原则保护队员所占据的地面空间和当他在此空间内垂直跳起时的上方空间。队员一旦离开他的垂直位置（圆柱体），并与已经建立了自己的垂直位置（圆柱体）的对方队员发生身体接触，则离开他的垂直位置（圆柱体）的队员须对此接触负责。防守队员垂直地离开地面（在他的圆柱体内）或在他自己的圆柱体内把双手和双臂伸展在他的上方，则不必判罚。无论是在地面上或在空中的进攻队员，不应用下列方式与处于合法防守位置的防守队员发生接触：他的手臂为自己创造额外的空间

（推开障碍）；在投篮中或紧接投篮后伸展他的双腿或双臂去造成接触。

3. 防守控制球的队员

当一名防守队员面对对手，并且双脚着地时，他就占据了最初的合法防守位置。合法防守位置从地面到天花板，垂直地伸展到他（圆柱体）的上方。他可将他的双臂和双手举过头或垂直跳起，但是他必须在假想的圆柱体内使手和臂保持垂直的姿势。

当防守控制（正持着或运着）球的队员时，时间和距离的因素不适用。每当对方队员在持球队员前面获得了一个最初的合法防守位置（甚至是一瞬间完成的），持球队员必须料到被防守并必须准备停步或改变他的方向。防守队员建立一个最初的合法防守位置，必须在占据位置前没有造成接触。一旦防守队员已建立了一个最初的合法防守位置，他可移动去防守其对手，但他不得伸展双臂、双肩、双髋或双腿，并通过这样做来造成接触以阻止从他身边通过的运球队员。判断一起涉及持球队员撞人 / 阻挡情况时，裁判员应运用下列几个原则。

（1）防守队员必须面对持球队员并双脚着地来建立一个最初的合法防守位置。

（2）防守队员为保持最初的合法防守位置，可保持静立、垂直跳起、侧移或后移。

（3）在保持最初的合法防守位置的移动中，一脚或双脚可以瞬间离地，只要该移动是侧向或向后的，而不是朝向持球队员前移的。

（4）接触必须发生在躯干上，在这样的情况下，防守队员将被认为是已经先占据了接触地点。

（5）已建立了合法防守位置的防守队员可以在其圆柱体之内转身，以避免受伤。

在上述任何情况中，应认为该接触是由持球队员造成的。

4. 防守不控制球的队员

不控制球的队员有权在球场上自由地移动，并占据任何未被另一队员已经占据的位置。当防守不控制球的队员时，时间和距离的因素应适用。防守队员不能太靠近、太快地在移动的对方队员的路径中占据一个位置，以至于后者没有足够的时间或距离去停步或改变其方向。此距离与对方队员的速度成正比，但绝不要少于正常的一步。如果一名防守队员在获得最初的合法防守位置中不顾及时间和距离的因素，并与对方队员发生接触，则他对该接触负责。一旦一名防守队员已经建立了一个最初的合法防守位置，他可移动去防守他的对手。但他不得在对方队员的路径中伸展臂、肩、臀或腿去阻止该队员从他身边通过，可以在他的圆柱体内转身来避免受伤。

5. 腾空的队员

从球场某地点跳起在空中的队员有权再落回同一地点。该队员有权落在场上的另一地点，只要在起跳时该落地点以及起跳点和落地点之间的直接路径尚未被对方队员占据。如果一名队员已跳起并落地，可是他的冲力使其接触了在落地地点之外已获得了一个合法防守位置的对方队员，则该跳起队员对此接触负责。队员已跳起在空中后，对方队员不得移动到他的下落路径上。移动到腾空队员的身下并造成接触，通常是违反体育运动精神的犯规，某些情况下可能是取消比赛资格的犯规。

6. 掩护：合法的和非法的

掩护是试图延误或阻止一名不持球的对方队员到达他希望到达的场上位置。当正在掩护对手的队员发生下列情形时，是合法掩护：发生接触时是静止的（在他的圆柱体内）；发生接触时双脚着地。当正在掩护对手的队员发生下列情形时，是非法掩护：发生接触时正在移动；在静止对手的视野之外做掩护，发生接触时没有给出足够的距离；发生接触时，对移动中的对手没有顾及时间和距离的因素。

7. 撞人

撞人是持球或不持球队员推开或移动对方队员，在对方队员的躯干处发生的非法身体接触。

8. 阻挡

阻挡是阻碍持球或不持球对方队员行进的非法身体接触。如果试图做掩护的队员在移动中与静止或后退的对方队员发生接触，则判罚掩护队员一起阻挡犯规。如果队员不顾球，面对着对方队员并随着对方队员的移动而移动他的位置，除非包含其他因素，该队员对所发生的任何接触负主要责任。“除非包含其他因素”，是指被掩护的队员故意推人、撞人或拉人。队员在场上占据位置时，把手臂或肘伸在其圆柱体之外是合法的，但当对方队员试图通过时，手臂或肘必须被移到其圆柱体之内。如果手臂或肘是在他的圆柱体之外并发生接触，这是阻挡或拉人。

9. 无撞人半圆区

球场上画出无撞人半圆区的目的是，指定一个特定的区域用于解释篮下的撞人或阻挡情况。向无撞人半圆区的任何突破情况中，一名腾空的进攻队员造成的与防守队员在无撞人半圆区内的任何身体接触不应被宣判为进攻犯规，除非进攻队员非法地使用他的手、手臂或者身体。

10. 用手和/或手臂接触对方队员

用手触及对方队员，本身未必是犯规。裁判员应判定引起接触的队员是否已经获得了不公正的利益。如果队员引起的接触在任何方面限制对方队员的移动自由，这样的接触属于犯规。

11. 中锋位置的攻防

垂直原则（圆柱体原则）适用于中锋位置的攻防。位于中锋位置的进攻队员和防守队员必须尊重彼此的垂直位置（圆柱体）的权利。位于中锋位置的进攻队员或防守队员用肩或髋将对方队员挤出位置，或用伸展的肘、臂、膝或身体的其他部位去干扰对方队员的活动自由，是犯规。

12. 背后非法防守

背后非法防守是防守队员从对方队员的背后与其发生的身体接触。仅有防守队员正试图去抢球的事实，不能证明从背后与对方队员发生接触，这种防守是正当的。

13. 拉人

拉人是干扰对方队员移动自由的非法身体接触。这种接触（拉人）可能发生在身体的任何部位。

14. 推人

推人是队员用身体的任何部位强行移动或试图移动控制或未控制球的对方队员时发生的非法身体接触。

15. 骗取犯规

一名队员采用任何手段假装被侵犯，或采取戏剧性的夸张动作来制造“被侵犯了”的假象并从中获利，是骗取犯规。

16. 侵人犯规

无论是在活球情况下，还是在死球情况下，攻守双方队员发生的非法身体接触，都为侵人犯规。队员不应通过伸展手、臂、肘、肩、髋、腿、膝、脚或将身体弯曲成“不正常的姿势”（超出他的圆柱体）去拉、阻挡、推、撞、绊对方队员，或阻止对方队员行进；也不得放纵任何粗野或猛烈的动作去这样做。

17. 双方犯规

双方犯规是两名互为对方的队员大约同时相互发生侵人犯规的情况。

18. 技术犯规

任何故意的或再三的不合作，或不遵守本规则的精神，应被认为是一次技术犯规。技术犯规是没有身体接触的犯规，行为种类包括但不限于下列情况。

（1）无视裁判员的警告。

（2）与裁判员、技术代表、记录台人员、对方队或允许坐在球队席的人员讨论及交流中没有礼貌。

（3）使用很可能冒犯或煽动观众的粗话或手势。

（4）戏弄或嘲讽对方队员。

（5）在对方队员眼睛附近挥手或手保持不动妨碍其视觉。

（6）过分挥肘。

（7）在球穿过球篮之后故意地触及球，阻碍迅速地掷球入界或罚球以延误比赛。

（8）伪造被犯规。

（9）悬吊在篮圈上，致使队员的重量由篮圈支撑，除非扣篮后，队员瞬间抓住篮圈，或者根据裁判员的判断，他正试图防止自己受伤或另一名队员受伤。

（10）在最后一次的罚球中防守队员干涉得分，应判给进攻队得1分，随后执行登记在该防守队员名下的技术犯规罚则。

（11）与裁判员、技术代表、记录台人员或对方队员交流中没有礼貌或无礼地触碰他们属于球队席人员的技术犯规；或是一次程序上的或管理性质的违犯。

19. 违反体育运动精神的犯规

违反体育运动精神的犯规是一起队员身体接触的犯规，并且根据裁判员判定，包含下列情形。

（1）一名队员不在FIBA篮球规则的精神和意图的范围内以合法的方式去尝试直接抢球。

（2）一名队员在尽力抢球或在与对方队员尽力争抢中，造成与对方队员过分的严重接触。

（3）在攻防转换中，防守队员为了中断进攻队的进攻，与进攻队员造成不必要的身体接触。该原则在进攻队员开始他的投篮动作之前均适用。

（4）防守队员在试图中断对方的快攻时，从进攻队员的身后或侧面与其造成身体接触，并且此时，在该进攻队员和对方队的球篮之间没有防守队员。该原则在进攻队员开始他的投篮动作之前均适用。

（5）在第4节和每一决胜期比赛计时钟显示2：00分钟或更少，当掷球入界的球在界外并且仍在裁判员手中，或掷球入界队员可处理时，防守队员在比赛场内对进攻队员造成身体接触。

在整场比赛中，裁判员对违反体育运动精神的犯规的解释必须一致，并且只能根据其所作所为来判定。

20. 取消比赛资格的犯规

队员、替补队员、主教练、助理教练员、出局的队员和随队人员的任何恶劣的违反体育运动精神的行为都属于取消比赛资格的犯规。

21. 队员5次犯规

一名队员已发生了5次犯规时，裁判员应通知其本人，他必须立即离开比赛，并且必须在30秒内被替换。已发生了5次犯规队员的再次犯规，是出局队员的犯规，应在记录表上的主教练名下登记“B”。

22. 全队犯规：处罚

全队犯规是指该队队员被判罚的侵人犯规、技术犯规、违反体育运动精神的犯规或取消比赛资格的犯规。在一节中某队全队犯规已发生了4次时，该队处于全队犯规处罚状态。在比赛休息期间发生的所有全队犯规，应被认为是随后一节或决胜期比赛中的犯规。在决胜期内发生的所有全队犯规应被认为是发生在第4节内的。当某队处于全队犯规处罚状态时，所有随后发生的对未做投篮动作的队员的侵人犯规应被判2次罚球，代替掷球入界。由被犯规的队员执行罚球。

二、三人制篮球竞赛规则

（一）球场和比赛用球

比赛应在拥有一个球篮的三人篮球比赛场地上进行。标准的三人篮球比赛场地面积应为15 米（宽）×11 米（长）。场地须具有一个标准篮球场尺寸的区域，包括一条罚球线（5.80 米）、一条两分球线（6.75 米）以及球篮正下方的一个“无撞人半圆区”。可以使用传统篮球场的半个比赛场地。

所有级别的比赛应统一使用三人篮球比赛官方专用球。

需要注意的是，基层比赛可以在任意场所中进行；如果场地带有标线，则标线应根据场地条件做相应调整。国际篮联官方三人篮球比赛必须完全依照上述标准，并将12秒进攻计时钟安置于球篮下方的篮架包扎物中。

（二）球队

每支球队应由4名队员组成（其中3名为场上队员，1名为替补队员）。教练员不可进入比赛场地，亦不可在看台上进行比赛指导。

（三）裁判团队

比赛裁判团队应由1或2名临场裁判员以及计时员或记录员组成（根据实际工作需要）。

（四）比赛的开始

比赛开始前，双方球队应同时进行热身。双方球队以掷硬币的方式决定第1次球权归属。获胜一方可以选择拥有比赛开始时的球权或拥有可能进行的决胜期开始时的球权。每队必须有3名队员在场上才能开始比赛。

（五）得分

（1）每次在圆弧线以内区域出手中篮，计1分。
（2）每次在圆弧线以外区域出手中篮，计2分。
（3）每次成功罚球中篮，计1 分。

（六）比赛时间及比赛胜者

常规的比赛时间为10分钟，在死球状态下和罚球期间应停止计时钟。在双方完成一次交换球后，当进攻队员获得防守队员的传球时，应立即重新开动计时钟。

然而，如果在常规比赛时间结束之前，某队率先得到21分或以上，则获胜。该规则仅适用于常规的比赛时间，而不适用于可能发生的决胜期。

如果常规比赛时间结束时比分相等，则应进行决胜期比赛。决胜期开始前应有1分钟的休息时间。在决胜期中率先取得2分的球队获胜。

在预定的比赛开始时间，如果某队在赛场准备开始比赛的队员不足3名，则判该队因弃权使比赛告负。在因弃权而使比赛告负的情况下，比赛得分应记录为 W-0 或 0-W（“W”代表胜）。

如果某队在比赛结束前离开场地，或该队所有的队员都受伤了或被取消了比赛资格，则判该队因缺少队员使比赛告负。在因缺少队员使比赛告负的情况下，胜队可以选择保留该队的得分或使比赛作对方弃权处理，同时因缺少队员使比赛告负的球队得分应登记为 0。

某队因缺少队员使比赛告负或以不正当的方式弃权而告负，将取消该队在整个赛事的参赛资格。

在没有比赛计时钟的情况下，组委会可决定比赛时长和或采用得分制胜的比赛方式。国际篮联建议采取与比赛时长一致的得分限制（10 分钟/10 分；15 分钟/15 分；20 分钟/21 分）。

（七）犯规/罚球

球队累计犯规达到6次后处于全队犯规处罚状态。在FIBA三人篮球规则限定之内“队员不因个人犯规的次数被判出局”，对在圆弧线以内做投篮动作的队员犯规，应判给1次罚球；对在圆弧线以外做投篮动作的队员犯规，应判给2次罚球。对正在做投篮动作的队员犯规，如果球中篮应计得分，并追加1次罚球。

全队累计第7次、第8次和第9次犯规，判给对方2次罚球。全队累计第10次及随后的犯规，判给对方2次罚球和球权。此条也适用于对在做投篮动作队员的犯规。

所有的技术犯规总是判给对方1次罚球以及随后的球权，所有的违反体育运动精神的犯规总是判给对方2次罚球以及随后的球权。执行技术犯规或违反运动精神的犯规产生的罚球之后，比赛将以互为对方队员之间在场地顶端圆弧线外交换球的方式继续进行。

需要注意的是，进攻犯规不产生罚球。

（八）如何打球

在每一次投篮中篮或最后一次罚球中篮后（除非某队拥有随后的球权）：非得分队的一名队员在场内球篮下方（而非端线以外），将球运或传至场地圆弧线外的任意位置继续进行比赛；此时，防守队不得在球篮下方的“无撞人半圆区”内抢断。

在每一次投篮没有中篮或最后一次罚球没有中篮后（除非某队拥有随后的球权）：如果进攻队抢到篮板球，则可以继续投篮，不必将球转移至圆弧线外；如果防守队抢到篮板球，则必须将球转移出圆弧线外（通过运球或传球的方式）。

如果防守队通过抢断或者封盖获得控制球，则必须将球转移出圆弧线外（通过运球或传球的方式）。

死球状态下给予任一队的球权，应以双方在场地顶端的圆弧线外交换球开始，即一次场地顶端圆弧线外（防守队与进攻队队员之间）的传递球。

当队员任意一只脚都不在圆弧线以内或踏及圆弧线，则被认为“处于圆弧线外”。

发生争球情况时，由此前场上的防守队获得球权。

（九）拖延比赛

拖延或消极比赛（即不尝试得分）应判违例。

如果比赛场地装备了进攻计时钟，则进攻队必须在12 秒钟之内尝试投篮。（在弧顶防守队向进攻队传递球后或在球篮下对方投中篮后）一旦进攻队员持球，12秒计时钟应立刻开启。

如果进攻队员使球出圆弧线后，一名进攻队员在圆弧线内背向或侧向球篮运球超过5秒钟，则将被认为是一起违例。

需要注意的是，如果比赛场地没有装备进攻计时钟，并且某队未积极尝试进攻球篮，裁判员应以最后5秒钟倒计时报数的方式警告该队。

（十）替换

当球成死球并且双方完成交换球或执行罚球之前，允许任一队替换队员。替补队员在其队友离开场地并与之发生身体接触后，方可进入比赛场地。替换只能在球篮对侧的端线外进行。替换无须临场裁判员或记录台人员发出信号。

（十一）暂停

每支球队拥有1次暂停机会。死球状态下任一队员均可以请求暂停。

若进行媒体转播，主办方可决定是否运用2次媒体暂停，在所有比赛中，2次媒体暂停机会分别为比赛计时钟显示6：59和3：59后的第一次死球期间。每次暂停应持续30秒钟。

需要注意的是，暂停和替换只能在死球期间进行，在活球情况下不可暂停和替换。

（十二）球队的名次排列

下列原则适用于小组赛和赛事整体的球队名次排列。如果双方在第一步的比较后依旧持平，则进行下一步的比较，以此类推：获胜场次最多（或在参赛队伍数量不同的小组之间使用胜率比较）； 相互之间比赛结果（只考虑胜负，仅适用于小组排名）； 场均得分最多（不包括因对方弃权而获胜的得分）。

如果经上述3个步骤的比较后，球队间依旧持平，则具有更高种子队排位的球队名次列前。

（十三）取消比赛资格

队员累积两次违反体育运动精神的犯规（不适用于技术犯规），在其被裁判员取消比赛资格的同时也可被比赛组织方取消其在该赛事中的参赛资格。赛事组织方可立即取消一切涉及暴力行为、言语或肢体攻击行为、不正当影响比赛结果、违反国际篮联反兴奋剂条例（《国际篮联内部规章》第四卷）或国际篮联的体育运动精神的准则（《国际篮联内部规章》第一卷第二章）队员的比赛资格。竞赛组织方有权根据其他球队成员的参与的程度，包括对上述举动（不作为）而取消全队的参赛资格。国际篮联在赛事管理框架内强制执行纪律处罚的权利、3×3 planet.com官方网站上关于队伍和赛事的要求以及国际篮联内部规章不受FIBA三人篮球规则第5条取消比赛资格规定的影响。

第七章　排球运动

本章导读

- 了解排球运动的基础理论知识
- 掌握排球基本技术及练习方法
- 掌握排球基本战术
- 了解排球运动的竞赛规则

第一节　排球运动概述

一、排球运动的起源与发展

排球运动起源于美国。1895年，美国马萨诸塞州霍利奥克市基督教男子青年会体育干事威廉•摩根(Willian Morgan)认为当时流行的篮球运动过于激烈，于是创造了这种比较温和的、老少皆宜，且有一定竞争性和娱乐性的游戏项目。

1896年，在美国马萨诸塞州斯普林菲尔德基督教青年会体育指导大会上进行了首次排球表演赛。当时春田市哈尔斯戴特博士在观看了这种用手拍击球的表演后，认为“volleyball”（“volley”是网球运动术语，意为“截击”，即“在球落地前将球击回”）词义更加符合游戏特点并提议改名。于是，“volleyball”就成为排球运动在国际上的正式名称，并一直沿用至今。1897 年，摩根制定了排球比赛规则，有力地推动了排球运动的发展。

1905 年，排球传入中国；1906 年，一名美国军官约克把排球带入古巴；1908 年，排球传入日本；1910 年，排球传入菲律宾。亚洲最早的排球比赛是1913 年在菲律宾马尼拉举行的。1947 年，排球运动世界性组织——国际排球联合会成立。随着排球技术水平的不断提高，比赛规则也逐步完善。1964 年，排球被列为奥运会正式比赛项目。

排球运动自1905年引入我国后，受到远东运动会的影响，我国的排球运动经历了16人制到6人制的赛制演变过程。中华人民共和国成立后，我国正式采用6人制赛制并沿用至今。在几代排球工作者的努力下，排球运动在我国逐步得到普及和发展，运动技术水平也不断提高，先后创造发明了快球、平拉开扣球、单脚起跳扣快球、防守快速反击等先进的排球技战术。

二、排球运动的作用与锻炼价值

（一）排球运动的作用

排球运动是一项在空中争夺球的运动，在激烈的对抗中，为了使球始终处于不落地的状态，无论是二传技术以“柔”把握空间的节奏，还是扣球技术以“刚劲”进行有力一击，都充分体现了柔与刚的完美结合。同时，排球运动是一项具有竞技艺术性的运动，其风采在于运动员健美的形体、优美的动作、唯美的造型，无论是腾空而起的凌厉扣杀、飞身一跃的惊险救球，还是变幻莫测的战术配合，都无不体现了力的坚韧和美的神韵。

排球运动魅力无穷，无论参与者的排球技术水平高低，只要参与，都能从中获得愉快的情感体验。

（二）排球运动的锻炼价值

1. 有助于生长发育

研究表明，人可以通过跳跃、摸高、悬吊、拉伸腰背和仰卧起坐等运动，对膝、肘、脊柱、颈椎等关节产生刺激，激发脑垂体的功能，使骨骼快速生长，从而达到身体增高的效果。排球运动可以提高运动者的协调性和灵敏性，特别是跳跃时牵动肌肉和韧带，有刺激软骨生长的作用。此外，从事排球运动还可以锻炼大脑的思考和判断能力，训练视力和听力的敏感度，提高人体的反应速度。

2. 促进终身体育观的养成

随着人们生活水平的不断提高和全民健身活动的广泛开展，终身体育观念日益深入人心。终身体育在“兴趣—喜欢—爱好—参与—终身从事”的发展中，使人们的生命长度得以延长。而排球运动本身的趣味性、集体性、多变性、综合性的特点，吸引了参与者的锻炼兴趣。排球运动凭借其丰富的锻炼内容、有益的锻炼方式以及良好的健身作用，无形中促进了人们终身体育观的养成。

3.有助于培养果敢、坚毅的心理素质

在排球场上，扣手敢于在关键时刻出手，他们不会计较得失，也不会在意荣辱。作为竞技运动，排球比赛的最终目标就是战胜对手，取得最后的胜利。一场排球比赛的攻守对抗，场上队员要根据排球运动规则，不断做出移动、起跳、倒地、转身等动作。由于场上的比赛状况瞬息万变，战机转瞬即逝，如果优柔寡断，必会错失良机。经常参加排球运动，有助于培养参与者果断的判断力和坚毅的意志力。

此外，通过排球比赛和训练，还可以培养团结奋战的集体主义精神，锤炼胜不骄、败不馁、勇敢顽强、克服困难、坚持到底的意志品质。

第二节　排球基本技术及练习方法

一、准备姿势与移动

准备姿势与移动是完成发球、垫球、传球、扣球和拦网等各项有球技术的前提和基础，对各项有球技术（指各种直接接触球的动作技术）的运用起着串联和纽带的作用。准备姿势与移动是相辅相成的，准备姿势主要是为移动，而要快速移动，又必须先做好准备姿势。

（一）准备姿势

在排球运动中，准备姿势可分为半蹲准备姿势、稍蹲准备姿势和低蹲准备姿势三种。其中半蹲准备姿势运用较多。

1. 半蹲准备姿势

两脚左右开立，稍比肩宽，一脚稍前，两脚尖内收，脚跟稍提起；膝关节保持一定的弯曲，其投影在脚尖的前面；上体前倾，身体重心靠前；两臂放松，自然弯曲，双手置于腹前；两眼注视来球，两腿始终保持微动。半蹲准备姿势一般用于接发球和各种传球。

2. 稍蹲准备姿势

稍蹲准备姿势比半蹲准备姿势的身体重心稍高，动作方法相同。稍蹲准备姿势一般用于扣球助跑之前、不需要快速反应起动的时候。

3. 低蹲准备姿势

低蹲准备姿势比半蹲准备姿势的身体重心更低，一般在防守和做各种保护动作时使用。

（二）移动

在排球运动中，移动的目的主要是及时接近球，保持好人与球的位置关系，以便击球。常用的移动步法有以下几种。

1. 并步与滑步

采用并步移动时，如向前移动，则后腿蹬地，前脚向来球方向跨出一步，后腿迅速跟上做好击球准备。连续并步就是滑步。并步主要用于传球、垫球和拦网。

2. 跨步与跨跳步

采用跨步移动时，如向前移动，则后腿用力蹬地，前脚向来球方向跨出一大步，膝关节弯曲，上体前倾，身体重心移至前腿上。跨步过程中如有跳跃腾空动作即为跨跳步。跨步主要在来球较低、离身体1米左右垫击时使用。

3. 交叉步

以向右交叉步为例，上体稍向右转，左脚从右脚前面向右交叉迈出一步，然后右脚向右跨出一大步，同时身体转向来球方向，保持击球前的姿势。当来球距离3米左右时，可采用交叉步，交叉步主要用于二传、拦网和防守。

练习方法：

（1）两人一组，一人做准备姿势，另一人纠正其错误动作，如此交换进行。

（2）两人一组相对站立，一人跟随，另一人做同方向的移动。

（3）两人一组，相距6米，各持一球，两人同时把球滚向对方体侧3米左右处，移动接住后再滚给对方，如此反复进行。

（4）结合其他技术的练习。

二、发球

发球是排球比赛中一项重要的进攻技术。发球是比赛的开始。准确而有攻击性的发球可以直接得分或破坏对方的战术组成，减轻本方的防守压力，为反击创造有利的条件，同时能振奋精神、鼓舞士气，在心理上给对方造成压力。发球失误，将直接失分和失去发球权。

（一）发球技术

常用的发球技术有正面下手发球、正面上手发球、正面上手飘球、侧面下手发球、勾手发球和跳发球等。根据我校排球教学要求，本教材主要介绍正面下手发球、正面上手发球、侧面下手发球三种发球技术。

1. 正面下手发球（以右手发球为例）

正面下手发球是指发球队员面对球网，手臂由后下方向摆动，在体前腹部高度击球过网的发球方法。

（1）准备姿势。面对球网，左脚在前，右脚在后，两膝微屈，上体前倾，左手持球于腹前，右臂自然下垂，两眼注视球。

（2）抛球。左手将球在体前右侧抛起，高于手20～30厘米；抛球同时，右臂后摆。

（3）击球。右脚蹬地，身体重心前移，右臂伸直。以肩为轴，向前摆到腹前，用虎口、掌根或手掌击球的后下部，随着击球动作身体重心前移，顺势进场。

2. 正面上手发球（以右手发球为例）

（1）准备姿势。面对球网，两脚自然开立，左脚在前，左手托球于体前。

（2）抛球与引臂。将球平稳地抛于右肩的前上方，同时右臂抬起，屈肘后引，肘与肩平，上体稍向右侧转动，抬头、挺胸、展腹，手掌自然张开。

（3）挥臂击球。用力蹬地，使上体向左转动，同时收腹，带动手臂向前上方快速挥动；在右肩前上方伸直手臂的最高点，用全掌击球的后中下部。击球时，手张开，与球面吻合，手腕迅速做推压动作，使击出的球呈上旋飞行。击球后，随着身体重心前移，迅速入场。

3. 侧面下手发球（以右手发球为例）

（1）准备姿势。左肩对网，两脚左右自然开立，约与肩宽，两膝稍屈，上体稍前倾，身体重心落在两脚之间，左手于腹前。

（2）抛球。左手将球平稳上抛，距离身体约一臂远，球离手高度约一个半球；抛球同时，右臂后摆至右侧后下方。

（3）挥臂击球。利用右脚蹬地向左转体的力量，带动右臂向前上方摆动，用虎口、掌根或手掌击球的后下方。击球后，身体转向球网，顺势进场。

（二）发球技术要点

（1）抛球稳。抛球的稳与否是影响发球准确性的主要原因。

（2）击球准。要以正确的手型击准球的相应部位，才能使发出的球与预期相一致。

（3）手法正确。击球的手法不同，发出球的性能也不同。只有采用正确的手法击球，才能发出相应性能的球。

（4）用力适当。用力大小与发球站位的远近、击球弧度的高低、发出球的性能和落点密切相关。

练习方法：

（1）做近距离对墙发球练习，将抛球、挥臂、击球、用力等环节有机地衔接起来。

（2）两人一组间距9米左右相对发球。

（3）近距离进行隔网发球练习。

（4）站在端线向对方区域发球。

（5）站在端线左、中、右三个不同的位置向对方区域发球。

（6）向指定区域内发球。

三、垫球

垫球主要用于接发球、接扣球和接拦回球，是组织进攻的基础。垫球是比赛中多得分、少失分、由被动转主动的重要技术，是稳定队员情绪、鼓舞队员士气的重要手段。垫球还可在无法运用传球技术进行二传时来组织进攻或处理球。

（一）垫球技术

常用的垫球技术有正面双手垫球、体侧垫球、背垫、跨步垫球、单手垫球、鱼跃垫球等。本教材主要介绍前两种。

1. 正面双手垫球

正面双手垫球是各种垫球技术的基础，是最基本的垫球方法。正面双手垫球适用于接发球、扣球和拦回球，有时也用于垫二传。

（1）准备姿势。两脚开立，稍比肩宽；在左半场及中场位置接球，左脚在前，在右半场位置则右脚在前，在中场可采用内八字站位；两脚适当提起脚跟，双膝弯曲，上体自然前倾，全身放松，随时准备移动。

（2）垫球手型。两手掌根紧靠，两手手指重叠合；手掌互握，两拇指平行，手腕稍下压，两臂外翻形成一个平面。

（3）垫球动作。当球飞到腹前约一臂距离时，两臂夹紧前伸，插入球下，同时配合蹬地、提肩、顶肘、压腕、抬臂等全身协调动作迎向来球，身体重心随着击球动作向前上方移动。

（4）击球点。击球点保持在腹前高度。

（5）球触手臂部位和击球部位。对准来球，两臂夹紧前伸，插到球下，用前臂腕关节上方两臂桡骨内侧约10厘米处形成的一个近似的平面，击球的下部；向前上方蹬地抬臂，迎击来球。

（6）击球后动作。在击球瞬间，两手臂要保持稳定，身体重心继续协调地向抬臂方向伴送球；垫击动作结束后，立即松开双臂做好下一动作准备。

2. 体侧垫球

体侧垫球的特点是控制面宽，但较难把握垫击的方向、弧度和落点。以左侧垫球为例，右脚前脚掌内侧蹬地，左脚向左跨出一步，身体重心随即移至左脚，并保持左膝弯曲，两臂夹紧向侧伸出，左臂高于右臂，右肩向下倾斜，再用向右转腰和收腹的力量，配合两臂在体侧截击球的后下部。切忌随球摆臂。

（二）垫球技术要点

由于各种发球的性能不同，垫球的方法也有所不同，但不管采用何种方法，都要全神贯注，全身保持放松状态，根据击球人的动作特点，做好判断和准备。垫球时，要做到判断准确，移动快速，对正来球，协调用力；保持好手臂与地面的适度夹角。

练习方法：

（1）两人一组，相距4～5米，一抛一垫。

（2）两人一组，相距4～5米，连续对垫。

（3）2～4人一组，一人发球，其余人轮流接发球。

（4）进行半场接发球练习。三人一组，一人发、两人垫，将球垫到2号位与3号位之间。

（5）结合场上位置练习。根据本队情况，站好接发球位置，加强配合，接好各种发球。

四、传球

在排球运动中，传球是用双手的配合动作来完成击球的。排球传球的触球面积大，加上手指及手腕灵活、感觉灵敏，容易掌握传出球的方向、速度、弧度和落点，准确性高，变化较多。由于排球传球的上述特点，传球技术主要用于二传、为进攻创造条件，起着组织进攻的作用。排球传球技术也可用来接发球，接对方的处理球、吊球和被拦回的高球；还可进行吊球和处理球，起着进攻的作用。

（一）传球技术

常用的传球技术可分为正面传球、背传球、侧传球以及跳传等。本教材主要介绍前两种。

1. 正面传球

正面传球是最基本的传球方法，是其他一切传球技术的基础。

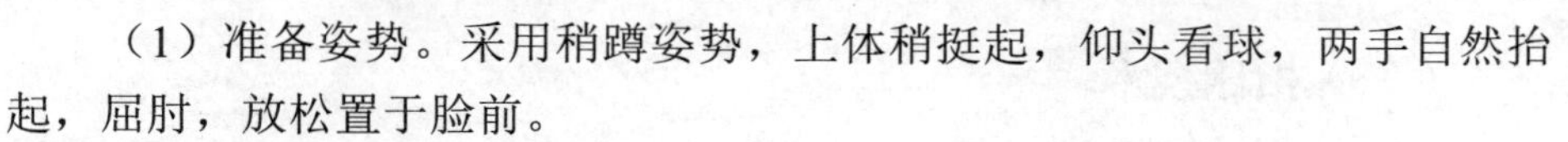

（1）准备姿势。采用稍蹲姿势，上体稍挺起，仰头看球，两手自然抬起，屈肘，放松置于脸前。

（2）迎球动作。当来球接近额前时，开始蹬地、伸膝、伸臂，手指微张，从脸前向前上方迎出。

（3）击球点。击球点在额上方约一球距离。

（4）手型。手触球时，十指自然张开使两手成半球状，手腕稍后仰，以拇指内侧、食指全部、中指的二、三指节触球的后下部，无名指和小指在球两侧辅助控制球的方向。两拇指相对近“一”字形。触球后各关节继续伸展，用手指、手腕的弹力将球击出。全身各部位动作应协调一致。

（5）用力方法。在迎球动作的基础上，在手和球即将接触前，手腕和手指要有前屈迎球的动作，当手和球接触时，各大关节应继续伸展，最后用手指、手腕的弹力将球击出。

2. 背传球

（1）准备姿势。上体比正面传球时稍后仰，双手自然抬起置于额前。

（2）迎球动作。抬臂、挺胸、上体后屈。

（3）击球点。击球点在头上方，比正面传球略偏后。

（4）手型。手型与正面传球相同，但触球时手腕要稍后仰，掌心向上，拇指托在球下，击球的下部。

（5）用力方法。利用蹬腿、展体、抬臂、伸肘和指腕的弹力，把球向后上方传出。

（二）传球技术要点

二传时，二传队员应做到取位恰当，善于观察，动作隐蔽，调整节奏，手法熟练。顺网正面二传是最简单、最常用的二传技术，其传球动作与正面传球相似，区别在于顺网正面传球时，身体不宜面对来球，要适当转向传球方向，尽可能保持正面传球，使球顺网飞行。

练习方法：

（1）连续自传，传球高度不低于50厘米。

（2）距墙50厘米，对墙连续传球。

（3）两人一组，相距3～4米，传对方抛到额前的球。

（4）两人一组，相距3～4米，对传。

（5）在3号位向4号位、2号位传顺网球。

五、扣球

扣球是排球基本技术之一。扣球在比赛中占有重要的地位，是得分的主要手段，是进攻中最积极有效的武器，是一个队摆脱被动、争取主动的途径，是攻击力强弱的表现。强有力的扣球可以鼓舞士气、振奋精神、挫伤对方的锐气，给对方造成强大的心理压力。

（一）扣球技术

常用的扣球技术有正面扣球、单脚起跳扣球和勾手扣球等。本教材主要介绍正面扣球技术。

（1）准备姿势。采用稍蹲姿势，两臂自然下垂，距离球网约3米处，面对来球方向，观察来球。

（2）助跑。助跑时，左脚先向前迈出一步，紧接着右脚快速跨出一大步，左脚及时并上，踏在右脚之前，两脚尖稍向右转。

（3）起跳。在助跑跨出最后一步，左脚并上踏地制动的同时，两臂自后积极向前摆动，随着双腿蹬地向上起跳，两臂配合起跳有力地向上摆动。

（4）空中击球。起跳后，挺胸展腹，上体稍向右转，右臂向后上方抬起，身体成反弓形。挥臂时，迅速转体、收腹发力，依次带动肩、肘、腕各部位关节向前上方成鞭甩动作挥动。击球时，五指微张，以掌心为主，全掌包满球，在手臂伸直的最高点的前上方击球的后中部，同时主动用力屈腕屈指向前推压，使扣出的球上旋飞出。

（5）落地。落地时，以两脚前脚掌先着地，之后迅速过渡到全脚掌着地，同时顺势屈膝、收腹，以缓冲下落的力量，并立即做好下一个动作的准备。

（二）扣球技术要点

扣近网球的特点是击球点高、路线变化多、威力大，但易被拦网。扣球时，要向上垂直起跳，以免前冲力过大，造成触网或过中线犯规。跳起后，主要利用收胸动作发力，以肩为轴，向前上方挥臂，以全手掌击球的后中上部。击球后，手臂要顺势回收，以防止手触网。

扣远网球的特点是力量大、角度较平、对方不易拦网。跳起后，击球点要保持在右肩前上方最高点，用全手掌击球的后中部，击球瞬间手腕要有明显的推压动作，使球上旋飞出。

练习方法：

（1）两人一组，一人手持球高举做固定球，另一人扣该固定球。

（2）距墙3～4米，连续对墙扣反弹球。

（3）在4号位助跑起跳，把由3号位抛来的球在高点轻拍过网。

（4）分别在4号位、2号位助跑起跳，扣顺网传来的球。

（5）分别在4号位、2号位助跑起跳，扣调整传来的球。

六、拦网

拦网是排球的基本技术之一。拦网是防守的第一道防线，是反攻的重要环节。拦网具有强烈的攻击性，可以直接拦死、拦回对方的扣球，能够削弱对方的锐气，动摇对方的信心，给对方造成心理压力。拦网可以将对方有力的扣球拦起，减轻后排防守的压力。

（一）拦网技术

常用拦网技术有单人拦网、双人拦网和三人拦网。本教材主要介绍前两种。

1. 单人拦网

（1）准备姿势。队员面对球网，两脚左右开立，约与肩同宽，距网30～40厘米。两膝微屈，两臂屈肘置于胸前。

（2）起跳。注视来球，迅速移动。起跳时，两腿屈膝，身体重心降低，随即用力蹬地，两臂以肩发力，在体侧近身处，划弧做前后摆动，帮助身体迅速跳起。

（3）空中动作。两手从额前沿球网向上方伸出，两臂伸直并保持平行，两肩上提；两臂应尽力伸过网去接近球；两手自然张开，屈指屈腕成半球状；当手触球时，两手要突然紧张，手腕下压盖在球的前上方。

（4）落地。拦球后，要做含胸动作，以保持身体平衡，手臂要先后摆或上提，从网上收回至本方上空，再屈肘向下收臂，以免触网。与此同时，屈膝缓冲，双脚落地，随即转身面向后场，准备下一个动作。

2. 双人拦网

双人拦网是排球比赛中较常见的一种拦网方式，主要在对方大力扣球时采用。双人拦网时，应以一人为主拦队员，另一人为配合队员。但主拦网队员不是固定的，一般情况下，距对方扣球点近的队员应为主拦网队员。主拦网队员必须抢先移动到正对扣球点的位置，并碰起跳准备，配合队员则迅速移动靠近主拦网队员，准备同时起跳。两队员之间的距离一定要合适：距离太远，起跳后将出现空门；距离太近，起跳时互相干扰，两人都跳不高。双人拦网起跳时，两人的手臂在体前划小弧向上摆伸，都要尽量垂直向上起跳，要防止互撞或干扰。手臂在空中既不能重叠，造成拦击面缩小，又不能间隔太宽，造成中间漏球。扣球靠近边线时，靠边线近的拦网队员外侧的手应适当内转，以防打手出界。

（二）拦网技术要点

拦网时，要人球兼顾，其重点是要判断出扣球队员的助跑路线和起跳时机，根据扣球队员的方向和扣球线路起跳和伸臂堵住其主要线路。拦强攻时，要尽量组成两人或三人拦网，应晚跳、高跳；拦快球时，根据扣球的特点，起跳、伸臂要快，手尽量伸过网去接近来球，将球封住；拦各种掩护球时，要随时对对方队员的各种动作做出预判，及早移动对正实扣队员，做好起跳准备，动作节奏与扣球队员要保持一致。

练习方法：

（1）原地做拦网的徒手动作练习。

（2）由3号位分别向2号位、4号位移动，做拦网徒手练习。

（3）两人一组，一人站在高台上持球，另一人跳起拦固定球。

（4）做低扣栏练习：两人一组，原地一扣一拦。

（5）结合扣球练习拦网。

第三节　排球基本战术

排球战术指在比赛中根据排球运动的规律、双方的具体情况和临场的变化，合理地运用技术以及采取的有组织、有目的和有预见的一种配合行动。排球基本战术可分为个人战术和集体战术两大类。根据我校排球教学、竞赛的需求，下面介绍排球基本战术中的阵容配备、交换位置、进攻及防守战术。

一、阵容配备

阵容配备的目的是合理地把全队的力量搭配好，更有效地发挥每一个队员的特长和作用。在排球比赛中，常用的阵容配备有以下三种形式。

（一）“三三”配备

“三三”配备即3名进攻队员和3名二传队员，两两搭配，进攻队员和二传队员间隔站位。这种配备方法战术形式简单，适合初学团队，但进攻能力较差。

（二）“四二”配备

“四二”配备即4个进攻队员和2个二传队员相互搭配。4个进攻队员中有2个是主攻队员，2个是副攻队员，他们都站在对角位置上。这种配备方法可以组织多种战术形式，在一般水平的队中采用较多。

（三）“五一”配备

“五一”配备即5个进攻队员和1个二传队员相互搭配。为了弥补在主要二传队员来不及传球时所出现的被动局面，可以在二传队员的位置上，配备一名有进攻能力的队员。这种配备方法攻击力较强，能组织多种战术体系，目前在水平较高的队中被普遍采用。

二、交换位置

为了最大限度地发挥队员的特长，调动一切积极因素，加强攻防力量，以弥补由于队员身体、技术发展不平衡所带来的阵容配备上的缺陷，比赛中在规则允许的条件下，可以采取交换位置的方法，即在发球队员击球后，双方队员可以在本场区内任意交换位置。

交换位置的目的是充分发挥每个队员的专长，以取得扬长避短的效果。前排队员之间的换位，主要目的是便于进攻战术的实施和拦网的调整。前、后排队员之间的换位，主要是为了保持前排三点进攻。后排队员之间的换位，是为了加强后排重点部位的防守。

三、进攻战术

进攻战术是指接对方来球后，全队所组成的有目的、有组织的配合。进攻战术是由一传、二传、扣球三个环节所组成的，主要分为进攻阵型和进攻打法两个方面。

（一）进攻阵型

1.“中一二”进攻阵型

“中一二”进攻阵型是进攻战术中最简单、最基本的战术形式，是指由3号位队员作二传，将球传给4号位或2号位队员进攻的组织形式。这种进攻阵型一传向网中间3号位垫球比较容易，二传向2号位或4号位传球的距离较短，容易传准，有利于组成进攻，适合初学者采用。“中一二”进攻阵型的缺点是战术变化少，只能两点进攻，战术意图容易被对方识破。

2.“边一二”进攻阵型

“边一二”进攻阵型指由2号位队员作二传，将球传给3号位或4号位队员进攻的组织形式。“边一二”进攻阵型的优点是两相邻进攻队员相互掩护，可以组织更多战术；其缺点是对一传要求较高，尤其5号位队员向2号位垫球时，由于距离远，角度大，控制球难度较大。

3.“后排插上”进攻阵型

“后排插上”进攻阵型指由后排队员插上作二传，前排4号位、3号位、2号位队员进攻的组织形式。“后排插上”进攻阵型是现代排球先进战术的主要形式，它是在“中一二、边一二”进攻阵型的基础上发展起来的。“中一二、边一二”进攻阵型的各种战术都可以在此阵型加以运用。这种阵型进攻点多，战术配合更加复杂多变，适用于技术水平较高的球队，但对一传及队员间的配合要求较高。

（二）进攻打法

进攻打法是指在排球比赛中，一传、二传和扣球队员之间实施各种进攻战术配合的方法，其目的是避开对方的拦网，突破对方的防线，争取主动，扩大战果。

1. 强攻

强攻就是在没有快球掩护的情况下，凭借队员个人的身高和弹跳力，利用扣球的力量和个人扣球战术，强行突破对方的防御。

2. 快攻

快攻是在一传到位的基础上，通过扣球人的快速跑动，互相配合组成各种进攻战术。快攻战术隐蔽性强、变化多，能分散对方的防守，但需要全队协调统一以及高水平的二传。

练习方法：

（1）通过教学示范，明确各个位置的作用。

（2）徒手轮转位置，转6轮。

（3）接抛球组织进攻。

（4）接发球组织进攻。

四、防守战术

（一）接发球防守战术

常用的接发球阵形是“5人接发球阵型”，即除1名二传队员外（前排或后排），其余5名队员均参加接发球。这是一种最基本的接发球阵型，常在“中一二”和“边一二”进攻战术中运用，初级水平的球队多采用此阵型。“5人接发球阵型”包括“W”站位阵型、“M”站位阵型和“一”字站位阵型。

（二）接扣球防守战术

接扣球防守战术可分为前排拦网和保护球以及后排防守等几个环节。

常用的接发球防守战术主要是双人拦网跟进保护防守。双人拦网防守阵型有如下两种。

1. “边跟进”防守

“边跟进”防守阵型也称“马蹄形”或“1号位、5号位跟进”防守阵型。目前，国内外强队广泛采用这种防守阵型。

以对方4号位扣球为例：由2号位和3号位队员拦网，1号位队员跟进到拦网队员身后防吊球及前区球。6号位队员向右移位补防扣向1号区的直线球。5号位队员防后场6号区，4号位队员后撤防斜线球。

这种阵型主要在对方进攻力量比较强、战术变化较多、吊球较少时采用。这种防守阵型对于防御对方重扣球较为有利，同时也便于组织反攻。但球场中间空隙较大，容易形成“心空”。

2. “心跟进”防守

“心跟进”防守阵型也称“6号位跟进”防守阵型，多在对方扣球能力较强、对方采取打吊结合时使用。

以对方4号位扣球为例：由2号位和3号位队员拦网，封住中区，4号位队员后撤4米左右防守，6号位队员跟至拦网队员身后3米附近，1号位和5号位队员防守后场，每人负责一个防区。

当对方扣球队员经常采用打吊结合，而本方拦网能力较强时，就可采用这种防守阵型。采用这种防守阵型，可以加强前区的防守能力，有利于防吊球和拦网弹起的球，也便于接应和组织进攻。但这种防守阵型的缺点是后场后排防守队员之间的空隙较大，后场中央和两腰容易形成空当。

练习方法：

（1）徒手站位，轮转6轮，明确轮转到各个位置的防守站位方法。

（2）在对方进攻点（2号位、4号位）抛球，本方练习防守反击。

（3）在对方进攻点（2号位、4号位）扣球，本方练习防守反击。

（4）攻防结合练习防守反击。

第四节　排球运动的竞赛规则简介

一、排球场地

排球比赛场区为长18米、宽9米的长方形。比赛场地界线的长线称为边线，短线称为端线。在网下连接两条边线中点的线称为中线。中线将场地分为长9米、宽9米的两个相等的场区，每个场区各有一条离中心线3米、长12.5米的平行线，称为进攻线。进攻线前为前场区，进攻线后为后场区。两条边线有两条长15厘米的短线延长线，置于距端线外20厘米处，与端线构成了9米宽的区域为发球区。

球网为黑色，长9.5米、宽1米。在9米处球网的两边各有两条标志带和两根标志杆，杆长1.8米。对于成年男子，球网高度为2.43米；对于成年女子，球网高度为2.24米。

二、比赛方法

（1）排球正式比赛采用五局三胜制，胜三局的队胜一场。比赛中胜一球，即得一分（每球得分制）；接发球队胜一球时得一分，同时获得发球权，队员按顺时针方向轮转一个位置。每局比赛（决胜局除外）先得25分并同时领先2分的队，胜一局；当比分为25∶24时，比赛继续进行至某方领先2分（如26∶24，27∶25）为止。决胜局先得15分并同时领先2分的队获胜，如当比分为14∶14时，比赛继续进行至某方领先2分（如16∶14、17∶15）为止。

（2）双方上场队员各6名，自左向右排列，前排为4号位、3号位、2号位，后排为5号位、6号位、1号位。比赛开始前，教练员将上场队员号码站位表交记录台登记，由第二裁判员检查站位次序，当第一裁判员鸣笛后，不得更改。

（3）比赛开始，由发球方1号位队员在发球区内发球，发出的球通过有效过网区直接落于对方场地上或对方接发球失误或发球方进攻有效，发球方得一分，并继续发球。如果发球失误、违例、犯规或对方进攻有效，对方得一分并获得发球权，由2号位队员发球。

（4）比赛过程中，队员可以用身体任何部分触球，每队允许击球三次（拦网除外），将球通过网的有效区域击入对方场区，每人不能连续触球两次（拦网除外）。比赛应不间断地进行，直至球落地、触击障碍物或某一队员犯规。决胜局重新挑边，比赛中任何一方先得到8分时双方应交换场地，位置不变，比赛继续进行，直至决出胜负。

三、暂停

成死球（球着地）时，教练员或场上队长可向裁判员请求暂停，每局每队可有两次暂停，每次暂停时间为30秒，教练员可在场外指导。请求暂停的队可以要求提前恢复比赛。除教练员请求暂停外，每局中任何一方得分达到8分和16分时，规定技术暂停，时间为60秒。第五局没有技术暂停。

四、换人

只有在死球时，由教练员或场上队长请求，经裁判员允许才准予换人。每局比赛中，每队最多可替换6人次，可同时换人，也可分开换。每局开始上场的队员只能退出比赛一次，在同一局中，若他再次上场比赛，只能替换替他上场的那个队员。替补队员每局只能上场比赛一次，他可以替换任何一位队员，在同一局中，他只能被他换下的队员来替换。

五、持球、连击、借助击球

所谓持球是指队员没有将球清晰地击出，或触球时有较长的停留造成的犯规。连击是指一名队员明显地连续两次触球（拦网除外）所造成的犯规。借助击球是指队员在比赛场地内借助同伴或任何物体的支持进行击球的犯规。

六、界内与界外球

球触及比赛场区的地面（包括界线）为界内球。球接触地面的部分完全在界线以外；球触及场外物体、天花板或非比赛人员；球触及标志杆、网绳、网柱或球网标志杆以外部分；球的整体或部分从过网区以外过网等，均为界外球。

七、在球网附近犯规

在比赛过程中，任何队员都不得触及球网。队员的一只（两只）脚或一只（两只）手越过中线触及对方场区的同时，其余部分还接触中线或置于中线上空是允许的，不判为犯规。队员身体的任何其他部分都不允许接触对方场区。在不妨碍对方比赛的情况下，允许队员在网下穿越进入对方空间。

第八章　足球运动

本章导读

◆ 了解足球运动的基础理论知识
◆ 掌握足球基本技术和练习方法
◆ 掌握足球基本战术
◆ 了解足球运动的竞赛规则

第一节　足球运动概述

足球运动是以脚支配球为主，两支队伍在同一场地内，且以将球攻入对方球门多者为胜的体育运动项目。现代足球运动是世界上最受人们喜爱、开展最广泛、影响最大的体育运动项目，被誉为“世界第一运动”。足球运动在比赛中采用规则所允许的各种动作，包括奔跑、急停、转身、倒地、跳跃、冲撞等。足球比赛时间之长、观众之多、竞赛场地之大，是其他任何运动项目所不及的。经常从事足球运动能促进人体的速度、力量、耐力、灵敏、柔韧等素质的全面发展，并能使人的高级神经活动得到改善，尤其能增强人体的心血管系统、呼吸系统的功能，从而促进人体健康。

一、足球运动的起源与发展

足球运动是一项古老的体育活动，源远流长。据说，古希腊人和罗马人在中世纪以前就有了足球游戏。然而众多文献资料表明，中国古代足球的出现比欧洲更早，世界足球起源于中国古代的“蹴鞠”。“蹴鞠”一词最早记载在《史记·苏秦列传》里，汉代刘向《别录》和东汉班固《汉书·枚乘传》均有记载。到了唐宋时期，“蹴鞠”活动已十分盛行，成为宫廷之中的高雅活动。

现代足球形成于1863年。1863年10月26日，英国人在伦敦皇后大街弗里马森旅馆成立了世界第一个足球运动组织——英格兰足球协会，并制定和通过了世界第一部较为统一的足球竞赛规则。英格兰足球协会的诞生，标志着足球运动的发展进入了一个崭新的阶段。1904年5月21日，国际足球联合会（简称国际足联）在法国巴黎圣奥诺雷街229号法国体育运动联盟驻地正式成立，法国等7个国家的代表和代理人在有关文件上签了字。1904年5月23日，国际足联召开了第一届全体代表大会，推选法国的罗伯特·盖林为第一任主席。

依据考古发现和历史文献记载，中国古代的“鞠戏”有着相当久远的历史，证明了中国是世界上“球类游戏”起源最早的地区。2005年，国际足联主席布拉特向世界正式宣布了“足球起源于中国”这一历史事实。

二、足球运动的特点

（1）足球比赛人数多，场地大，时间长，体力消耗大。

（2）技战术复杂多样，拼抢凶狠，对抗激烈。足球比赛在不停地快速奔跑中完成复杂的技术动作和战术配合，而且为了把球踢入对方球门，双方力争控球权，在规则允许的范围内，进行激烈而合理的拼抢和身体对抗。

（3）设备简单，易于开展，参与的适应性很强。除正规比赛外，参与者只需有一块空场和球便可以进行颠球、传球、抢球或者足球比赛，活动量可大可小，并且对身体条件没有特殊要求，男女均可参加活动。

（4）足球比赛具有较高的观赏性。一场高水平的比赛，胜负难料，变化莫测，对抗激烈，因此极具观赏性。不同国家和地区的队员，他们的比赛风格也有所不同。

开展足球运动既可以增强体质，又能培养人勇于进取、坚忍不拔的思想作风，有助于人类精神文明建设，同时也是振奋民族精神、扩大国际交往的有效手段。

三、足球运动的锻炼价值

（一）增强体质，增进健康

足球运动能促进人体的骨骼和肌肉组织发育，有效提高人体各系统的功能，增强人体抵抗疾病和适应外界环境的能力，从而提高学习和工作效率。

（二）培养品德，陶冶情操

足球比赛是一个集体项目，因此要求每个队员要具有团结合作、顾全大局、尊重裁判、胜不骄败不馁的良好思想品德，还要有勇敢、顽强、拼搏的敬业精神。

（三）振奋精神，增进友谊

足球运动能激发人们的爱国热情，振奋民族精神，培养社会公德；增进人与人之间、队员与观众之间的感情交流，增进不同国家、不同民族之间的友谊；激励参与者的荣誉感、责任心、集体观念、民族意识和奋发向上的进取精神。

四、重大足球赛事简介

（一）世界重大足球赛事

（1）世界男子足球锦标赛。四年一届的世界男子足球锦标赛（又称世界杯足球赛）是全世界最高水平的足球赛事，全世界200多个成员国都在为争夺决赛阶段的32个名额而奋斗。1930年，第一届世界杯足球赛在乌拉圭成功举行，2022年以前已举办了21届世界杯足球赛。第21届世界杯足球赛于2018年在俄罗斯举行，法国、克罗地亚、比利时分获前三名。

（2）世界女子足球锦标赛。1991年，国际足联正式举办第一届世界女子足球锦标赛。此后，每四年举办一届。2007年，在中国举行了第五届世界女子足球锦标赛，共有16个国家的女子足球队来华参赛。

（3）奥运会足球比赛。奥运会足球比赛共有16支男子足球队和12支女子足球队参加。奥运会男子足球比赛规定，以23岁以下球员为主参加比赛，每队最多有3名超龄球员；奥运会女子足球比赛不受年龄限制。

另外，在世界范围内每两年还举行一届19岁以下和17岁以下的青少年足球锦标赛；世界大学生运动会也有男、女足球比赛。

（二）亚洲重大足球赛事

（1）亚洲杯男、女足球锦标赛。

（2）亚运会足球赛。

（3）世界杯、奥运会以及世界青年锦标赛等各项赛事的亚洲区选拔赛。

（4）亚洲俱乐部冠军联赛。

（三）欧洲重大足球赛事

（1）欧洲杯赛，每四年举行一届，共有24支足球队进入决赛阶段的比赛。

（2）欧洲俱乐部冠军联赛。

（3）欧洲五大联赛，包括意大利足球甲级联赛、英格兰足球超级联赛、西班牙足球甲级联赛、德国足球甲级联赛、法国足球甲级联赛。

（四）中国国内主要足球赛事

（1）中超、中甲联赛，参加队为在中国足协注册的职业足球俱乐部。每队场上可以有4名外援。

（2）中国足协举行的青少年足球比赛，以球员的年龄分组进行，有U-19、U-17、U-15三个年龄组。

（3）全国运动会的足球比赛，以各省、自治区、直辖市为单位，前12名球队参加，每四年举行一届。

（五）全国大学生足球比赛

（1）中国大学生足球联赛，以高校为参赛单位，先进行各省、自治区、直辖市的选拔赛，最后进行总决赛。大学生超级联赛每年举行一届。

（2）室内五人制足球比赛，由各省、自治区、直辖市先进行预选赛，各区冠军队参加大区的复赛，最后进行总决赛。

（3）全国大学生运动会足球比赛，由各省、自治区、直辖市组织最高水平的混合队，先进行预选赛，最后十六强参加决赛阶段的比赛。全国大学生运动会每四年举行一届。

第二节　足球基本技术及练习方法

一、踢球技术及练习方法

（一）踢球技术

踢球主要用于传球和射门。踢球技术按脚击球的部位可分为脚内侧踢球、脚背正面踢球、脚背内侧踢球、脚背外侧踢球、脚尖踢球和脚跟踢球踢球。下面主要介绍三种踢球技术。

1. 脚内侧踢球

脚内侧踢定位球时，直线助跑；支撑脚在球侧后方10～15厘米处，支撑脚脚尖正对击球方向；踢球腿以髋关节为轴，由后向前摆动，脚踝外展，脚尖稍翘；脚内侧部位对准来球。脚内侧踢球是短距离传球和射门常用的脚法。

2. 脚背正面踢球

脚背正面踢定位球时，直线助跑；支撑脚在球侧后方25厘米左右，脚尖正对出球方向；踢球脚背绷直，击球的后下部。脚背正面踢地滚球时，脚尖对准出球方向。脚背面踢球适用于远距离的传球或大力射门。

3. 脚背内侧踢球

脚背内侧踢定位球时，斜线助跑，助跑方向和出球方向约成45°，支撑脚在球侧后方25厘米左右，脚尖正对出球方向；用脚背内侧踢球的后中部。脚背内侧踢球时，脚背要绷直，脚趾紧扣，脚尖指向斜下方。脚背内侧踢地滚球时，助跑最后一步略带跨跳动作；支撑脚的脚趾和膝关节尽可能转向出球方向；击球点应在球的侧前部，并利用腰的扭转协助完成摆踢动作。脚背内侧踢球是中远距离射门或传球常用的脚法。

（二）踢球练习方法

1. 脚内侧踢球练习方法

（1）向前跨一步，做踢球模仿练习。

（2）两人一组，一人脚踩球，另一人做向前跨一步、慢速助跑踢球练习。

（3）两人相距15米，面对面做踢球练习。

2. 脚背正面踢球练习方法

（1）双手将球抛起，球落至脚背上方时，用脚背将球向上踢起，体会脚背击球动作。

（2）两人一组，一人自抛球后，用正脚背将球踢给对方，对方接球后用同样的方法将球踢回。

3. 脚背内侧踢球练习方法

（1）两人一组相距5～10米，面对面踢球。

（2）对墙踢球。开始时距墙5～10米，踢球力量小些，然后逐渐加长距离，加大踢球力量。

二、接球技术及练习方法

（一）接球技术

常用的接球技术有脚内侧接球、脚底接球、胸部接球、脚背外侧接球、脚背正面接球、腹部接球和大腿接球等，下面主要介绍常用的三种接球技术。

1. 脚内侧接球

脚内侧接停地滚球时，接球腿屈膝外转并前迎，脚尖稍翘起；在脚与球接触前的一刹那后撤并用脚内侧接触球，缓冲来球力量，把球控制在衔接下一个动作所需要的位置上。

脚内侧接停反弹球时，支撑脚踏在球落点的侧前方；接球腿提起，踝关节放松，脚内侧对准来球的反弹路线；当球落地反弹刚离地面时，用脚内侧接球的中上部。

脚内侧接停空中球时，接球脚抬起前迎，脚内侧对准来球路线，在脚与球接触前的刹那后撤。在后撤过程中用脚内侧触球，缓冲来球力量，把球控制在下一个动作所需要的位置上。脚内侧接球技术多用来停地滚球、反弹球和空中球。

2. 脚底接球

脚底接停地滚球时，支撑脚处于球的侧后方；接球脚提起，脚尖翘起高过脚跟；用前脚掌触球的中上部。停反弹球时，支撑脚踏在球落点的侧后方；在球着地的一刹那，用前脚掌对准球的反弹路线，触球的后上部。

3. 胸部接球

胸部接球时，面对来球，两脚开立，两臂自然张开，下巴内收；接球时，蹬地挺胸，上体后仰；将球向前上方弹起并使其落于体前；如果来球比较低平，则收腹含胸，将球向下挡压。胸部接球技术多用于停高球和平直球。

（二）接球练习方法

1. 脚内侧及脚底接球练习方法

（1）两人一组，一方队员向对方抛高低不同的球，另一方进行接球练习，然后双方交换练习。

（2）用各种不同力量和弧线对墙踢球，用以上方法接反弹回来的球。

（3）两人一组，相距15米，进行传接球练习。

2. 胸部接球练习方法

（1）双手将球抛起，练习胸部接球。

（2）两人一组，一方队员向对方抛不同高度的球，对方练习用胸部接球，接球后将球抛回。

三、运球技术及练习方法

（一）运球技术

常用的运球技术有脚背外侧运球、脚背内侧运球、脚背正面运球、脚内侧运球等。

1. 脚背外侧运球

脚背外侧直线运球时，运球腿屈膝提起前摆至球体上方时，用脚背外侧推拨球的后中部，身体重心随球跟进。脚背外侧变向运球时，及时调整支撑脚的位置、触球部位及运球脚的用力方向，以保证蹬摆用力与推拨球动作协调一致。

2. 脚背内侧运球

脚背内侧运球时，上体稍前倾并向球侧稍转，运球腿屈膝提起，脚尖稍外转，用脚背内侧部位将球向侧前推拨。

3. 脚背正面运球

脚背正面运球时，运球腿屈膝提起前摆，脚背绷紧，脚跟提起，脚趾下指，用脚背正面推拨球后自然落步。

4. 脚内侧运球

脚内侧运球时，支撑脚落在球的侧前方，上体稍前倾，运球腿膝关节外转，用脚内侧部位推运球前进。

（二）运球练习方法

（1）在步行或慢跑中进行各种运球练习，体会运球时的推拨动作。

（2）沿足球场中圈进行各种运球练习。

四、头顶球技术及练习方法

（一）头顶球技术

头顶球按顶球部位可分为前额正面顶球和前额侧面顶球。

1. 前额正面顶球

前额正面原地顶球时，正对来球，两腿自然开立，上体稍后仰；当球运行到头前上方时，蹬地收腹，颈部垂直，用前额正面顶球的后中部。

2. 前额侧面顶球

前额侧面原地顶球时，两脚前后开立，身体重心落在后腰上，两臂自然张开，眼睛注视来球；顶球时，后脚向出球方向猛力蹬伸，身体随之向出球方向转动侧摆，同时颈部侧甩发力，用前额侧部将球击出。

（二）头顶球练习方法

（1）两人一组，一人双手将球向斜上方托起，另一人站在球的下方，用前额正面顶球。

（2）进行自抛自顶练习。

（3）三人一组，呈三角形站立，一人抛球，一人顶球，一人接球，练习10次后轮换进行。

五、抢截球技术及练习方法

（一）抢截球技术

抢截球技术包括正面抢球技术、侧面抢球技术和侧后抢球技术等。

1. 正面抢球

正面抢球时，在控球队员触球的一刹那，支撑脚前跨，将球控住。如果双方对脚触球，则应顺势向上做提拉动作，将球从对方脚背上带出。正面抢球技术适用于抢截从正面运球前进的对手的球。

2. 侧面抢球和侧后抢球

侧面抢球和侧后抢球时，在对手近侧脚离地一刹那，用肩以下、肘以上的部位猛力冲撞对手的相应部位，使其身体重心失去控制，趁机伸脚将球控在脚下。侧面抢球和侧后抢球多是在对手突破情况下进行的回追反抢。

（二）抢截球练习方法

1. 正面抢球练习方法

（1）两人一球，做拼抢球的模仿练习，一人做脚内侧运球，另一个人做正面跨步抢球。

（2）两人一球，相对站立，距离3～4米，将球放在中间，听到哨音后，两人立即上前进行正面跨步抢球。不许从正面冲撞，注意安全。

（3）两人一球，相距6～8米，运球人先慢速向前运球，待抢球人掌握抢球动作后积极运球过人。

2. 侧面抢球和侧后抢球练习方法

（1）两人一组，一人正常走动，配合另一人体会合理冲撞的正确动作和时机。返回时，交换角色继续练习。

（2）两队分别站在教师两侧。每组两人，当教师将球踢出时迅速启动，运用合理冲撞的技术将球抢下。

六、守门员技术及练习方法

（一）守门员技术

守门员技术包括位置选择、准备姿势、移动、接球、扑球、拳击球、托球、手掷球和踢球等技术。

守门员移动的动作方法：两腿微屈，左右开立，两臂在体前自然弯曲，两眼注视来球；采用滑步、交叉步和跪步等步法，根据来球的不同情况，将球接住。

接球分为原地接球、守门员跳起接球及倒地侧扑接球三种。

（二）守门员技术练习方法

（1）两人一组，一人用手抛地滚球、半高球或高球，另一人练习接球。

（2）侧扑固定球。

（3）结合射门，进行接球手型及快速移动练习。

第三节　足球基本战术

足球战术是指在足球比赛中，为了战胜对方，根据主客观情况所采取的个人行动和集体配合的方法。

一、进攻战术

进攻战术是指在比赛中，为了战胜对手所采取的个人进攻行动和集体配合的方法。

1. 个人进攻战术

个人进攻战术是指在比赛中，为了战胜对手采取的符合整体进攻目的的个人行动，包括传球、射门、运球突破、跑位等。

2. 局部进攻战术

局部进攻战术是指进攻中两个或几个队员之间的配合方法，它是集体配合的基础。基本配合形式有传切配合、交叉掩护配合和二过一配合等。

3. 整体进攻战术

整体进攻战术是指为了完成进攻战术任务所采用的全局性的进攻配合方法，包括边路进攻、中路进攻、转移进攻、快速反击进攻、层次进攻和破密集防守的进攻等。

4. 定位球进攻战术

定位球战术是指比赛开始或比赛中出现死球后恢复比赛时所采用的战术配合方法，包括中点开球、任意球、角球、掷界外球、球门球和点球的进攻战术配合方法。

二、防守战术

防守战术是在比赛中为了阻止对方的进攻和重新控球所采取的个人防守行动和集体配合的方法。

1. 个人防守战术

个人防守战术是指为了控制对手所采用的个人战术行动，包括选位与盯人、断球、抢球和封堵等。

2. 局部防守战术

局部防守战术是指两个或两个以上防守队员之间的配合方法，它是集体防守战术的基础，基本配合形式有保护、补位和围抢等。

3. 整体防守战术

整体防守战术是指全队所采取的防守战术，按形式分为区域盯人防守、人盯人防守和混合盯人防守等；按打法分为向前逼压式打法、层次回撤式打法和快速密集式打法等。

4. 定位球防守战术

定位球防守战术包括中点开球、任意球、角球、掷界外球、球门球和点球的防守战术配合方法。

三、比赛阵型

比赛阵型是指比赛场上队员的位置排列、攻守力量搭配和职责分工的形式。阵型的序列一般是从后卫排向前锋。守门员的人数、职责固定，一般不予计算。例如，“三五二”阵型指从后至前三条线，后卫线三名队员，前卫线五名队员，前锋线两名队员。目前足球比赛中经常采用的比赛阵型有“四三三”阵型、“四四二”阵型、“五三二”阵型、“三五二”阵型等。

第四节　足球运动的竞赛规则简介

一、比赛场地

1. 球场

球场边线长度不得多于120米或少于90米，球门线的长度不得多于90米或少于45米。在任何情况下，球场边线的长度必须大于球门线的长度，场地各线宽度不超过12厘米。

2. 罚球区

在比赛场地两端距球门柱内侧16.50米处的球门线上，向场内各画一条长16.50米与球门线垂直的线，一端与球门线相接，另一端画一条连接线与球门线平行，这三条线与球门线范围内的区域叫罚球区。在本方罚球区内，守门员可以用手触球。

3. 球门

球门由两根内沿相距7.32米与两边角旗点相等距离的直立门柱以及一根下沿离地面2.44米的水平横木连接组成。门柱及横梁的宽度、厚度与球门线均应对称相等，不得超过12厘米。

4. 角球弧

以边线和球门线外沿交点为圆心，1米为半径，向场内各画一段1/4的弧，这个弧内区域叫角球区。

5. 罚球点

在两球门线中点垂直向场内量11米处各做一个清晰的标记，叫罚球点。

二、队员人数与装备

一场足球比赛中每队上场队员不得多于11名或少于7名，其中必须有一名守门员。同队队员的服装（包括上衣、短裤和护袜）颜色必须一致，并与对方队有明显区别。守门员的服装颜色必须与双方其他队员和裁判员有明显区别。队员不能佩戴任何可能伤害到自己或别人的佩饰。

三、比赛时间

正式足球比赛每场90分钟，分上下两个半场，每半场45分钟。除经裁判员同意外，两个半场之间的休息时间不得超过15分钟。如比赛需决出胜负，90分钟内战平，双方需打加时赛。加时赛共计30分钟，分为上下两个半场，每半场为15分钟，中间不休息。如加时赛后仍未分出胜负，则进行点球决胜。

四、计胜方法

凡是球的整体从门柱间及横梁下越过球门线外沿的垂直面，而此前未违反竞赛规则，均为攻方胜一球。

五、越位

1. 构成越位的条件

（1）进攻队员处在对方半场。

（2）进攻队员处在球的前面。

（3）进攻队员与对方球门线之间，对方队员不足两人。

（4）接同伴的球或干扰比赛，获得利益。

上述4条缺一不可，若缺少任何一条，队员均不处于越位位置。

2. 判断越位的时间

判断队员是否处于越位位置的时间是同队队员踢或触及球的一瞬间，而不是该队员接获球时。

3. 越位的判罚

当同队队员踢或触及球的一瞬间，队员处在越位位置，并且裁判员认为该队员有干扰比赛或干扰对方队员的行为才判罚越位犯规。

4. 不应判罚越位的情况

裁判员认为，队员只是仅仅处在越位位置，如果队员处在越位位置直接接住球门球、角球、界外球和裁判坠球时，也不判该队员越位。

六、犯规与不正当行为

1. 直接任意球

队员违反下列10种犯规中的任何一种，将判给对方踢直接任意球。

（1）踢或企图踢对方队员。

（2）绊摔或企图绊摔对方队员。

（3）跳向对方队员。

（4）冲撞对方队员。

（5）打或企图打对方队员。

（6）推对方队员。

（7）在抢截对方队员控制的球时，于触球前触及对方队员。

（8）拉扯对方队员。

（9）向对方队员吐唾沫。

（10）故意手球。

2. 间接任意球

队员违反下列7种犯规中的任何一种，将判给对方踢间接任意球。

（1）危险动作。

（2）阻挡对方队员。

（3）阻挡对方守门员发球。

（4）守门员用手控球在发出球之前持球超过6秒、2次持球、接回传球、接队员直接掷入的球。

（5）擅自进、退场。

（6）连踢犯规（角球、开球、点球、球门球、任意球、掷界外球时连踢）。

（7）越位犯规。

3. 警告与罚令出场

队员违反下列7种犯规中的任何一种，将被出示黄牌警告。

（1）出现非体育道德行为。

（2）以语言或行动表示异议。

（3）持续违反规则。

（4）延误比赛导致比赛重新开始。

（5）当以角球或任意球重新开始比赛时，不退出规定的距离。

（6）未得到裁判员许可进入或重新进入比赛场地。

（7）未得到裁判员许可故意离开比赛场地。

队员违反下列7种犯规中的任何一种，将被出示红牌罚令出场。

（1）严重犯规。

（2）暴力行为。

（3）向对方或其他任何人吐唾沫。

（4）用故意手球破坏对方的进球或明显的进球得分机会。

（5）用犯规破坏对方明显的进球得分机会。

（6）使用无礼、侮辱或辱骂性的语言及动作。

（7）在同一场比赛中受到第二次警告。

七、任意球

任意球分为直接任意球和间接任意球两种。

（1）踢直接任意球时可以直接将球踢入对方球门得分。

（2）踢间接任意球时不可直接将球踢入对方球门得分，除非踢入的球触及了场上的其他队员。

（3）踢任意球时，所有对方队员距球至少9.15米直到比赛恢复，如果球距球门线不足9.15米，允许对方队员站在球门线上。

八、罚球点球

在比赛进行中，如果防守队员在本方罚球区内犯有可判直接任意球的犯规，应被判罚球点球。

九、掷界外球

（1）比赛进行中，当球的整体从地面或空中越过边线时即为球出界，应由出界前最后触球的对方队员在离球出界处的边线外一米范围内，用合法的动作将球掷入场内。

（2）如队员不在球出界处掷界外球或掷球违例，裁判员应判由对方在原球出界处掷界外球。

十、球门球

（1）球由地面或空中踢出对方球门线时，由对方在球门区内任何地点踢球门球恢复比赛。踢球门球可以直接得分。

（2）踢球门球时，当球直接踢出罚球区进入场内时，比赛方为恢复。

（3）踢球门球后，如球未被直接踢出罚球区或任何队员在罚球区内触及球，即未进入比赛，应令其重踢。

十一、角球

（1）当球的整体在空中或地面从球门外超出本方球门线时，由对方队员将球的整体放定在离球出界处较近的角球弧内踢角球。

（2）踢角球时，在比赛恢复前，对方队员至少距球9.15米。

（3）队员踢出的角球，如果球击中门柱或处于场内的裁判员而弹回时，该队员补射，应判连踢犯规，进球无效。

第九章　乒乓球运动

本章导读

- ◆ 了解乒乓球运动的基础理论知识
- ◆ 掌握乒乓球基本技术及练习方法
- ◆ 掌握乒乓球基本战术
- ◆ 了解乒乓球运动的竞赛规则

第一节　乒乓球运动概述

一、乒乓球运动的起源

19世纪末，有位名叫詹姆斯·吉布（James Gibb）的英格兰人到美国旅行时，偶然发现了一种用赛璐珞制成的空心玩具球。于是，他将这种球带回英国，将其稍加改进，用于“table tennis”这种运动。也许因为此球在桌上打来打去发出了“乒乓乒乓”声音的缘故，英国一家体育用品公司首先用“乒乓”（pingpong）一词作为其广告上的名称。就这样，乒乓球得此绘声之名。

二、乒乓球运动的发展

（一）欧洲全盛期

乒乓球运动是从欧洲兴起并向世界传播的。欧洲乒乓球运动的全盛期为1926年到1951年。在20世纪50年代以前，欧洲人主宰了世界乒坛，特别是1902年英国人发明了胶皮球拍之后，乒乓球的技术发生了很大的变化。与木制球拍相比，胶皮球拍的弹性和摩擦力更大，可以制造出一些旋转的变化，因而创造了一些新的打法，这也促进了削球技术的发展。在这一时期举办的数届世界乒乓球锦标赛中，欧洲人夺得了大部分的冠军。

（二）日本称霸世界乒坛期

20世纪50年代初，日本人发明了海绵球拍，这种球拍弹力强，打出的球速度快，更利于进攻型打法。1952年，日本运动员首次在世界乒乓球锦标赛上使用这种球拍，他们采取远台长抽结合、快速移动的打法，一举夺得了第19届世界乒乓球锦标赛的4项冠军，打破了数十年来欧洲人垄断世界乒坛的局面。后来，日本队又在第20届至第25届世界乒乓球锦标赛上蝉联男团冠军，这标志着乒乓球运动的中心开始转入亚洲。

（三）中国乒乓球运动的兴起与发展期

1904年，乒乓球运动由日本传入中国。20世纪50年代，我国在全国范围内开展了群众性乒乓球运动，这使得我国的乒乓球技术水平得到了较大提高。当时，我国乒乓球队认识到速度的重要性，因而对球拍进行了改革，使用以快速为主的正贴海绵拍，近台站位，充分发挥了速度的优势。1953年，我国首次参加了第20届世界乒乓球锦标赛。1959年，我国优秀运动员容国团第一次夺得了世界乒乓球锦标赛男子单打冠军，这标志着我国乒乓球运动的崛起。1961年，在我国主办的第26届世界乒乓球锦标赛上，中国队以快制转，并辅以“以转破转”的打法，一举夺得了男团、男单和女单3项冠军。从此，我国乒乓球队节节胜利，走到了世界前列，并长盛不衰，成为举世公认的乒乓球强国。

（四）欧洲乒乓球运动的复兴与欧亚对抗期

进入20世纪70年代，欧洲人经过多年探索，吸取了中国快攻打法和日本弧圈球打法的优点，把旋转和速度融为一体，创造了快攻结合弧圈球和弧圈结合快攻的先进打法，这两种打法的特点是积极主动，两面都能拉弧圈球，拉扣结合，中近台站位，以凶狠为主，回球威胁性大。同时，我国的近台快攻也有了新的提高和发展。这一时期，欧亚之间的相互交流，使得世界乒乓球运动的技战术达到了新的水平，世界乒坛也呈现“群雄争霸”的局面。

（五）中国称雄世界乒坛期

1981年，在南斯拉夫诺维萨德举行的第36届世界乒乓球锦标赛上，我国选手获得了全部7项冠军和5个单项的亚军，且此后的三届世界乒乓球锦标赛也都成绩斐然，中国队均取得6项冠军。1988年，乒乓球被列为奥运会正式比赛项目后，世界各国也更加重视乒乓球运动的发展。中国乒乓球队也在不断探索乒乓球技战术，如运用速度结合旋转和旋转结合速度的中国式“凶狠型”打法，运用反手“直拍横打”新技术，提炼总结出乒乓球运动快、转、准、狠、变的制胜因素，从而牢固确立了中国乒乓球队的霸主地位。

三、乒乓球运动的特点与锻炼价值

（一）乒乓球运动的特点

（1）乒乓球运动对场地的要求不高，球和球拍携带方便，是一项设备简单、易于开展的运动项目。

（2）乒乓球运动不受年龄、性别和身体条件的限制，运动量可大可小，既可在室内开展，又可在室外进行。

（3）乒乓球拍面上的海绵和胶皮是多种多样的，器材性能的不同，击球方式的变化，会使得球的速度、旋转不同，由此也就产生了多种乒乓球技术，这也使得乒乓球运动极具技巧性，广受人们喜爱。

（4）乒乓球技术多种多样，战术变化多端，每个选手在比赛中要不停地思考，不断地变换技战术，力争做到扬长避短。在比赛中体现出的斗智斗勇，使得乒乓球比赛跌宕起伏，精彩纷呈，极具观赏性。

（二）乒乓球运动的锻炼价值

乒乓球运动是一项老少皆宜的运动项目，经常从事这项运动，能全面提高人体新陈代谢，增强体质，增进健康。

（1）乒乓球小、速度快、变化多，参与乒乓球锻炼，大脑皮质始终处于兴奋与抑制的交替过程中，因此经常参与乒乓球运动，有助于提高视觉的敏锐性和神经系统的灵活性。

（2）由于乒乓球运动球速快，旋转变化多，要求参与者能在瞬间判断出球的旋转和落点，并迅速做出决策。因此，经常参与乒乓球运动，可以提高参与者神经系统的机能和全身的协调能力，有助于提高参与者手眼配合能力，有利于提高机体的灵活性、反应性和协调性。

（3）乒乓球运动属于全身性运动和有氧运动，经常参加乒乓球锻炼，可以增强心血管系统、呼吸系统和消化系统的机能，促进肌肉和骨骼的正常发育，使身体得到全面发展。

（4）经常参与乒乓球比赛，有助于培养和训练参与者良好的心理素质和意志品质，提高其自信心和独立工作的能力。

第二节　乒乓球基本技术及练习方法

一、握拍方法

（一）直拍握法

（1）直拍弧圈型握拍法。拍前食指第二关节和拇指第一关节成钳形，拍后三指自然弯曲贴于球拍上1／3处。

（2）直拍横打握拍法。与直拍弧圈型握拍法相比，直拍横打握拍法时，拇指往里握得深一点，食指移至球拍边缘外，握拍不要过紧，后面的三指略伸开些。

（二）横拍握法

（1）横拍深握法。用中指、无名指和小指自然握住拍柄，拇指在球拍的正面轻贴在中指旁，食指自然伸开斜放于球拍的反手面，虎口正中央贴在拍柄正侧面。虎口稍紧贴拍柄正侧面，拍形比较容易固定，发力比较集中。

（2）横拍浅握法。用中指、无名指和小指自然握住拍柄，拇指在球拍的正面轻贴在中指旁，食指自然伸开斜放于球拍的反手面，虎口正中央贴在拍柄正侧面。虎口处稍离开拍柄肩侧，手腕相对灵活，这样处理台内球较容易。

二、基本站位与基本姿势

基本站位应根据不同类型打法及个人打法特点来确定。采用左推右攻打法的运动员的基本站位在近台中间偏左，采用两面攻打法的运动员应站在近台中间，采用弧圈球打法的运动员应站在球台中间偏左，采用横板攻削结合打法的运动员基本站位在球台中间附近，以削球为主打法的运动员在中远台附近。

正确的基本姿势应该是两脚平行站立，略比肩宽，提踵，前脚掌内侧用力着地，两膝微屈，上体略前倾，身体重心置于两脚之间，下颌稍内收，两眼注视来球。以右手握拍为例，将持拍手臂自然弯曲置于身体右侧，手腕放松，持拍手置于右腹前，距身体20～30厘米。

三、基本步法

步法是乒乓球运动的“灵魂和生命”。乒乓球的基本步法有以下几个。

（一）单步

以一只脚为轴，另一只脚可向前、后、左、右不同方向移动，身体重心随之落在移动脚上。单步具有移步简单、灵活、身体重心平稳的特点，一般用于离身体不远的小范围移动，如接近网短球等。

（二）并步

一脚先向另一只脚移半步或一小步，另一只脚在并步脚落地后即向同方向移动。并步的特点是身体不腾空，身体重心起伏小、稳定，一般为进攻型选手或削球选手在左右移动时运用。

（三）跨步

一脚蹬地，另一只脚可向前、后、左、右的不同方向跨出一大步。为了防止跨步后失去身体重心，蹬地脚应随后跟上半步或一小步。跨步的动作幅度和移动范围都较大，常用来对付离身体稍远、力量大的来球。

（四）侧身步

（1）单步侧身。当来球落于身体中间偏右位置时，右脚向左脚后方跨出一步后侧身击球。

（2）跳步侧身。以左侧来球为例，右脚蹬地，两脚几乎同时离地向左侧方向（来球方向）跳动，右脚先落地，紧接着左脚着地，身体重心落在右脚上。

（3）并步侧身。右脚先向左脚靠一步，左脚再向左跨一步，身体重心落在右脚上。

（五）交叉步

交叉步是指来球同方向脚蹬地，异方向脚向来球方向跨出一大步。此时，与身体呈交叉状，然后蹬地脚迅速跟上结束交叉状态。交叉步一般在来球离身体较远时使用，其特点是移动范围大、容易发力、速度快、稳健性好，多用于正手左右移动攻球或侧身攻球。

（六）小碎步

小碎步是较高频率的小垫步，主要适用于步法的调节，在步法移动到一定的位置时还没有找到合适的击球点，就要通过小碎步来调整，争取更好的击球点。小碎步在步法中尤为重要，也是衡量一个人步法是否合理、协调的一个重要因素。

四、发球与接发球

发球和接发球是乒乓球重要的基本技术。两者是互相推动的，发球技术的提高能促进接发球技术的提高；接发球技术提高了，又促使发球技术再提高。

（一）发球

乒乓球比赛时，发球是力争主动、先发制人的第一环。发球主要是由抛球和挥拍击球两个动作组成的。发球技术好不仅可以直接得分，还可以为进攻创造机会，争取胜利。

1. 平击发球

技术特点：平击发球一般不带旋转，它是基本的发球方法，也是掌握其他发球技术的基础。

动作要领：正手发球，左脚在前，身体稍向右转。左手掌心托球，置于身体右侧，右手持拍也置于身体右侧；发球开始时，持球手将球向上抛起，同时右臂稍向后引拍，在球略低于网时，持拍手从身体右后方向前挥拍，拍形稍前倾，击球的中上部；击球后前臂和手腕继续向前挥动，身体重心移至前脚，击出的球先落在本方台面，弹起后再落到对方台面。反手发球，右脚在前，将球向上抛起后，右手持拍从身体左后方向前挥动，拍形稍前倾，击球的中上部。

2. 正（反）手发球

技术特点：球速较慢，前冲力小，以旋转变化来迷惑对方，使其回接困难。发下旋短球能控制对方攻势。

动作要领：发下旋短球时，左脚稍前，抛球时将拍引至肩高，手腕略向外展，拍形稍后仰；球回落时，手腕和前臂迅速向前下方发力，摩擦球的中下部；拍触球时手腕的发力要大于前臂的发力，这样才能发出比较强劲的下旋球。反手发转球多用于横拍选手。发球时，拍触球的一刹那拍形稍躺平，从球的中下部向底部摩擦，手腕的发力要大于前臂的发力。

（二）接发球

在每局的比赛中，双方发球和接发球的机会各占一半，但接发球的技术运用往往是被动的，要根据对方发球的方法与来球性能决定接球的方法。因此，如果接发球能力差，不仅会给对方造成较多的进攻机会，更会在关键时刻因接不好球产生心理上的恐惧（过度紧张），从而引起连续失误。

1. 站位的选择

接好发球的基础是要选择好站位。只有选好站位，才能把对方发过来的各种落点和各种变化的球击回。要根据对方发球时的位置，来决定自己的站位，如果对方用正手在球台右方发球，则站位应偏右一些；如果对方用反手或侧身在球台左方发球，则站位应偏左一些。站位离台远近应由个人习惯和打法来决定。为了迅速起动，身体重心不宜过低，身体重心位置应保持在两脚之间，两脚站位的宽度要大于自己的肩宽。接发球时，球拍的位置要适当，一般应在台面同一水平高度上。

2. 判断球旋转和落点的方法

发球的旋转和落点变化较多，因此加强接发球的判断能力十分重要。判断是提高反应的基础，不能准确判断球的旋转和落点，接球将带有盲目性。一般可从下面三个方面判断球的旋转和落点。

（1）可从对方击球的拍形角度来判断发球的方向。

（2）可从对方发球时挥摆手臂的幅度大小和手腕用力的程度来判断来球落点的长短和旋转的强弱。

（3）可从对方发球挥拍动作和拍触球后移动的方向来判断球的旋转，关键是拍触球一刹那间要看对方球拍向哪个方向移动。

五、挡球和推挡球

（一）挡球

技术特点：球速慢，力量轻，动作简单，容易掌握，是初学者应掌握的入门技术。反复练习挡球可以熟悉球性，体会击球时的拍形变化，提高控球能力。在对方攻击时，挡球还能作为防御的一种手段。

动作要领（以右手为例）：两脚平行或左脚稍前，身体离球台约50厘米；击球前，前臂与台面平行伸向来球，拍触球时，前臂和手腕稍向前推动，主要是为了借助对方来球的反弹力将球挡回，在上升期击球的中部，拍形与台面接近垂直；击球后迅速收回球拍，还原成击球前的准备姿势。

（二）快推

技术特点：借力还击，回球速度快，力量较轻，在发挥速度优势时还能起到助攻的作用，而且落点变化好，能攻击对方空当。

动作要领：左脚稍前或两脚平行自然开立，身体离球台约50厘米，持拍手的上臂和肘关节内收，前臂略向外旋；击球时，前臂开始向前推击，同时手腕外旋，食指压拍，拇指放松，使拍形前倾，在上升期击球中上部，将球快推回去；击球后手臂继续前送，手腕配合外旋使球拍下压。

（三）加力推

技术特点：回球力量重，球速快，击球点较高，能充分发挥手臂前推力量，压制对方攻击，有利于争取主动。

动作要领：加力推的击球时间比快推稍慢一些。在准备推挡时，球拍稍微提高一些，并及时根据来球弹起的高度调整好拍形角度，在上升期后段或高点期击球中上部。加力推主要靠前臂向前推压发力。击球时，拍形应固定，手腕不加转动。

六、攻球

（一）正手攻球的技术动作

攻球是乒乓球比赛中争取主动和获取胜利的重要技术。它具有快速有力的特点，能体现积极主动、快速进攻的指导思想，如果运用得好能使对方陷入被动，自己取得优势。

1. 正手快攻

技术特点：站位近、动作小、速度快，借球反弹力回击，能缩短对方准备时间，争取主动，为进攻创造条件，也可直接得分。正手快攻运用得好，可充分发挥近台快攻的作用。

动作要领：左脚稍前，身体离球台约40厘米。击球前，持拍手臂要右前伸迎球，前臂自然放松，球拍成半横状。

当球从台面弹起，前臂和手腕向前上方挥动，并配合内旋腕的动作，使拍形前倾，在上升期击球中上部；拍触球一刹那间，拇指压拍，同时加快手腕内旋速度，使拍面沿球作弧形挥动；击球后挥拍至头部高度。

横拍击球时，手臂要自然弯曲，手腕与前臂近乎成直线并约与地面平行。前臂手腕稍向前上方用力，击球时间、部位和拍形与直拍基本相同。

2. 正手远攻

技术特点：站位远、动作大、力量重，要主动发力击球，并在来球前进力减弱时回击。对攻中，力量配合落点变化能争取主动或直接得分，被动防御时也可以用这种打法进行反击。

动作要领：左脚稍前，身体离球台一米以外。击球前，持拍手臂向右后方引拍，球拍成半横状，拍形稍后仰；击球时，手臂由后向前挥动；球拍触球前，前臂在上臂带动下向前上方用力，手腕边挥边转使拍形逐渐前倾，在下降期前段，击球中部或中下部；球拍触球的一刹那，前臂加速用力向前向上方抽击；击球后，手臂随势向前上方挥动，上臂前送，前臂和手腕向上将球拍挥至头部高度，同时上体左转，身体重心移至左脚。

3. 正手扣杀

技术特点：动作大、力量重、球速快、攻击性强，在还击半高球时，能充分发挥击球的力量，是得分的一种重要手段。

动作要领：左脚稍前，击球前持拍手臂向右后方引拍并稍高于台面，球拍成半横状。当球弹起到高点时，上臂带动前臂由后向前；将触球时，前臂加速用力向左前挥击，手腕跟着转动，在高点期前后击球中下部，拍形稍前倾；球拍触球的一刹那，整个手臂的力量应发挥到最大限度，同时腰部配合向左转动；触球点一般在胸前50厘米处；击球后，要随势将球拍挥至左胸前，上体左转，身体重心由后脚移至前脚。

（二）反手攻球

技术特点：站位近、动作小、球速快，借来球反弹力还击，是两面攻的重要技术之一。如果反手攻球与正手攻球配合得好，可以充分发挥近台快攻的作用。

动作要领：右脚稍前，身体离球台约40厘米。持拍手臂自然弯曲，将球拍移至腹前偏左的位置；击球时，前臂和手腕向右前上方挥动，同时配合外旋转腕的动作使拍形前倾，在上升期击球中上部；击球后，随势将球拍挥至右肩前。

横拍击球时，手臂在体前自然弯曲，手腕和前臂近乎呈直线，拍柄稍微向下；当球从台面弹起时，前臂向右前上方挥拍，触球的一刹那，手腕配合向外转动。击球时间、部位和拍形与直拍基本相同。

七、搓球

搓球是近台还击下旋球的一种基本技术，比赛中经常用它为拉弧圈球创造条件。搓球与攻球结合可形成搓攻战术。搓球可用于接发球，必要时用它作为过渡。

（一）快搓

技术特点：动作幅度较小，回球速度较快，能借助来球的前进力去回击。快搓是对付削球和搓球的一种方法。

动作要领：右脚稍前，身体靠近球台。来球在身体左侧时，可运用反手搓球。搓球时，上臂迅速前伸，前臂跟随向前，拍形稍后仰，利用上臂前送力量，在上升期击球中下部。来球在身体右侧时，可运用正手搓球，搓球时，身体稍向右转，手臂向右前上引拍，然后前臂和手腕向前下方用力在上升期击球中下部。

（二）慢搓

技术特点：动作幅度较大，回球速度较慢。如果慢搓的旋转变化运用得好，可以为进攻创造条件或直接得分。

动作要领：右脚稍前，身体离球台约50厘米，持拍手臂向左上引拍；击球时，前臂和手腕向前下方用力，同时配合内旋转腕的动作，拍形后仰，在下降期后段击球中下部；击球后，前臂随势前送。横拍搓球时，拍形略竖一些，击球后前臂向右前下方挥摆。击球时间、部位和拍形与直拍基本相同。

八、削球

（一）远削

技术特点：动作大、球速慢、弧线长、回球下旋。远削时，可通过旋转变化伺机反攻，因远削球落点好、弧线低，能控制对方攻势或直接得分。

动作要领：正手远削时，左脚稍前，身体离球台一米以外。上体稍向右转，身体重心放在右脚上；击球前，手臂自然弯曲，将球拍向右上引至与肩同高；击球时，手臂向左前下方挥动，在下降期击球中下部，拍形稍后仰；触球一刹那间前臂加速削击，同时手腕向下辅助用力；击球后，球拍随势前送，身体重心移至左脚。

反手削球时，右脚稍前，身体左转，手臂弯曲，球拍向左上引至与肩同高，拍柄向下，身体重心放在左脚上；击球时，手臂向右前下方挥动，前臂和手腕加速用力削击来球，在下降期击球中下部，拍形稍后仰；击球后，上体向右转动，球拍随势挥至身体右侧，身体重心移到右脚。

（二）近削

技术特点：动作较小，球速较快，前进力较强。近削逼角能使对手回球困难，从而伺机反攻或直接得分。

动作要领：正手近削时，左脚稍前，身体离台50厘米左右，上体稍向右转。击球时，手臂弯曲，把球拍引至与肩同高，拍形稍后仰。触球时，前臂用力向左前下方挥动，手腕配合下压，在上升后期或高点期，击球中部或中下部。

反手近削时，右脚稍前，手臂弯曲向左上引拍。击球时，前臂向右前下方挥动，手腕配合用力下压，在上升后期或高点期，击球中部或中下部。

九、弧圈球

弧圈球是一种上旋力非常强的进攻技术，它的种类很多。现介绍正手高吊弧圈球、正手前冲弧圈球和正手侧旋弧圈球的打法。

（一）正手高吊弧圈球

技术特点：球速较慢，弧线较高，上旋性特强，着台后向下滑落快，回击不当易出界或击出高球，可为扣杀创造机会。一般在接低而转的来球时，打这种球比较多。

动作要领：两脚开立，右脚稍后，身体略向右转，两膝微屈，身体重心放在右脚上；准备击球时，持拍手臂自然下垂，并向后下方引拍，右肩略低于左肩，拇指压拍使拍形略微前倾，呈半横立状，并使拍形固定；当来球从台面弹起时，手臂向前上方挥动，前臂在上臂带动下爆发性用力做快收动作；将要触球时，手腕向前上方加力，并在来球下降期用拍摩擦球的中部或中上部，球拍摩擦球时，要注意配合腰部向左上方转动和右腿蹬地的力量；击球后身体重心移至左脚。

（二）正手前冲弧圈球

技术特点：弧线低，上旋力强，球速快，着台后前冲力大。这种打法可直接得分，或为扣杀创造机会。

动作要领：两脚开立，右脚稍后，身体略向右转，身体重心放在右脚上，将球拍自然地拉至身后（约与台面同高），拍形保持前倾，与地面成35°～40°角。当球从台面弹起，还未达到高点时，腰部向左转动，手臂向前上方挥出，前臂在上臂的带动下，迅速内收，手腕略微转动，在高点期或下降期前用拍摩擦球的中上部，使之形成较低的弧线落在对方台面上；击球后身体重心移至左脚。

（三）正手侧旋弧圈球

技术特点：带有强烈侧旋力和上旋力，着台后下落快，还会出现拐弯的现象，使对方增加回击的困难。

动作要领：击球准备姿势与加转弧圈球相似。但在击球时，拍面呈半横立状，并略向右侧，上臂带动前臂和手腕结合腰部向左转的力量，在下降期用拍摩擦球的右中部或右中上部，使球带有强烈的右侧上旋；击球后身体重心移至左脚。

第三节　乒乓球基本战术

一、左推右攻战术

（一）发球抢攻战术

（1）反手发右侧上或下，旋球，发至对方中路靠右近网处，伺机攻击对方左方。

（2）发追身急球（球速越快越好），使对方不能发挥其正、反手攻球的威力，然后侧身进攻对方的中路和两角。

（3）发急下旋长球至对方左角，配合近网短球，然后侧身抢攻。

（4）正手发高抛左（右）侧上、下旋短球至对方左角（角度越大越好），配合发右方急球进行抢攻。

（二）推挡侧身抢攻战术

（1）在对推中，比力量、比速度、比落点，伺机侧身抢攻。

（2）在对推中，反手攻球做配合，寻找机会，伺机侧身进攻。

（3）如推挡技术比对方强，可推压对方反手，伺机侧身抢攻。

（三）推挡变线战术

（1）用推挡连压对方左角取得主动时，变推直线袭击其右角空当。

（2）遇连续打侧身抢攻的选手，以推变直线加以牵制。

（3）当对方用反手进攻或侧身进攻时，用变直线来反击其空当。

（4）推挡略占上风时，或在侧身抢攻获得成功后，对方往往会主动变线到正手。此时，应以有力的正手攻球进行回击。

（5）主动推直线，引诱对手回斜线，用正手攻直线反袭对方空当。

二、两面攻战术

（一）发球抢攻战术

（1）发右侧上（下）旋球至对方右方近网处，造成正、反手抢攻的机会。

（2）发底线急球或急下旋球至对方左方，然后伺机用正、反手抢攻。

（3）发左侧上（下）旋或转与不转球，伺机进行抢攻。

（4）发对方不适应的球进行抢攻。

（二）反手攻结合侧身攻战术

（1）反手攻球压住对方反手，伺机侧身扣杀斜、直线。

（2）反手攻球交替压对方的中路和反手，然后侧身攻两角。此战术对横板近台两面攻选手比较有效。

（三）反手攻直线战术

（1）连续用反手攻对方的反手后，穿插先吊右方再攻左方。此战术对左推右攻选手比较有效。

（2）对方侧身进攻时，用反手攻或推挡变直线反袭对方正手空当，然后用正手扣杀。

（四）正反手连续进攻战术

（1）正反手连续进攻对手较弱的一方，然后伺机重扣。

（2）正反手连续进攻对手左右两角，伺机扣杀。

（五）接发球抢攻战术

积极运用接发球抢攻去争取主动。

第四节　乒乓球运动的竞赛规则简介

一、发球

（1）发球开始时，球自然地置于不持拍手的手掌上，手掌张开，保持静止。

（2）发球时，发球员需用手将球几乎垂直地向上抛起，不得使球旋转，并使球在离开不持拍手的手掌之后上升不少于16厘米，球下降到被击出前不能碰到任何物体。

（3）球从抛起的最高点下降时，发球员方可击球，使球首先触及本方台区，然后越过或绕过球网装置，再触及接发球员的台区。双打中，球应先后触及发球员和接发球员的右半区。

（4）从发球开始到球被击出，球要始终在台面以上和发球员的端线以外，而且不能被发球员或其双打同伴的身体或衣服的任何部分挡住。

（6）在运动员发球时，球与球拍接触的一瞬间，球与网柱连线所形成的虚拟三角形之内和一定高度的上方不能有任何遮挡物，并且其中一名裁判员要能看清运动员的击球点。

二、击球

对方发球或还击后，本方运动员必须击球，使球直接越过或绕过球网装置，或触及球网装置后再触及对方台区。

三、失分

（1）未能合法发球。

（2）未能合法还击。

（3）击球后，该球没有触及对方台区而越过对方端线。

（4）阻挡。

（5）连击。

（6）用不符合规则条款的拍面击球。

（7）运动员或运动员穿戴的任何物件使球台移动。

（8）运动员或运动员穿戴的任何物件触及球网装置。

（9）不执拍手触及比赛台面。

（10）双打运动员击球次序错误。

（11）执行轮换发球法时，发球一方被接发球一方或其双打同伴，包括接发球一击，完成了13次合法还击。

四、一局比赛

在一局比赛中，先得11分的一方为胜方；10平后，先多得2分的一方为胜方。

五、一场比赛

单打的淘汰赛采用7局4胜制，双打淘汰赛和团体赛采用5局3胜制。

六、次序和方位

（1）在获得2分后，接发球方变为发球方，依次类推，直到该局比赛结束，或直至双方比分为10平，或采用轮换发球法时，发球和接发球次序不变，但每人只轮发1分球。

（2）在双打中，每次换发球时，前面的接发球员应成为发球员，前面的发球员的同伴应成为接发球员。

（3）在一局比赛中首先发球的一方，在该场比赛的下一局中应首先接发球，在双打比赛的决胜局中，当一方先得5分后，接发球一方必须交换接发球次序。

（4）一局中，在某一方位比赛的一方，在该场比赛的下一局应换到另一方位。在决胜局中，一方先得5分时，双方应交换方位。

七、间歇

（1）在局与局之间，有不超过1分钟的休息时间。

（2）在一场比赛中，双方各有一次不超过1分钟的暂停。

（3）每局比赛中，每得6分球后，或决胜局交换方位时，有短暂的时间擦汗。

第十章　羽毛球运动

本章导读

- ◆ 了解羽毛球运动的基础理论知识
- ◆ 掌握羽毛球的基本技术及练习方法
- ◆ 了解羽毛球运动的竞赛规则

第一节　羽毛球运动概述

一、羽毛球运动的起源与发展

羽毛球最早出现于14—15世纪时的日本，当时的球拍是木制的，球用樱桃核插上羽毛制成。大约至18世纪时，印度的普那（Poona）出现了一种与早期日本的羽毛球极相似的游戏，球用圆形硬质板插上羽毛制成，板是木质的，两人相对站着，手执木板来回击球。

现代羽毛球运动约于1910年传入我国，最早在上海，随后在广州、天津、北京、成都等城市的基督教青年会和学校中有所开展。中华人民共和国成立后，党和政府十分关心人民群众的健康，体育运动得到了蓬勃发展，羽毛球运动也逐渐为群众所喜爱，并作为我国重点开展的项目之一。1953年，在天津首次举办了全国羽毛球比赛，当时只有5个队19名选手参加。1954年，先后有一批报效祖国的赤子回国，并带回了先进的羽毛球技术，同时组建了国家集训队。继而这项运动在我国东南沿海几个大城市开展起来。1981年，随着我国恢复了在国际羽联的合法席位，我国涌现了一大批羽毛球世界级选手。他们在一系列世界大赛中为祖国夺得了众多金牌，奠定了我国羽毛球技术的世界领先地位，创造了中国羽毛球历史上的辉煌时期，并一直延续至今。

目前，世界羽毛球运动的技战术朝着更加“快速、全面、进攻、多变、多拍、特长突出”的方向发展。我国羽毛球运动的技术风格是“快速、凶狠、准确、灵活”，在技术上强调“快”字当头，基本技术全面、熟练，特长突出，进攻点多，封网积极，以攻为主，能攻善守，形成了“以我为主、以快为主、以攻为主”的战术指导思想。

二、羽毛球运动的特点及锻炼价值

（一）羽毛球运动的特点

1. 羽毛球运动是一项全身运动项目

无论是进行有规则的羽毛球比赛还是作为一般性的健身活动，运动人员都要在场地上不停地进行脚步移动、跳跃、转体、挥拍，合理地运用各种击球技术和步法将球在场上往返对击，增大了上肢、下肢和腰部肌肉的力量，加快了血液循环，增强了心血管系统和呼吸系统的功能。

2. 羽毛球运动不受场地的限制

羽毛球活动对场地设备的要求比较简单，两把拍子一个球，无论走到哪里，无论是在室内还是室外，无论是否有架网，只要有空地，就能进行羽毛球运动。

3. 羽毛球运动是一项集体、个人皆宜的体育运动

羽毛球运动既可单兵作战（两人对练），又可集体会战（双打练习或三人对三人对练）。单人对练时，练习者可以随心所欲地打出任何弧线、任何远度、任何力量、任何速度、任何落点的球；集体会战则可以使练习者养成协调配合的习惯，培养集体主义精神。

4. 羽毛球运动不受年龄、性别的限制

羽毛球运动游戏性较强，运动量可大可小。年轻人可以将球打得又重又刁，拼尽全力扑救任何来球；年老练习者可以把球轻轻地击来打去，根据自己的身体情况变换击球节奏，从而达到锻炼身体、延年益寿的功效，既活动了身体，又愉悦了心情。

（二）羽毛球运动的锻炼价值

1. 增进身体健康

羽毛球运动可以全面增强人的体质。前后场的快速移动击球、中后场的大力扣杀球、被动时的扑救球、双打的换位击球等，都需要练习者有较好的力量、速度、耐力、灵敏性、柔韧性以及快速的反应能力。经常从事羽毛球锻炼，可以发展练习者的灵活性、协调性，提高上下肢及躯干的活动能力，改善呼吸系统和心血管系统的功能，提高机体有氧供能和无氧供能的能力，调节神经系统并提高机体抗乳酸的能力，达到增进健康、抗病防衰和调节精神的作用。

2. 增强心理素质

在羽毛球运动过程中，要揣摩对方战术意图，把握各种战机，合理选择战术。经常从事羽毛球锻炼，可以使人思维敏捷，使人的心理素质得到较好的锻炼。羽毛球运动能够激发人的进取精神，使人的智、勇、技在竞争与对抗中得到升华，养成临危不乱、泰然处之的良好心态，能够以正确的人生观去面对事业、家庭和荣辱。双打比赛时还可以使练习者养成协调配合的习惯，培养集体主义精神。

第二节　羽毛球基本技术及练习方法

羽毛球运动的基本技术主要有手法和步法。每一项基本技术都有很多的技术动作，每项技术动作之间又相互联系，构成了羽毛球运动的基本技术。常用的羽毛球运动基本技术有握拍、发球、击球以及各种步法。

一、握拍法

（一）正手握拍法（右手持拍为例）

动作要领：左手拿住拍杆，使拍面与地面垂直，直视下方，从左到右拍柄可见四条斜棱，右手自然张开，用握手的方法握住球拍，虎口对准拍柄的内侧斜棱，小指、无名指和中指并拢握住拍柄，力度得当，掌心能够放两个手指。单打拍柄握持的位置一般是拍柄远端靠在小鱼际肌上较佳。双打时，在前封网的选手可将手握位置偏上些，便于快速击球。后场扣杀的选手可以握后一些。

（二）反手握拍法

在正手握拍法的基础上，稍微将拍外旋，大拇指往上提，内侧顶贴着第一斜棱旁的球拍宽面，食指往下扣，其余三指与正手握拍相似；掌心、拍柄与小鱼际肌间留有空隙。发力时，后三指紧握拍柄，拇指前顶发力。

练习方法：

（1）体会握拍的部位是否准确。正手握拍法如同与人的握手方式。常见错误是虎口不是对着拍柄窄面内侧斜棱上，而是对着拍柄宽面上；拇指掌面过于紧贴在拍柄内侧宽面上；拳式握拍，各手指相互紧靠并与拍柄棱呈垂直状态。

（2）体验握拍的松紧度。握拍太紧时动作必然僵硬，握拍太松时击球无力，且动作可能变形。

二、发球

发球是羽毛球运动的一项重要的基本技术。发球的方式有许多种，如正手发球、反手发球。

（一）正手发后场高远球

正手发后场高远球是指把球发得又高又远，使球接近垂直地落在对方后发球线附近的发球区里，最好落在四个角里。这样由于球离网远，对手很难击出攻击性较大的回球，从而可以给自己创造得分条件。

准备发球时，两脚与肩同宽，自然分开，左脚在前，脚尖正对网；右脚在后，与左脚大约成45°夹角，身体重心位于右脚；左手三指（拇指、食指、中指）拿住球中部，自然上抬到与左肩齐平，正对球网；右手握拍，自然屈肘，举到身体右后侧；两眼注视前方，观察对方准备接球的动向。

左手放松羽毛球，使球自然下落，右手大臂外旋，并带动小臂沿半弧形做回环引拍动作。击球时前臂内旋，带动手腕从伸腕到展腕闪动发力，击球最佳点位于身体的右前下方。击球完毕，手腕呈展腕状态，身体重心移至左脚，持拍手随击球动作的惯性，自然向左上方挥动。

（二）正手发网前球

发球击球后，球擦网而过，正好落于对方前发球线附近的区域内，称为发网前球。

准备动作与正手发高球相同，只是大臂挥动的幅度和手腕后伸的角度要比发高球稍小。球拍触击球时，拍面从右后向左斜切击球，使球刚好越网而过，落在对方前发球线附近。

（三）反手发网前球

发球时，前臂带动手腕使球拍从左下方向右前上方作半弧形挥动。在拍将要击到球之前，左手自然撒手放球，用球拍对球作横切推送动作，使球贴网而过，正好落在前发球线附近的发球区内。

练习方法：

（1）原地挥拍做模仿练习。

（2）对墙发球练习。

（3）定点定位，多球发球练习。

（4）发球、接发球对抗性练习。

三、击球

击球技术分后场击球技术、中场击球技术、前场击球技术。后场击球技术包括高远球技术、平高球技术、吊球技术、杀球技术；中场击球技术包括接杀球技术、平推球技术、平挡技术；前场击球技术包括放网技术、搓球技术、推球技术、钩球技术、扑球技术等。本教材主要介绍以下几种。

（一）高远球技术

1. 正手后场高远球

准备姿势：击球前右脚在后，左脚在前，身体重心位于右脚，侧身对网，右手正握球拍屈肘位于体侧（90° 为佳）；左手自然往上，手心向外，保持身体平衡。

引拍动作：当球下落到一定高度时，手肘上抬，手臂后倒引拍（球拍与后背垂直），以肩为轴做回环动作。

击球动作：前臂急速内旋，带动手腕加速向前上方挥动，手腕屈收，手指屈指发力，用正拍面将球击出。击球点位于右肩的前上方。

随势动作：右手随击球后的惯性，向左前下方挥动，然后顺势收回到体前，呈接球前的准备姿势。

2. 头顶后场高远球

头顶后场高远球是将飞往左后场区的球用正手握拍击球的正面，将球击到对方后场区的击球技术。准备动作与正手后场高远球基本相同，只是在引拍时身体略朝左后倾斜；击球时将球拍绕过头顶，在头顶左肩上方击球。

练习方法：

（1）原地做击高远球挥拍动作练习。

（2）用细绳把球悬挂在适当的高度上做击球练习。

（3）一人发球，一人进行击高远球练习。

（4）定点定位进行多球击球练习。

（二）吊球技术

吊球分为正手后场吊球和头顶吊球，都是将后场球压击至近网的进攻性较强的技术。吊球飞行速度快、线路短，是一项调动对方前后奔跑的主要技术。

1. 正手后场吊球

吊球的准备动作、引拍动作和击球后的回收动作与正手后场高远球的技巧相同，只是其击球点比高远球更靠前些。击球时，用手指捻动发力，使球拍外旋，稍屈外，拍面向前下方切球托的右侧部位，挥拍始终放松。

2. 头顶吊球

起动、引拍和击球后的回收动作均与头顶击后场高远球相似，不同之处有三点：①击球力量较小；②拍面的仰角较小，一般在90°左右；③吊球时，前臂应内旋带动球拍自左向右挥动，手腕放松，用手指控制好拍面。

练习方法：

（1）挥拍练习吊球动作。

（2）一人发高球，一人连续进行吊对角练习。

（3）一人挑高球，一人连续进行吊球练习。

（4）吊球熟练后可做高、吊、杀的综合练习。

（三）杀球技术

杀球的击球力量最大，速度也最快，进攻威力也最强，是后场进攻和争取得分的主要手段。

1. 正手杀球

正手杀球的准备姿势及击球动作与正手后场高远球基本一致，只是杀球力量大，引拍动作比后场高远球动作要大。大臂带动小臂充分地后倒回环，上身要后仰，形成一定的背弓，击球前准备要充分。击球点位于右肩的前上方，位置比高远球和吊球的位置都要偏前。在击球瞬间，将全身的力量通过手腕由伸到屈快速闪动发力，以正拍面向前下方全力压击球。

2. 头顶杀球

头顶杀球的准备姿势、引拍及击球后动作均与头顶后场高远球一致。击球动作和后场正手杀球也是一样的。不同之处有两点：①击球的力量比击高远球大，发力的方向是向下的；②击球点稍向前些，拍面角度要小。

（四）放网技术

1. 正手放网前球

准备动作：运用正手上网步伐向来球方向移动。当右脚向前蹬跨的同时，持拍手于胸前向来球方向伸出，争取高的击球位置。左手于身后拉举至右手对称的反方向，与身体平行。

引拍动作：在伸拍的同时，右前臂外旋，手腕后伸外展，做半弧形引拍动作。

击球动作：击球时小臂稍内旋，手腕由后快速向内收，食指和拇指握住拍柄，轻击球托底部。

随势动作：击球后，右脚掌触地后立即蹬地收回，击球手臂收回至胸前，准备下一次击球。

2. 反手放网前球

反手放网前球的方法与正手放网前球相似。不同之处在于，应向左前场转体，向球的方向跨步，并及时转换成反手握拍法，用反手击球。

（五）扑球技术

1. 前场正手扑球

前臂往前上方举起，球拍正对来球方向，以肘为轴，前臂稍加一点外旋回环引拍。击球时，前臂内旋，手腕由伸展姿势向前下方挥动，发力拍击球托正面。击球后，球拍随手臂往前下回收，靠手臂力量控制前臂和手腕以制动动作结束。

2. 前场反手扑球

击球前，以右脚蹬跨步或腾空步向来球方向迈出，持拍手以反手握拍，向身体左侧前上方的来球方向高举伸出，前臂稍作外旋，手腕外展，拇指顶压在拍柄的宽面上，食指和其他三指并拢，拍面正对来球。击球时，前臂迅速外旋，手腕由内收至外展，运用大拇指的顶压向前下方快速发力，拍击球托正面。

练习方法：

（1）两人在网前进行模拟扑球练习。

（2）两人一球，一人扔网前球，一人进行扑球练习。

四、步法

在羽毛球比赛中，我们常常会被运动员精妙的小球、迅猛的跳杀所折服，而这一切与羽毛球的基本步法是分不开的。因为有快速灵活的步法作保证，才能准确、有效地运用手法。

（一）前场步法

1. 前场正手上网步法

（1）一步上网步法。利用左脚蹬地抬右腿，向前跨步伸右手，回来时，左脚回收一半的同时垫步回位。

（2）两步上网步法。两脚开立，左脚向前迈一步蹬地，右脚跨步向前，伸右手的同时左手向右后拉，保持身体平衡。

（3）三步上网步法。两脚左右开立，两眼正视前方，右脚先迈出一小步，左脚交叉于右脚迈出第二步，第三步利用左脚起蹬，右脚向前跨的同时右手上伸，回来时左脚先收一半，右脚撤回一步，左脚撤第二步并小跳步回位。

2. 前场反手上网步法

（1）一步上网步法。根据来球方向，左脚蹬地，身体左转向自身左前方，右脚跨步向前并伸出右手，左手后撤并保持身体平衡，还原时利用左脚回收使身体收回中位。

（2）两步上网步法。根据来球方向，左脚向身体左前方迈一小步，右脚跟随向前上步并伸右手，左手后撤并保持身体平衡。还原时左脚往后收一半，将身体回位。出第二步、第三步时右腿抬起同时伸出右手，左手后拉，保持身体平衡，回来时左脚收回一半，右脚和左脚最后垫步回位。

（二）中场步法

1. 中场正手步法

（1）蹬跨步接杀球步法。两脚微屈，身体重心保持在两脚之间，左脚蹬地，右脚向自己的右侧位大撤步，脚尖向右侧同时伸手，左手自然打开，保持身体平衡。

（2）垫步接杀球步法。左脚先向右侧位跨一小步，然后右脚向自身右侧方跨步，同时右手伸出，左手打开，保持身体平衡。

2. 中场反手步法

（1）一步接杀球步法。右脚蹬地，左脚向身体左侧跨一大步，同时伸右手下去，左手向后打开，保持身体平衡。

（2）两步接杀球步法。左脚向身体左侧位先迈出一小步，同时以前脚掌为轴，右脚向身体左侧方跨一大步，伸右手的同时左手向后打开，保持身体平衡。

（三）后退步法

后退步法是完成后退回击高球、吊球、杀球、后场抽球的步法，它包括正手后退步法、头顶后退步法、反手后退步法、正手后退并步加跳步、头顶侧身加跳步。

不论采用哪种步法后退击球，其后退前的站位及准备姿势均与上网步法的站位及准备姿势相同。

1. 正手后退步法

正手后退步法，可采用并步后退步法、交叉步后退步法以及并步加跳步后退步法。

（1）并步后退步法。右脚向右后侧身退一步，并带动髋部右后转，接着左脚用并步靠近右脚，右脚再向后转到位，左脚跟进一小步，成为左脚在前右脚在后，侧身对网的击球准备动作。

（2）交叉步后退步法。右脚向右后侧身退一步，并带动髋部右后转，接着左脚从右脚后交叉后退一步，成为左脚在前右脚在后、侧身对网的击球准备动作。

（3）并步加跳步后退步法。与并步后退步法的第一、二步后退步法相同，第三步采用侧身双脚起跳后击球，后双脚落地。

2. 头顶后退步法

头顶后退步法，可采用头顶并步后退步法、头顶交叉步后退步法以及头顶侧身步加跳步后退步法。

（1）头顶并步后退步法。髋关节及上体快速向右后方转动的同时，右脚向后退一步，接着左脚用并步靠近右脚，右脚再向后移到位，左脚跟进一小步，成为左脚在前右脚在后、侧身对网的击球准备动作。

（2）头顶交叉步后退步法。髋关节及上体在快速向右后方转动的同时右脚向后退一步，接着左脚从右脚后交叉后退一步，右脚再向后移到位，左脚跟进一小步，成为左脚在前右脚在后、侧身对网的击球准备动作。

（3）头顶侧身步加跳步后退步法。这是一种快速突击抢攻打法的后退步法。髋关节及上体在快速向右后方转动的同时右脚向后退一步，紧接着右脚向后方蹬地跳起，上身后仰，角度较大，并在凌空中完成击球动作，此时，左脚在空中作一个交叉动作后先落地，上体收腹使右脚着地时重心落在右脚上，便于左脚迅速回动。

此种步法应注意如下几个重要环节。首先，上体和髋部侧转要快，右脚变成后退至左脚的后方横侧位，这是第一个环节。其次，蹬跳时应向左后方跳起，使上体向后仰，同时左脚在空中作交叉后撤的动作要大。

第三节　羽毛球运动的竞赛规则简介

一、比赛场地

羽毛球场地呈长方形，长13.4米，单打场地宽5.18米，双打场地宽6.10米。球场外边线是双打场地边线，里面的两条线是单打场地边线，双打边线与单打边线相距0.46米。靠近球网1.98米与网平行的两条线为前发球线，离端线0.76米与底线相平行的线为双打后发球线。球场上各条线宽均为4厘米，用白色、黄色或其他易于识别的颜色画出。

二、比赛方法及主要规则

（一）比赛的项目

羽毛球比赛项目分为男子单打、女子单打、男子双打、女子双打、混合双打、男子团体、女子团体。

（二）比赛的计分方法及规则

（1）羽毛球比赛采用每球得分21分制，即双方分数先达21分者胜，三局两胜。每局双方打到20平后，一方领先2分即算该局获胜；若双方打成29平后，一方领先1分，即算该局取胜。

（2）得分者方有发球权，如果本方得单数分，从左边发球；得双数分，从右边发球。取消（单打）后发球线。在第三局或只进行一局的比赛中，当一方分数首先到达11分时，双方交换场区。

（三）比赛中的站位

1. 单打

（1）发球员的分数为0或双数时，双方运动员均应在各自的右发球区发球或接发球。

（2）发球员的分数为单数时，双方运动员均应在各自的左发球区发球或接发球。

（3）如“再赛”，发球员应以该局的总分来确定站位。若总分为15分（单数），双方动员均应在各自的左发球区发球或接发球；若总分为16分（双数），双方运动员均应在各自的右发球区发球或接发球。

（4）球发出后，双方运动员就不再受发球区的限制而可以自由击到对方场区的任何位置，运动员的站位也可以在自己这方场区的界内或界外。

2. 双打

（1）一局比赛开始和获得发球局的一方，都应从右发球区开始发球。

（2）只有接发球员才能接发球；如果他的同伴去接球或被球触及，发球方得一分。每局开始首先接发球的运动员，在该局本方得分为0或双数时，都必须在右发球区接发球或发球；分数为单数时，则应在左发球区接发球或发球。

（3）上述两条相反形式的站位适用于他们的同伴。

（4）任何一局的本方发球员失去发球权后，由该局首先发球员发球，然后由首先发球员的同伴发球，接着由他们的对手之一发球，然后再由另一对手发球，如此传递发球权。

（5）队员不得有发球错误和接发球的错误，或在同一局比赛中有两次发球。

（6）一局胜方的任一队员可在下一局先发球，负方中任一队员可先接发球。

（7）球发出后就不再受发球区的限制了。运动员可在本方场区自由站位和将球击到对方场区的任何位置。

（四）比赛规则

1. 交换场区

（1）以下情况队员应交换场区：第一局结束；第三局开始；第三局中或只进行一局的比赛进行至一方达到11分时。

（2）队员未按以上规则交换场区，一经发现立即交换，已得分数有效。

2. 合法发球

（1）发球时任何一方都不允许非法延误发球。

（2）发球员和接发球员都必须站在斜对角线发球区内发球和接发球，脚不能触及发球区的界限；两脚必须都有一部分与地面接触，不得移动，直至将球发出。

（3）发球员的球拍必须先击中球托，与此同时整个球必须低于发球员的腰部。

（4）击球瞬间球杆应指向下方，从而使整个球框明显低于发球员的整个握拍手部。

（5）发球开始后，发球员的球拍必须连续向前挥动，直至将球发出。

（6）发出的球必须向上飞行过网，如果不受拦截，应落入接发球员的发球区。

3. 羽毛球的违例

（1）发球不合法的违例：发球时，球拍拍框高于握拍手的手腕（称为过手）；拍框过腰（称为过腰）。

（2）发球员发球时未击中球。

（3）发球时，球过网后挂在网上或停在网顶。

（4）比赛时，下列情况均属违例：①球落在球场边线外；②球从网孔或从网下穿过；③球不过网；④球碰屋顶、天花板或四周墙壁；⑤球碰到队员的身体或衣服；⑥球碰到场地外其他人或物体；⑦球拍或球的最初接触点不在击球者网的这一方（击球者击球后，球拍可以随球过网）。

（5）比赛进行中，下列情况均属违例：①队员球拍、身体或衣服触及网及网的支持物；②队员的球拍或身体，以任何程度侵入对方场区；③妨碍对手，如阻挡对方紧靠球网的合法击球。

（6）比赛时，队员有故意分散对方注意力的任何举动，如喊叫、故作姿态等。

（7）比赛时，下列情况均属违例：①击球时，球夹在或停滞在拍上紧接着又被拖带；②同一队员两次挥拍连续击中球两次；③同一方两名队员连续各击中球一次；④球碰球拍继续向后场飞行。

（8）队员违反比赛连续性的规定。

（9）队员行为不端。

4. 重发球

（1）遇到不能预见或意外的情况，应重发球。

（2）除发球外，球挂在网上或停在网顶，应重发球。

（3）发球时，发球员和接发球员同时违例，应重发球。

（4）发球员在接发球员未做好准备时发球，应重发球。

（5）比赛进行中，球托与球的其他部分完全分离，应重发球。

（6）司线员未看清球的落点，裁判员也不能做出决定时，应重发球。

（7）“重发球”时，最后一次发球无效，原发球员重发球。

第十一章　网球运动

本章导读

◆ 了解网球运动的基础理论知识

◆ 掌握网球的基本技术及练习方法

◆ 了解网球运动的竞赛规则

第一节　网球运动概述

12—13世纪，法国传教士为了调剂单调的生活，打发无聊的时间，发明了一种将球在绳子上丢来丢去的游戏，成为现代网球运动的雏形。这一游戏于14世纪中叶经法国传入英国，成为一种供贵族消遣的室内活动。由于平民很难参与这项运动，网球和当时的马术、击剑等运动被称为贵族运动。15世纪，穿弦球拍的发明取代了原来的游戏手套。16世纪，古式室内网球运动成为法国的国球，并有了自己的规则。

1873年，英国人温菲尔德少校在古式网球运动的基础上进行改造，设计了一种适合在户外开展并且男女都可参加的运动项目，称为“草地网球”，标志着近代网球运动的诞生。同年还出版了一本小册子《草地网球》，对这种运动进行宣传和推广。因此，温菲尔德被称为“近代网球的创始人”。1875年，全英网球运动俱乐部成立，并于1877年举办了全英草地网球男子单打锦标赛，即后来闻名于世的温布尔登网球赛。

1874年，美国人玛丽·奥特布里奇将网球运动带到纽约。很快网球运动就在东部各学校中得到开展，不久后传到中部、西部，进而在全美得到普及。此时的网球比赛场地也已经由草地改为沙土地、水泥地、柏油地，网球运动也由此从宫廷走向社会，成为一项广泛开展的世界性体育运动项目。

第二节　网球基本技术及练习方法

一、握拍方式

根据手与网球拍柄相对位置的不同，目前常用的网球基本握拍方法有东方式、大陆式、西方式和半西方式等。不同的握拍方式会产生不同的击球效果，但各种握拍方式之间并无好坏优劣之分，练习者可根据个人爱好和习惯选择握拍方式。

1. 东方式握拍

东方式握拍最先流行于美国东海岸一带，因此得名。正手握拍时虎口对准拍柄右上斜面。该握拍方式的优点是有利于击出正手平击球且击球比较稳定，对于网球初学者来说是不错的选择；缺点是击球的旋转性较差，不适用于喜欢打上旋球的选手。

2. 大陆式握拍

大陆式握拍因曾经广泛流行于欧洲大陆而得名，现多用于上网截击和发侧旋球。正手握拍时虎口对准拍顶上部与左上斜面的棱线。该握拍方式的优点是有利于击出正手平击球和处理低球；缺点是很难打出上旋球和削球。

3. 西方式握拍

西方式握拍曾流行于美国西海岸加利福尼亚州一带，因而得名。正手握拍时虎口对准拍柄右垂面与右下斜面之间的棱线。该握拍方式的优点是击球时会产生更多的上旋，落地后球弹起较高，对手不易进行回击；缺点是不适于回击低球。而半西方式握拍则是介于西方式握拍和东方式握拍之间的一种握拍方法。

二、站位方式

在网球比赛中常见的站位方式有开放式站位、半开放式站位、自然式站位、关闭式站位。

1. 开放式站位

双脚自然分开站立，脚尖垂直于底线。引拍时，扭转上半身使左肩朝前，同时往后引拍。挥拍时，右脚蹬地，身体重心从右往左移动。这种站位是西方式、半西方式正手握拍选手多采用的击球站位。

2. 半开放式站位

两脚连线与底线成45° 左右。对于不太喜欢开放式站位的同学，可以多尝试半开放式站位。半开放式站位结合了开放式和自然式站位的优点，击球兼具旋转和速度，是现代网球运动中经常使用的一种站位。

3. 自然式站位

两脚连线几乎垂直于底线。这种站位的击球点靠前，球速更快，攻击力更强。自然式站位也称为平行式站位，是最容易掌握的一种站位。采用这种站位时，击球点离身体较远，击球的线动量要多于角动量，经常用于进攻击球。

4. 关闭式站位

左脚向右前方上步，右脚向右转90°，与底线平行。引拍时，转肩带动右臂向后摆动。挥拍时，右脚蹬地，身体重心从右往左移动。这种站位多用于东方式握拍选手。半开放式站位调整脚步时，左脚介于关闭式和开放式站位之间。

三、常见球性练习方法

1. 持拍拍球练习

采用西方式握拍法，微屈臂持拍于胸前，原地在体前用手腕的力量并借球的反弹力触球顶部，连续向下拍球，球反跳高度大约同腰高。也可以在移动中边向前跑边向下拍球，球位于身体前方，触球顶部，稍朝前下方用力，采用二比一的节奏，即跑两步、拍一下球，球反弹高度大约同腰高。

2. 持拍颠球练习

采用大陆式握拍，屈臂持拍于胸前，触球底部，手腕稍用力连续向上颠球（球向上弹起大约30厘米），或连续对墙颠球，人距离墙大约1.5米，击球点位于体前30～40厘米，微屈臂持拍于胸前，稍用手腕的力量，呈开拍面颠球，也可以变换正手、反手对墙颠球。变换正、反手颠球的练习，应根据个人掌握技术水平的情况而定。

3. 对墙击球练习

采用东方式正手握拍或反手握拍，离墙3米左右对墙击球，人随球走，在体前右前方或左前方，呈闭拍面击球，动作幅度要小，击球力量稍轻，可落地一次击球，也可以落地两次击球，逐渐增加单位时间内对墙击球的次数。

四、基本技术

（一）正手击球

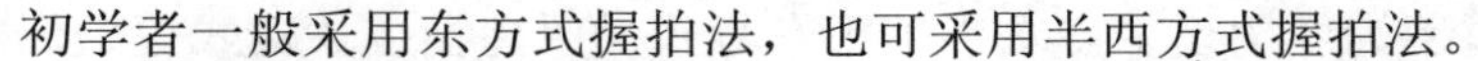

初学者一般采用东方式握拍法，也可采用半西方式握拍法。

1. 东方式握拍正手击球

准备姿势：将球拍放在身体的正前方，左手握住拍颈，膝关节微屈，两脚分开与肩同宽，身体重心在两脚之间；身体前倾，重心落在前脚掌，全身保持放松，并注视来球，侧身引拍；转肩并向后引拍，使身体侧对球网，左肩在前，脚也变换成侧站位（左脚前跨）；拍头向后，拍柄底部对着来球，膝关节弯曲，做好由下向前上方移动的准备。

击球过程：开始向前挥拍时，运动员左脚应向击球方向迈步，并利用身体和肩部的转动力量；击球点在身体的右前侧（前脚的侧前方），高度在腰部与膝部之间；击球后继续挥动球拍（由下向上提拉）；挥拍结束时，肘关节应大致与肩同高，拍头挥至身体的左侧上方或左肩后。

2. 半西方式握拍正手击球

动作要点：采用此种握拍方式时宜采用开放式或半开放式击球站位方式；向后引拍由肘部带动，后引高度也较高，理想的击球点要比东方式更靠前、更高，挥拍动作通常比东方式要快，动作结束时肘部位置也更高。

（二）反手击球（单手握拍）

1. 握拍

在准备动作中，一般用正手握拍。在做反手后摆时，再变为东方式反手握拍。东方式反手握拍需要从东方式正手握拍向左转动1/4周，将食指关节末端转到球拍上部。

2. 准备姿势

反手握拍的准备姿势同正手握拍的准备姿势一样，但初学者在开始学习时，可采用东方式反手握拍法。

3. 侧身后引拍

将肩和胯侧对球网，双脚成侧站位（关闭式），身体重心移至左脚；左手握拍颈并将球拍向后引，球拍后摆并低于来球的高度，球拍底部正对来球；屈膝，为身体向前上方移动做准备，所有步伐的调整都应在此阶段完成。

4. 击球

向前挥拍开始前，右脚向击球方向迈步，击球点在右脚前，高度在膝部和腰部之间；击球时，拍面垂直于地面，挥拍轨迹由下向上朝着目标方向。

5. 随挥动作

击球后，球拍应沿目标方向继续挥出（由下向上），握拍手挥至肩上结束，左脚跟向上提，并保持身体平衡。

（三）反手击球（双手握拍）

1. 握拍

（1）右手为主的反拍。右手采用东方式反手握拍或大陆式握拍，左手采用东方式正手握拍（变化握拍法）。

（2）左手为主的反拍。双手都采用东方式握拍法（不变化的握拍法）。

（3）运动员开始时通常采用双手正手握拍法，随着经验的增加，可将握拍法变为大陆式或东方式反手握拍法。

2. 准备姿势

与单手击球相同，双手可在拍柄上靠在一起。

3. 侧身引拍

转肩并向后引拍，当肩转动时，变化握拍法，胯部也要随着转，身体重心转移到左脚上，双手靠紧；球拍引向后方并低于来球的高度，拍柄底部正对来球，屈膝，降低身体重心并做好向前上方移动的准备。

4. 击球

在向前挥击之前，运动员向来球方向迈步，击球点比单手略靠后和靠向侧面；击球时右臂伸直，击球点在右胯前面；击球时拍面垂直于地面，挥拍轨迹由下向上朝着目标方向。

5. 随挥动作

击球后，球拍应沿目标方向继续挥出，动作完成时双手高于肩，左脚跟向上提，身体重心保持平稳：手臂可在体前伸直或屈肘，随球拍送到肩后。

（四）截击球

截击球是指运动员在球第一次落地之前的击球。运动员通常在球网和中场之间做截击动作。

1. 正手截击

（1）握拍。初学者可用东方式正手握拍法，随着水平的提高可采用大陆式握拍法。

（2）引拍准备动作。肩部稍做转动，球拍与肩平行，对准来球线路。向后引拍要稳定，球拍要适当握紧，引拍动作不可过大、过后。

（3）击球与随挥动作。向前挥拍前左脚朝击球方向迈步，保持手腕稳固并在身体前方击球，球面应稍开放，但击高球除外；随挥动作应稳定，动作要短，以便快速回到接下一个球的位置。

2. 反手截击

（1）握拍。初学者用东方式反手握拍法，随着水平的提高，可用大陆式握拍法。

（2）引拍准备动作。肩部稍做转动，球拍与肩平行并对准来球的路线；向后引拍要稳，紧握球拍，后引拍动作不可过于靠后。

（3）击球与随挥动作。向前挥拍前，右脚朝击球方向跨步，保持手腕稳定，并在身体前方击球；球拍面稍开放，但击高球除外；随挥动作应稳定、短促，以便快速回到下一个准备动作。

（五）发球

在网球比赛中，发球是比赛的开始，也是得分和占据主动的重要手段，因此，现代网球技术对发球越来越重视。发好球的技术要素是动作连贯、动作简单、良好的平衡和准确的抛球、合理正确的握拍。

1. 握拍

初学者可用东方式正手握拍法。有些基础的初学者可采用大陆式握拍法，即半东方式正手握拍和半东方式反手握拍法。

2. 准备动作和站位

双脚与肩同宽，在端线后侧站立。右脚与底线基本平行，左脚正对右网柱。手腕和手臂放松，握拍于体前。左手在拍颈处托住拍，两脚尖的切线对着目标。

3. 向后引拍和抛球

两手臂同时向下和向上运动，球从伸展的左手中向上垂直抛，握拍手掌在向后引拍时朝下，身体重心平稳地向前脚移动。抛球的高度应能满足击球手臂的充分伸展，并在击球时感到舒适。

4. 击球和击球点

抛球后身体开始向前上方转动，球拍在身后向后下方摆动，并最后加速向前上方挥动击球，尽力伸展身体，在最高点击球。击球点应在身体右前上方，大致位于右臂充分伸直的位置。击球时，手臂和球拍充分伸展，身体重心向前转动，右脚跟向上提，鞋跟正对后挡网，理想的状态是从球拍的顶部到左脚跟与身体成一条线。

5. 随挥动作

球拍成弧形下摆，并在身体左侧结束挥动，身体重心完全落在前脚上，脚跟上提。

（六）高压球

运动员用头顶高压球来回击落地前或落地的挑高球。高压球与发球动作相似，但后摆准备动作较小。学习高压球技术，要把握以下技术要点：①侧身；②球拍及时上举；③用小步移动来调整位置；④目视来球直到完成动作；⑤击打时用发球握拍法（初学者用东方式正手握拍法）；⑥击球时身体向上伸展；⑦打完高压球后，要立即还原到准备动作。

（七）挑高球

挑高球通常被用在防守中，底线队员将球挑过在网前的对手。虽然同一般的底线击球方法近似，但挑高球时拍面略开放，后摆准备动作较小，向前挥击时，向上用力较多，向前用力较少。

1. 握拍

挑高球的握拍方法与击打底线球的握拍方法相同。

2. 击球

尽早移动到位，后摆准备动作要小；打开拍面，将拍向前上方挥击。当水平提高后，可练习进攻或挑高球，挑高球的弧度要小，上旋的力度应加大。

（八）其他技术

1. 放小球

放小球的目的是把球击到对方球场的近网处。使用放小球技术时，应遵循以下原则：①尽量调动对手；②把对手引到网前；③当对手站位不佳或向前移动比较慢时，用放小球取胜。

2. 随球上网

随球上网是在中场采用的一种进攻性击球法，可使击球者击球后快速上网。随球上网是连接底线击球和截击球的桥梁。在一般的底线对打中，球员用此击球方法来寻找对方的空当（如击深球和击大角度球，以便使对方回击浅球）。一旦出现空当，球员应设法打死对方或击球后随球上网。

随球上网的最初目的不是一拍打死对方，而是通过随球上网的击球，获得截击和高压球的有利位置，然后趁势得分。可以用一般击打底线球的方法完成随球上网动作（如侧旋、上旋、平击和下旋）。

3. 破网（穿越球）

打穿越球应做到以下几点。

（1）早准备。可使击球动作和意图更加隐蔽。

（2）准确性。过网要低，并靠近边线。

（3）上旋。使球过网后快速向下。

（4）角度。角度刁钻古怪，使对手难以封堵。

4. 反弹球

在球刚弹起时立即击球的方法称为反弹球。这种击球方法常被随球上网者在球落在脚下时使用。反弹球应向上击出，通常是一种防守型的击球方式。

第三节　网球运动的竞赛规则简介

一、场地、器材

（一）网球场地

网球场地为平整的长方形地面，双打场地长23.77米、宽10.98米，球网（网的中央高度为91.4厘米，两端高度为107厘米）把全场隔成相等的两个半场，接近球网两边的4块相等的区域是发球区。全场除端线可宽至10厘米，其他各线的宽度均不得超过5厘米，也不得少于2.5厘米。全场各区域的丈量，除中线外都从各线的外沿计算。网球场地分草地、土地、硬地和塑胶场地等类型。

（二）网球拍

网球拍一般由木质、铝合金、碳素等材质制成，各种材质的网球拍各有优缺点。目前，网球爱好者选择铝合金和碳素网球拍的居多。球拍分轻型、中型、重型，表示球拍的重量类型。

二、发球

（一）发球前的规定

发球员在发球前应先站在端线后、中点和边线的假定延长线之间的区域里，用手将球向空中任何方向抛起，在球接触地面以前，用球拍击球。

（二）发球时的规定

发球员在整个发球动作中，不得通过行走或跑动改变原来的站位，两脚只准站在规定位置，不得触及其他区域。

（三）发球员的位置

（1）每局开始，先从右区端线后发球，得或失1分后，再换到左区发球。

（2）发出的球应从网上越过，落到对角的对方发球区内或其周围的线上。

（四）发球失误

发球失误包括：未击中球；发出的球，在落地前触及固定物（球网、中心带和网边白布除外）；违反发球站位规定。发球员第一次发球失误后，应在原发球位置上进行第二次发球。

（五）发球无效

发球触网后，仍然落到对方发球区内，接球员未做好接球准备，均应重发球。

（六）交换发球

第一局比赛终了，接球员成为发球员。以后每局终了，均依次互相交换，直至比赛结束。

三、比赛通则

（一）交换场地

双方应在每盘的第一、三、五等单数局结束后以及每盘结束双方局数之和为单数时，交换场地。

（二）失分

发生下列任何一种情况，均判失分。

（1）在球第二次着地前，未能还击过网。

（2）还击的球触及对方场区界线以外的地面、固定物或其他物件。

（3）还击空中球失败。

（4）故意用球拍触球超过一次。

（5）队员的身体、球拍在发球期间触及球网。

（6）过网击球。

（7）抛拍击球。

（三）压线球

落在线上的球都算界内球。

四、双打

（一）双打发球次序

每盘第一局开始时，由发球方决定由何人首先发球，对方则同样在第二局开始时，决定由何人首先发球。第三局由第一局发球方的另一球员发球。第四局由第二局发球方的另一球员发球。以下各局均按此秩序发球。

（二）双打接球次序

先接球的一方，应在第一局开始时，决定何人先接发球，并在这盘单数局，继续先接发。双方同样应在第二局开始时，决定何人接发球，并在这盘双数局继续先接发球。他们的同伴应在每局中轮流接发球。

（三）双打还击

接发球后，双方应轮流由其中任何一名队员还击。如一名队员在其同队队员击球后，再以球触球，则判对方得分。

五、计分方法

（一）一局

（1）每胜1球得1分，先胜4分者胜一局。

（2）双方各得3分时为“平分”。平分后，净胜2分为胜一局。

0分—呼报（love）；

1分—呼报15（fifteen）；

2分—呼报30（thirty）；

3分—呼报40（forty）。

如果比分为1∶1，呼报为15平（fifteen all）；如果比分为3∶3，呼报为40平（deuce）。

（二）一盘

（1）一方先胜六局为胜一盘。

（2）双方各胜五局时，一方净胜两局为胜一盘。

（三）决胜局计分制

在每盘的局数为6平时，有以下两种计分制。

（1）长盘制。一方净胜两局为胜一盘。

（2）短盘制（抢七）。决胜盘除外，除非赛前另有规定，一般应按以下办法执行。

先得7分者为该局及该盘获胜方（若分数为6平时，一方须净胜2分）。

首先发球员发第一分球，对方发第二、三分球，然后轮流发两分球，直到比赛结束。

第一分球在右区发，第二分球在左区发，第三分球在右区发。

每6分球和决胜局结束都要交换场地。

（四）短盘制的计分

（1）第1个球（0∶0），发球员A发1分球，1分球之后换发球。

（2）第2、3个球（报1∶0或0∶1，不报15∶0或0∶15），由B发球，B连发两球后换发球，先从左区发球。

（3）第4、5个球（报3∶0或1∶2，2∶1，不报40∶0或15∶30，30∶15），由A发球，A连发两球后换发球，先从左区发球。

（4）第6、7个球（报3∶3或2∶4，4∶2或1∶5，5∶1或6∶0，0∶6），由B发1分球之后交换场地，若比赛未结束，B继续发第7个球。

（5）比分为5∶5，6∶6，7∶7，8∶8时，需连胜2分才能决定谁为胜方，但在记分表上则统一写为7∶6。

（6）决胜局打完之后，双方队员交换场地。

第十二章　高尔夫球运动

本章导读

- ◆ 了解高尔夫球运动的特点和文化价值
- ◆ 了解高尔夫球运动的礼仪
- ◆ 掌握高尔夫球的基本技术及练习方法

第一节　高尔夫球运动概述

高尔夫球是一项集享受自然、体育锻炼和快乐游戏于一身，拥有特殊魅力的运动。在阳光灿烂、风和日丽的日子里，球员们踏在翠绿的、地毯般柔软的草地上，一边享受湖山美景，一边打着高尔夫球，扑面而来的是大地散发出的泥土芬芳，耳边萦绕的是树林里传来的小鸟的歌声，心情愉悦之余，身体也得到了全面的锻炼。

高尔夫球运动是一项侧重自我挑战的运动，球员一般会专注于打自己的球，对手的失误不能让其得分，他甚至不知道其他球员当时的成绩，所以高尔夫球运动中同组球员之间与其说是对手，不如说是同伴。高尔夫球运动的裁判不会跟着球员满场跑动，只有在需要裁判的时候他才会出现，对现场的规则适用问题做出裁决，这就要求高尔夫球员拥有诚信和自律的品质。这项运动对于不守规矩者制定了非常严格的处罚条款。高尔夫球运动在数百年的演化中，逐步形成了以下独特的特点。

一、高尔夫球运动的特点

（一）高尔夫球运动体现了人与自然的和谐性

体育运动项目中，有许多项目和高尔夫球运动一样，也是在大自然中进行的，如登山、攀岩、马拉松、越野自行车、冲浪等。但是，这些项目有一个共同的特点，就是运动员通过各种不同方式的运动挑战大自然、挑战生命极限。而高尔夫球运动员是以特殊的运动方式，在自然形态与人工设计浑然一体的运动环境中，体验人与自然和谐共处，表现运竞技能力与技术水平。因此，高尔夫球运动是人与自然完美结合的体育运动之一，具有人与自然的和谐性。

（二）高尔夫球运动体现了竞技运动与休闲娱乐的双重性

随着现代社会经济的快速发展，人们迎来了休闲经济大发展的时代。休闲体育是休闲活动的一种方式，而高尔夫球运动被很多人视为休闲体育运动的首选。在高尔夫球运动漫长的历史发展进程中，职业高尔夫球运动作为世界范围内竞技运动的重要组成部分，具有广泛的社会影响力，职业高尔夫球运动员高超的竞技水平、精湛的球技吸引众多高尔夫球运动爱好者积极参与其中。因此，高尔夫球运动不仅是现代竞技运动的组成部分，也是休闲体育的重要形式，具有竞技运动与休闲娱乐的双重性特点。

（三）高尔夫球运动具有很强的可参与性

体育比赛大多是紧张的、激烈的，甚至出现残酷的比赛场面和比赛结果。但是，高尔夫球运动的表现形式是休闲的、平缓的。球员漫步于宽广的草坪上，在阳光的照射下呼吸着清新的空气，丝毫感受不到比赛的紧张气氛。所以，从运动的基本方式到运动过程中的运动强度来看，高尔夫球运动不受球员年龄、性别、身体素质、运动能力等主观条件的约束。从孩童到古稀老人，都可以根据自己的兴趣和条件，漫步于大自然中，既可结伴对抗，又可单人休闲；既能男女配对参加比赛，又能老少同组竞技，不论以什么方式，人们都可以尽情挥杆，享受快乐。因此，人们常说，高尔夫球运动是常青的运动，从运动方式和运动强度来讲，具有很强的可参与性。

（四）高尔夫球运动具有很强的健身性

在大多数体育运动中，运动员在特定的场地范围内，通过不同的运动方式来展现运动技能，以达到相互交流、提高运动水平、增强机体运动能力、促进身体健康的目的。相比之下，高尔夫球运动的健身价值尤为突出。由于高尔夫球运动的环境与运动方式对人的身心健康具有积极的锻炼价值，长期从事高尔夫球运动对人体的神经系统、心肺功能、心理健康以及运动器官的协调性与柔韧性具有改善与提高的功能。所以，高尔夫球运动具有很强的健身性。

（五）高尔夫球运动具有礼貌与礼仪的自律性

高尔夫球运动是一项尊重传统、恪守礼仪、讲究诚信与自律的运动。《高尔夫球规则》中的第一章，就对高尔夫球运动的礼仪做出了规定。将礼仪纳入运动规则，高尔夫球开创了世界体育运动史的先河。高尔夫球运动所推荐的礼仪规范，不仅有着深层的文化内涵和广泛的社会意义，也是高尔夫球运动精神所追求的核心价值，即尊重他人、保护环境、诚信自律、恪守礼仪。

比如，规则中所提到的“为其他球员着想”和“球场优先权”以及“对球场的保护”等，都体现出运动精神的实质。球员打球时的着装以及球场上的交往，都应恪守礼仪规范，因此，人们也称高尔夫球运动为“绅士运动”。在其规则的影响和人们诚信意识的约束下，球员对成绩的确认和评判应体现良好的自律品质，这是高尔夫球运动精神实质的又一重要体现。这些特点充分体现了高尔夫球运动丰富的文化内涵和文明、高雅、健康的运动特征。

（六）高尔夫球运动具有很强的经济发展包容性

随着现代社会经济文化一体化的发展，经济发展对文化的影响，文化发展对经济的渗透，使得现代社会发展进程中，以经济为主体或以文化为表现形式的各种社会实践出现内涵不断膨胀、外延不断扩大的现象。高尔夫球运动这种充满西方传统文化内涵的体育运动，在现代科学技术和经济文化一体化发展的强烈冲击下，其社会属性和功能得到了扩容和升华。高尔夫球运动伴随着经济的发展、社会产业结构的调整，在现代经济发展的时空中得到了有效的发展，并迅速成为现代市场经济背景下一种具有高附加值的产业形式。所以，高尔夫球运动在现代社会发展进程中，具有很强的经济发展包容性。

二、高尔夫球运动的文化价值

高尔夫球文化以高尔夫球运动为基础，礼仪及规则构成高尔夫球运动的文化核心。简而言之，诚信、自律、为他人着想、自我挑战是高尔夫球运动的文化特征，同时也是高尔夫球运动的精神所在。

（一）讲究诚信、自我约束

高尔夫球运动在没有裁判监督的环境下进行，参与者须恪守规则。高尔夫球运动可以让球员学到许多做人的道理。在球场上，在没有观众、没有裁判的时候，能够诚实地处理每一杆球，在思想和行为上自律，才是一名合格的高尔夫球员。

（二）注重礼仪、培养风度

高尔夫球运动是一项讲究礼仪和规矩的运动，例如在他人击球时保持安静、穿戴得当、相互礼让、恪守球场规矩等。球员从触摸高尔夫球开始，就在耳濡目染地学习这些礼仪和标准。从小接触高尔夫球运动、注重高尔夫球运动礼仪，有助于培养球员的绅士风度，培育崇高的品德，让他们受人尊敬和喜爱。

（三）修身养性、挑战自我

在高尔夫球场上，球员永远面临着挑战，有时候需要挑战自我，有时候需要挑战球场。每一次击球，甚至选择球杆，都是一场挑战，每一次胜利对球员来说都是一种超越。球员面对好球时，不可高兴太早；面对失误时，也不可懊恼失态。球场犹如人生，有成、有败、有喜、有憾，身处其中，可慢慢品味。球员在长期打球的过程中可培养良好心态，既有利于取得好成绩，又能修身养性、磨炼意志。

（四）举止稳重、气质高雅

作为一项绅士运动，高尔夫球运动崇尚的是崇高道德和高雅气质。球员在任何时候都应该表现出礼貌谦让的运动精神，随时为他人考虑，而这样的环境有利于球员修正举止、塑造气质。

（五）独立性和判断力

有人将高尔夫球比赛比作人生，艰难重重，有时欢喜，有时烦恼，需要球员独立面对各种困难，正确地判别，细致地考虑，找到解决方案，承担全部结果。球员虽然是在打球，但更像在接受生活的磨炼。长期打高尔夫球的人有着逾越年龄的老练与成熟，独立性和判断力都比较强。

高尔夫精神赋予高尔夫球运动以灵魂，它以特有的语言规范着球场的秩序。高尔夫球运动的规则体现了高尔夫球运动所蕴含的价值观、道德规范和行为准则，潜移默化地影响和约束着球员的行为。正是这样的高尔夫球运动，磨炼了人的性格，陶冶了人的情操，也正是这样的高尔夫精神，创造了人们喜爱的平等和更具兼容性的公平环境，让更多人充满热情地参与高尔夫球运动。

三、高尔夫球运动的礼仪

（一）着装礼仪

高尔夫球运动是一项非常注重礼仪的运动，优雅得体的着装是高尔夫文化的一部分，也体现了对他人和自己的尊重。

1. 男士着装要求

上衣要有领有袖；可穿休闲裤或短裤，裤长不短于大腿中部；可穿运动鞋或高尔夫球鞋；如果佩戴帽子，帽檐必须朝前戴正。

2. 女士着装要求

上衣要有领有袖或有领无袖；可穿长裤或裙子，裙长不短于大腿中部；可穿运动鞋或高尔夫球鞋；如果佩戴帽子，帽檐必须朝前戴正。

（二）球场礼仪

高尔夫球运动作为一项优雅的运动，球场礼仪亦是其亮点之一。参与这项运动时，应当文明守礼，自觉形成良好的球场风范。

1. 不可迟到

在比赛规则中，对迟到的处理办法是取消比赛资格，也就是被视作弃权。规则规定迟到5分钟之内不会被取消资格，但要处罚，比杆赛时罚2杆，比洞赛时则判开始那个洞输。

2. 打球速度

球员应保持较快的打球速度，如果一组球员比前面一组落后一洞及以上，而延误了后组，无论后组有几名球员，这组球员都应让后组先行通过。选手如果确定球有可能遗失或在界外，为了节约时间，应使用暂定球。如果需要补球，也要等到全组发球完毕再进行。打球过程中，要“慢打快走”。

3. 修复球道、果岭草痕

在击球之后，要把掀起的草皮重新放好。要在自己打完球后修复打痕，否则会被视为改变击球环境、对其他人不公平而被罚杆。球落到果岭上会留下球痕，选手上果岭后应主动寻找球痕并进行修复。

4. 复原沙坑

在沙坑中击球之后要把沙坑重新耙平。

5. 开球车注意事项

球车或手拉车应远离果岭。别人正在打球时，球车应当停车等待。

6. 借用球杆

如果球杆在正常打球过程中损坏，球员可以向同伴借用，但是需满足以下条件：不得借用正在该球场打球的任何人员的球杆（将球杆借给你会影响其他人使用）；借过来球杆后要一直用到该轮比赛结束，中途不可以归还。

7. 在最长击球范围内不得击球

只要前组的球员还处在待打球员最长击球范围内，待打球员就不得击球。

8. 保持安静

不要以与对方讲话或者过于靠近对方的方式干扰其他球员击球。

9. 丢失球

如果本组球员还在找寻丢失的球，就要让后面的组员先行通过。

10. 球场上的先行权

球场上的先行权由一组球员的打球速度决定，组委会另有规定时除外。打完全部一轮的组有超越未完成全部一轮的组的权利。

11. 球洞区维护

旗杆是下一组球员确认果岭的标志，也是指示球洞位置的标志。因此，球员离开果岭时，要将旗杆小心地插回球洞中。另外，球员在将旗杆或将球从球洞中取出时不可损坏球洞，更不可用球杆的杆头取球，要用手轻轻拿出，轻轻放置旗杆，同时不要踩到其他球员的推击线及回推线。

12. 开球与结束礼仪

在开球时，球员互相握手示好，自我介绍，并祝对方好运；在比赛结束后，球员脱帽握手道贺。

13. 观赛礼仪

高尔夫球运动是一项绅士运动，在观赛时，观赛者应当保持安静，尊重选手、尊重环境、尊重他人，避免影响其他球员的发挥；在入场前将电子设备调至关机或静音模式，保持肃静，在有人打球时不要接听电话；遵守球场规定，在观赛区内活动，勿越过圈绳进入比赛场地；当球员登台进行介绍时，应当给予热烈掌声，表示支持和鼓励；当球员做出击球准备时，应当保持肃静；当球员击出好球时，应给予热烈掌声；当球员出现失误时，请勿大声评论或抱怨；在近距离观赛时，不能大声喧哗、急行猛跑或发出噪音，特别是当“请肃静”的牌子举起时，应严格遵守赛场纪律。

在拍照时关掉快门声音和闪光灯，在取景时最好用远距离的长镜头，以免影响球员打球。尽量选择球员在行走或移动时拍照，或在第18洞由果岭前往计分处的通道上，其他时间请勿拍照。

可以固定在一定的位置观看比赛，比如1号或者10号洞的开球区，或者9号或18号洞的球洞区，也可以选定某一洞的某一位置定点观看，还可以随着某个运动员或者某一组选手跟随观看。跟随观赛时应走指定路线，比赛时不能进入选手比赛的球道，不能进入围绳以内，应站在打球者视线外，不走动、不说话，确保其不受干扰。

观赛时要爱护场地，不要踩踏草皮，不要移动各种木桩和围绳，不要靠近水障碍区和进入沙坑。不要捡拾和触碰选手的球。注意球场卫生，不要乱丢垃圾。

在球员完成18洞比赛之前，禁止向球员索要签名或者要求合影留念。

第二节　高尔夫球基本技术及练习方法

一、击球准备姿势

高尔夫球运动强调的是稳定性和准确性，正确而扎实的基本技术是必不可少的。

（一）握杆

挥杆、击球都是由我们的身体来引导球杆完成的、而我们与球杆直接接触的部位就是我们的手掌。不正确的握杆会导致各种各样的问题，而正确的握杆能弥补身体姿势上的不足，充分发挥挥杆的作用，乃至提高整场高尔夫比赛的成绩。所以掌握正确的握杆方法、选择适合自己的握杆方式、控制适当的握杆力度是非常重要的。这决定了我们能否将身体产生的力量以正确的方式有效地传递到球杆上，并形成方正击球。

1. 握杆的方式

我们每个人都是一个完整的独立个体，存在个体的差异性。男人和女人不一样，中老年人和青壮年人不一样，成年人和未成年人也不一样。所以我们在完成某个技术动作，尤其是技术占主导地位的动作时，一定要结合每个人的特殊性来形成适合自己的动作风格，但这一切必须建立在不违反运动规律和技术原理的前提下。

（1）重叠式握杆。重叠式握杆法是比较常见也是很多选手喜欢的握杆方式，即将右手的小拇指搭放在左手中指与食指间的正上方。右手以及右臂力量比较大的选手挥杆时会无意识地增加右手及右臂的力量和挥杆的动作幅度，使左右两边未能达到平衡，从而影响球的飞行轨迹。重叠式握杆可以减弱这种影响，使左右两边尽可能地达到平衡。这种握杆方式一般适合于手臂力量较大的选手。

（2）互锁式握杆。互锁式握杆是指右手小指与左手食指相互交扣、降低右手握杆位置的握杆方法。这种握杆方式给人一种整体的感觉，要注意左手食指与右手食指不要相互扣得太深，否则很容易使双手的角度发生变化，不能自如地控制球杆。正确的方式应该是双指轻轻地扣在一起，切勿太紧。互锁式握杆一般适合于手指比较短的选手，比如女士、小孩或身体比较弱的男士。

（3）棒球式握杆。棒球式握杆也称为自由式握杆，是指双手手指分开，十指自然地握在握把上，类似于棒球的握杆方法。这种握杆方式比较适合女士、小孩等力量较小的选手。

2. 握杆的方法

1）握杆的要领

握杆的要领是将左手正确地放置在高尔夫球杆上。正确地放置左手能让球手顺利地做出类似铰链的动作。右手则只需要轻轻滑到左手处，配合左手一起用力。

大部分球手使用的是重叠式握杆法。在这种方式中，右手小指要放在左手食指的指关节后面。下面我们就以此为例来学习高尔夫球运动的握杆方法。

第一步，用右手握住球杆，使球杆杆头朝上、握把朝下，垂直于地面，距离身体一臂长。然后将球杆的握把放在左手食指的第一指节，并横向穿过手掌至左手小指的指根部位。第二步，用左手除大拇指外的其他四指环扣球杆，这时右手应该握在杆身上，超出握把末端部分大约半英寸。第三步，将左手大拇指朝上压住握把，渐渐地用整个手掌握住球杆，球杆的末端应压在手掌根小鱼际处。这时左手手腕应该是完全竖直的，并且掌心应该空出来。第四步，打开右手手掌，顺着杆身向下滑动，直至右手小指放在左手食指的指关节后面。第五步，把右手掌上的生命线紧紧地贴在左手大拇指上，右手除大拇指外其余四指轻轻握住握把。用右手包住左手，右手大拇指和食指呈扣扳机状轻轻捏住球杆。

2）握杆的三个用力点

（1）左手的三根手指——中指、无名指和小拇指，用这三根手指及小鱼际握住球杆。

（2）右手包住左手大拇指的部分，用右手大拇指下方的大鱼际压住左手大拇指。

（3）右手食指的根部，用此部位扣住球杆。

3）握杆的力度

初学者的握杆力度普遍偏大，握杆较紧，这会导致挥杆的节奏不是很好，对距离和方向的控制也存在问题。下面我们来看看如何控制合适的握杆力度。

首先，双手将球杆垂直握好，摆于身前，然后让球杆从手中慢慢向下滑——此时的握杆力度太轻，需要稍微加大一点力度，不让球杆继续向下滑。保持刚才的握杆力度不变，再次将球杆握好举起，只要让球杆与地面平行即可——握杆力度会随之增加，这就是定位时需要的握杆力度。大部分握杆力量最好来自左手的后三根手指，尤其是小拇指。在挥杆的过程中，握杆力度会不自觉地增大，有意识地维持稳定的握杆力度是一个不错的方法。

4）杆头的校正

即使掌握了正确的握杆方法，但如果杆头指向不正确，同样不能实现方正击球，这时需要校正杆头。

在握好杆后将双手沿身体的中心线放低至腰际，这时要保持双手手腕上翘，使球杆与地面平行，握把的末端指向皮带扣。此时就可以检查杆头指向了。如果杆头趾部偏向左侧，那么杆面相对于目标线就会呈关闭状，容易造成击球偏左。如果杆头趾部偏向右侧，那么杆面相对于目标线就会呈开放状，容易造成击球偏右。正确的杆头指向应该是垂直指向天空，这样杆面就会垂直于目标线，更容易形成方正击球。在校正杆头时不要通过转动我们的手腕或手臂来使杆头趾部达到垂直状态，应该通过转动球杆来达到校正杆头的目的。

打高尔夫球时的握杆方法对挥杆节奏、杆头速度、球杆的控制乃至挥杆的整个过程都会产生很大的影响，所以在掌握其他挥杆动作之前一定要保证自己的握杆方法是正确的。

（二）站姿

掌握正确的握杆方式和方法后还需保证良好站姿，这样才能获得挥杆时所需要的平衡和支撑，为流畅地释放每一部分力量奠定基础。

1. 身体的姿态

（1）双脚脚跟内侧宽度应与双肩同宽，左脚略微打开，右脚脚尖应与目标线垂直，双膝放松微屈。站立时，右脚内侧应该有种受力的感觉，双膝应微向里靠近，双脚分开的宽度应随球杆杆号的增加而变窄。

（2）保持背部挺直，身体以髋关节为轴自然前倾，一般向前倾斜30°左右。

（3）双手放松，自然垂放于身前。双膝自然微屈，重心均匀分布在双脚之间。

（4）头部与身体成一条直线，双眼正视击球点，保持与胸口间的距离，以便双肩有转动的空间。

（5）站好后，右肩略微低于左肩，右肩不能向前挺起超过左肩的位置。

2. 站姿的种类

（1）平行站姿。平行站姿是指双脚连线与目标平行的站姿，便于打出直球。这是比较理想的站姿。初学者应该从平行站位练起。

（2）开放式站姿。开放式站姿是指相对于球的目标线右脚比左脚偏前的站位方式。采用开放式站姿，在上挥杆时左肩不容易向内扭转，而在完成顺势动作时身体容易打开，也容易形成由外向内的挥杆轨迹。初学者比较喜欢这种站姿，因为比较容易送杆。由于这种站资方向性比较好，适合在不追求距离而强调方向的中短距离击球时采用。

（3）关闭式站姿。关闭式站姿指右脚略微向后，瞄向目标右侧的站姿。采取关闭式站姿，挥杆路径为由内向外，因而加大了球的左旋，增加了击球距离。采用关闭式站姿的人比较多，但关闭式站姿具有会导致身体转动及送杆困难的缺点。

3. 球杆与身体的距离

球杆越短，与身体的距离就越近。要确定身体与球杆的距离是否合适，可在做好击球准备后，右手放开握把，握拳测量握把底端与大腿之间的空隙，最佳距离是一拳至一拳半。将杆头放置于地面上，杆底着地，这也是身体与球位的适当位置。要注意的是，握把顶端始终要指向左边大腿内侧位置。

球杆与身体的距离如果过短，挥杆动作就会不够舒展；而过长则会给人以手臂与身体分离的感觉，同时因转动产生的加速度在击球的瞬间也无法充分地传递到杆头。只有找准身体与球位的距离，才能做出理想的挥杆动作。

二、准备姿势的练习

（一）握杆练习

当双手和握把完全紧密地结合在一起的时候，在手指和手指之间应该看不到任何缝隙，甚至连光线都透不进去，同时手腕要十分灵活有力，这才是正确的握杆姿势，这样高尔夫球杆在你的手中才是牢固的。

从镜子中看握杆姿势，应该能看见握把末端的一小部分（大约2.5厘米），这是正确的左手握杆的姿势。如果左手手掌握住的高尔夫球杆部分过多或者握杆的位置太靠下，致使高尔夫球杆末端露出过多，则握杆姿势不正确。

当把高尔夫球杆握住并放在身体的前面时，应当能看到左手的2～3个关节，右手中指和食指的指甲，还有左手腕上的一部分护腕，这是正确的握杆姿势。如果看到的部分比上面所说的多或者少，那么就说明握杆过弱或者过强。

（二）站姿练习

在练习站姿时要形成正确的脊椎角度，必须从臀部开始往前倾，并尽可能地保持脊椎的平直（可以将一支球杆横在脊椎之上来检查）。平直的脊椎能够保证躯干整体前倾，而不是驼背。然后双臂从肩部自然下垂，身体前倾直到双手距离大腿15厘米，也就是一个拳头能够轻松地从中穿过，这就是正确的脊椎弯曲度。当我们从臀部开始弯的时候，别绷紧绷直双腿，而是要保持膝部微屈。为了使转肩能够做得更加充分，脊椎必须尽可能平直。另外，注意下巴要抬起来，不要刻意地低头，如果低头了，脊椎顶部会弯曲。

用球杆检查站姿：做好瞄球准备姿势，让同伴拿一支球杆从右肩往下垂，如果这条垂线通过膝盖并通过前脚掌，表明站姿角度正确，中心稳定，平衡良好。

（三）瞄球练习

在地上放三支球杆，将第一支杆放在球的外侧与目标线平行的地方，将第二支杆放在两脚前与目标线平行的地方，将第三支杆放在左脚内侧，与目标线、第一支球杆、第二支球杆垂直的地方。这样可以很容易地检查两脚尖、双膝盖和双肩的连线是否与第一支球杆平行，球位是否正确。

（四）转身与平衡练习

保持头部稳定练习：面对墙站立，做出正常的瞄球姿势，找一个坐垫用头顶在墙上；手不拿球杆做正常挥杆动作，以脊椎为轴心转动身体，反复练习，击球点的准确度与稳定性会大大提高；找个同伴，站在正前方，让同伴帮忙按住自己头部，正常挥杆击球，感觉头部稳定带来的好处。

转身练习：做出正确的瞄球姿势，双手握住一支球杆的两端，并把它架在颈部后方；上杆时由肩膀开始，带动腰部转动到顶点时肩膀转动90°，腰转动45°；下杆时重心先向左移到左脚，绕着左侧轴心由腰部带动回转。

重物练习：以正常的瞄球姿势，用双手托住一个物体，比如一个书包，想象把书包朝向目标扔出去；在你预备把重物向后拉的时候，重心要稍往右移，身体往回转动时身体重量向左侧过渡——只有先将重心移动到左脚，并使用身体大肌肉的力量，才能把重物抛向目标。整个过程中保持身体平衡是非常重要的。

双脚并拢练习：首先，培养良好的平衡感，促使双臂自由挥杆，防止挥杆时身体的侧向摆动；其次，这个练习可改善挥杆节奏，矫正某些球员挥杆过快的习惯。需注意，练习时不需要用全力，只求扎实击球，不用在意击球距离。

三、高尔夫球挥杆技术

一些专家认为，打高尔夫球时的挥杆动作是一种围绕纵轴的旋转运动，身体基本上没有向右或向左的横向移动及向前或向后的俯仰动作。设想这个纵轴从头部通过身体中心，以此轴为中心，用两臂、两手挥动球杆，肩部也要做必要的充分回旋，在假想的圆筒中转动肩部、腰和下肢，从后摆杆开始到最后完成动作都以这个轴为中心转动。

如前所述，挥杆的目的不单纯是击球，还要使球正确地飞行。球能否正确飞行，最终取决于球杆杆头的杆面冲击球时是否正对着球的飞行方向，而冲击球时球杆杆面的状态又受挥杆轨迹及挥杆轨迹中的每一个瞬间球杆杆面所处状态的制约。

所谓挥杆轨迹，是指挥杆过程中杆头通过的路线。这条轨迹应该是一个较为均匀的大圆弧。如果把球杆的杆身扫过的路线连接起来，就会形成一个倾斜的平面，这个平面称为挥杆面（swing plane）。挥杆轨迹的大小及挥杆面的倾斜度与所使用的球杆有关，使用长杆时轨迹的圆弧大，挥杆面的斜度也大，反之则小。保持挥杆轨迹和挥杆面的均匀性和正确性，是保证冲击球时杆面呈正确状态的先决条件之一。注意挥杆面应该是一个均匀的圆形，不要描成“8”字形。

在挥杆过程中，杆面的正确状态：在最初后摆杆时杆面正对目标；随着球杆被逐渐上挥，杆面逐渐打开，朝向身体正前方；至挥杆顶点时，朝向身体前上方，后倾大约45°；在下挥杆过程中又逐渐还原，冲击球时正对目标方向。

（一）起杆

起杆是指将杆头从击球准备状态开始向球的后上方摆动的动作，从杆头启动开始到进入屈腕动作（cock）为止。起杆也称为后摆杆，后摆杆是上挥杆的起始部分。

起杆时，左臂与球杆成为一个整体，不要屈腕屈肘，保持两臂与肩构成三角形；左肩、左臂和左手与球杆形成一体，以左肩依次带动臂、手、球杆，将球杆杆头慢慢向球的飞行方向的正后方引摆30厘米左右。在此过程中，一定要保持杆面始终正对球的飞行方向，也就是说，从杆头启动到杆头向球的后方摆动至右足尖前方，两臂与球杆仍然保持击球准备时的状态，杆头的底面几乎贴着地面水平地向后运动。后摆杆的关键是慢而直。所谓慢，就是指杆头的向后运动要缓慢，这样有利于整个上挥杆的节奏；所谓直，是指球杆的杆头要直线向后摆动，而且杆面保持正对球。在两手到达右膝的前上方之前，因为球杆和两臂、身体同步运动，所以球杆的握柄尾端要始终指向脐部，这也是检查后摆杆动作是否正确的简便方法之一。

（二）上挥杆

从整体挥杆动作来看，后摆杆和上挥杆之间并没有区间界限，也没有任何停顿，后摆杆是上挥杆的起始，上挥杆是后摆杆的延续，甚至可以说，后摆杆就是上挥杆的一部分。

继后摆杆之后，继续保持肩与两臂构成三角形，以杆头带动两臂及左肩向右转动，在两手到达右腰部高度时，左臂如同向右上方伸出一样继续上举；左腋夹住，右上臂基本保持固定，右腋夹住，肘部随左臂的上举徐徐弯曲；左肩继续在臂的带动下向右转动，同时带动左腰和左髋也向右扭转；在上体和髋的转动作用下，左腿向内旋扭，左膝内扣，大腿内侧肌肉被拉紧；右腿在扭转力的作用下保持内扣，保持两膝间的距离，以阻止右腿也被迫向右扭转的趋势，所以右腿如同弹簧般被充分扭转压紧。右足内侧承担大部分体重，其余部分体重由右足前掌内侧承担。

在上挥杆过程中，头颈部与脊柱保持一体，可以假定身体扭转运动的中心轴从头顶部穿过颈、背、腰，最后到达骶尾部。两眼注视球，头颈部固定，保持正直，不要有任何摇摆或扭转，左肩最终回旋至下颌的下方。

后摆杆以后，两臂仍然与球杆保持同步运动，左臂伸直，尽量保持较大的上挥杆幅度。左手手背在手臂的运动过程中，逐渐由朝向球的飞行方向转为朝向身体前方，球杆面也逐渐打开，在两手到达腰部时，左手手背基本正对前方，此时杆头继续领先。左臂带动左肩充分转动，左手拇指指腹支住球杆握柄，左手朝拇指方向屈曲，完成屈腕动作（cock）。保持手腕的正直，左手手背与左前臂位于同一平面上。右肩也有意识地参与上体回旋运动，以使身体转动得更加充分。肩部转动90° 左右，腰部转动45° 左右，两臂充分上举，两手到达右耳的位置，左踵稍提起，左膝在扭转作用下靠向右膝，左肩指向球的右侧，进入挥杆顶点。

在上挥杆过程中，左臂要一直保持击球准备时的状态，肘部不要屈曲，手腕要伸直。如果肘部屈曲，就会使挥杆的幅度变小，这样很可能导致左肩转动不足，使击球的冲击力减小；手腕若不伸直，会影响挥杆的轨迹，从而造成各种各样的失误球。屈肘屈腕是一般初学者最容易出现的错误，需要特别注意。

另外，保持身体左侧的主导作用也很重要。如果右臂和右手过于积极，就会造成球杆面过早打开、左肩转动不足并下沉、右腋张开、左腕弯曲等一系列错误，而这些都是导致球向左旋的原因，初学者一定要在刚开始学习时就注意这些问题。

因为挥杆动作很快，上挥杆和下挥杆两个动作之间没有明显的时间划分，它们的转换是在一瞬间完成的，我们把两者转换的瞬间视为挥杆顶点。

在上挥杆要完成时，左手的手腕要保持正直，朝拇指方向屈曲，拇指根部形成褶皱，拇指的指腹顶住球杆握柄，中指、无名指、小指紧握球杆，左手手背朝向前上方，手背背面与前臂面在同一平面上，手腕没有向掌侧或背侧旋转。左肘内侧稍朝上，右肘微向内扭，左右两腋均轻轻夹住。左肩内转90°，位于下颌处，指向球的右侧。腰部向右扭转，右膝保持稍向内扣，左膝向右膝靠近，左踵略提起，体重要由右足内侧支撑，到达挥杆顶点。

（三）下挥杆

下挥杆是因上挥杆而向右回旋的身体向左还原的动作。上挥杆的启动顺序为杆头、臂、肩、腰、膝，而下挥杆则恰好相反，即从下半身开始启动，带动腰、肩、臂、杆进入下挥运动。

以上挥杆时提起的左足跟着地动作为开端，左膝固定，左腿用力支撑，构成一堵能够耐受强力冲击的“墙壁”，使下肢被迫扭压产生的弹性动量向上体转移。腰部做向击球准备时的复原状态的扭转动作。左肩在下肢及腰部的力量作用下，自然地向左转动，带动在上挥杆时被拉伸的左臂作为杠杆向下拉引球杆，缩小在挥杆顶点时被迫向拇指侧弯曲的左手腕角度，杆头仍然留在上面，但身体运动的力量被迫积聚，等待冲击球瞬间的爆发。身体重量逐渐向左侧移动，两手拉球杆至腰部的高度，腰部如同墙壁顶住身体动作的重量，保持身体的稳定。在下挥杆过程中，要注意保持身体的左半身领先，首先由左下肢启动，并固定支撑，然后右半身在左半身的引导下自然而然地转动，一定不要在开始下挥杆时就过于主动地使用右臂。

在下挥杆的过程中，身体重量要逐渐全部移动到左脚内侧，这样有利于左侧的固定支撑，防止力量的流失。

向下立腕其实就是为了在双手通过触球区时还能够保持立腕的姿势，这样能为下一步的击球积蓄更多的动能，对球产生更大的冲击力。

（四）击球

击球的动作实际上可以说是下挥杆动作的一部分。在两肩转动到与球的飞行线基本平行的瞬间，左手拉引球杆至腰部的高度，此时下挥杆积蓄的力量集中于手腕向拇指的屈曲上，在这股强大的凝聚力及下挥杆的惯性力的作用下，两臂继续做还原运动，杆头也以极快的速度下落。两臂位置达到击球准备时的姿势时，球杆的杆头以最快的速度、最大的冲击力到达挥杆轨迹的最低点——球的位置，飞快地从球的位置正直扫过，将球击出。在下挥杆过程中逐渐朝向前方的左手手背在冲击球的瞬间朝向目标方向，然后在下一瞬间随着两肩的转动向左后方向转换；而右手背由击球时朝向目标反向转为朝向目标右前上方。身体重量集中于左腿，头部保持固定不动，眼睛注视球的位置。

在击球时要注意以下几个方面。

击球动作是上挥杆、下挥杆动作的最终目的，因此击球效果的好坏是由击球以前的一系列动作决定的。形象地讲，整个挥杆动作实际上是一个由全身完成的鞭打动作。在挥鞭时，将身体的力量由手臂通过鞭杆最终把动量传递给鞭梢。在击球过程中也是如此，全身的动作从下肢、腰、肩到臂循序进行，动量越聚越大，最终传递给杆头。杆头在击球瞬间的运动速度最快，冲量最大。而全身任何一个环节在任何一个时间段出现错误都会在击球效果上体现出来。所以，在出现失误球时，不要总是单纯考虑击球瞬间的问题，这样只能使人更加困惑，而应追根溯源，寻找根本原因所在，只有这样才能很快长进。

击球时不要考虑击打一个点。一般初学者在做空打的挥杆动作时，可能做得轻松漂亮，潇洒自如，但是在击打球时却往往将意识强烈地集中于打静止的球——对某一点的冲击。这种强烈的意识会使打球者竭尽全力地挥杆打球，其结果十有八九糟糕透顶。所以有经验的人常常以空挥动作和打球动作的差异来衡量一个人的技术水平，高水平的人挥杆击球的动作基本接近空打挥杆动作，而技术差的人却大相径庭。因此在打球时应尽量淡化击球意识，不把冲击动作视为击打一个点，而是认为在击打一条线或一个狭长的区域，击球只是在杆头快速运动过程中发生的。在击球前，使杆头面向目标方向低而长地做正确的直线运动；击球后再将杆头向目标方向直送出10～15厘米，这样才能打出好球。

（五）送杆

击球动作结束后，体重完全由左腿支撑，左腿内侧紧张，固定左膝使之不向左游移。右踵提起，右膝向左膝靠拢，在右腿的推动下，腰部继续向左转动。身体仍绕轴心转动，右臂逐渐取代左臂占据主导地位，在杆头的带动下，右臂伸直，牵引右肩向下颌下方运动。左手握紧球杆，左腋夹住，左上臂前面向上方转动，保持两臂与肩形成的三角形，左手手背朝向左后方，杆头向目标方向大幅度挥出。两手到达腰部位置，头部保持击球时（即瞄球时）的状态，两眼仍然注视击球前球的位置。

要把顺势动作看作击球的延续，不能认为已经击完球，后面的动作就无关紧要了。事实上，在打球时不用看球的飞行方向，只要看球员击球后的顺势动作就可以判断击球的好坏。可以说。正确的上挥杆、下挥杆再加上正确的顺势动作就能保证正确的击球动作。不管上挥杆、下挥杆乃至击球动作如何正确，只要顺势动作出现差错就前功尽弃。进入送杆动作后，首先要注意保持挥杆过程中身体转动轴的固定，身体重量集中于左脚内侧，这样左膝就自然而然地固定住了。若体重集中到左脚外侧，必然导致左膝向左游移，身体重心不稳，致使结束动作不能正确完成。另外，进入顺势动作以后，右臂伸直，在向目标方向低而长地送出的杆头的牵引作用下带动右肩向左转动。要特别注意的是，此时头部仍然要保持击球准备时的状态，固定不动，两眼注视击球前球所在的位置。

（六）收杆

收杆代表整个高尔夫球挥杆动作的结束。此时身体重量将有90%过渡到支撑脚上，另一只脚将会因为身体的转动和重心的转移呈脚尖踮地、脚背正面朝向目标方向的状态。同时双膝靠拢处于同一水平面上，髋关节和身体也应正对目标方向，双手握球杆从肩上背于身体后方。收杆动作中最重要的一点就是保持平衡。

四、挥杆技术的练习

（一）挥杆动力练习

把挥杆动力练习器带小圈的一端踩在左脚足弓下，双手握住挥杆动力练习器上面的握柄。选择一支5号铁杆，按预备站位站好；胯部前倾，双膝屈曲，保持平衡，抬起下颌。从胯部开始启动转身。在腰和后背转动时，重力转移到身体右侧，同时右腿顶住上身。当重力转移到身体右侧时用右腿抵住上身阻力。右胯下压，提高地面的阻力（地面的支撑阻力）。右膝盖保持弹性屈膝角度，保持住后背脊柱的前倾角度。双手挥到腰部时，停住不动，动作保持5秒。重复动作12～15次。

挥杆动力练习可以增强打高尔夫球时的用力肌肉群，特别是身体核心部位，形成上挥杆过程中动作的正确顺序，形成上挥杆过程中身体重心的正确转移，增强把地面作为支撑杠杆的感觉，从而增加挥杆力度，提升上挥杆过程中的身体平衡性。

（二）右腿顶杆练习法

选择一支8号或9号铁杆。倒置球杆，杆头朝上，杆头趾部朝向身体内侧；右手握住杆头；球杆握柄抵住右脚掌，杆身抵住右膝盖的外侧，右胳膊肘抵住身体右侧；右臂完全放松，左手放在右胸上部、右肩下方。此时由腰部转身，重心转移到身体右侧，与右腿阻力相抵。转身到最大限度（双肩转过90°），停住不动，原地保持动作5秒钟。重复练习此动作12～15次。

这种练习方法可以提高上挥杆过程中腰和后背转动时右腿的阻力和稳定性，练习上挥杆过程中胯部的水平转动。

（三）右臂角度辅助练习

首先，调整右臂角度训练辅助器的“角度设定”，建议听取值得信任的职业教练给出的建议，正确戴上右臂角度训练辅助器。然后，选择一支7号铁杆，做好正确的站姿。然后挥杆到顶点，停住不动，回头看双手和右肩形成的宽度，再回过头来瞄准球，再挥杆击球，平衡送杆。重复此练习12～15次。最后，取下右臂角度训练辅助器，在不用右臂角度训练辅助器的情况下，保持正确的站姿。要记住双手和右肩之间的“宽度”，挥杆至顶点。达到这一“宽度”的秘诀是当腰和后背转动时，右手握住球杆用力往外“推”。挥杆至顶点时停住不动，回头检查是否达到了恰当的宽度。如果没达到，返回到预备姿势重新做；如果达到了，下挥杆击球完成，平衡收杆。

这种练习方法能帮助球员形成正确的挥杆半径，防止上挥杆过程中右臂过度弯曲，防止左臂弯曲（挥杆顶点常见问题），防止挥杆过度。

（四）Swingyde训练法

把Swingyde训练辅助器连到一支7号铁杆的握柄上，将Swingyde训练辅助器精准地固定在左手握柄合适的位置。这个位置因球手不同而异。保持正确的站姿，开始挥杆时速度要慢，这样便于对动作进行观察。当球杆挥至齐腰的位置，与地面平行时，左手腕逐渐上翻直至Swingyde接触到左前臂，完成上挥杆。返回到预备姿势，重复这个动作数次。逐次增快挥杆速度直至用正常的挥杆速度也能够稳定使用Swingyde。一旦掌握了技巧，增长了信心，练习时使用这个方法，直接挥杆击球。

Swingyde训练法能促使球手掌握左手腕的正确屈腕动作，在挥杆过程中形成方正的杆面，形成正确的挥杆平面，防止挥杆过度。

（五）触球包练习法

选择一支7号铁杆，站在触球包后方，此时触球包正好在站位的中间位置。保持正确的站姿，上挥杆至3／4幅度的位置。改变方向下挥杆，由膝盖启动并转向目标方向，身体重心由右侧转移到左侧。当重心转移到左侧时，释放左胯与肩膀之间的阻力。右臂和右肩主导挥杆，左臂往下拉球杆。当右肘向下挥到右胯前方时，左胯打开，开始松开右臂，同时保持右腕向后屈腕。当触球包阻挡杆头时，应停下来检查身体的动作和球杆触球瞬间的瞄准情况；身体重心放在身体左侧；双胯相对于目标线打开30°～40°；双肩方正（或轻微打开）；双手引导杆头，所以杆身向前倾斜；触球前倾斜角度减小，达到减小杆面角的效果。

球手一旦掌握了触球时身体位置和球杆的瞄准方法，接下来的成果将是一连串的——更大的力量和准确的球路。

（六）球包练习法

对于大多数高尔夫球手来说，过分挥杆可能导致各种问题，其中一个主要问题就是缺乏流畅性。

将球包放在身体和目标之间继续挥杆。将球包直立摆放，使其与左脚外侧平齐。多跨一步，以便左腿可以稍稍移向目标，在击球的时候与地面垂直。进行几次挥杆，保持球包平稳，当下杆以及挥杆结束的时候，球包应保持稳定而不倾斜或摇摆。

这个简单的方法能够防止挥杆时过多晃动，此时球包就是一个很直观的提示物。

（七）模仿练习法

用油漆刷给墙刷漆时手腕的动作和挥杆时的手腕动作有几分相似。

当用油漆刷给墙面刷漆的时候，手腕处于放松的状态，握把带动毛刷部分前后运动。握把带动杆头的原理同样适用于高尔夫球运动中的挥杆。尤其是在下挥杆过程中，杆头的滞后能够为挥杆积蓄足够的能量，让触球更加扎实有力。

练球的时候，心里多想想刷油漆的手腕动作，触球效果会有很大的改观。

第十三章　武术运动

本章导读

- ◆ 了解武术运动的基础理论知识
- ◆ 掌握二十四式简化太极拳的动作要领
- ◆ 掌握太极功夫扇二十六式的动作要领
- ◆ 掌握双节棍一段单练套路的动作要领

第一节　武术运动概述

武术是以技击动作为主要内容，以套路和格斗为运动形式，注重内外兼修的中国传统体育项目。武术在我国有着悠久的历史和广泛的群众基础，它集健身性、技击性和艺术性于一体，是中华民族在长期的社会生活实践中逐步积累和丰富起来的一项宝贵的文化遗产，深受人们喜爱。

一、武术的起源

武术的起源可以追溯到我国远古先民的生产活动。远古时期，人们为了生存不得不与野兽搏斗，在狩猎的过程中逐渐学会了徒手和使用木棒、石头等器具击打野兽的方法。通过无意的身体动作积累，人们逐渐形成了比较合理的攻击技能与防守技能。此外，武舞也是原始社会时期集宗教祭祀、教育、娱乐以及搏斗训练于一体的活动方式，人们通过武舞来模拟狩猎、战争场景中搏斗的动作，幻想产生一种超自然的力量来战胜对手。武舞既是操练搏杀技能的一种形式，也是宣扬武威的一种手段。

随着狩猎工具的不断创新和生产力的发展，人类迈入了私有制社会。为了部落或民族利益，抑或为了满足贪欲，频繁爆发战争。大量的生产工具转化为互相残杀的武器，在人与兽搏斗的过程中积累起来的技能也随之用于人与人之间的搏杀格斗。这一时期，人类在踢、打、摔、拿、劈、砍、击、刺等技术上积累了丰富的经验，同时具有创造锋利工具的能动性和使用工具的主动性。这种在战争中运用格斗技术的自觉性，标志着武术的初步形成。

二、武术的发展概况

在中国古代夏、商、周时期，田猎和武舞是武技训练的主要手段。据《礼记·月令》载："天子乃教于田猎，以习五戎。"五戎即弓矢、殳、矛、戈、戟5种兵器。田猎用于训练对各种武器的使用及驭马驾车技术，是集身体、技术、战术于一体的综合训练。这一时期的武舞由原始时期的武舞发展而来，将用于实战的格杀经验按一定程式来训练，是古代武术由感性认识向理性认识的升华。

春秋战国时期是我国社会制度转型的剧烈变化时代。频繁的战争推动了练兵习武的空前盛行，武术开始向多样化发展，手搏、角力在民间拥有广泛的基础，可用拳打脚踢、连摔带拿来战胜对方。另外，在与文化的交融中，武术与养生相结合，逐渐形成了注重整体、强调精气、平衡阴阳的保健思想，这对武术的发展产生了重要影响。

近代中国，许多爱国志士寻求救国救民的途径，提出了“强种强国”的思想。因此，武术被作为一种尚武强国的重要教育手段在学校推广。一批武术家结合传统武术的内容与西方军事体操的特点，创编了“中华新武术”，为近代武术转型做了有益的尝试。

20世纪90年代，随着我国体育体制改革的深化，武术呈现新的发展趋势。1992年，全国武术工作会议建议编写大、中、小学武术教材，倡导将民族体育和现代体育联系起来进行教学，这些措施对于武术在学校的开展起到了较大的促进作用。更值得关注的是，为建立规范的全民武术锻炼体系，1997年，原国家体委批准颁布实施了“中国武术段位制”，该段位制将武术定为三级九段，为武术的发展做出了贡献。

1990年，在北京举行的第11届亚运会上，武术被列为正式比赛项目。1991年，在北京举办了首届世界武术锦标赛。

通过多方不懈努力，中国武术以奥运会非正式比赛项目的方式进入了第29届奥运会，即“北京2008奥运会武术比赛”，这表明作为中华民族传统体育项目的武术正逐渐被世界所接纳，竞技武术在世界的传播和影响已不容忽视，初步实现了竞技武术国际化的目标。

三、武术的特点和作用

武术在长期的历史演变中，逐渐形成了自己的运动规律，它以独特的技术风格享誉世界。

（一）武术的特点

（1）寓技击于体育之中。“技击”一词原意是“以勇力击斩敌者”，其性质是实战搏杀，目的在于克敌制胜。因此，技击过程中可以采取各种技击术，快速、有效地打击对手的要害部位，使对手失去对抗的能力。武术在历史的演变中始终保持技击的特点。

（2）内外合一，形神兼备。中国人很早就对“内外兼修，心身交益”“形恃神以立，神须形以存”有了深刻的认识，无论是在武术的理论上还是在技术实践中，都体现了这种内与外、形与神和谐一致的整体意识。

（3）广泛的适应性。中国武术在其历史衍生和发展中形成了流派众多、内容丰富多彩的格局，不同流派的武术可供不同年龄和性别的人因地因条件选择练习。

（二）武术的作用

（1）锻炼身心，增强体质。武术素以身心双修为大要。外练可以利关节、便手足、强筋骨、壮体魄，内修可以理脏腑、通筋脉、调精神、出智慧，具有使习武者身心得到全面锻炼的良好效果。

（2）磨炼意志，培养道德情操。武术历来将“夏练三伏，冬练三九”视为座右铭，激励习武者躬行实践。持之以恒的锻炼能培养习武者坚忍不拔的精神，磨炼其吃苦耐劳的品质。为武之道，以德为本。通过习武崇德的教育，可以培养尊师重道、讲礼仪、守信用等高尚的道德情操，有益于社会主义精神文明建设。

（3）掌握技击，提高防身技能。武术具有技击的特点，通过习武，可以掌握各种技击方法。坚持练功，能增劲力、抗摔打，多方面的身体素质和专项技能可得到发展，从而提高克敌制胜、防身自卫的能力。

（4）娱乐观赏，丰富文化生活。武术具有观赏价值。武术运动竞赛场上势均力敌的较量及各种精彩的套路演练，都会给观众带来乐趣，给人以健与美的享受，丰富人们的文化生活。

四、武术的分类

武术按照运动形式分类，可分为套路运动、格斗运动和功法运动。

（一）套路运动

套路运动是指以攻防技击动作为内容，以攻守进退、动静疾徐、刚柔虚实等矛盾运动的变化规律为依据编成的整套练习项目。按照套路运动形式，又可分为单练、对练和集体演练。

1. 单练

单练是单人演练的套路，包括徒手的拳术和器械武术。

（1）拳术。拳术是徒手练习的套路运动。主要的拳术有长拳、太极拳、南拳、形意拳、八卦拳、八极拳、劈挂拳、通背拳、翻子拳、地躺拳、象形拳（螳螂拳、鹰爪拳、猴拳等）、查拳、华拳、炮拳、洪拳、少林拳等。

（2）器械武术。器械武术是手持兵器练习的套路运动。器械的种类很多，可分为短器械、长器械、双器械和软器械4种。短器械主要有刀、剑、匕首等；长器械主要有枪、棍、大刀等；双器械主要有双刀、双剑、双钩、双匕首等；软器械主要有三节棍、九节鞭、绳镖、流星锤等。

2. 对练

对练是两人或两人以上按照预定动作进行的假设性实战演练的套路形式，包括徒手对练、器械对练和徒手与器械的对练等。

3. 集体演练

集体演练是集体进行的徒手、器械和徒手与器械的演练。要求6人以上同时演练，队形整齐，动作协调一致，可变换队形并有音乐伴奏。

（二）格斗运动

格斗运动是两个人在一定条件下按照一定的规则徒手或手持器械进行实战对抗的一

种武术运动形式。它包括徒手格斗和器械格斗。徒手格斗包括散打和太极推手，目前开展的器械格斗是短兵（兵道）。

1. 散打

散打是以徒手的运动形式在擂台上进行的，使用踢、打、摔等方法。

2. 太极推手

太极推手是以徒手的运动形式，以上肢、躯干为攻击部位，运用“掤、捋、挤、按、采、挒、肘、靠”等技法，通过肌肉感觉借劲发力将对方推出，以此决定胜负的竞技项目。

3. 短兵（兵道）

短兵是两人手持一种特制的短器械，主要使用劈、砍、斩、刺等方法决胜负的竞技项目。

（三）功法运动

功法运动是根据武术运动实践的需要，以提高身体某种运动素质或锻炼某种特殊技能为目的的练功方法。从锻炼的形式与功用来分，功法可分为内功、外功、轻功和柔功。

1. 内功

通过站桩、静坐等练习方法，可使练习者达到精足、气壮、神明、内脏坚实、经络血脉通畅、内壮外强的目的。

2. 外功

通过击打、跌摔等练习方法，可使练习者达到强筋骨、壮体魄的目的。

3. 轻功

通过各种弹跳动作的练习，可使练习者达到蹦得高、跳得远的目的。

4. 柔功

通过压肩、压腿、下腰等练习方法，可使练习者达到提高肢体关节活动幅度和肌肉伸展能力的目的。

五、武术礼仪

习武先习礼，武术礼仪是武术活动的一个重要标志，也是习武者武德的重要体现，目前主要的武礼有以下几种。

（一）抱拳礼

1. 动作要领

并步站立，左手四指并拢伸直成掌，拇指屈拢，右手握拳，双手由体侧迅速向胸前合抱，左掌心掩贴右拳面，两小臂微内旋撑圆，肘尖略下垂，平举于胸前，拳掌与胸相距20～30厘米。头正，身直，目视受礼者。

2. 具体内涵

（1）左掌表示“德、智、体、美”四育齐备，象征高尚的情操。屈指表示不自大、不骄傲、不以“老大”自居。右拳表示勇猛习武。左掌掩右拳表示“勇不滋乱、武不犯禁”，以此来约束、节制勇武。

（2）左掌右拳拢屈，两臂屈圆表示五湖四海，天下武林是一家，谦虚团结，以武会友。

（3）左掌为文，右拳为武，表示文武兼学，虚心渴望求知，恭候师友、前辈指教。

（4）两手抱于胸前微外翻，古时表示向对方展示自己没拿暗器，表明自己的清白与光明磊落，消除对方的戒心。

（二）持械礼

此礼是习练武术器械时所施行的礼节，礼仪内涵同“抱拳礼”。

1. 持枪礼

右手握枪把端，屈臂于胸前，枪身直立，枪尖向上；左手拇指屈拢，变成侧立掌，掌指向上；两臂外撑，肘略低于手，两手与锁骨窝同高；目视受礼者。

2. 持棍礼

右手握棍把端（靠棍把1／3处），屈臂于胸前，棍身直立，棍梢向上；左手拇指屈拢，变成侧立掌，掌指向上；两臂外撑，肘略低于手，两手与锁骨窝同高；目视受礼者。

3. 抱刀礼

左手抱刀，屈臂使刀横于胸前，刀身斜向下，刀背贴附于小臂上，刀刃向上；右手拇指屈拢，呈斜侧立掌，以掌根附在左腕内侧；两腕部与锁骨窝同高，两臂外撑；肘略低于手；目视受礼者。

4. 持剑礼

左手持剑，屈臂，使剑身紧贴小臂外侧，斜横于胸前，刃朝下；右手拇指屈拢，呈斜侧立掌，以掌根附于左腕内侧；两腕部与锁骨窝同高，肘略低于手，两臂外撑；目视受礼者。

其他持械礼参照以上规范，不再一一列举。

（三）武礼应用

1. 教学训练课

上课开始及结束时，师生应互相行抱拳礼或持械礼。

2. 表演、比赛和其他社会活动

（1）在表演武术时，表演开始前和结束后，应向主席台上的贵宾、前辈和台下观众行抱拳礼或持械礼，比赛时应按照有关礼节的规定严格执行。

（2）在社会武术活动中，被介绍时，应行抱拳礼。在交流技术、切磋技艺时，也应行抱拳礼，以体现尊师重道、礼尚往来。

第二节　太极拳

太极拳运动是中华民族的文化珍宝，蕴含着丰厚的民族文化精华。

太极拳从松柔入手，练劲养气，动作绵绵不断，行云流水，柔中寓刚，刚中有柔。

一、太极拳名称的由来

太极拳早期曾被称为“长拳”“绵拳”“十三势”“软手”。清朝乾隆年间，山西人王宗岳著《太极拳论》一书，提出了“太极拳”的名称。《太极拳论》被认为是有关“太极拳”的最早文字记载。

“太极”一词源于《周易·系辞上》。“易有太极，是生两仪”，有至高、至极、绝对、唯一、无穷大之意。太极拳以太极命名，寓意其拳法变幻无穷，内涵丰富深刻。

二、太极拳的起源

关于太极拳的起源与创始人，历史上有以下多种说法：①唐朝（8世纪中期）许宣平创编太极拳；②宋徽宗时（12世纪）武当山丹士张三丰夜梦玄武大帝授拳，创编太极拳；③元末明初（14世纪）武当山道士张三丰创编太极拳；④明朝初年陈卜创编太极拳；⑤明末清初（17世纪）陈王廷创编太极拳。

中国武术史学家唐豪等考证：太极拳最早传习于河南省温县陈家沟陈姓家族中，距今已有300多年的历史，创编人为陈王廷。陈王廷是陈氏第九世孙，文武兼备，是一位很有创见的武术家。

三、太极拳的动作要领

1. 意识引导动作

练习太极拳，要求用意识引导动作，把注意力集中到动作上。从“起势”到“收势”，所有动作都要用意识去支配。要想做到“意动身随”，首先必须让自己静下来，只有心理保持安静状态，才能保持意识清醒；其次要集中注意力，在心理安静的前提下，还要把注意力放在引导动作和考虑动作要领上，专心致志地练习。

2. 注意放松、不用拙力

这里所讲的放松，不是全身的松懈，而是在身体自然活动或稳立的情况下，使某些可能放松的肌肉和关节最大限度地放松，练习时避免使用拙力和僵劲。在练习中，要求人体的脊柱按自然的形态直立起来，使头、躯干、四肢等部分舒松自然地活动。

拙力是局部力，易僵易老，使得后续力接不上；拙力也往往是无根之力，脱离了根节、中节的传递而发的力。练习太极拳强调力量的传递和牵引，讲究整体力。肌肉收缩使肢体运动，便奠定了肌肉力形成的基础。肢体松柔得越彻底，效果越好，自然力越集中，产生的力也就越大。

3. 呼吸自然

练习太极拳时，呼吸是根据动作的变化而自然形成的，呼吸与动作配合不起来或用自然呼吸法的人，若长期坚持太极运动，也会不自觉地使动作和呼吸自然地结合起来。开合、虚实与呼吸要自然结合，合和虚是蓄、吸，开和实是发、呼，一开一合就是一呼一吸。以胸廓的扩张确认开、合，胸廓扩张的动作为开；反之为合。开合是姿势上的现象，虚实是内劲的轻和沉的现象，呼吸是运动生理上的自然现象，三者密切地自然结合，构成了太极拳锻炼方法上练意、练气、练身三结合的整体性和内外统一性。

总体来说，练习太极拳时呼吸的原则是自然、流畅，要细、匀、深、长，不能急促，切忌憋气。练习太极拳初期，可以不用太关注呼吸，自然呼吸即可。待动作熟练后，掌握攻防含义及用力程度后，可以根据个人的体会，以意识引导气息，调节呼吸的频率和深浅。

四、二十四式简化太极拳

二十四式简化太极拳是1956年由国家体委运动司整理编定的套路。它取材于我国流传面和适应性最广泛的传统杨式太极拳，按照简练明确、删繁就简、突出重点的原则整编而成。此拳法共有24个动作，故又称“二十四式太极拳”。全套动作结构合理、易学易懂，适合初学者练习。练习者可连贯演练，也可以进行单式或分组练习。整个套路的动作练习应遵循以下几点：①虚领顶劲；②沉肩、坠肘、塌腕；③松腰胯；④上下相随；⑤立身中正；⑥节节贯穿；⑦以意导动；⑧连绵不断；⑨保持一身备五弓的绷劲；⑩意气少，内外合一。

（一）动作路线示意图

二十四式太极拳动作线路示意图如图13-1所示。

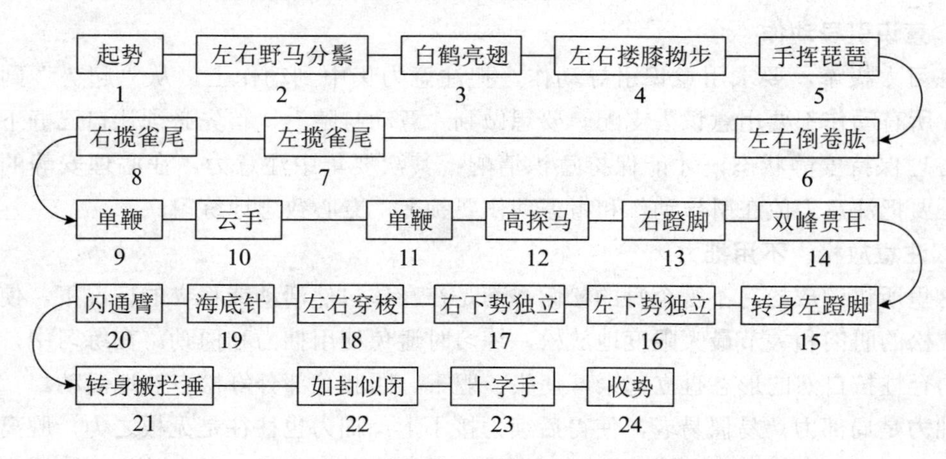

图13-1　二十四式太极拳动作线路示意图

（二）动作说明

预备动作

身体自然直立，两脚尖向前成并立步，双掌心向内，轻贴两腿外侧，眼向前平视。

动作要领：头颈正直，下颌微收，手指微屈，立身中正，精神集中。

易犯错误：上体不正，双肩纵起，挺胸突臀，双腋紧夹。

第一式：起势

动作1：身体重心移至右腿，左脚向左迈步开立，与肩同宽，脚尖向前，两臂自然下垂，两手放在大腿外侧，眼向前平视。

动作要领：左脚迈出时前脚掌先着地，随着重心移动至两腿中间，过渡到全脚掌着地踏实，轻起缓落。

易犯错误：重心不稳，左脚尖向左，全脚掌快速跌落。

动作2：两臂由体侧向前慢慢平举至两手与肩同高，两臂与肩同宽，掌指向前，掌心向下。

动作要领：身体中正，两肩松沉，双肘微下垂，掌指自然舒展。

易犯错误：耸肩，挺肘，上体前俯。

动作3：上体保持正直，两腿缓慢屈膝下蹲，同时两掌轻轻下按至腹前，两肘下垂，与两膝相对，目平视前方。

动作要领：双腿屈蹲适当幅度，屈膝蹲腰，臀部不可突出，掌指微上翘，重心落于两腿之间，按掌和身体下蹲的动作要协调一致。

易犯错误：耸肩夹肘，突臀弓背，屈蹲幅度过大，双掌下按超过腰腹，动作不协调。

第二式：左右野马分鬃

动作1（抱球）：身体微右转，重心移至右腿，同时，右臂内旋划弧于胸前，手心向下，左手外旋划弧于腹前，手心向上，两手心斜相对呈抱球状，左腿随即收到右脚内侧，脚尖点地，眼看右手方向。

动作要领：身体保持正直，沉肩坠肘，双肩撑圆。

易犯错误：上体前俯，突臀，双肩耸起，左肩夹腋。

动作2（左野马分鬃）：上体微左转，左脚向左前方迈出，脚跟着地；上体继续左转，左脚踏实成左弓步；同时左右手慢慢分别向左上、右下分开，左手高与眼平，手心斜向上，肘微屈；右手落在右胯旁，肘微屈，手心向下，指尖向前；眼看左手方向。

动作要领：左脚上步，两脚跟不可在同一直线上，两脚横向距离为10～30厘米。成弓步时左膝与左脚尖在同一方向，膝盖不超过脚尖，左脚尖朝前，沉肩坠肘，双手保持弧形。转体、重心移动、分手等动作应协调一致。

易犯错误：上体前俯，歪髋。

动作3（抱球）：重心移至右腿，后坐，身体左转，左脚尖翘起后微向外撇（45°～60°），随后脚掌慢慢踏实，身体重心移至左腿，右脚收至左足弓处；同时左手内旋，右手外旋，两手心斜相对呈抱球状；眼看左手方向。

动作要领：左脚尖外撇角度应小于60°，身体保持中正，沉肩坠肘，双臂撑圆。

易犯错误：身体重心上下起伏，上体前俯或后仰，突臀耸肩。

动作4（右野马分鬃）：右腿向右前方迈出，脚跟着地，上体右转，右脚踏实成右弓步；同时左右手分别慢慢向左下、右上分开，右手高与眼平，手心斜向上，肘微屈；左手落在左胯旁，肘微屈，手心向下，指尖向前；眼看右手方向。

动作要领：同左野马分鬃。

易犯错误：同左野马分鬃。

动作5（抱球）：同动作3，唯方向相反。

动作6（左野马分鬃）：同动作2。

易犯错误：同动作2。

第三式：白鹤亮翅

动作1：重心移至左腿，右脚跟进半步，上体微向左转；左手内旋划弧，右手外旋划弧，手心向上，与左手呈抱球状；眼看左手方向。

动作要领：跟步时，身体重心保持平稳，上体保持中正，跟步与左右手呈抱球姿势应协调进行。

易犯错误：上体前俯或歪斜，跟步距离过大。

动作2：重心移至右腿，身体右转；右手划弧摆右肩前上方，左手随之附于右臂内侧，身体向左转正，左手划弧下按于左胯前；手心向下，指尖向前，沉右肩，坠右肘，左脚活步，脚尖虚点地；眼平视前方。

动作要领：身体慢慢后坐，不可俯身；两臂要保持半圆形，左膝微屈。重心移动、右手上提、左手下按和虚步点地要协调一致。

易犯错误：重心移动速度过快，上体前俯或后仰。

第四式：左右搂膝拗步

动作1（划弧摆臂）：上体先微左转，右手从体前下落，上体再向右转，右手经体中线向下、向后上方划弧至右肩外侧；肘微屈，手与耳同高，手心斜向上；左手由左下向上、向右方划弧至右胸前，手心斜向下；左脚收至右脚内侧，脚尖点地，眼看右手。

动作要领：右掌向左下落不超过身体中线，保持上体中正，双肩松沉。

易犯错误：上体前俯，侧倒或转体幅度过大。

动作2（左搂膝拗步）：上体左转，左脚向左前方迈出，脚跟着地；右手屈前臂于耳旁，左手下划；左脚踏实，重心前移至左腿；右手由耳侧向前推出，高与鼻尖平；左手向下由左膝前搂过，按于左胯旁；指尖向前，眼看右手指方向。

动作要领：右手屈收于左耳侧时，虎口对耳；向前推出时，身体不可前俯，要松腰松胯；推掌时沉肩坠肘，坐腕舒掌，同时与松腰、弓腿协调一致；上步时，两脚跟的横向距离保持约30厘米。

易犯错误：上体前俯，突臀，身体重心起伏或动作不连贯。

动作3（划弧摆臂）：身体重心移至右腿，后坐，左脚尖翘起后微向外撇，随后脚掌慢慢踏实，身体左转，身体重心移至左腿，右脚收到左脚内侧，脚尖点地；同时左手外旋，由左向上划弧至左肩外侧，肘微屈，手与耳同高，手心斜向上，右手内旋向上、向左下划弧，落于左臂内侧，手心斜向下；眼看左手方向。

动作要领：重心移至右腿时，上体保持中正，收腹敛臀；身体左转、重心移动，收右脚和两臂划弧摆动需连贯协调。

易犯错误：同动作1。

动作4（右搂膝拗步）：同动作2，但方向相反。

动作5（划弧摆臂）：同动作3，但方向相反。

动作6（左搂膝拗步）：同动作2。

第五式：手挥琵琶

重心移至左腿，右脚跟进半步，上体后坐，重心移至右腿，上体稍向右转，左脚略提起稍向前移，脚跟着地，膝部微屈；同时左手由左下向上挑起，高与鼻尖平，掌心向右，臂微屈，右手合于左肘内侧，掌心向左；眼看左手食指方向。

动作要领：身体重心平稳，沉肩坠肘，胸部放松；左手上挑时不得直线上挑，要由左向上向前弧形上挑；右脚跟进时，前脚掌先落地，再全脚踏实；身体重心后移和左手上挑、右手合手要协调一致。

易犯错误：跟步距离过大，上体前俯或后仰，突臀，双臂夹紧身体。

第六式：左右倒卷肱

动作1（转体摆臂）：上体右转，右手经腹前由下向右后上方划弧，臂微屈，左手随即转掌向上；眼看右手，再转向前方看左手方向。

动作要领：身体保持中正，右手后撤时应转体走弧线，身体转动与双掌动作同时完成。

易犯错误：两臂平展，肘挺直，歪胯，耸肩。

动作2（右倒卷肱）：左腿轻轻提起向后（偏左）退一步，前脚掌先着地，然后全脚慢慢踏实，身体重心移至左腿成右虚步；同时右臂屈肘向前，右手由耳侧向前推出，手心向前，左臂屈肘后撤，左手翻转手心向上，撤至左肋外侧；右脚随转体以脚掌为轴蹍正。

动作要领：左腿提起时要缓慢轻柔，重心稳固；右手向前推时要转腰松胯；左腿后撤与左手后撤速度一致，避免僵硬，两脚不可落在一条直线上。

易犯错误：左脚上提过高，重心不稳，脚后撤落地时身体前俯。

动作3（转体摆臂）：上体微向左转，左手随转体向后上方划弧，手心向上，右手随即翻至掌心向上；眼先随视左手，再转向前方看右手方向。

动作要领：同动作1，但方向相反。

易犯错误：同动作2。

动作4（左倒卷肱）：同动作2，但方向相反。

动作5（转体摆臂）：同动作3，但方向相反。

动作6（右倒卷肱）：同动作2。

动作7（转体摆臂）：同动作3。

动作8（左倒卷肱）：同动作2。

注：动作8退右脚时，脚尖外撇角度略大，便于接做“左揽雀尾”。

第七式：左揽雀尾

动作1（抱球）：上体右转，右手随转体向右后上方划弧收于右胸前，手心转向下，左手自然下落，逐渐翻掌经腹前划弧至右肋前，两手呈抱球状；同时身体重心移至右腿，左脚收至右脚内侧，脚尖点地；眼看右手。

动作要领：上体正直，双臂相抱成弧形与左脚内收同时完成。

易犯错误：双肘伸直，身体前俯，歪胯。

动作2（掤）：上体微左转，左脚向左前方迈出；上体继续左转，右腿自然蹬直，左腿屈膝成左弓步；同时左臂向左前方掤出（即左臂平屈，用前臂外侧和手背向前上方推出），高与胸平，手心向内，右手按于右胯前，手心向下，指尖向前；眼看掤的方向。

动作要领：左脚迈出时，左膝微屈，转体、弓步、掤臂、分手动作应协调，一气呵成。成弓步时，两脚跟横向距离不超过10厘米。

易犯错误：上体前俯，突臀；右手下按时过于向后伸直，且未落于右胯前。

动作3（捋）：身体微左转，左手随即前伸翻掌向下，腕略高于肩；右手翻掌向上，经腹前向上、向前伸至左前臂下方内侧；然后上体右转，重心慢慢移至右腿，两手经腹前向右后上方划弧，直至右手心向上，高与耳平，左臂捋至身体右侧，掌心向内；眼看右手。

动作要领：上体保持正直，两臂下捋应随身体旋转，仍走弧线；移右腿后坐时要敛臀，左脚全掌着地。

易犯错误：身体后仰，转体角度过大，重心不稳，后坐突臀。

动作4（挤）：上体微向左转，右臂屈肘折回，右手附于左手腕内侧；上体继续左转，身体重心前移逐渐变成左弓步；双手同时向前慢慢挤出，左手心向内，右手心斜向前，左前臂撑圆；眼看左腕。

动作要领：向前挤时，上体正直，双手与肩同高，转体、搭手、弓步、前挤动作自然连贯、协调。

易犯错误：上体前俯，两臂挺直。

动作5（下按）：左手翻掌，手心向下，右手经左腕上方向前、向右伸出，手心向下，两手左右分开，与肩同宽；然后右腿屈膝，上体后坐，重心移至右腿，左脚尖翘起；同时两手屈肘回收下按至腹前，手心均向前下方；目平视前方。

动作要领：上体后坐，重心移至右腿的动作要缓慢。

易犯错误：重心后移不到位，两臂屈肘回收时两肘外扬或双腋夹紧。

动作6（上按）：上动不停，身体重心慢慢前移成左弓步；同时两手向前、向上按出，掌心向前，指尖向上；目视前方。

动作要领：两手前按时应向前上方划弧按出，按至与肩同高，肘微屈。

易犯错误：两臂挺直，上体前俯。

第八式：右揽雀尾

动作1（抱球）：上体后坐并向右转，重心移至右腿，左脚尖内扣；右手向右划弧至右侧，然后向右下经腹前向左上划弧至腹前，手心向上，左臂划弧摆至胸前，手心向下，左手与右手呈抱球状；同时右脚收至左脚内侧，脚尖点地；眼看左手方向。

动作要领：左脚尖内扣幅度尽量大，上体保持正直。

易犯错误：左脚尖随身体右转时内扣幅度过小。

动作2（掤）：同左揽雀尾动作2（掤），唯方向相反。

动作3（捋）：同左揽雀尾动作3（捋），唯方向相反。

动作4（挤）：同左揽雀尾动作4（挤），唯方向相反。

动作5（下按）：同左揽雀尾动作5（下按），唯方向相反。

动作6（上按）：同左揽雀尾动作6（上按），唯方向相反。

第九式：单鞭

动作1：上体后坐左转，重心逐渐移至左腿，右脚尖内扣；同时两手（左高右低）向左划弧运转，右手运至身体左侧，手心朝前，右手经腹前运至肋前，手心向斜向内；眼看左手。

动作要领：上体正直，松肩垂肘，两臂撑圆。

易犯错误：上体前俯，两臂划弧运转时肘挺直。

动作2：身体重心再逐渐移至右腿，身体微右转；同时右手向右上方划弧，手心由里向外翻，至身体右侧时变勾手，臂与肩平，微屈；左手向下经腹前向右上划弧至右肩前，手心向里，同时左脚向右脚靠拢，脚尖点地；眼看右手方向。

动作要领：右勾手方向不超过右前方45°，勾尖朝下。

易犯错误：耸肩，突臀，转体幅度过大。

动作3：上体微左转，左脚向左前方迈出，脚跟先着地，右腿后蹬，身体重心移向左腿成左弓步；同时左掌随上体左转慢慢翻转向前推出；手心向前，手指与眼齐平，指尖向上，臂微屈；眼看左手方向。

动作要领：动作完成时，右肘稍下垂，左肘与左膝上下相对，两肩下沉；左手向外翻掌前推时，要随转体边翻边推出；弓步、推掌、重心左移要协调一致。

易犯错误：弓步时双腿落在同一直线上，重心不稳；推掌时翻掌太快或动作到位时突然翻掌；弓步时上体前俯，突臀。

第十式：云手

动作1：身体右转，左脚尖内扣，身体重心移至右腿；左手向下经腹前向右上划弧至右肩前，手心斜向后，同时右手变掌，手心向右前方；眼看右手方向。

动作要领：上体保持中正，松肩垂肘；两臂呈弧形，肘微屈。

易犯错误：身体右转超过45°。

动作2：身体慢慢左转，重心逐渐移至左腿；左手经面前向左侧运转，手心渐向左方，右手下落经腹前向左上划弧至左肩前，手心斜向后；同时右脚抬起靠近左脚下落成小开立步，两脚尖向前（两脚间距10～20厘米）；眼看左手方向。

动作要领：右脚靠左脚时应先提脚跟，脚尖后离地，下落时全脚掌落地。

易犯错误：身体前俯，突臀；成开立步时两脚尖未向前，间距过大或过小。

动作3：上体向右转，同时左手经腹前向右上划弧至右肩前，手心斜向内；右手向右侧运转，手心翻转向右；重心移至右脚，左脚向左横跨一步；眼看右手方向。

动作4：同动作2。

动作5：同动作3。

动作6：同动作2。

注：运手时要注意身体转动，要以腰脊为轴，松腰松胯，不可忽高忽低，重心保持平稳；两臂随腰的转动向左右划立圆，速度应缓慢均匀；下肢移动时，两脚交替支撑重心；双臂保持弧形，松肩，两腋不可夹紧身体；眼的视线随左右手移动；第三个“运手”右脚最后跟步时，脚尖微内扣，便于接“单鞭”动作。

第十一式：单鞭

动作1：上体右转，右手向上经面前向右划弧至右侧方时，掌变勾手；左手向下经腹前向右上划弧至右肩前，手心向内；身体重心落于右腿，左脚尖点地；眼看右手方向。

动作要领：上体正直，松腰胯；右勾手在右体前约45°，勾尖朝下。

易犯错误：耸肩，右臂挺直。

动作2：上体微左转，左脚向左前方迈出，右腿后蹬成左弓步；在身体重心移向左腿时，上体继续左转，左掌逐渐慢慢翻掌转向前推出成“单鞭”式。

动作要领和易犯错误：同第九式“单鞭”动作3。

第十二式：高探马

动作1：重心前移至左腿，右脚跟进半步，重心逐渐后移至右腿；右勾手变成掌，两手掌心翻转向上，两肘微屈；同时身体微向右转，左脚跟渐渐离地；眼看左前方。

动作要领：右脚跟进后应全脚掌落地踏实，双肩松沉。

易犯错误：右脚跟步距离过大，重心移动速度过快。

动作2：身体向左转，面向前方；右掌经右耳侧向前推出，手心向前，手指与眼同高；左手收至侧腰前，手心向上；同时左脚微向前移，脚尖点地成左虚步；眼看右手方向。

动作要领：上体保持自然正直，双肩松沉，肘微内收。

易犯错误：上体前俯，耸肩，扬肘，姿势有起伏。

第十三式：右蹬脚

动作1：左手前伸至右腕背面，手心向上，两手交叉，随即向两侧分开并向下划弧，手心斜向下；同时左脚提起向左前方进步，脚尖略外撇；身体重心前移，右腿自然蹬直成左弓步；目视前方。

动作要领：左手前伸时双肩松沉，双肘下垂，双臂撑圆；左脚迈出角度在左前方45°。

易犯错误：上体歪斜，耸肩抬肘；分手时两臂挺直；迈步时仰身或成弓步时上体前俯、突臀。

动作2：两手由外向里划弧，两手交叉抱于胸前，右手在外；同时右脚向左脚靠拢点地；眼平视右前方。

动作要领：身体保持正直，松腰松胯；两手抱于胸前时，肩放松，两臂呈弧形，肘关节微屈。

易犯错误：重心不稳，上体歪斜，两手合抱时上体前俯。

动作3：两臂左右划弧分开，肘微屈，两掌逐渐外翻至掌心向外；同时右腿屈膝提起，右脚向右前方慢慢蹬出；眼看右手。

动作要领：身体保持稳定，两手分开时，腕部与肩平；右脚蹬出时，左腿微屈，右脚尖回勾，力达脚跟；右臂和右腿上下相对，方向一致；如面向南起势，蹬脚方向应为正东偏南30°。

易犯错误：右腿提膝时，勾脚尖；蹬脚时，两臂与右腿呈“十”字形；上体后仰、歪斜。

第十四式：双峰贯耳

动作1：身体微右转，右腿屈膝回收，脚尖自然下垂；左手随体转由后向上、向前下落至体前，两手心同时翻转向上，随后两手同时向下划弧分落于右膝两侧；目视前方。

动作要领：左腿保持重心稳固，上体保持正直，上体右转应以髋为轴。

易犯错误：转体幅度过小。

动作2：左腿微屈下蹲，右脚向右前方落下，脚跟先着地，重心逐渐前移成右弓步，面向右前方；同时两手下落，两掌渐渐变拳，分别从两侧向上、向前划弧至面部前方成钳形状，两拳相对，高与耳齐，拳眼斜向内下方，两拳间距10～20厘米。

动作要领：右脚前落、左腿屈膝下蹲时速度要均缓；落步和双手下落要协调完成；动作完成时，头颈正直，松腰松胯，两拳松握，沉肩坠肘，两臂保持弧形；弓步和身体方向与右蹬脚方向相同。

易犯错误：右脚前落速度太快；成双峰贯耳时两臂伸直，高举过头，上体前俯。

第十五式：转身左蹬脚

动作1：左腿屈膝，后坐，身体重心移至左腿，上体左转，右脚尖里扣；同时两拳变掌，由上向两侧划弧分开平举，手心向前；眼看左手。

动作要领：右脚尖里扣幅度要大；上体正直，双肩放松；肘下垂，双臂成弧形。

易犯错误：上体前俯、后仰，突臀。

动作2：身体重心移至右腿，左脚收至右脚内侧，脚尖点地；同时两手由外向下、向内、向上划弧合抱于胸前，左手在外，两手心向内；两眼平视前方。

动作要领：重心右移时保持身体正直，姿势平稳。

易犯错误：双手向内上合抱经腹前时，上体前俯。

动作3：两臂向两侧划弧分开平举，肘微屈，两手心逐渐翻转向外；同时左腿屈膝提起，左脚向左前方慢慢蹬出；眼看左手方向。

注：左蹬脚方向与右蹬脚方向的连线成180°，即左蹬脚方向为正西偏北30°。

第十六式：左下势独立

动作1：左腿收回，脚尖自然下垂，上体右转；同时右掌变勾手，勾尖朝下，左掌向上、向右划弧下落，立于右肩前，掌心斜向后，指尖向上；眼看右手。

动作要领：右腿保持重心稳固，身体正直；左腿收回与左掌回落于右肩前应协调一致。

易犯错误：身体后仰、歪斜。

动作2：右腿慢慢屈膝下蹲，重心在右腿；左腿由内向左侧伸出成左仆步；左手下落（掌指向前，掌心向外），向左下按，顺左腿内侧向前穿出；眼看左手方向。

动作要领：右腿全蹲时，上体不可过于前倾；仆步时左腿伸直，左脚尖须向里扣，两脚全脚掌着地；左脚尖与右脚跟踏在中轴线上。

易犯错误：上体前倾，突臀。

动作3：身体重心前移，左脚以脚跟为轴，脚尖外撇，左腿前弓，右腿后蹬，右脚尖内扣，上体微左转并向前起身；同时左臂继续向前伸出，立掌，掌心向右，腕与肩平；右勾手下落于体后，勾尖逐渐翻转向上；眼看左手方向。

动作要领：成仆步后，左脚尖先随重心前移外撇，而后右脚尖内扣；上体向前起身时应保持正直。

易犯错误：起身时突臀、歪胯。

动作4：右腿慢慢提起，脚尖自然下垂成左独立式；同时左手翻转掌心向下，采按于左胯旁，指尖向前，右勾手变掌，由后下方顺右腿外侧向前弧形摆出，屈臂挑掌立于右腿上方，手与眼平，肘与膝相对，手心向左；眼看右手方向。

动作要领：上体正直，支撑腿微屈；松肩，双肘微屈。

易犯错误：上体前俯或后仰。

第十七式：右下势独立

动作1：右脚落于左脚前，脚掌着地，然后左脚以前脚掌为轴，脚跟内旋，右脚以前脚掌为轴，脚跟外旋；身体随之左转，同时左手向后上平举变勾手，右掌随着转体向左侧划弧，立于左肩前，掌心斜向后；眼看左手方向。

动作要领：右脚下落于距左脚一脚远处，上体正直，重心稳固；双臂保持弧形；转体与双手动作要协调一致。

易犯错误：右脚落地时左支撑腿伸直。

动作2：同“左下势独立”动作2，唯方向相反。

动作3：同“左下势独立”动作3，唯方向相反。

动作4：同“左下势独立”动作4，唯方向相反。

动作要领：右脚尖触地后必须稍微提起，然后再向下仆步；其他要领与“左下势独立”相同，唯方向相反。

易犯错误：同“左下势独立”，唯方向相反。

第十八式：左右穿梭

动作1：身体微向左转，左脚向前落地，脚尖外撇，重心前移，右脚跟离地抬起，两腿屈膝成半坐盘式；同时两手在左胸前抱球（左手上、右手下），然后右脚收至左脚内侧，脚尖点地；眼看左前臂方向。

动作要领：向左转体45°；左脚前落时，重心应先在右腿；屈膝下蹲后逐渐前移，左掌与肩平，左肘微低于左掌，右臂虚腋。

易犯错误：左脚迈出时重心前移过快。

动作2：身体右转，右脚向右前方迈出，屈膝弓腿成右弓步；同时右手由脸前向上举并反掌于右额前，手心斜向上，左手先向左下回收至左肋前，再经体前向前上方推出，高与鼻尖平，手心向前，指尖向上；眼看左手方向。

动作要领：左脚迈出方向应在右前方30°，手推出后，上体不可前俯；收向上举时，防止引肩上耸；上举右手前推要与弓步动作上下协调一致，弓步时两脚跟间横向距离应保持在30厘米左右。

易犯错误：右脚向右前迈出角度过大。

动作3：身体略右转，右脚尖稍向外撇，随即身体重心移至右腿，左脚跟进，停于右腿内侧，脚尖点地；同时两手在右胸前呈抱球状（右上左下）；眼看右臂。

动作要领：上体正直，沉肩垂肘；右掌与肩平，右肘低于右掌；左臂虚腋。

易犯错误：身体重心不稳。

动作4：同动作2，唯方向相反。

第十九式：海底针

身体重心前移至左腿，右脚提起向前跟半步，重心后移至右腿，左脚稍向前移，脚尖点地成左虚步；同时身体稍向右转，右手下落经体前向后、向上提抽至右肩上耳旁，再随身体左转，由右耳旁斜向前下方插出；掌心向左，指尖斜向前下，右手向前、向下划弧落于左胯旁，掌心向下，指尖向前；眼看前下方。

动作要领：重心移动时上体保持正直，身体要先向右转，再向左转；右脚跟步应稍偏左，脚跟向内，脚尖外撇45°成虚步时，两脚不可在同一直线上；身体正面向前，上体不可太向前倾，避免低头和臀部外突；左腿微屈。

易犯错误：右掌上提过高，上体过于前倾，重心不稳。

第二十式：闪通臂

动作：重心移至右腿，同时上体稍向右转，左脚提起向前迈出，重心前移，屈膝弓腿成左弓步；同时右手由体前上提，屈臂上摆至右额前上方，掌心翻转斜向上，拇指朝前下，左手抬起经胸前向前推出，高与鼻尖平，掌心向前，指尖向上；眼看左手方向。

动作要领：左脚提起时身体保持平稳，双腿不可挺直；完成姿势上体自然正直，松腰松胯，左臂前推不可挺直，右手向上屈臂撑举，不可挺肘；推掌、举掌和弓腿动作要协调一致；弓步时两脚跟横向距离约10厘米。

易犯错误：身体重心上升，起伏明显；完成姿势双臂伸直，上体前倾。

第二十一式：转身搬拦捶

动作1：上体后坐，重心移至右腿，左脚尖内扣，身体向右转，然后身体重心再移至左腿上；同时，右手随转体向右、向下（变拳）经腹前划弧至左胸旁，拳心向下；左掌摆于额前方，掌心朝外斜向上，掌指向右；眼看前方。

动作要领：上体保持正直，敛臀正胯，左脚尖内扣幅度要大；肩放松，两臂撑圆。

易犯错误：扣脚幅度过小，转体时突臀。

动作2：身体向右转，重心移至左腿；右拳经胸前向前翻转向前撇出，拳心向上，左手落于左胯旁，掌心向下，指尖向前；同时右脚收回后立即向前迈出，脚尖外撇；眼看右拳。

动作要领：右脚回收不要停顿，或脚尖点地即可向前迈出，迈出时脚跟先着地；双臂弯曲，沉肩松肘。

易犯错误：右拳撇出后肘部挺直，右脚未经收回直接向前迈出。

动作3：身体继续右转，重心移至右腿，左脚向前迈一步；左手上起经左侧向前划弧拦至身体中线，掌与肩平，掌心侧向前下方；右拳向右划弧收于右腰旁，拳心向上；眼看左手方向。

动作要领：左腿迈出时，左膝微屈；身体中正，不可突臀；双臂划弧运动，松肩坠肘；右拳回收时，前臂应先慢慢内旋划弧再外旋停于右腰旁，拳不可握太紧；拦掌、收拳应同时协调完成。

易犯错误：右拳回收时右臂划弧过大，抬肘耸肩。

动作4：身体微左转，重心前移，左脚踏实，左腿前弓成左弓步；右拳向前打出，拳眼向上，与胸平齐，左臂屈收于右前臂内侧，掌心向右，掌指向上；眼向前平视。

动作要领：左拳边内旋边打出，右肩随拳略向前引伸，沉肩坠肘，右臂微屈。

易犯错误：右拳打出时挺肘，右肩过于前送，上体前俯，突臀。

第二十二式：如封似闭

动作1：左手由右腕下向前伸出，右拳变掌，两手心逐渐翻转向上向外平分，两手与肩同宽；随后两手慢慢屈肘回收，同时身体后坐，左脚尖翘起，身体重心移至右腿；眼看前方。

动作要领：左手前伸时应边翻掌边伸出；身体后坐时，敛臀直背，避免后仰；肩放松，两肘下垂。

易犯错误：左手前伸翻掌时，两臂挺直；两掌回收时掌间距超过身体宽，上体前俯，突臀。

动作2：两手继续回收至胸前，翻转掌心向下，经腹前向上、向前推出，腕与肩平，掌心向前；同时左腿前弓成左弓步；眼看前方。

动作要领：两臂随身体后坐回收，肩、肘部略向外松开，不要直线回收；两手推出宽度不超过两肩。

易犯错误：两掌推出时上体前俯，双臂挺直。

第二十三式：十字手

动作1：屈膝后坐，身体重心移向右腿，左脚尖内扣，向右转体；右手随转体向右摆，掌心向前，肘部微屈；同时右脚尖随转体稍向外撇成右横弓步；眼看右手方向。

动作要领：左脚尖扣90°为宜，右脚外撇45°～60°；上体正直，两臂微屈，松肩垂肘。

易犯错误：上体歪斜或前俯，双臂挺直。

动作2：身体重心慢慢移至左腿，上体左转，右脚尖内扣，随即向左收回落地，两脚间距离与肩同宽，两脚尖向前，两腿逐渐蹬直成开立步；同时两手向下经腹前上划弧交叉合抱于胸前成十字手，两臂撑圆，腕高与肩平，右手在外，手心向后；目视前方。

动作要领：右脚回收下落时，应前脚掌先落后全脚踏实；两臂环抱时应圆满舒适，沉肩垂肘。

易犯错误：重心移动太快，造成上下动作脱节；右脚内收成开立步时，脚间距太小或太大；两手合抱时，上体前俯。

第二十四式：收势

动作：两手向外翻掌，手心向下，与肩同宽，两臂慢慢下落，两掌心向内轻贴于身体两侧；然后重心移至右腿，左脚提收于右脚内侧下落，两脚尖向前成并立步；目视前方。

动作要领：两手分开下落时，注意全身放松；同时气也徐徐下沉，呼吸平稳后，把左脚收于右脚旁。

易犯错误：挺胸突臀，双腋紧夹身体。

第三节　太极功夫扇

一、太极功夫扇简介

太极功夫扇将扇子的挥舞动作和太极的运动技巧紧密结合，使武术动作与歌曲旋律巧妙结合，糅合不同流派的太极拳、太极剑动作，以及快速有力的长拳、南拳、京剧舞蹈动作等，内容丰富新颖，载歌载“武”，而且易学易练，是陶冶情操、强身健体的首选。

二、太极功夫扇二十六式的动作要领

预备势：并步站立，两臂自然垂于体侧；右手持握扇根，扇顶朝下；目视前方。

要点：头颈正直，身体自然放松。

第一段

（一）起势（开步抱扇）

左脚向左分开半步，与肩同宽；同时两臂从身体两侧合抱于胸前，臂与肩平，两臂撑圆；右手握扇，扇顶向上；左手在外，四指贴于拳背；目视前方。

（二）斜飞势（侧弓举扇）

1. 收脚抱手

左手向左下、向上划弧，屈臂抱于胸前；右手向右上、向下划弧，屈臂抱于腹前，手心上下相对；右脚提起收于左脚内侧；目视左手。

2. 开步插手

右脚向右侧伸出，脚跟着地；同时两臂交叉相抱，左臂在上；目视左掌。

3. 侧弓步举扇

重心右移，成右侧弓步（横裆步）；上体稍右倾，两手分别向右前上方和左前下方撑开；右手举扇略高于头，掌心斜向上；左掌与胯同高，掌心斜向下；转头向左平视。

要点：

（1）开步插手时，两臂斜上斜下交叉。

（2）斜身分靠时上体侧倾，头与躯干顺直舒展，沉肩顶头。本势采自吴式太极拳，要求上体斜中寓正，以肩向右侧挤靠。

（三）白鹤亮翅（虚步亮扇）

1. 转腰摆扇

重心左移，身体左转；右手持扇向左摆至头前；左掌收至右腰间，掌心向上；目视前方。

2. 转腰分掌

重心右移，身体右转；右手持扇向下，向右划弧摆至右胯旁；左掌经右臂内侧穿出，向左划弧至头左侧；目视右前方。

3. 虚步开扇

身体转正，左脚向前半步成左虚步；两掌继续向左下和右上划弧，左掌按在左胯旁；右手在头右前方抖腕，侧立开扇；目视正前方。

要点：

（1）重心移动、转腰与两臂交叉要同时进行。

（2）虚步与开扇要同时完成。扇骨上下竖直，扇面平行于身体，扇正面（光滑面）朝前，背面（小扇骨面）朝内，扇沿向左。

（3）本势采自杨式太极拳，要求中正安舒。

（四）黄蜂入洞（进步刺扇）

1. 合扇收脚

右手伸腕先将扇合上；继而身体先向左转，再向右转，左脚提起收于右小腿内侧；同时右手持扇先向左摆，再翻掌向右平带，将扇横置于右肩前，扇顶向左；左掌上绕，经面前落在右臂内侧，手心向下；目视右前方。

2. 转身上步

身体左转，左脚向前（东）上步，脚尖外撇；同时右手持扇向下卷裹收于腰侧，左掌亦随之翻转落于腹前；目视前方。

3. 弓步平刺

右脚向前上步，重心前移成右弓步；同时右手持扇向前刺出，与胸平齐，手心向上；左掌向左、向上绕至头侧上方；目视前方。

要点：

（1）右手先合扇，继而以腰带臂，以臂带扇，收脚、横扇与左掌绕转要同时完成。

（2）扇卷落时，右臂外旋，手心向上，扇顶指向前方。

（3）刺扇时转腰顺肩，扇与右臂成直线。

（4）本势采自三十二式太极剑，要求上体保持正直，步法轻起轻落。

（五）哪吒探海（弓步下刺）

1. 后坐收扇

左腿屈膝，重心后移；右腿自然伸直，脚尖上翘；右手持扇横收于胸前，手心向上；左手落于右手上方，手心向下；目视前方。

2. 扣脚转体

右脚尖内扣落地，随之重心右移，右脚蹬地踝转，向左后转体；左腿提收于右小腿内侧，右手握扇收至右腰侧；目视左前方。

3. 弓步下刺

左脚向左前（东南）落地成左弓步；同时，左掌向左、向上划弧，举于头侧上方；右手握扇向前下方（东南）刺出；目视前下方。

要点：

（1）后坐收扇时，身体向左、向右转动；右手持扇向左、向右划弧，收于胸前。

（2）此势采自四十二式太极剑。踝脚转体时，立腰、竖颈、顶头、提膝，身体保持端正平稳；弓步刺扇时，上体略向前倾。

（六）金鸡独立（独立撩扇）

1. 收脚绕扇

身体右转，重心后移，左脚收至右脚内侧；右手持扇向上、向后划弧绕转，举于头右侧上方，左掌随之向右划弧至右腕旁；目视右扇。

2. 上步绕扇

身体左转，左脚向前（正东）上步，脚尖外撇；右手持扇继续向右下划弧绕转，左掌随之向下划弧至腹前；目视前方。

3. 独立撩扇

身体左转，右脚提起成左独立步；右手持扇，向前、向上划弧撩起，至肩平时抖腕平立开扇；左掌划弧举至头侧上方；目视前（东）方。

要点：

（1）转腰、收脚上步与绕扇要协调一致。

（2）提膝、开扇要协调一致，身体要保持中正稳定。

（3）开扇后，扇骨保持水平，扇沿向上，扇面与地面垂直。

（七）力劈华山（翻身劈扇）

1. 落脚合扇

上体右转，右脚下落，脚尖外撇，左脚跟提起，两腿略蹲；同时右手后抽，左掌下落前推，顺势合扇；目视左前。

2. 盖步按扇

上体继续右转，左脚经右脚前向右盖步，右脚跟提起；同时两手经体侧划弧上举，绕至头前两手相合按于左腹前，左掌盖压在右腕上；目视扇顶。

3. 翻身绕扇

以两脚掌为轴，上体挺胸展腹向右后翻转；同时右手持扇随转体向上、向前绕摆，举至头上，左掌仍扶于右腕部。

4. 弓步劈扇

身体继续右转，右脚向前上步，成右弓步；右手持扇下劈，倒立开扇；左掌向下、向左划弧，举于头侧上方；目视前方。

要点：

（1）盖步按扇要以腰为轴，带动四肢；转腰合胯，提腿盖步；绕臂按扇要协调一致。

（2）翻身绕扇时，扇要贴身走立圆。

（3）弓步劈扇方向为正东，右臂与肩同高；下劈开扇后，扇骨保持水平，扇面倒立，扇沿向下。

（八）灵猫捕蝶（转身抡压）

1. 转体摆掌

身体左转，重心左移，右弓步变左弓步；同时左掌向右、向下、向左划弧摆至体侧；右手持扇翻转下沉，背于身后；头随身转，目视正西。

2. 上步抡扇

身体继续左转，右脚上步，脚尖内扣；右手持扇向前、向上抡摆划弧；左掌向上、向后抡摆划弧，两臂伸直；头随体转。

3. 弓步压扇

身体继续向左后转，左脚向后撤步，成右弓步；右手持扇抡摆划弧，向前下方压扇，继而翻转手心向上持扇反压；左掌抡摆划弧举至后上方，手臂内旋，手心向后；目视前下方。

要点：

（1）转身上步抡扇要以腰带臂，两臂贴身抡摆成立圆；抡扇时，扇面与抡摆弧线保持垂直。

（2）正反压扇时，扇面接近水平，略低于膝；两臂向前下方和后上方伸直，上体探身前倾；弓步方向正东。

（九）坐马观花（马步亮扇）

1. 虚步合扇

重心后移，右脚回收半步，脚前掌点地，成右虚步；左掌屈收，经胸前向前推出；右手持扇回收至腰间，两手交错时顺势合扇；目视前方。

2. 退步穿扇

右脚后退一步，同时右手持扇向后、向上抡摆至头顶，扇顶斜向下；左手经左肋身后反穿；上体右后转，重心右移成右弓步；同时右手持扇沿体侧向右前方反穿伸出，左手也随之向左后伸直；头随体转，目视右扇。

3. 马步展扇

身体左转，重心左移，成马步；同时右手翻转横立开扇，手心向内，与腰同高，停于右膝上方；左掌向上划弧，举于头侧上方，手心向上；目视扇沿。

要点：

（1）虚步合扇采自高探马动作，要求转腰顺肩，立身中正。

（2）退步穿扇时，应扇顶在前，扇骨沿身体向背后穿出。

（3）马步展扇时，两脚平行，扇面朝向西偏南。

第二段

（十）野马分鬃（弓步削扇）

1. 转腰合臂

右手合扇，上体左转，两臂交叉合抱于左胸前；目视左下方。

2. 弓步削扇

身体右转，右脚尖外撇，左腿蹬直，成右弓步；两臂向右上方和左下方分开，成一直线；右手高与头平，手心斜向上；左手高与胯平，手心斜向下；目视右扇。

要点：

（1）合臂、削扇都要以腰带臂，腰肢协调一致。

（2）此势采自查拳动作，要求舒展挺拔，放长击远；弓步方向为正西。

（十一）雏燕凌空（并步亮扇）

1. 转腰穿掌

重心不动，右脚尖内扣，身体左转；右手握扇向左、向下划弧至左肩前；左掌向右、向上经右臂内侧穿出；两臂在胸前交叉，掌心均向内；目视右手扇。

2. 并步亮扇

身体先右转再左转，左脚收至右脚旁，两腿直立，成并步；右手握扇向下、向右、向上划弧，至头右上方时抖腕侧立开扇；左掌向上、向左、向下划弧，抱拳收于左腰间；向左甩头，目视左（东）方。

要点：

（1）此势为长拳动作，要求顶头、挺胸、收腹，身体挺拔直立。

（2）并步、抱拳、开扇、转腰、甩头要整齐协调一致，干脆有力。

（3）亮扇方法同（三）白鹤亮翅，区别在于右手直臂上举。

（十二）黄蜂入洞（进步刺扇）

1. 摆掌上步

身体先右转再左转，左脚向左（正东）上步；右手翻掌合扇，向右、向下卷收到右腰间；左拳变掌，向左、向上、向右划弧至右胸前；目视左（东）方。

2. 弓步直刺

上体左转，右脚向前上步，左脚蹬直，成右弓步；右手握扇前刺，手心向上，与肩同高；左掌向左、向上划弧绕至头左上方，掌心向上；目视右扇。

要点：

（1）刺扇与弓步要协调一致。

（2）动作要干脆利落，舒展有力。

（十三）猛虎扑食（震脚推扇）

1. 震脚收扇

重心后移，右脚收至左脚内侧，踏震落地；左脚迅速提起，靠近右踝内侧；同时右手握扇收至右腰间，手心向左；左掌向下收于左腰间，手心向右；两手贴紧身体，虎口斜向上；目视前方。

2. 弓步推扇

左脚向前上步，右腿蹬直，成左弓步；同时两手向体前推出，左掌沿与右拳面向前，手心相对，腕与肩同高，扇身竖直；目视扇顶。

要点：

（1）此势为长拳动作，要求快速有力，干脆利落。

（2）震脚时提脚高不过踝，踏落全脚着地，快速有力；两脚换接紧密，不可跳跃。

（十四）螳螂捕蝉（戳脚撩扇）

1. 转腰绕扇

身体右转，重心后移，右腿直立；右手内旋向上、向后划弧绕扇；左掌附于右腕，随之划弧；目视右手。

2. 分手绕扇

身体左转，重心前移，左脚尖外撇；右手握扇，继续向下绕弧；左掌分开，向下、向左划弧，摆至肩高；目视左手。

3. 戳脚撩扇

上体左转，右脚向前方戳踢，脚尖上翘，脚跟着地成右虚步；右手持扇，向前下方撩起，斜立开扇，手心斜向前；左掌收至右臂内侧，掌心向右；目视扇沿。

要点：

（1）戳脚要求脚跟擦地，脚尖上翘，小腿向前摆踢。

（2）开扇方向为正东，扇骨与右臂平行斜向前下方，右手高与腹平，扇面斜立在右腿前上方。

（十五）勒马回头（盖步按扇）

1. 合扇转身

身体右转，右脚下落，脚尖外撇，左脚跟提起；同时右手持扇后抽；左掌前推合扇，两臂向左右分开；目视右扇。

2. 盖步按扇

上体右后转，左脚经右脚前向右盖步，右脚跟提起；同时两手向上、向内划弧于头前相合，再按至右腹前，左掌压在右腕上；目视扇顶。

要点：

转体盖步要以腰为轴，转腰挥臂，提腿合胯，盖步按扇，衔接协调连贯。

（十六）鹞子翻身（翻身藏扇）

1. 翻身绕扇

以两前脚掌蹍地，上体挺胸展腹向右后翻转；同时右手持扇，随转体向上、向前绕摆至头前上方；再以腕关节为轴持扇，挽一个腕花，使扇在右腕外侧绕转一周；左掌指仍扶于右腕部；目视前方。

2. 撤步藏扇

右脚后退一步，左腿屈弓成左弓步；同时右手持扇向下、向后摆至身后；左手落经胸前，向前侧立掌推出；目视左手。

要点：

（1）翻身时，挺胸、仰头、翻腰，以腰带臂。

（2）弓步方向为正东。

（十七）坐马观花（马步亮扇）

1. 返身穿扇

身体微左转，右手持扇向上、向前抡至头顶；左掌经肋间向后反穿；身体迅速翻身右后转，重心右移成右弓步；右手持扇沿体侧向身后反穿，再随转体向右前伸出， 左手也随之向左后伸直；头随体转，目视右扇。

2. 马步展扇

身体左转，重心左移，成马步；右手持扇，翻转横立开扇，手心向内，与腰同高，停于右膝上方；左掌向上划弧，举于头侧上方，手心向上；目视扇沿。

要点：

（1）穿扇时扇顶朝前，扇骨贴身，反手后穿。

（2）马步展扇时，两脚平行，扇面朝西偏南。

第三段

（十八）举鼎推山（马步推扇）

1. 转体收扇

重心左移，身体右转，右脚稍回收，脚尖点地；右手持扇收至右腰间，左掌下落经胸前推出，两手交错时顺势合扇；目视右侧。

2. 马步推扇

身体向左转，右脚向右横跨一大步，左脚随之滑动，成马步，胸向正南；同时右手握扇前推，腕与肩高，扇顶竖立向上；左掌翻转撑架在头侧上方；目视扇顶。

要点：

（1）此动作采自四十二式太极剑，推扇应快速发力，与转腰跨步密切配合。

（2）左脚滑步应根据右脚跨步大小灵活掌握。

（十九）神龙回首（转身刺扇）

1. 转体收扇

身体左转，重心右移，左脚收至右脚内侧，脚尖点地；两手同时收至腰间，虎口朝前；目视前（东）方。

2. 弓步平刺

左脚向前方迈出，屈膝前弓成左弓步；右手握扇向前刺出，腕与胸同高；左掌抱于右拳下面；目视前（东）方。

要点：

（1）转腰收脚与收扇收掌要协调一致。

（2）弓步平刺的方向为正东。

（二十）挥鞭策马（叉步反撩）

1. 撤脚绕扇

重心后移，左脚尖外撇，身体右转；右手持扇向上、向右划弧绕至身后，左手向下、向左绕至身前；目视右扇。

2. 上步绕扇

身体左转，右脚向前上步，脚尖内扣；右手握扇向下、向前划弧绕至头前上方，左掌翻转收至左腰间；目视右扇。

3. 叉步反撩

身体拧腰右转，左脚向右脚后方（东）插出，成右叉步；同时右手握扇向左、向下、向后反手开扇撩出；左掌向左、向上划弧举至头侧上方，掌心向上；目视右侧。

要点：

（1）动作要连贯，叉步与开扇亮掌要整齐。

（2）撩扇方向为正东，右臂斜向下；扇骨与右臂平行，扇沿斜向上。

（3）叉步时，右脚尖外撇，右腿屈膝，左脚跟提起，左腿蹬直，塌腰挺胸，上体右转。

（二十一）立马扬鞭（点步挑扇）

1. 转身挑扇

右腿直立，身体左转；右手持扇向前、向上挑举至头侧上方，右臂伸直；左掌收至胸前；目视前（西）方。

2. 点步推掌

左脚上步，脚前掌轻点地面，右腿伸直，成点立步（高虚步）；同时左掌向前侧立掌推出，掌心向右；目视前方。

要点：

（1）挑扇时右臂伸直，摆动上举。

（2）点立步时重心在后腿，前脚掌虚点地面，两腿皆挺膝伸直，上体向上伸拔。

（3）推掌高与肩平，方向为正西。

（二十二）怀中抱月（歇步抱扇）

左脚跟移动，脚尖外撇，身体左转，两腿交叠，屈蹲成歇步；右手持扇翻转，抱于胸前，手心向内；左掌收至扇根内侧，掌心斜向下；目视前（南）方。

要点：

两臂合抱，贴近胸前，右手持扇在外，扇面与身体平行，方向为正南。

（二十三）迎风撩衣（并步贯扇）

1. 上步合扇

两腿直立，身体微向右转，右脚向右上步，脚尖内扣；同时左掌向左前方，右手向右后方分摆，顺势将扇合上；目视右侧。

2. 并步贯打

左脚向右脚并步直立，身体左转；同时左掌变拳收至左腰间，拳心向上；右手握扇向前、向左贯打，停于右肩前，拳心向下，虎口向左；向左甩头，目视左（西）侧。

要点：

（1）此动作采自长拳动作，要求顶头、挺胸、收腹、挺膝，贯打与并步、转腰、甩头协调一致。

（2）并步方向为正南，甩头方向为正西。

（二十四）翻花舞袖（云手劈扇）

1. 云扇摆掌

身体左转，右手握扇向左平摆，左拳变掌，从右腋下向右穿伸；随之仰头挺胸，上体右转，右手在头上向后、向右云摆至右上方；左掌内旋向前、向左云摆至身体左侧；目视右扇。

2. 弓步劈扇

身体左转，右腿向右侧开步，左腿屈弓成左侧弓步；右手持扇向左下方斜劈，左掌收至右臂内侧；两臂交叉合抱，左臂斜向上，右臂斜向下；目视左前下方。

要点：

（1）云扇摆掌源于京剧云手动作，应以转腰、仰头、挺胸、转头来带动两手云摆，同时配合两臂内旋。

（2）劈扇时，开步向西，身体转向东南。

（二十五）霸王举旗（歇步亮扇）

1. 转腰摆扇

身体右转，重心右移；右手握扇向下、向右摆至体侧；左掌向上，向左划弧分开；目视右侧。

2. 歇步亮扇

身体左转，左脚向右腿右后方插步，两腿交叠屈蹲下坐，成歇步；右手直臂上举，侧立开扇于头侧上方；左掌立掌收至右胸前，掌心向右；甩头转视左前（东）方。

要点：

（1）亮扇与动作（三）白鹤亮翅相同，区别在于右臂在头侧直臂上举。

（2）歇步、开扇、收掌、甩头要协调一致。

（二十六）收势（抱扇还原）

1. 开扇托抱

身体起立，左脚向前上步，脚尖内扣，身体右转成开立步；两手托扇抱于腹前，手心皆向上，扇面与身体平行，方向朝南；目视前方。

2. 合扇举抱

身体不动，两手分开，顺势合扇；两手经体侧划弧抱于体前，两臂撑圆，扇顶向上；目视扇顶。

3. 垂臂还原

左脚收回，两臂自然下垂至体侧，身体还原成预备姿势，目视前方。

要点：

要求舒松自然。

第四节　双节棍

一、双节棍的历史沿革

双节棍，也叫两节棍，是一种集硬器械的刚猛与软器械的屈伸于一体的武术器械。20世纪70年代后，双节棍逐渐在世界各地流传开来。这不仅与双节棍自身易携带、易习练、趣味性强有关，也与武打电影演员李小龙的魅力有关。李小龙以双节棍为常用器械，使用时绕身翻飞、所向披靡，吸引了大批青少年武迷和影迷。李小龙对继承与弘扬双节棍起到了重要作用。

双节棍的原型，可追溯至古代的生产工具。在早期的农耕文明中，有一种名为“连枷”的农具。“连枷”由木棍长柄的一端用铁环连接一节较短的硬木栅板或铁木混缠物制成。使用时握柄上扬，带动栅木，向下斜抽，击打谷物，使籽粒脱落。至唐代，这种打谷场上的农具被军事家运用到战场上，他们利用“连枷”可以向各个方向鞭打的技击特点，对付已经攀登到城头的敌兵，打击敌人露出垛口的手和头，使“连枷”成为当时有效的守城兵器。

至宋代，“连枷”已逐步演化成骑兵兵器——“铁链夹棒”。北宋官修武备书籍《武经总要》中已有关于“铁链夹棒”的配图与详细记载。它的形状很像农民打谷的“连枷”，用坚硬重木制作，梢端用铁包裹，长四五尺。

宋代之后，流行于军中的“铁链夹棒”逐步演进为武术器械“梢子棍”。这种梢子棍分为“大梢子棍”“小梢子棍”，小梢子棍又称“手梢子”。“梢子棍”由两节组成，长棍为棍身，短棍为“梢子”，棍身、梢子连接端各有一铁箍，箍上带环，两节以铁环相连。“大梢子棍”棍身长约四尺，梢子长约一尺五寸，使用时，一般手持长棍带动短棍，劈、扫、挂、甩，也有持短棍抡动长棍的招法。

近现代以来，“梢子棍”流传于我国的中西部地区，有“大连枷棍”“梢子棍”“手梢子”等名称。“大连枷棍”主要流行于甘肃陇东一带。“梢子棍”又称双节棍，多流行于中西部，尤其是西北的甘肃、宁夏、青海一带，与目前流行的双节棍有最直接的演进关系，携带方便，杀伤力强，有单手梢子、双手梢子之分，技法与现代的单手双节棍和双手双节棍相近。

经过一千多年的绵延流传，战场上的“连枷”“铁链夹棒”“梢子棍”逐步演变为一种集健身娱乐、自卫防身于一体的武术运动器械——双节棍。

二、双节棍简介

（一）双节棍的材质

双节棍的基本技法与器械本身的材质和结构有关。制作双节棍棍体的材质有多种，如钢、硬木、橡胶、塑管等。

双节棍棍体之间的棍链常用钢链、尼龙绳、牛筋绳等制作。用于运动锻炼的双节棍棍体，多以橡胶或塑管外套海绵制成。

（二）双节棍的规格

双节棍的规格，可用棍径、棍长、链长、总长来描述，以下为一般规格。

棍径：棍身直径2.5～3厘米。

棍长：每节棍长30厘米。

链长：链长15厘米。

总长：双节棍全长约75厘米。

根据练习者的身高，棍和链长可以相应加长或缩短。练习者在训练时可握持其中任意一棍。一般将手先握的一棍称为A棍，另一棍称为B棍。

（三）双节棍的基本技法

由于双节棍的两端是属于硬器械的两节短棍，中间是属于软器械的铁链或绳索，具有集软、硬器械于一体的形制特点，从而形成了叠棍短打、展棍长击、叠展转换、把法灵活等基本技法。

1. 叠棍短打

利用棍链可屈伸的结构特点，将双节棍叠合为一体，可发挥其短小坚硬的特点，运用格、拦、戳、点等技法。

2. 展棍长击

将双节棍展开，持握其中一节棍体，挥动另一棍体，使力点达于棍体前端，发挥横扫一片，纵向劈、撩、挂、打的技法，还可利用中间的环链，运用绞、缠、绕转等技法。

3. 叠展转换

双节棍时叠时展，时短时长，上下左右出棍没有定数，可增加技击的迷惑性和演练的观赏性。

4. 把法灵活

双节棍的A棍、B棍和环链部，都可作为握持部位。握任一棍体，均可应用前述“展棍长击”的技法。而且，棍体的把、体、梢各部均可握持。握持的部位不同，运用的技法亦有不同。还可以握持环链部，采用“运转中间、使用两端”的打法以及做出舞花类动作。

三、双节棍一段单练套路

（一）动作名称

预备式：并步直立

第一小节

（1）起势；

（2）进步弹棍；

（3）收棍叠握；

（4）叠棍左斜劈；

（5）叠棍右斜劈。

过渡式

第二小节

（6）退步腋下换手；

（7）收棍叠握；

（8）叠棍右下击；

（9）叠棍左下击；

（10）收势。

（二）动作要领

1. 起势

并步直立→行礼→基本式→射棍→侧立圆舞花→夹棍弓步推掌。

右手叠握棍并步直立，行礼；身体左转的同时，右脚后退半步成基本式；随即右脚上步，右手向前射棍，棍链拉直时做正侧立圆舞花，正反各3圈，左手护于颌下中线处；右手持棍上挑至右肩上，做反侧立圆舞花（3圈）夹棍，同时右脚进半步，左手前推掌，成夹棍弓步推掌。

动作要点：上步、舞花夹棍、推掌要同时完成，做到手、眼、身、法、步协调一致。

2. 进步弹棍

右手持A棍向前弹击，带动B棍向前鞭打；左手掌护于胸前，等B棍攻至水平最远点时，回抽A棍，使B棍弧形收回腋下，成夹棍式。套路练习中，连续进步做3次弹棍后，成夹棍弓步推掌。

动作要点：进步时，后脚蹬地，前脚进一小步，后脚跟进相同距离，原姿势不变；B棍前弹时，利用身体左转的力量，整体发力，力达棍梢端。

3. 收棍叠握

右手持棍，顺势向前下弹落至体侧成垂棍式；同时左手掌护于颌下中线处，随即右手向上提收棍，成叠握棍。

动作要点：收棍时，右手前送，高于肩时顺势回带A棍，使B棍与A棍成叠握棍。

4. 叠棍左斜劈

右手叠握棍右侧上举，左手向外打开；随即左脚上步，右手持棍向左前下斜劈，力达棍把端，身体略向左转，左手回收护于右肩前；目视前下方。

动作要点：右手持棍向左前下斜劈，力达棍把端，身体略向左转。

5. 叠棍右斜劈

右脚上步，同时右手顺势向左肩上举；随即向右前下斜劈，力达棍把端，同时身体略向右转；目视前下方左手。

动作要点：右手持棍向右前下斜劈，力达棍把端，身体略向右转。

过渡式：上挑反弹→侧立圆舞花夹棍→弓步推掌。

收右脚的同时松开B棍，右手握A棍上挑反弹，上右步，正侧立圆舞花（3圈）夹棍，成弓步推掌。

动作要点：上步、舞花夹棍、推掌要同时完成，做到手、眼、身、法、步协调一致。

6. 退步腋下换手

右脚退步，身体向右侧闪的同时腋下换手，成右腋下持棍式；随即左脚退步，身体向左侧闪的同时腋下换手，成左腋下持棍式；同理，再换回右手，目视前方。

动作要点：右脚向后退一步，左脚蹬地转体成侧右弓步；左脚退步同理。

7. 收棍叠握

右手持棍，向前下劈落至体侧成垂棍式；左手掌护于右肩前，随即向前上撩起，收棍成叠握棍；目视一侧。

动作要点：收棍时，右手前送上抬，高于肩时顺势回带A棍，使B棍与A棍成叠握棍。

8. 叠棍右下击

右手持棍，经左侧绕举至头左上侧；随即向右划弧向斜下劈击，力达右侧；目视击打点。

动作要点：叠握棍时，手的位置要靠近梢端，下击时要转体发力。

9. 叠棍左下击

左脚退步，右手持棍，经右侧绕举至头右上侧；随即向左下劈击；目视击打点。

动作要点：退步、闪身、劈击要协调一致，以身带手，力达棍把。

10. 收势

并步直立腋下持棍→侧立圆舞花→半马步夹棍推掌→行礼→并步还原。

收右脚，上挑反弹，体侧立圆舞花，右脚退步成夹棍式；随即两腿下蹲成半马步，左掌向外推出成半马步推掌，收回右脚并于左脚内侧，右臂松开B棍，落于右手，与A棍叠握成并步直立；行礼，并步还原。

动作要点：撤步、舞花夹棍、摆头推掌要干净利索，有气势，做到手、眼、身、法、步协调一致。

第十四章　健身气功

本章导读

◆ 了解健身气功的基础理论知识

◆ 了解健身气功·八段锦的基础理论知识

◆ 了解健身气功·大舞的基础理论知识

◆ 掌握健身气功·八段锦的练习方法及功理作用

◆ 掌握及健身气功·大舞的练习方法及功理作用

健身气功是中华民族历史悠久的体育项目，它具有好学易练、动作舒缓等诸多优点。实践证明，健身气功具有明显的强身健体效果。不过，在练习前我们应掌握相关的基础理念，否则不仅不能实现最佳的健身效果，还容易出现一些问题，危害健康。

第一节　健身气功概述

一、健身气功的定义与界定

1996年8月5日，中共中央宣传部、国家体委、卫生部、民政部、公安部、国家中医药管理局、国家工商行政管理总局联合下发《关于加强社会气功管理的通知》，第一次提出健身气功的定义。健身气功是把练习者自身的形体活动、呼吸吐纳、心理调节结合起来的一种运动形式。

就表面意思而言，健身气功这个概念是由健身和气功两个词有机构成的。它们代表不同的领域，同时彼此之间又存在千丝万缕的联系。健身的途径很多，气功是其中非常重要的一种，所以在这里，用“气功”限定了健身的方法手段。同样气功也拥有很多功能效用，健身只是其中之一，所以在这里用“健身”限定了气功的功能。健身气功就是健身和气功两者协调统一的产物。

对于健身，我们在理解上不会存在什么问题。长期以来，气功在人们心中具有一定的神秘感。根据《中医气功学》的说法，气功是调身、调息、调心合为一体的身心锻炼技能。调身（调节形体）、调息（调节呼吸）、调心（调节意念）在气功学里简称为“三调”。也就是说，“三调”和谐统一时，练习者才能达到身心合一的境界。“三调”合一的状态或境界是气功修炼的基本特征。

单纯从操作角度来看，各种体育运动的活动内容也与“三调”相关。以跑步为例，运动员进行预备活动是为了调整形体，憋住一口气是为了调整呼吸，认真听取发令枪的声音准备出发是为了调整意念。虽然“三调”都存在，但是体育运动并不能算作气功中的一种。因为体育运动的“三调”是分开操作的，三者并没有融为一体；而气功修炼的特点是达到“三调”合一的境界。是否达到“三调”合一的身心状态是气功与体育运动的基本区别。

了解气功的定义及气功与体育运动的区别之后，就更加容易理解健身气功。健身气功是体育运动和气功的交集。一方面，它保留了体育运动的基本目的——健身；另一方面，它以气功作为基本的练习方式，改变了体育运动“三调”分离的状态，并以气功“三调”合一的状态作为蓝本。这样，健身气功形成了自己的特征，成为一种独立的运动形式。

如今，健身气功已经成为一项民族传统体育项目，主要包括八段锦、十二段锦、易筋经、五禽戏、六字诀、大舞、导引养生功十二法、马王堆导引术、太极养生杖和四十八式太极拳等。这些功法动作柔和、舒缓，运动强度较小，练习起来比较简单，而且对场地要求并不严格，再加上明显的强身健体效果，健身气功已经成为大众喜闻乐见的健身选择之一。

二、健身气功的要素

我国传统中医理论认为，身心合一是人健康的重要特点，也是人强身健体追求的目标。健身气功分别用“形”和“神”来概括人的身体和精神，并把“气”作为连接“形”和“神”之间的纽带，从而使三者形成一个有机的整体。健身气功的要素包括调身、调息、调心。

（一）调身

调身是调息和调心的前提，是练习健身气功的基础。健身气功对调身的基本要求是形正体松，就是要求练习者在做各种姿势和动作时，做到身体中正安舒、松紧适度；动作柔和缓慢、圆活连贯；练功过程中刚柔并济、动静结合。只有这样才能保证练功的效果，并实现强身健体的目的。调身只是锻炼身体的基础和手段，只有形正体松，才能做到气定神敛。

（二）调息

中医理论认为，“一呼一吸为一息”。所以，所谓调息就是指自觉主动地调整和控制呼吸，通过改变它的频率、深度等，使之符合练功要求和目的。调息是健身气功“三调”中的重要环节和方法。传统气功中所讲到的吐纳、练气、调气、服气、食气等，都属于调息的范畴。

调息的方法有很多，在练功过程中经常用到的主要有三种。

（1）自然呼吸。练习者不熟悉功法套路时通常采用此呼吸方法。

（2）腹式呼吸。练习者在练习大部分功法的过程中都采取这种呼吸方法，它可以帮助练习者把呼吸调整得又细又长，帮助练习者尽快进入练功的状态。

（3）提肛呼吸。它是把提肛动作和呼吸配合起来的一种练习方法。

调息的基本要求是呼吸均匀细密，柔和深长。不过，有一点要注意，不能刻意追求、生搬硬套，逐步练习、顺其自然即可。调息是沟通调身和调心的桥梁，调心才是要达到的终极目标。

（三）调心

所谓调心，就是练习者在练功过程中自觉主动地对自我的心理活动做出调节和控制，并使之符合练功的要求。调心是健身气功“三调”中最重要的环节。

调心的方法很多，主要可以归为两大类：一类是“以一念代万念”的意守类；另一类是“以念制（治）念”的存想类。前者是指把注意力全部集中到某一处，以此来排除私心杂念，逐渐达到练功的要求和目的；后者是指在调身、调息及基本安静的状态下，把注意力全部集中到一个预设好的目标之上，通过这种有序化意念思维的“正念”，来不断排除杂念，从而达到练功的要求和目的。

调心的基本要求是精神放松、意识平静。无论何种形式、何种方法的调心都是为意（神）、气、形的和谐统一服务的。精神放松、意识平静会使练习者很快进入松静自然的练功状态中，有助于强身健体、养生康复。

总之，调身、调息、调心三者是密不可分的。三者紧密结合在一起，达到和谐统一，才能使强身健体的效果尽早实现。

三、健身气功锻炼的基本原则

在练习健身气功的过程中，应遵守一定的基本原则。这些原则是人们在长期的健身气功锻炼实践基础上不断总结得来的，并成为后来练习者练功时的重要依据。健身气功锻炼的基本原则包括目的性原则、适应性原则和效率性原则。

（一）目的性原则

一方面，练习健身气功，本身就是为了达到强身健体的目的；另一方面，我们要掌握练习每一个具体动作和招式的目的，明确这些动作和招式的含义。就第一个方面而言，练习健身气功的目的是追求健康。可是，健康的含义又是什么呢？健康是身心合一的状态，具体来说，就是身体各个器官和各个系统的和谐状态。中医学的“五行生克、过犹不及”讲得就是这个状态。就第二个方面而言，练习者要掌握某个具体动作的运动机理，这样才便于练习者选择适合自己的功法，并不断积累练功心得。事实上，目的性原则的这两个方面是相辅相成的。只有掌握具体动作的运动机理，才能实现和谐发展；只有明确练习健身气功的目的，才会产生练习和掌握具体动作的需要。

（二）适应性原则

因为健身气功可以调节练习者身心两个方面，所以，适应性原则也包括生理适应和心理适应两个方面。个体有比较好的适应和调节能力，在遇到突发情况时会爆发应激反应，这些反应是我们练习健身气功的重要帮手。产生适应的前提是刺激，没有刺激就没有适应；而变化是刺激产生的源泉，没有变化就不会有刺激。健身气功锻炼的适应性原则就是从变的意义上来讲的。在练习健身气功的过程中，练功者会旋转双掌，会变换步法，会升降双臂。这些变化都体现了适应性原则。另外，练习健身气功时的松紧相间、刚柔并济、动静结合等要领也是适应性原则的体现，它们强调的是一种心境上的转变。

（三）效率性原则

效率性原则是指在同样的锻炼时间内，达到更好的健身效果。健身效率的提高需要正确的锻炼方法和锻炼手段作为指导，具体来说是指形、气、意三者达到合一的程度。只有这三者真正达到了协调统一，效率性原则才能真正实现。

练习者在练习健身气功之前，应了解锻炼的基本原则，这样才能正确、有效地锻炼，达到养生保健的目的。

四、健身气功的特点

健身气功是一项具有鲜明个性特色的健身活动。它不是简单的健美操，更与普通的气功不同。“三调”合一、保健养生、身心健康的双重调节是健身气功区别于其他运动形式的三个特点，体现了健身气功的独特性。

（一）“三调”合一

健身气功强调调身、调息、调心密切配合。调身、调息、调心分别与人体的形、气、神相对应，而形、气、神合一则意味着人们身体素质得以改善，强身健体的目标得以初步实现。

（1）调身是健身气功锻炼的基础。调身通过将人体的姿势调整到最自然、最舒适的形态，来疏通练习者全身的经络，使气血流动畅通无阻，神经系统得到很好的调节。

（2）调息是沟通调身和调心两者的桥梁。匀细深长的呼吸方式有助于呼吸中枢功能的改善，另外，它还可以调整交感神经、副交感神经的功能，增强它们的张力，并起到调整相应内脏器官和组织的作用。

（3）调心是“三调”中的重中之重，是练习者要达到的终极目标。调心可以帮助练习者不断地排除杂念和各种不良心理，逐渐建立良好的心理状态，促使良性思维的能动作用得以发挥。调心更是调节大脑和脏腑功能的良药。

调身、调息、调心三者达到统一，是健身气功最初的目标。

（二）保健养生

健身气功通过修炼精气神来发挥养生保健、抗衰防老的作用。古语有云：“天有三宝日月星，地有三宝水火风，人有三宝精气神。”由此可见，精气神在人的生命活动中起着非常重要的作用。健身气功练习讲究“内练精气神，外练筋骨皮”，其中“内练精气神”就是指逐步达到精足、气充、神旺，发挥养生保健、抗衰防老的功效。

“精”，是人体中一切有益的精华成分。它有先天和后天之分。其中，先天之精是人本身所固有的，后天之精是通过五脏六腑不断与外界交换物质而形成的。健身气功练习能使先天之精和后天之精逐渐充盈，提高人体精力和生殖能力。

“气”，是人体的生命活力，也有先天和后天之分。健身气功练习可以使先天之气和后天之气逐渐充足，增强人体的免疫功能和生理功能。

“神”，是人体的意识、思维和智慧。它与人们的心脏和大脑关系最为密切。健身气功练习可以帮助人们拥有良好的心态，调节心理功能，提高大脑功能。

精气神合一是健身气功强身健体目标得以实现的内在基础。

（三）身心健康

健身气功是一种生理和心理双重修炼的养生保健术，也是讲究动作和呼吸紧密配合的功法。它既能增强五脏六腑和全身各组织的生理功能，又能调节人的心理。

第二节　健身气功·八段锦

老少皆宜的八段锦至今已有千余年历史。相传它由宋太祖赵匡胤所创，因为宋太祖的大力推行，八段锦自宋朝开始就流传甚广。八段锦还被称为古代版的女子防身术。古时女子多缠足，八段锦动作精巧细腻，不必耗费过多体力，因此成为当时女子的最爱。

一、八段锦功法的特点

现代八段锦结合传统八段锦的优势，套路更加体系化，编排也更加合理。它充分考虑人们的运动强度，以运动学和生理学规律为准绳，使八段锦成为一种轻松有力的有氧运动。整套功法增加的预备势和收势使得八段锦更加规范和有规律可循。概括地讲，八段锦的功法特点主要体现在以下几个方面。

（一）柔而不散，缓慢连贯

八段锦首先锻炼的是人们机体的柔韧性和连贯性。

“柔而不散，缓慢连贯”是指练习者要以柔和的姿态和缓慢的动作进行练习，并注意不要停顿。练习者必须先稳住重心，然后再调整动作。“柔和”“缓慢”“连贯”都是对动作提出的要求。

“柔和”是指练习时要舒展自如，充分放松，以大方的动作去舒活自己的筋骨，讲究身体的柔韧度。练习者如果能使自己的动作既不僵硬，也不拘束，那就达到了“柔和”所要求的境界。

“缓慢”有稳住身体重心之意，它的中心要领就是“慢”。练习者既不需要像做其他运动一样讲究速度，也不需要拿捏动作的程度，能做到重心不摇摆、虚实分明就可以了。身体重心在运动过程中起着保持身体平衡的作用。在八段锦功法中，每一个招式都伴随步法的变化。脚下不稳容易使上肢发生摇摆，影响上肢动作的准确性。所以，重心不摇摆是八段锦动作到位的重要保证。

“连贯”是对动作的衔接性所提出的要求。因为八段锦的编排是以运动学和生理学的自然规律为准绳的，所以要求每个动作符合人体各个活动关节自然屈曲的状态。运动学和生理学的自然规律是非常个性化的，它们与练习者本身紧密相关。练习者的身体素质、肌肉的承受能力、关节的灵活程度等都是重要的参考标准。以这两个规律为准绳，练习者的全身运动才能形成一个闭合的循环，才能达到练习八段锦的最佳效果。也就是说，练习八段锦要讲究动作和姿势的衔接，虚实结合，拳脚结合，不能有时断时续的情况发生。

练习八段锦，只有做到“柔而不散，缓慢连贯”，才能体会到行云流水般的酣畅，才能感知春蚕吐丝般的绵密。这时，练习者才会感受到身体上的放松、精神上的振奋，从而达到疏通经络、畅通气血和强身健体的效果。

（二）动静结合，松紧适宜

八段锦讲究意念和动作的结合，将动作置于意念的支配之下，做到身心合一、手随心动、腿由心发。

“动”是指练习者要在意念的引导下将动作连贯自然地打出，讲究动作的活泼轻灵，而不是盲目地快打快踢。“静”的底蕴是招式沉稳。从表面上看，动作会略显停顿，但实际上并没有停顿，而是将内劲很好地接续起来，肌肉也在继续用力。虽然动作看起来很慢，却保持了对肌肉的拉伸牵引，效果并没有减弱。如果能够很好地将动静结合起来，那么就能使肌肉的拉伸处在一个适度的状态中，使相应的部位受到一定的强度刺激，从而有助于锻炼效果的提高。

“松紧适宜”是指要将意识和动作很好地结合起来，以意识来主导动作，以动作来促进意识的放松。其中，“紧”是把握动作衔接的关键点，“松”是动作的出发点和归宿。具体来说，“紧”是指要注重动作的连贯性。练习者在练习八段锦的过程中总是会缓慢地出招，同时保持适度的原则。在这一过程中，应注重前一动作结束与下一动作开始的衔接。“左右开弓似射雕”的马步拉弓和“五劳七伤往后瞧”的转头旋臂都是如此。与“紧”相对应的“松”有两层含义：一是作为出发点。要想达到前面所述“紧”的状态，就要先放松肌肉和关节，同时放松内脏器官和产生意识的中枢神经系统。只有不断地加深放松程度，才能加强意识的主导作用，才能在出招时不慌不乱，有序衔接。二是作为归宿。当“紧”的状态达成时，肌体会感到轻松和愉悦，从而使中枢神经系统和内脏器官更加放松。“紧”在动作中只有一瞬间，而“松”须贯穿动作的始终。松紧配合适度，有助于平衡阴阳、疏通经络、分解黏滞、滑利关节、活血化瘀、强筋壮骨、增强体质。

练习者在练习过程中做到动静结合、松紧适宜，才能在练功过程中感到身心愉悦，才能达到疏通经络、强身健体的效果。

（三）神形合一，气寓其中

八段锦所要锻炼的第三个方面就是神形合一，养成自己独特的真气。这里所说的“真气”与孟子所言的“浩然之气”有异曲同工之妙。“浩然之气”是我国古代著名思想家孟子创造的一个词语，它对两千多年来中华民族传统思想道德产生了深远的影响。这个词一般用来形容一种刚正宏大的精神。浩然之气是从凝聚了正义和道德的人的心中产生的，需要经过长期的修炼和积累，不能靠口头言语来代替。

“神为形之主，形乃神之宅。”神，主要是指人体的精神状态和正常的意识活动，同时涵盖在意识支配下的形体表现。神和形是相互作用、相互影响的。形体是精神的载体，精神是形体的领导中心。如果只有精神上的意念没有形体上的配合，意念只是一堆空想；如果只有形体上的动作而没有精神上的指导，形体只是一堆行尸走肉。

具体到八段锦功法中，如果只有神而没有形的配合，八段锦就只是一段存在于头脑中的观念。如果只有形而没有神的主导，八段锦就只是一些动作的简单堆砌，并不能起到疏通经络的功效。练习者领会了八段锦中动作编排与意识之间的对称与和谐的关系，才能做到意动形随、神形兼备。

练习者达到神形合一，“浩然之气”自然应运而生。当精神的修养和形体的锻炼达到一定程度时，一股独特的真气就会在体内形成并运行，从而在一定程度上达到强身健体的功效。另外，值得注意的一点是练习本功法时，呼吸应顺畅，不可强吸硬呼。

二、八段锦的练习要领

（一）松静自然

松静自然，是练功的基本要领，也是根本的法则。松，是指精神与形体两方面的放松。精神的放松，主要是指解除心理和生理上的紧张状态；形体上的放松，是指关节、肌肉及脏腑的放松。放松是由内到外、由浅到深的锻炼过程，使形体、呼吸、意念轻松舒适无紧张之感。静，是指思想和情绪要平稳安宁，排除一切杂念。放松与入静是相辅相成的，入静可以促进放松，而放松又有助于入静，两者缺一不可。

自然，是指形体、呼吸、意念都要顺其自然。具体来说，形体自然，要合于法，一动一势要准确规范；呼吸自然，要莫忘莫助，不能强吸硬呼；意念自然，要“似守非守，绵绵若存”，过于用意会造成气滞血淤，导致精神紧张。需要指出的是，这里的“自然”决不能理解为“听其自然”“任其自然”，而是指“道法自然”，需要练习者在练功过程中仔细体会，逐步把握。

（二）准确灵活

准确，主要是指练功时的姿势与方法要正确，合乎规范。在学习初始阶段，基本身形的锻炼最为重要。本功法的基本身形，通过功法的预备势进行站桩锻炼即可，站桩的时间和强度可根据不同人群的健康状况灵活掌握。在锻炼身形时，要认真体会身体各部位的锻炼要求和要领，克服关节肌肉酸痛等不良反应，为放松入静创造良好条件，为学习掌握动作打好基础。在学习各式动作时，要对动作的路线、方位、角度、虚实、松紧分辨清楚，做到姿势工整、方法准确。

灵活，是指练习时对动作幅度的大小、姿势的高低、用力的大小、数量的多少、意念的强弱、呼吸的快慢等，应根据自身情况灵活调整，特别是老年人和体弱者，更要注意。

（三）练养相兼

练，是指形体运动、呼吸调整与心理调节有机结合的锻炼过程。养，是通过上述练习，身体出现的轻松舒适、呼吸柔和、意守绵绵的静养状态。练习本功法，要求动作姿势工整、方法准确的同时，要根据自己的身体情况，调整好姿势的高低和用力的大小。对有难度的动作，一时做不好的，可逐步完成。对于呼吸的调节，可在学习动作期间采取自然呼吸，待动作熟练后再结合动作的升降、开合与自己的呼吸频率有意识地进行锻炼，最后达到“不调而自调”的效果。对于意念的把握，在初学阶段重点应放在动作的规格和要点上，动作熟练后要遵循似守非守、绵绵若存的原则进行练习。

练与养是并存的，不可截然分开，应做到“练中有养”“养中有练”。在练习中，要合理安排练习时间、动作数量，把握好强度，处理好“意”“气”“形”三者的关系。从广义上讲，练养相兼与日常生活也有着密切的关系。能做到“饮食有节、起居有常”，保持积极向上的乐观情绪，将有助于提高练功效果，增进身心健康。

（四）循序渐进

八段锦对于初学者来说有一定的学习难度和运动强度。因此，在初学阶段，练习者首先要克服由于练功而给身体带来的不适，如肌肉关节酸痛、动作僵硬、手脚配合不协调等。只有经过一段时间和数量的练习，才能做到姿势逐渐工整、方法逐步准确、动作的连贯性与控制能力不断提高、对动作要领的体会不断加深、对动作细节更加注意，等等。

在初学阶段，本功法要求练习者采取自然呼吸方法。待动作熟练后，逐步对呼吸提出要求，练习者可采用练功时的常用呼吸方法——腹式呼吸。在掌握呼吸方法后，开始注意同动作进行配合。这其中也存在一个适应的过程，不可急于求成。最后，逐渐达到动作、呼吸、意念的有机结合。

由于不同练功者的体质状况及对功法的掌握程度存在差异，其练功效果不尽相同。良好的练功效果是在科学练功方法的指导下，随着时间和练习数量的积累而逐步达成的。因此，练习者不要“三天打鱼，两天晒网”，应持之以恒，循序渐进，合理安排运动量。

三、八段锦的动作要点及健身作用

（一）预备势

动作要点：

（1）头向上顶，下颏微收，舌抵上颚，双唇轻闭；沉肩坠肘，腋下虚掩；胸部宽舒，腹部松沉；收髋敛臀，上体中正。

（2）呼吸徐缓，气沉丹田，调息6～9次。

易犯错误：

（1）抱球时，大拇指上翘，其余四指斜向地面。

（2）塌腰，跪腿，八字脚。

纠正方法：

（1）沉肩坠肘，指尖相对，大拇指放平。

（2）收髋敛臀，命门穴放松；膝关节不超越脚尖，两脚平行站立。

功理与作用：

宁静心神，调整呼吸，内安五脏，端正身形，从精神与肢体上做好练功前的准备。

（二）功法练习

第一式：两手托天理三焦

动作要点：

（1）两掌上托，舒胸展体，略有停顿，保持抻拉。

（2）两掌下落，松腰沉髋，沉肩坠肘，松腕舒指，上体中正。

易犯错误：

两掌上托时，抬头不够，继续上举时松懈断劲。

纠正方法：

两掌上托，舒胸展体，缓慢用力，下颌先向上助力，再内收配合两掌上撑，力在掌根。

功理与作用：

（1）通过两手交叉上托，缓慢用力，保持抻拉，可使“三焦”通畅、气血调和。

（2）通过拉长躯干与上肢各关节周围的肌肉、韧带及关节软组织，对防治肩部疾患、预防颈椎病等具有良好的作用。

第二式：左右开弓似射雕

动作要点：

（1）侧拉之手五指要并拢屈紧，肩臂放平。

（2）八字掌侧撑需沉肩坠肘，屈腕，竖指，掌心涵空。

（3）年老或体弱者可自行调整马步的高度。

易犯错误：

端肩，弓腰，八字脚。

纠正方法：

沉肩坠肘，上体直立，两脚跟外撑。

功理与作用：

（1）展肩扩胸，可刺激督脉和背俞穴；同时刺激手三阴经、手三阳经等，可调节手太阴肺经等经脉之气。

（2）可有效发展下肢肌肉力量，提高平衡和协调能力；增加前臂和手部肌肉的力量；提高手腕关节及指关节的灵活性。

（3）有利于矫正不良姿势，如驼背及肩内收，有效预防肩、颈疾病等。

第三式：调理脾胃须单举

动作要点：

力在掌根，上撑下按，舒胸展体，拔长腰脊。

易犯错误：

掌指方向不正，肘关节没有屈曲度，上体不够舒展。

纠正方法：

两掌放平，力在掌根，肘关节稍屈，对拉拔长。

功理与作用：

（1）通过左右上肢一松一紧的上下对拉（静力牵张），可以牵拉腹腔，对脾胃、肝胆起到按摩作用；同时可以刺激位于腹、胸肋部的相关经络以及背俞穴等，达到调理脾胃、肝胆和疏通脏腑经络的作用。

（2）本式动作可使脊柱内各椎骨间的小关节及小肌肉得到锻炼，从而增强脊柱的灵活性与稳定性，有利于预防和治疗肩、颈疾病等。

第四式：五劳七伤往后瞧

动作要点：

（1）头向上顶，肩向下沉。

（2）转头不转体，旋臂，两肩后张。

易犯错误：

上体后仰，转头与旋臂不充分或转头速度过快。

纠正方法：

下颌内收，转头与旋臂幅度宜大，速度均匀。

功理与作用：

（1）“五劳”指心、肝、脾、肺、肾五脏劳损；“七伤”指喜、怒、悲、忧、恐、惊、思七情伤害。本式动作通过上肢伸直外旋扭转的静力牵张作用，可以扩张牵拉胸腔、腹腔内的脏腑。

（2）本式动作中往后瞧的转头动作，可刺激颈部大椎穴，达到防治“五劳七伤”的目的。

（3）本式动作可增加颈部及肩关节周围参与运动肌群的收缩力，增加颈部运动幅度，活动眼肌，预防眼肌疲劳以及肩、颈与背部等疾患。同时，改善颈部及脑部血液循环，有助于缓解中枢神经系统疲劳。

第五式：摇头摆尾去心火

动作要点：

（1）马步下蹲要收髋敛臀，上体中正。

（2）摇转时，颈部与尾闾对拉伸长，好似两个轴在相对运转，速度应柔和缓慢，动作圆活连贯。

（3）年老或体弱者要注意动作幅度，不可强求。

易犯错误：

（1）摇转时颈部僵直，尾闾摇动不圆活，幅度太小。

（2）前倾过大，使整个上身随之摆动。

纠正方法：

（1）上体侧倾与向下俯身时，下颌不要有意内收或上仰，颈椎部肌肉尽量放松伸长。

（2）加大尾闾摆动幅度，应上体左倾、尾闾右摆，上体前俯、尾闾向后画圆，头不低于水平，使尾闾与颈部对拉拔长，加大旋转幅度。

功理与作用：

（1）心火，即心热火旺的病症，属阳热内盛的病机。通过两腿下蹲，摆动尾闾，可刺激脊柱、督脉等；通过摇头，可刺激大椎穴，从而达到疏经泄热的作用，有助于去除心火。

（2）在摇头摆尾过程中，脊柱腰段、颈段大幅度侧屈、环转及回旋，可使整个脊柱的头颈段、腰腹及臀、股部肌群参与收缩，既增加了颈、腰、髋的关节灵活性，也增强了这些部位的肌力。

第六式：两手攀足固肾腰

动作要点：

（1）反穿、摩运要适当用力，至足背时松腰沉肩，两膝挺直，向上起身时手臂主动上举，带动上体立起。

（2）年老或体弱者可根据身体状况自行调整动作幅度，不可强求。

易犯错误：

（1）两手向下摩运时低头，膝关节屈曲。

（2）向上起身时，起身在前，举臂在后。

纠正方法：

（1）两手向下摩运要抬头，膝关节伸直。

（2）向上起身时，要以臂带身。

功理与作用：

（1）通过前屈后伸可刺激脊柱、督脉以及命门、阳关、委中等穴，有助于防治生殖泌尿系统方面的慢性病，达到固肾壮腰的作用。

（2）通过脊柱大幅度前屈后伸，可有效发展躯干前后伸屈脊柱肌群的力量与伸展性，同时对腰部的肾、肾上腺、输尿管等器官有良好的牵拉、按摩作用，可以改善其功能，刺激其活动。

第七式：攒拳怒目增气力

动作要点：

（1）马步的高低可根据自己的腿部力量灵活调整。

（2）冲拳时要怒目瞪眼，注视冲出之拳，同时脚趾抓地，拧腰顺肩，力达拳面；拳回收时要旋腕，五指用力抓握。

易犯错误：

（1）冲拳时上体前俯，端肩，掀肘。

（2）拳回收时旋腕不明显，抓握无力。

纠正方法：

（1）冲拳时头向上顶，上体立直，肩部松沉，肘关节微屈，前臂贴肋前送，力达拳面。

（2）拳回收时，先五指伸直充分旋腕，再屈指用力抓握。

功理与作用：

（1）中医认为，"肝主筋，开窍于目"。本式中的"怒目瞪眼"可刺激肝经，使肝血充盈，肝气疏泄，有强健筋骨的作用。

（2）两腿下蹲、脚趾抓地、双手攒拳、旋腕、手指逐节强力抓握等动作，可刺激手、足三阴三阳十二经脉的俞穴和督脉等；同时，使全身肌肉、筋脉受到静力牵张刺激，长期锻炼可使全身筋肉结实，气力增加。

第八式：背后七颠百病消

动作要点：

（1）上提时脚趾要抓地，脚跟尽力抬起，两腿并拢，百会穴上顶，略有停顿，要掌握好平衡。

（2）脚跟下落时，咬牙，轻震地面，动作不要过急。

（3）沉肩舒臂，周身放松。

易犯错误：

上提时，端肩，身体重心不稳。

纠正方法：

脚趾抓住地面，两腿并拢，提肛收腹，肩向下沉，百会穴上顶。

功理与作用：

（1）脚趾为足三阴经、足三阳经交会之处，脚趾抓地，可刺激足部有关经脉，调节相应脏腑的功能；同时，颠足可刺激脊柱与督脉，使全身脏腑经络气血通畅，阴阳平衡。

（2）颠足而立可发展小腿后部肌群力量，拉长足底肌肉、韧带，提高人体的平衡能力。

（3）落地震动可轻度刺激下肢及脊柱各关节内外结构，并使全身肌肉得到放松复位，有助于缓解肌肉紧张。

第三节　健身气功·大舞

一、大舞的功法特点

（一）以舞宣导，通利关节

大舞以古代朴实的舞蹈动作为基础，融合导引的“三调”，具有宣发、疏通、调理人体气机，改善气血运行及关节功能的作用。

在人体运动中，骨起着杠杆作用，骨连结起着枢纽作用，而肌肉收缩则提供了动力。骨与骨之间的每个连结都是一个器官，它的形态结构随着人体内、外环境的改变而变化。大舞的主要特点就是通利关节，以舞宣导，即通过髋、膝、踝、趾、肩、肘、腕、掌、指等关节的屈伸、环转等运动，来梳理、柔畅关节筋脉，调和、疏通肢体经络和气血。同时，通过抻、拉、旋转、震、揉等方法舞动躯干，达到疏导、通利躯干关节筋脉及相应经络和气血的目的。筋肉是人体外在的系统组织，脏腑是人体内在的系统组织。躯干在舞动中，不仅能疏导、通利人体外在的系统组织，还能揉按人体内在的组织，从而调和、舒畅五脏六腑的气血运行。

（二）以神领舞，以舞练形

传统医学认为，“神”是人体的精、气、血、津液、脏腑、经络、四肢百骸功能活动的外在表现，是人的精神意识活动，是人体生命活动的主宰者。大舞以优美的舞蹈元素为表现形式，其舞的神韵、舞的风采、舞的律动、舞的美感、舞的快乐等，均与气血调和，阴阳平衡，内外协调，产生平和、宁静、甜美的心神是密切相关的，故其功法注重以神引领舞姿，以愉悦滋润舞姿，以和谐的舞姿调和内心。舞姿的变化引导全身运动，带动各关节、肌肉活动，起到调练形体的作用。因此，以神领舞、以舞练形也是大舞的主要特点之一。

（三）古朴大方，外动内舞

大舞传承于古老文化，动作朴实，舞姿柔和，节奏舒缓。这一特点主要源于其“内舞外动”的运动特征。“内舞”是指脏腑、经络、气血的运动及其有规律的变化。“外动”是指人体是一个有机整体，有其内必现其外。因此，需要在运用传统医学原理对人体生理功能进行归纳总结的基础上，通过优美的舞姿来达到外导内引、内生外发、内外合一的目的，使外在的舞姿、动势对内在的生理活动起到顺水推舟之效。

（四）身韵圆和，意气相随

“身”指身法，是外显的动作，如以脊柱为轴线的躯干做上提、下沉、内含、外腆、横拧、倾仰、冲靠、划圆、侧提等动作，带动四肢展现各种舞姿或体态。“韵”指规律，是内在的表现，如气韵、呼吸、意识、情感、神采等。当艺术的“韵”与大舞的具体动作相结合时，就形成了大舞独特的律动性，体现出大舞圆和的神韵和风采。

大舞中的身韵，主要体现在意气相随中阴阳的开合变化。例如“震体势”，是以中焦为开合的原点，做上提下沉的舞姿，与脾胃的升清降浊功能相对应。又如“揉脊势”，以胸为原点，分别做合、含、屈、降、开、腆、伸、仰、宣发的动作，与肺主气、司呼吸、宣发肃降的生理功能相对应。此功法还十分注重臀部的摆动，其摆臀形成“三道弯”的动作，既体现了古老朴实的优美舞姿，又带动了脊柱的旋转屈伸，导引了督脉气机，使日常生活中活动较少的部位得到了锻炼，还起到了牵引经络、筋骨与调和气血的作用。

（五）刚柔并济，鼓荡气息

人是由不同的组织系统构成的有机整体，运动中各系统间是相互协调配合的。大舞的舞姿既舒展大方、松柔缓慢，又有着内在的阳刚之美。例如“开胯势”，上肢松柔缓慢地摆动，如春风摇柳，而髋、肩关节左右上下运动则是相对用力抻拉与相合。整个动作既表现出舞的律动感，又体现了阴阳相间、刚柔并济的传统养生思想。

鼓荡气息是指呼吸吐纳，在舞动中，胸廓和腹部随着舞的抻、拉、旋转等变化，自然地扩张、收缩与起伏，呼吸也随之自然吐纳，达到揉按脏腑的作用。

二、大舞的功法基础

（一）精神放松，气定神敛

精神放松，即要求练习者在练功时排除杂念，放松思想，除当前的练功意识之外，不再有与其无关的思想活动。即使是在以舞进行动作导引时，心境也要进入自然和美的放松状态，不去刻意强求意识活动。杂乱的念头和刻意强求的心理会扰乱宁静、甜美的心态，使大脑神经紧张度增高，影响健身效果。

气定神敛，即在精神放松的基础上内守，做到身心合一。练习大舞时，精神意识要保持平静、甜美感，力争做到与优美快乐的舞姿和谐统一。人的七情活动与脏腑有着密切关系，过度的情绪变化会损伤相应脏腑，而愉悦的情绪可使人身心放松，内气柔和松畅，有益于气血运行。俗话说，“笑一笑，十年少；愁一愁，白了头”，意思就是笑可以解忧愁、有助于消百病，故愉悦的心态与以舞宣导相结合，更有益于健身效果。

（二）呼吸自然，气随形运

呼吸自然，即在没有任何主观意识调节或控制下进行呼吸。气功调息的方法很多，但大多是由主观意识主导的调控呼吸。练习大舞时要求自然呼吸，呼吸的节奏由舞姿的变化决定，整个呼吸过程均为本能呼吸，不受主观意识的引导或控制。

呼吸自然，目的是确保呼吸顺畅，这不仅有利于功法练习中肢体动作的放松与协调，更有利于人的精神放松。若普通练习者有意追求舞蹈呼吸的艺术性，则容易产生“风”“喘”“气”三相，即呼吸中有声（风相）、无声而鼻中涩滞（喘相）、不声不滞而鼻翼翕动（气相）。这与传统养生思想倡导的“松静自然”相矛盾，会影响大舞以舞宣导、通利关节的健身效果。

（三）刚柔并济，柔和圆润

大舞动作柔中有刚，刚中带柔，对四肢导引舞动与身体躯干和谐运动有着较高要求。躯干是人体的“支柱”，起着承上启下、连接四肢的作用。腰是人体运动的“轴心”，是身体上部与下部的连接点。肩与髋关节则是肢体与躯干的结合点。在练习大舞的过程中，这些部位只有刚柔并济、协调一致，才能体现其宣导的律动感以及和谐、轻盈、灵活的美感，使人享受愉悦、陶冶性情。

大舞能以舞宣散郁结的气血，疏导不畅通的经络，达到通利关节、调和脏腑的目的。因此，在学练大舞时，既要重视肢体末梢的宣导，也要重视腰、躯干这些根结部位的舞动，这样才能充分引导肢体抻展，使动作柔和圆润，达到在内揉按脏腑，在外疏理筋脉、通利关节，以舞宣导的整体健身效果。

（四）神韵相随，应律而动

神韵相随，即人的心神要与音乐和谐一致。大舞的配乐缓慢悠扬，对于练习者顺利进入练功状态很有帮助。练习者应使身心融入音乐的旋律中，与韵律和谐一致，随音律而舞动。这样，不仅可以从音乐中得到有关动作的相应提示，而且能够营造轻松愉快、安宁舒适的良好心境。

轻身慢舞，即练功中身姿要做到放松、轻盈，同时舞动的导引必须连绵不断、缓慢推进。轻身与慢舞是相辅相成的，身姿的放松有利于导引动作形如抽丝、连绵不断，缓慢的舞动导引又有利于身体的放松。同时，轻身慢舞还有利于练习者放松精神，尽快进入相应的练功状态。只有做到神韵相随、应律而动，气血的升降、动作的开合才不受主观意识影响，大舞才能更好地发挥疏导经络、调和气血的作用。

三、大舞的动作要点及健身作用

（一）预备势

注意事项：

（1）百会上领，周身中正，呼吸自然。

（2）松肩虚腋，腰腹放松，尾闾下垂，微微提肛。

（3）气沉丹田，心平气和，面带微笑。

功理作用：

（1）气沉丹田，内安脏腑，外松筋骨，有利于气血运行，为练功做好准备。

（2）心神宁静，心静气定，气定神敛，有利于心理调节。

（二）功法练习

第一式：昂首势

注意事项：

（1）下蹲脊柱反弓时，以两肩胛之间的神道穴为中点，左右肩胛、头、尾部均向神道穴收敛和适度挤压；收敛挤压时，肩胛稍前，头、尾部稍后；起身直立时，左右肩胛先松开，随之头、尾部松开。

（2）下蹲时，沉肩、坠肘、压腕。

（3）颈椎病、腰椎间盘突出患者做下蹲脊柱反弓时，要根据身体情况量力而行，动作幅度应由小到大，循序渐进。

（4）起身时，动作要缓慢。

功理作用：

（1）通过重复脊柱反弓的动作，可以有效牵引椎间关节。

（2）通过下蹲和刺激神道穴，能够增强下肢力量和平衡能力，同时对脊柱、心、肺有较好的调理作用。

（3）脊柱反弓和伸展胸腹，有利于改善胸、腹腔的血液分布。

第二式：开胯势

注意事项：

（1）向左（右）摆臀，右（左）腿外旋时要充分，且有撑劲。

（2）两臂展开时，肩胛要向左右拉开；同时，头向左（右）平转。

（3）臀部左右摆动时，以胁肋部的两侧协调引伸，带动尾椎至颈椎逐节拔伸，动作要柔中带刚。

（4）上步、退步要平稳，动作应缓慢。

（5）脊柱侧屈伸时，其动作幅度要根据练习者的柔韧能力而定，不可强求。

功理作用：

（1）本式通过开合旋转来拉伸肩、髋，可起到以大关节带动小关节、以点带面的作用，通利关节。

（2）在开胯时，通过脊柱做侧屈、侧伸，两臂左右伸展，牵引胁肋部，配合大敦穴点地外旋，以起到疏肝理气、疏导气血的作用，并能增强下肢力量和平衡能力。

第三式：抻腰势

注意事项：

（1）前抻时，手、脚两头用力延伸牵引，躯干松中有紧，节节带动。

（2）前抻时，手臂、躯干、后腿成一条直线。

（3）身体重心向后时，以前脚大脚趾外侧的大敦穴为点跷起，同时充分翘臀塌腰。

（4）上步时，要避免两脚前后在一条直线上，要保持身体平稳。

（5）抻拉时，避免突然用力和强直用力，要松中有紧，缓慢柔和。

（6）合掌时，两掌之间成空心。

功理作用：

（1）通过手、脚两头缓慢持续抻拉，节节引开，抻筋拔骨，打开督脉，调理三焦，促进各关节周围的肌肉、韧带及软组织的气血运行。

（2）塌腰、翘尾、挺胸、抬头，合掌收于膻中穴前，可调理任督二脉和心肺功能。通过脊柱的反向牵拉，对颈椎、腰椎及下肢关节有良好的保健和康复作用。

第四式：震体势

注意事项：

（1）提膝、握固上提要上下相随，向下摆腿牵引要顺势放松，下摆松髋、松膝时，引踝是关键，用力源于动作惯性。

（2）提膝、抬臂时，配合吸气，同时向上引腰。

（3）手臂向下敲击胆经时要松肩、坠肘、引腕，在敲击气海穴和骶骨时要同步，力量源于手臂下落的惯性。

（4）提膝的高度因人而异，不可强求。

（5）摆腿敲击时，动作轻缓。

功理作用：

（1）通过带脉和脊柱的左右旋转，增强腰部的灵活性。敲击胆经，震荡丹田，鼓荡正气，培补元气，使气有所运、筋有所养、血有所行，以提高抗病能力。

（2）通过躯干、四肢的惯性和自身重力作用做被动牵引，伸展关节，可使髋关节、膝关节、踝关节得到牵拉，缓解长期过度负重引起的损伤，对下肢关节有良好的保健康复作用。

第五式：揉脊势

注意事项：

（1）起脚及落脚时应轻起轻落，收髋提膝时，以腰带动。

（2）两臂向右或左上方旋转摆动时，从腰至胸、从肩至手节节引动，要求动作柔缓、飘逸。

（3）动作配合呼吸，手臂起时吸气、落时呼气。

（4）左右移步要平稳，动作幅度因人而异。

（5）上下动作相随、不脱节。

功理作用：

（1）脊柱左右侧屈、伸展，增强脊柱关节周围韧带的伸展性、弹性和肌肉力量，以维护关节的稳定性。

（2）通过侧屈、侧伸和腿的外旋，疏理肝气，宣发肺气。

第六式：摆臀势

注意事项：

（1）向左或向右摆臀时，以尾闾为着力点，腰、胸椎随势摆动，柔和缓慢，身体重心不左右移动。

（2）手与尾椎的方向一致，目随手走，视线经手注视前下方。

（3）摆臀时不要强拉硬拽。

（4）动作幅度由小到大，不可强求。

（5）合掌时，两掌之间成空心。

功理作用：

（1）通过摆臀动作，以尾椎带动脊柱再带动四肢运动，对脊柱及内脏起到按摩作用，可内安脏腑，增强腰、髋关节的灵活性。

（2）合掌旋转，对肩、肘、腕及掌指关节可起到推摩和牵拉作用。

（3）调理任督二脉及带脉，对腰、腿劳损有保健康复作用。

第七式：摩肋势

注意事项：

（1）以腰带动脊柱左右旋转，牵引躯干两侧的胁肋部；同时，掌根从大包穴开始，经腋中线向下摩运，推摩要顺达，节节贯穿，连绵不断，眼随手走，心平气和。

（2）摩肋时，下丹田之气引动腰，以腰带肩，以肩带臂，以臂带腕，形于手指，引气令和，动诸关节。

（3）本式要求身体的协调性较高，通过练习不易协调的动作，可提高身体的协调性。

（4）在开始教学和练习时，可分解动作，如先练退步，再练站立姿势及摩肋，然后整体练习。

功理作用：

（1）通过抡臂、攀足和腿的屈伸，可增强肩关节的灵活性和下肢的柔韧性。

（2）通过两手对两胁、大包穴的按摩及脊柱左右拧转，可促进肝的疏泄和脾的运化功能。

第八式：飞身势

注意事项：

（1）在身体起伏、上步和退步时，脊柱在前后方向有小幅度蠕动，两臂划弧要连贯，轻松自然。

（2）两脚并拢后不移动，躯干充分向左或向右旋转时，两臂要上下牵拉旋转，要求松紧适宜，协调配合。

（3）旋转动作以脊柱为中心，头要平转，动作缓慢。

（4）转头、脊柱旋转要循序渐进，幅度由小到大。

（5）上步、退步要平稳，配合呼吸。

（6）松中有紧，紧中有松，松紧转换要缓慢。

功理作用：

（1）通过两臂带动全身的气血升降；通过脊柱的前后蠕动和左右旋转，牵引三焦、任督二脉、带脉等周身的经络，起到理顺全身气血的作用，为收势做好准备。

（2）通过胸腹的上提和下落按摩内脏；通过脊柱旋转刺激中枢神经和神经根，牵引内脏，对脊柱的小关节有理筋整骨、通络活血的作用。

第九式：收势

注意事项：

（1）手臂环抱，引气归元时，以下丹田为中心，要有内敛之势，掌心对下丹田时，动作稍停。

（2）动作宜松、柔、自然流畅；心静体松，气定神敛。

（3）练功结束后，应做搓手、洗脸、叩齿、鸣天鼓、摩腹、拍打等放松动作。

（4）练功后应适当饮水。

功理作用：

收敛心神，引气归元。

第十五章　跆拳道运动

本章导读

- ◆ 了解跆拳道的基础理论知识
- ◆ 掌握跆拳道的基本技术
- ◆ 掌握跆拳道的科学训练方法
- ◆ 了解跆拳道比赛规则

第一节　跆拳道概述

一、跆拳道简介

（一）跆拳道的含义

“跆”是用脚踢之；“拳”是用拳击之；“道”是方法、艺术，是一种精神文化的心得。可以说，跆拳道是一种拳脚并用的艺术方法，由于它以脚为主（占70%），又称为“脚的艺术”。它的特点是迅速有力、准确灵活。跆拳道共有二十五种套路，另外还有兵器、擒拿、摔锁、对拆自卫术及十余种基本功夫。练习者身穿专用的白色跆拳道道服，腰系代表不同段位的腰带进行比赛或训练。跆拳道练习要求“以礼始，以礼终”。

跆拳道训练注重培养人的气质、礼仪、道德修养以及忍耐、谦虚和坚忍不拔的精神，主要学习跆拳道的技术、品势、擒拿及功力击破等内容。

作为一项现代竞技体育运动，1988年、1992年、1996年跆拳道三次被列入奥运会表演项目。在2000年奥运会上跆拳道成为正式比赛项目，设八枚金牌。同时跆拳道也是亚运会、泛美运动会、全非洲运动会及中国全运会、中国城市运动会等一系列重大赛事的正式比赛项目。

（二）跆拳道的等级划分

跆拳道训练分为十级九段，具体包括：十级一白带，九级-白黄带，八级-黄带，七级-黄绿带，六级-绿带，五级-绿蓝带，四级-蓝带，三级-蓝红带，二级-红带，一级-红黑带。学员至少需要一年半时间完成第一阶段的训练后再接受更严格的训练，考试合格后，方可晋升到第二阶段——黑带（一段），黑带共分九段，段数刺在黑带两端，以供识别。

跆拳道世界锦标赛分男、女各八个体重级别，各设八枚金牌。比赛在10米×10米的垫子上进行。比赛分为三局，每局三分钟，局间休息一分钟，运动员上身穿戴专用的头盔、护胸、护腿等保护用具，采用电子记分。由于跆拳道运动以腿法为主要进攻手段，充分展示了人体的激烈对抗，比赛气氛紧张激烈，高雅动作精彩纷呈，观赏性极强。

二、跆拳道的技术风格

（一）技术型

运动员在比赛中动作稳健，腿法多变，技术成熟，心理稳定，攻防一体，常常使对手在不知不觉中败下阵来。

（二）力量型

运动员身体条件好，腿长且肌肉爆发力强，先天素质高人一筹，攻势凌厉，常以力量取胜。

（三）散手型

运动员作风顽强，比赛中多主动进攻，攻守得宜，自成一体，动作非常实用，有很高的训练水平和比赛技术。

（四）进攻型

运动员进攻意识强烈，经常追着对手攻击，用快速连续的技术动作压制对手。

（五）防守反击型

运动员的技术水平很高，大赛经验丰富，多采用试探性进攻，在对手反击或进攻时找出弱点，然后直接回击。

三、跆拳道的特点

（一）以腿为主，手足并用

跆拳道技术方法中占主导地位的是腿法，腿法技术在整体技术方法运用中约占3/4。这是因为在人体各部位中，腿的长度最长、力量最大。腿的技术方法有很多种形式，可高可低，可近可远，可左可右，可直可屈，可转可旋，威胁力极大，是比赛时得分和制敌的有效方法。其次是手法，手臂的灵活性很好，可以自如地控制完成防守和进攻动作，同时也可以变化拳、掌、肘、肩多种用法，进行实战。在竞赛规则以外的跆拳道实战中，人体的一些主要关节部位亦可以当作进攻的武器，或防守的盾牌，如人体的手、肘、膝、脚等关节部位，是跆拳道实战中较为常用、有效的击打武器。

跆拳道方法简练，刚直硬打。不论是在比赛时还是在实战中，跆拳道的进攻方法都是十分简捷且有实效的。对抗时双方直接接触，以刚制刚，用简练硬朗的方法直接击打对方，或用拳或用腿，速度快，变化多；防守动作也以直接格挡为主，随即采用连续的反击动作。防守时很少使用躲闪防守法，追求刚来刚往、硬拼硬打，尽可能保持或缩短双方间的距离，以增加击打的有效性，在近距离拼斗中争取比赛或实战的胜利。

（二）内外兼修，功法独特

跆拳道理论认为，经过专门训练，人的关节部位能产生不可思议的威力，特别是拳、肘、膝和脚四个部位，尤以脚和手为甚。长期专门练习跆拳道，可以使人达到内外合一的程度，即内功和外力达到统一的巅峰。由于无法确定人体关节部位武器化的威力和潜力到底有多大，只能通过击打木板、砖瓦等物体来测验练习者的功力水平。功力测验是跆拳道晋级考试、表演和比赛的一项重要内容，可以此显示跆拳道独特的功法和特点。

（三）以击破为测验功力的手段

跆拳道在向外推广时，大多采用以拳、掌或脚击打木板、砖瓦的方式来展示练习者的功力程度。这种独特的方法现已成为跆拳道训练、晋级升级、表演比赛的主要内容。

无论是品势还是竞技跆拳道，都要求在气势上给人以威严感，运动员多以发出洪亮并带有威慑力的声音来显示自己的能力，尤其是在竞技跆拳道比赛中，双方运动员都会以规则允许的发声来提高自己的斗志，借以在气势上压倒对手，甚至在出击时配合击打效果以获得裁判认可，争取在心理上战胜对手。所以，跆拳道练习者都要进行专门的发声练习。

（四）礼始礼终，培养良好道德品质

跆拳道强调“礼始礼终”，即练习活动要从礼开始，以礼结束，并突出爱国主义精神。跆拳道练习者在练习技术的同时，在道德修养方面也要不断提高自己，通过向长辈、教练、老师、队友鞠躬施礼，养成发自内心的行礼习惯，培养恭敬谦虚、友好忍让的态度和互相学习的作风。

四、跆拳道在我国的发展

1992年10月7日，中国跆拳道协会筹备小组成立，这标志着我国跆拳道运动正式兴起。

1994年5月，河北正定举办首届全国跆拳道教练员和裁判员学习班。

1994年9月，云南昆明举行第一届全国跆拳道比赛，当时有来自15个单位的150多名练习者参加了比赛。

1995年5月，共有来自22个单位的250名练习者参加了在北京体育大学举行的第一届全国跆拳道锦标赛，从此跆拳道在中国迅速发展起来。

1995年8月，中国跆拳道协会正式成立，魏纪中当选第一任协会主席。

1995年11月，中国跆拳道协会被世界跆拳道联盟接纳为正式会员。

1997年11月，在中国香港举办的世界跆拳道锦标赛上，我国女子43公斤级选手黄鹂获得该级别的银牌。

1998年5月17日，在越南举办的第13届亚洲跆拳道锦标赛上，北京体育大学97级学生贺璐敏为我国赢得了第一枚亚洲比赛金牌，实现了我国该项目在正式国际比赛中金牌零的突破。此次比赛共有来自亚洲22个国家和地区的约240名选手参加，其中有世界一流强队韩国、伊朗等。中国跆拳道队获得了1金1银5铜的佳绩，其中女队获得了团体总分第3名。

1999年6月7日，在加拿大埃德蒙顿举行的世界跆拳道锦标赛上，我国选手王朔战胜多名世界跆拳道高手，获得女子55公斤级冠军。这是我国跆拳道运动员获得的第一个世界冠军。

2000年9月30日，在悉尼奥运会女子跆拳道67公斤以上级比赛中，中国选手陈中获得冠军。这是我国获得的第一枚奥运会跆拳道金牌。

第二节　跆拳道的基本技术

一、格斗式（站姿）

（1）双脚自然分开，与肩同宽，前后站立，前脚掌向前微内扣，后脚掌向前内扣30°～60°。膝盖微屈，保持弹性和灵活。

原理：膝盖若太直，活动不灵活，且容易骨折。

（2）身体侧面对敌，向前成30°～45°。

原理：拳击、泰拳、空手道等较多的凶悍搏击多采用正面对敌，大有杀敌一千自损八百之势，且便于用拳。而跆拳道是以腿法为主的灵活型竞技格斗，侧面对敌有利于闪躲和用腿。

（3）前手低、后手高，呈防御状态。

原理：前手作为先锋手，后手作为重攻击手，负责近身防御和有力反攻。也有练习者习惯于前手高、后手低的风格。前手大小臂自然弯曲前伸，拳眼对地，前、左、右三个方向防御，拳的高度大约在脖颈或肩膀的位置。后手护住胸腹和下巴，拳的高度在下巴位置。双手之间配合防御，不要在胸腹处漏出大空挡。

（4）站姿分两种：右手右脚在后为右格斗式，左手左脚在后为左格斗式。

原理：在后的手为“主攻击手”或“重攻击手”，因此当右手在后，则右手主攻击，称为右格斗式，反之为左格斗式。有个别教练简单地认为，哪只手在前就是哪手的格斗式，这种观点是错误的。区分标准不在于哪只手在前或在后，而是要看哪只手是主要攻击手，而在后的手才是主要攻击手。

二、步伐

（一）上步

动作过程：右势准备姿势（以下简称“右势”）站立，右脚向前上一步，成为左势准备姿势（以下简称“左势”），反之左势亦然。

动作要领：上步时，向左拧腰转髋，两臂在侧，自然上下移动，身体重心不要上下大幅移动。

实战应用：上步常用于逼迫对方后撤，或引诱对方进攻，而当对手使用上步时，自己可立即使用进攻技术进攻对方。

（二）后撤步

动作过程：右势站立，左脚向后撤一步，成为左势准备姿势，反之左势亦然。

动作要领：后撤步时，身体重心保持平稳移动，向左拧腰转髋，两臂在体侧，自然上下移动。

实战应用：后撤步常用于对方使用前旋踢时。当对方准备继续进攻时，可用前腿侧踢或鞭踢或下压阻击对方。

（三）前跃步（前进步）

动作过程：右势站立，两脚同时向前跃进一步，保持右势准备姿势，反之左势亦然。

动作要领：向前跃步时，尽量使身体重心平稳移动，两脚稍离地即可。

实战应用：前跃步常用于快速接近对方以使用旋踢或下压等进攻动作时。当对方前跃步时，可用前腿的劈腿或后踢或后旋踢迎击对方。但有时对方使用前跃步是为了引诱自己反击，以便趁自己调整重心时再进攻得点，此时自己可后撤一步，以免被对方利用。

（四）后跃步（后撤步）

动作过程：右势站立，两脚同时向后回撤一步，保持右势准备姿势，反之左势亦然。

动作要领：向后回撤时，尽量使重心平稳移动，两脚稍离地即可。

实战应用：后跃步常用于对方进攻、自己需要快速与对方拉开距离时。此时由于自己有一个向后撤的惯性，再用进攻动作有一定难度，一般使用迎击动作，如后踢或后旋踢等。若对方使用后跃步，自己要防止对方的阻击动作；如果自己使用组合动作，在对方后跃步时，自己一般使用侧踢、推踢或外摆下压等动作。

（五）原地换步

动作过程：右势站立，两脚原地前后交换，由右势换成左势，反之左势亦然。

动作要领：尽量使身体重心平稳移动，两脚稍离地即可。

实战应用：原地换步常用于对方与自己处于闭式站位，自己为了与对方形成开式站位以便击打对方胸部时。为了不让对方的优势腿发挥威力，也可采用原地换步使对方感到别扭。当对方原地换步时，可利用此时机抢攻得点。

（六）侧移步

动作过程：第一种步法以前脚为轴，后脚向左（右）侧方向移动，用以改变与对方的站位方向；第二种步法是右势站立，右脚先向右（或向左）侧移一步，随之左脚也迅速向右（或向左）侧移一步。

动作要领：一般是将身体重心移向前脚，以利于后脚进攻。

实战应用：主动进攻时，若对方反应速度快，则使用向一侧移动的侧移步诱使对方，使对方来不及调整身体重心而不能很好地反击；当对方进攻时，自己不向后撤，也可使用侧移步与对方贴近，以便使用进攻动作。

（七）垫步

动作过程：右势站立，右脚向左脚内侧上步，同时左腿迅速抬起，以便进攻和防守。

动作要领：使用垫步，主要是在主动进攻时用前腿攻击对方。

实战应用：垫步动作要迅速、轻捷、连贯，要快速接近或远离对方。后面的连接动作，无论是进攻还是防守，都要连续、迅速，可在垫步过程中做其他动作，不给对方任何机会。

三、腿法

跆拳道以腿法为主，拳法相对较少，现代竞技型跆拳道的拳法一般只有直拳（冲拳），故本书重点介绍腿法。

（一）腿法分类

（1）弹踢。弹踢是最基本的腿法，正提膝，大小腿充分折叠，爆发弹踢，小腿像鞭子一样向上抽击目标，攻击部位为正脚背。

（2）前踢。前踢和弹踢类似，区别是小腿攻击方向是向前，用脚背或前脚掌攻击。此腿法和前踹很像，但两者有很大区别：前踹运用大腿的前推力，往往是将对方蹬出；而前踢将力量通过小腿和脚掌“钉入”攻击目标，由于不需要大幅度地推大腿，速度更快。前踢的着力点是“钉入”，前踹的着力点是“蹬出”。

（3）横踢。横踢和散打的“鞭腿”、泰拳的“扫腿”、空手道的“回蹴”属于同一性质的左右方向的攻击腿法，但方式不同。横踢时，要充分正提膝，注意夹紧双腿，大小腿充分折叠，同时侧转身，展胯，小腿鞭踢。由于正提膝不甩大腿，该腿法速度极快，像鞭子一般。

（4）下劈。攻击腿像折尺一样向上抬起，充分提膝抬起后，再展出小腿，直到高点，猛然下压，用脚跟或脚掌向下攻击，身体注意不要前俯，可以微微后仰，必要时允许微微踮脚，但要保持身体重心稳定，手部要保持防御状态。下劈分为内劈（由外向内）、外劈（由内向外）和正劈，正劈又称斧式劈腿。动作要点是提腿时要注意大小腿折叠提起，这样劈出的距离更长、力量更足、速度更快。

（5）后踢。转身充分提膝，注意双腿夹紧，向后直线蹬出，注意不要无意识地向上摆甩。此腿法看似一般，但做好的难度较大。

（6）侧踢。转身完全侧向对手，提膝，将大腿充分回收，然后直线蹬出。侧踢与空手道的“横踢”类似。

（7）双飞踢。双飞踢是左右两个横踢与微跳跃的完美组合，分为单双飞和双双飞。单双飞时，前脚为虚晃，着重于后脚的猛烈抽跳攻击，攻击对手肋部或头部；双双飞时，前后脚均匀用力，攻击对手左右双肋。

（8）前摆。攻击腿向前方侧面蹬出，然后将小腿折叠回夹，用脚掌底横向抽打目标。注意不要大幅度地甩动大腿，否则会影响速度，而散打、泰拳、空手道等的前摆则大幅度甩动大腿。

（9）后旋踢。360° 回转身，加上前摆。但后旋踢并非两者简单叠加，而是一气呵成、浑然一体，成为一个连贯的动作。

（10）旋风踢。360° 转身，加上微跳跃的横踢，应一气呵成，成为一个连贯的动作。

以上是跆拳道的基本腿法，组合腿法、凌空腿法和特技腿法都是在此基础上发展而来的。

（11）抽踢。支撑脚（前脚）摩擦地面，迅速后滑，同时攻击脚迅速横踢，然后恢复防御姿态，即在抽身离开对手的同时用横踢攻击对手。此腿法是跆拳道特色腿法之一，在离开对手时，还能给予对手一击。

（二）腿法训练要领

1. 跆拳道前踢

准备姿势：两脚前后开立，身体重心在两脚之间；双手半握拳，自然放在身体两侧。

动作要点：以左势实战姿势开始（以踢右腿为例）；右脚向后蹬地，身体重心前移至左脚，顺势屈膝提起，左脚以前脚掌为轴外旋约90°；同时，右腿迅速以膝关节为轴伸膝、送髋、顶髋，小腿快速向前踢出，力达脚尖或前脚掌；踢击目标后，右腿迅速放松弹回，落回原地仍成左势实战姿势。

重点：膝关节上提时，大小腿折叠，膝关节夹紧，小腿和踝关节放松，有弹性。

难点：踢击时顺势往前送髋，高踢时往上送髋。

练习方法：

（1）采用分解教法，先练提后腿，同时向前送髋。

（2）完整练习前踢动作并能熟练使用。

（3）做左右势交替练习。

（4）做脚靶配合练习。

（5）两人一组，交替进行前踢练习（重点练习）。

（6）逐渐提高前踢高度、增加远度（重点练习）。

易犯错误：

（1）直腿上撩，大小腿没有折叠，膝关节不夹紧。

（2）上体后仰过大，失去平衡。

（3）踢击目标时向前用力，与推踢动作混淆。

2. 跆拳道横踢

准备姿势：两脚前后开立，身体重心在两脚之间；双手半握拳，自然放在身体两侧。

动作要点：以左势实战姿势开始（以踢右腿为例）；右脚蹬地，重心移到左脚，右脚屈膝上提，两拳置于胸前；左脚前脚掌碾地内旋，髋关节左转，左膝内扣；随即左脚掌继续内旋180°，右膝关节向前抬置水平状态，小腿快速向左前横踢出；击打目标后迅速放松收回小腿，右脚落回，成左势实战姿势。

重点：膝关节夹紧，向前提膝，尽量走直线；支撑脚外旋180°，髋关节往前顺，身体与大小腿成直线。

难点：横踢时踝关节要放松，击打的力点是正脚背。

进攻部位：头部、胸部、腹部和肋部。

练习方法：

（1）提后腿（提膝），同时转髋。

（2）左右势交替练习，使两腿都能熟练横踢。

（3）脚靶配合练习。

（4）两人一组，交替进行横踢的护具练习（重点练习）。

（5）结合步法移动（前进、后撤、侧向移动）进行横踢练习（重点练习）。

易犯错误：

（1）膝关节不夹紧，大小腿折叠不够。

（2）外摆的弧形太大。

（3）上身太直、太往前，重心往下落。

（4）踝关节不放松，脚内侧击打（应为正脚背）。

3. 跆拳道双飞踢

准备姿势：两脚前后开立，重心在两脚之间，双手半握拳，自然放在身体两侧。

动作要点：以左势实战姿势开始（以踢右腿为例）；右横踢攻击对方左肋部，同时，左脚蹬地起跳，身体腾空右转，腾空高度在膝关节以上，但不宜过高，左脚起跳后在空中用左横踢迅速踢击对方胸部或腹部；左右脚交换，右脚落地支撑，左脚横踢目标后迅速前落，成左势实战姿势。

重点：

（1）右腿横踢目标的同时，左脚蹬地起跳。

（2）左脚起跳后，迅速随身体右转横踢目标。

（3）两腿在空中交换，右脚先落地。

难点：

（1）第一个横踢时，身体可稍后倾，以利于做出第二个横踢。

（2）两腿交换之间，髋部要快速扭动。

练习方法：

（1）熟悉左势横踢和右势横踢。

（2）攻方提起右腿向前横踢攻击目标。

（3）左脚同时起跳，在空中顺势交换两腿。

（4）利用交叉脚靶完整学习双飞踢（重点练习）。

（5）利用护具练习双飞踢，配合者原地快速换位（重点练习）。

（6）熟悉双飞踢后，还可以练习第二个横踢击打头部（高横踢，重点练习）。

易犯错误：

（1）右横踢和左脚起跳时机不佳，或早或晚。可利用踢击沙袋练习右横踢同时左脚起跳的动作，熟练后再起左腿横踢。

（2）右横踢和左横踢的间隔时间过长，可利用原地右横踢起跳、左横踢空击练习，提高出腿和起跳的速度。

进攻部位：

肋部、胸部、腹部、头部。

4. 跆拳道下劈

准备姿势：两脚前后开立，身体重心在两脚之间；双手半握拳，自然放在身体两侧。

动作要点：以左势实战姿势开始（以踢右腿为例）；右脚蹬地，重心前移至左脚；同时，右腿以髋关节为轴屈膝上提，两手握拳置于胸前；随即充分送髋，上提膝关节至胸部；右小腿以膝关节为轴向上伸直，将右腿直举于体前，右脚过头；然后放松向下以右脚后跟（或脚掌）为力点劈击，迅速前落，成左势实战姿势。

重点：

（1）在下劈时，身体重心向前移。

（2）提腿向上时，要积极向上送髋，大小腿之间有一定的弯曲。

难点：

（1）要控制好身体重心和腿的力量。

（2）左腿要积极配合身体向前移动，调整好身体重心。

练习方法：

（1）开始练习时可扶物先练提腿、提膝、向上举腿。

（2）练习下劈腿的动作（重点练习）。

（3）完整练习劈腿动作（重点练习）。

（4）练习外摆腿和内摆腿的劈腿动作。

（5）左右势交替练习（重点练习）。

（6）用脚靶进行下劈腿的固定靶和反应靶的练习（重点练习）。

易犯错误：

（1）起腿高度不够。

（2）支撑腿没有积极配合身体向上和向前移动，“拖”在后面。

（3）下劈时，没有控制好身体重心而使重心前压过多。

（4）上体过于后仰，使得下劈力量不足。

5. 跆拳道后踢

准备姿势：两脚前后开立，身体重心在两脚之间；双手半握拳，自然放在身体两侧。

动作要点：以左势实战姿势开始（以踢右腿为例）；转身后腿后，撤背对对方，身体重心后移至左脚；右脚蹬地后屈膝提起，右脚贴近左大腿，两手握拳置于胸前；随即左脚蹬地伸直，右脚自左大腿内侧向后方直线踢出，力达脚跟；踢击后，右脚沿原路线快速收回，成左势实战姿势。

重点：

（1）起腿后，上身与小腿折叠成一团。

（2）动作延伸，用力延伸。

（3）转身、提膝、出腿一气呵成，不能停顿。

（4）击打目标在正前方稍偏右。

难点：

（1）转身与后蹬应同时进行。

（2）左腿应积极配合髋部转动，调整好身体重心。

练习方法：

（1）开始练习时可扶支撑物，体会后蹬的感觉。

（2）练习转身同时提膝。

（3）采用固定靶进行完整的后踢练习。

（4）左右势交替练习（重点练习）。

（5）练习反击后踢（重点练习）。

（6）同伴手持脚靶，进行反应靶练习（重点练习）。

易犯错误：

（1）上身、大小腿不折叠，直腿往上撩。

（2）转身、踢腿有停顿，不连贯。

（3）击打成弧线，旋转发力。

（4）肩和上身跟着旋转，容易被反击。

（5）落腿时，落脚方法和落脚位置不正确。

6. 跆拳道旋风踢

准备姿势：两脚前后开立，身体重心在两脚之间；双手半握拳，自然放在身体两侧。

动作要点：以左势实战姿势开始（以踢右腿为例）；攻方左脚向右脚右侧前方跨

一步，左脚内扣落地，身体向右旋转180°；左脚落地的同时，右腿随身体继续右转并向右后方摆起，此时身体转动360°；左脚蹬地起跳，顺势在空中用左横踢击打对方腹部或头部，右脚落地支撑。

重点：

（1）提起右腿向后转动时，右腿围绕着左腿转动，两大腿内侧之间的距离不应过大。

（2）保持身体重心稳定，躯干稍向后倾。

难点：

（1）左脚击打时，脚面稍绷直，踝关节要放松。

（2）左小腿弹出后，在弹直的一刹那，要有一个制动的过程，使脚产生鞭打的效果。

练习方法：

（1）先练横踢，待动作熟练后再开始练旋风踢。

（2）练习原地转身，右腿要主动配合转动。

（3）完整练习旋风踢（重点练习）。

（4）右势旋风踢熟练后，再练习左势旋风踢（重点练习）。

（5）左右势交替练习，两个动作之间要向前上一步，使左右旋风踢能够连接起来。

（6）使用脚靶配合练习旋风踢（重点练习）。

（7）结合步法移动（前进、后撤、侧向移动）练习旋风踢（重点练习）。

易犯错误：

（1）躯干没有稍后倾，上体前压，使腿的长度没有被充分利用。

（2）左脚击打时，脚面没有绷直。

（3）左脚没有积极配合身体的转动，左脚太“死”。

四、格挡

1. 上格挡

上格挡用于阻止来自上方往下的攻击力量。

2. 上段外格挡、中段外格挡、下段外格挡

这三个动作分别格挡来自上段、中段和下段的侧向或前方的打击。例如，对方用拳从侧面攻击自己头部、用拳从侧面攻击自己胸腹部、用脚踢击自己髋部。格挡方向由内至外，有利于另一只手反攻，或抓摔对方。

3. 上段内格挡、中段内格挡

这两个动作的作用和外格挡类似，但方向相反，是由外至内格挡，有利于用格挡手的肘部迅速反攻。

4. 立体防守（提膝防守）

这是最实用的经典防守动作。提膝并配合手部的防守，使全身得到立体型的全面保

护，特别有利于对付强有力的鞭腿扫踢等。下段格挡用小臂挡腿的危险性很大，而用提膝防守则相对有效，也更安全。

第三节　跆拳道的科学训练方法

一般来讲，跆拳道运动不需要膀大腰圆、横向发展类型的运动员，而要求运动员的身体形态和机能基本趋向瘦高型和质量型，要求肌肉质量高。在跆拳道专项素质训练方面，有具体的方法和要求。

一、力量素质训练

（一）力量素质训练的重要性

跆拳道是一项力量和全身协调能力综合发展的格斗项目，要求爱好者和运动员具有一定的力量，并要全面发展。跆拳道的力量素质与其他素质有着极为密切的联系，直接影响其他素质的发展，力量素质也是掌握运动技术、提高运动成绩的基础。因此，力量素质是测验跆拳道爱好者和运动员运动水平的重要指标之一。

（二）力量素质的训练方法

1. 上肢力量

（1）俯卧撑。俯卧，身体伸直，用两脚尖和两手支撑，在其他部位不触地的情况下，双臂每屈伸一次算一次俯卧撑。要求屈臂时胸部几乎触地，伸臂时肘关节完全伸直。两手亦可握拳或十指撑地，以增加练习难度。训练时每组15～30次，共做5组，每组间歇3分钟。

（2）杠铃屈臂。两脚开立，两手反握杠铃与肩同宽。由两臂自然伸直，杠铃静置大腿前开始，以肘关节为轴做两臂的屈臂动作，到两肘完全屈收，杠铃横置锁骨部位，再放松伸臂至大腿前。每重复一次上述动作计数1次。杠铃重量为15～20千克，每组10次，共做5组，间歇3分钟。

（3）卧推杠铃。仰卧在长凳上，两臂伸直与肩同宽，双手正放松屈肘，铃杠至胸前但不能接触胸部，然后双臂用力上举，至伸直位置。每使杠铃下上1次计数1次。杠铃重量为本人卧推最大重量的70%，每组10次，共做3～5组，间歇3分钟。

2. 下肢力量训练方法

（1）半蹲。6组×20个，重量为体重的70%。

（2）负重跳换步。6组×30个，重量为25～50千克。

（3）负重登台阶。6组×30个，重量为25～50千克。

（4）负重高抬腿。6组×30个，重量为20～35千克。

3. 综合力量

（1）立卧撑跳。身体向前，两脚尖和双手支撑身体，做一次俯卧撑；然后屈髋收腹，两脚收于两手中间位置，同时蹬地起跳，身体腾空。每组15～30次，做3～5组，间歇3分钟。

（2）收腹跳。身体直立，两脚同时蹬地原地起跳，身体腾空；同时两脚迅速屈膝上提，两手由两侧抱紧双膝，随放即落，反复进行。每组15～30次，做3～5组，间歇2～3分钟。

（3）原地提膝。身体直立，一脚蹬地后迅速屈膝上提，提到最高位置放松落下，另一条腿同样上提，交替进行。每组50～80次，做5～6组，间歇3～4分钟。

（4）立多级跳。从直立开始，一脚蹬地起跳，另一脚前跨，反复进行。

4. 要求及注意事项

（1）根据自己的力量基础以及对具体技术的需要安排训练，应使机体局部力量和整体力量、大肌肉群力量和小肌肉群力量训练结合起来。

（2）科学地安排和调整运动负荷。例如，发展绝对力量需要采用强度大、重复次数少的练习方法；发展速度力量要求练习者在最短的时间内发挥出最强的力量，可采用中等重量、快速、较多次数的练习方法；发展力量耐力可采用负荷强度小、重复次数多的练习方法。跆拳道练习注重发展速度力量和力量耐力。

（3）进行力量训练时，要与其他性质的练习交替进行，防止肌肉僵化，提高肌肉弹性。

（4）大赛前7～10天不能安排极限重量的较大部分肌肉群练习。

（5）以速度力量为主，相对力量、力量耐力协调发展。

二、柔韧素质训练

跆拳道竞技运动以踢法为主，对腿髋部和腰部的柔韧性有极高的要求，故本书主要介绍腿髋部和腰部的柔韧性训练方法。柔韧性训练方法就具体形式来讲有两种：一种是主动练习法；另一种是被动练习法。主动练习法是指练习者依靠自己的力量使肌肉拉长，加大关节活动的灵活性；被动练习法是指练习者通过他人的帮助，借助外力使肌肉被拉长，并使关节活动范围增大。

（一）腿髋部柔韧性的训练方法

1. 正压腿

正压腿主要用来发展腿部后侧肌肉的柔韧性。

具体方法：面对横木或一定高度的物体站立，一腿提起，把脚跟放在横木上，脚尖勾紧；两手扶按在膝关节上，两腿伸直，腰背挺直，髋关节摆正，上体前屈并向前、向下做压振动作。两腿交替进行。

动作要点：两腿都要伸直；上体向前、向下压振时，腰背要直；压振幅度由小到大，直到能用下颌触及脚尖。

2. 侧压腿

侧压腿主要用于发展腿部内侧肌肉的柔韧性。

具体方法：侧对横木或有一定高度的物体，一脚支撑，另一脚抬起，腿跟放在横木上，脚尖勾紧；两腿伸直，腰背保持直立，髋关节正对前方，然后上体向放在横木上的腿侧倾倒压振。左右腿交替进行。

动作要点：上体保持直立向侧、向下压振；压振幅度逐渐增大；髋关节一直正对前方。

3. 后压腿

后压腿主要用来发展腿部前侧肌肉的柔韧性。

具体方法：背对横木或有一定高度的物体，一腿支撑，另一腿后举起，脚背放在横木上，腿和脚背都要伸直；上体直立，髋关节正对前方，上体向后仰并做压振动作。左右腿交替进行。

动作要点：两腿挺膝，支撑腿直立且全脚着地站稳；挺胸、展髋、腰后屈；后压振幅度逐渐加大。

4. 前压腿

前压腿主要用来发展腿部后侧肌肉和髋关节的柔韧性。

具体方法：练习者一腿屈膝支撑，另一腿向前伸直，脚跟触地，脚尖勾紧上翘，踝关节紧屈；两手抓紧前伸的脚，上体前俯；两臂屈肘，两手用力后拉，同时上体尽力屈髋前俯，用头顶和下颌触及脚尖。略停片刻后，上身直起。略放松后，接着做下一次。两脚交替进行。

动作要点：挺胸直背，塌腰前俯，挺膝坐胯，屈髋触脚。

5. 仆步压腿

仆步压腿主要用来练习大腿内侧和髋关节的柔韧性。

具体方法：两脚左右开立，左腿屈膝全蹲，全脚着地；右腿挺膝伸直，脚尖内扣，尽量远伸；保持上体不起来，将身体重心从左脚移至右脚，成另一侧的仆步。可一手扶，另一手按膝向下压振；亦可两手分别抓住左右脚，做向下压振和左右移换身体重心的动作。

动作要点：挺胸塌腰，下振时逐渐用力，左右移动时要低稳缓慢；开胯沉髋，挺胸下压，使臀部和腿内侧尽量贴近地面移动。

6. 竖叉

竖叉主要用来练习大腿前后侧和髋部的柔韧性。

具体方法：两腿前后分开成一条直线，前腿的脚后跟、小腿腓肠肌和大腿后肌群压紧地面，脚尖勾紧上翘，正对上方；后腿的脚背、膝盖和股四头肌压紧地面，脚尖指向正后方；髋关节摆正与两腿垂直，臀部压紧地面，上体正直。可做上体前俯压紧前腿的前俯压振动作，亦可做上体后屈的向后压振动作，应逐渐增大动作难度和拉伸幅度，逐渐用力。

动作要点：挺腰直背，沉髋挺膝，前俯勾脚，后屈伸踝。

7. 横叉

横叉主要用来练习大腿内后侧和髋关节的柔韧性。

具体方法：两腿左右成“一”字形伸开，两手可辅助支撑；两腿的小腿后侧着地，压紧地面；两脚的脚跟着地，两脚尖向左右侧伸展或勾紧；胯充分打开，成“一”字形。可上体前俯，拉伸腿后侧肌肉并充分开胯；亦可上体向左右侧倒，充分拉伸大腿内后侧肌肉并增大胯的活动幅度。

动作要点：挺腰立背，开胯沉髋，挺膝勾脚，前俯倾倒。

（二）腰部柔韧性的训练方法

1. 前俯腰

前俯腰主要用来练习腰部向前运动的能力和柔韧性。

具体方法：并步站立，两腿挺膝夹紧；两手十指交叉，两臂伸直上举，手心向上；上体弯腰前俯，两手心尽量向下，贴紧地面；两膝挺直，髋关节屈紧，腰背部充分伸展；用双手从脚两侧屈肘抱紧脚后跟，使胸部贴紧双腿，充分伸展腰背部，持续一定时间后再放松起立；还可以在双手触地时向左右侧转腰，用两手心触及两脚外侧的地面，增强腰部伸展时左右转动的柔韧性。

动作要点：两腿挺膝直立，挺胸塌腰，充分伸展腰背部，胸部与双腿贴紧。

2. 后甩腰

后甩腰主要用来练习腰部向后运动的柔韧性。

具体方法：并步站立，练习时一腿支撑，另一腿向后上直腿摆动；同时两臂伸直，向后屈做摆振动作，使腰背部被充分压紧，腰椎前面充分伸展。

动作要点：后摆腿和上体后屈摆振同时进行，支撑腿，膝伸直，头部和双臂后屈做协调性后摆助力动作。

3. 腰旋转

腰旋转主要用来练习腰部左右旋转的柔韧性。

具体方法；两脚左右开立，略宽于肩，两臂自然垂于身体两侧；以髋关节为轴上体前俯，然后以腰为轴，使上体自前向右、向上再向左做顺时针或逆时针旋转；同时双臂随上体做顺时针或逆时针的环绕动作，以增加腰部旋转的幅度和力度。

动作要点：尽量增大绕环幅度，速度由慢到快，使腰椎关节完全得到伸展。

（三）被动形式的训练方法

1. 腿部和髋部

腿部和髋部的被动训练多采用各种形式的搬腿，可请同伴握紧自己的脚，做正搬、侧搬、后搬等助力拉伸动作，也可采用各种形式的按和踩等方法。例如，进行横叉或竖叉练习时，同伴或教练可利用脚踩或手按练习者髋部的办法，助其达到伸拉的目的。

2. 腰部

腰部的被动训练主要采用压桥法。同伴或教练用自己的双脚顶住或踩住练习者的双脚，用双手拉住练习者双臂或双肩，用力使练习者的双肩后部尽量靠近两脚跟，使练习者的腰椎关节得到完全伸展和收缩，以增强腰部的柔韧性。

（四）发展柔韧素质的要求和注意事项

（1）根据跆拳道竞技运动的特点，应以发展腰髋和下肢柔韧素质为主，还要发展全面的身体柔韧素质。同时，要控制好柔韧性的发展水平，根据人体的解剖生理特点和规律，合理有效地进行训练。需注意，不要过度进行柔韧性训练，特别是超过人体解剖结构限制的练习最好不要采用，否则不仅不会取得训练成绩，还会对身体造成伤害。

（2）柔韧性练习要经常进行，持之以恒。柔韧素质较其他素质容易发展，也容易消退，因此，必须经常练习。柔韧素质练习要安排在合适的时间，可在基本训练最后阶段的课后进行，也可在力量训练和速度训练之间穿插柔韧训练，这样不仅能调节训练形式，而且可以取得良好的训练效果。

（3）随着柔韧性水平的提高，柔韧训练的强度和难度要逐步加大，但不能急于求成，要遵循循序渐进的原则。特别是在进行被动性训练时，更应小心谨慎，避免被动拉伤或撕裂，否则得不偿失，甚至影响整个训练的继续进行。

（4）主动训练和被动训练应协调进行，两者相互弥补、互相促进，可提高训练效果。

（5）柔韧性训练前应做好充分的准备活动。肌肉的伸展程度与肌肉的温度成正比，通过准备活动，提高肌肉的温度，降低肌肉内部的黏滞性，提高肌细胞的兴奋程度，有利于肌肉被拉长。韧带具有同样的特点，因而也应先做好准备活动，再进行柔韧性训练。

三、耐力素质训练

由于跆拳道竞技是一项集各项运动素质于一体的综合性运动项目，对运动员的耐力素质同样有相当高的要求。跆拳道正式比赛采用三回合制，每回合3分钟，每次比赛的所有场次都要集中在1～2天内打完，所以，对于运动员来说，耐力素质极其重要。这里所说的耐力包括速度耐力，即每场比赛自始至终都要有充沛的体力，保证在比赛中正常发挥和有效运用技术和战术；也包括力量耐力，即必须具备在长时间的激烈对抗中有效打击和防御对手的能力。

（一）有氧耐力训练

有氧耐力训练主要采用强度小、负荷时间长的练习方法。在跆拳道训练中，常采用的方法和手段包括以下几种。

（1）4000～12000米匀速跑。练习者心率控制在150次/分左右，保持匀速跑完全程。

（2）越野跑。利用公园、山川或环境较好的地方进行30分钟以上的越野跑，心率控制在150次/分左右。利用环境调节心情，降低疲劳感。

（3）10分钟跳绳。练习者在10分钟内保持跳动频率不变，但可变换跳动方式，如单脚跳或双脚跳。

（4）10分钟组合踢法动作练习。运动员练习已掌握的技术组合，持续10分钟，既训练动作的熟练程度，又训练耐力素质。

（5）三对一或四对一车轮战。练习者与3位或4位陪练逐一对抗，但要限定强度和力度，每人3分钟，进行一轮次或两轮次的实战练习。

（二）无氧耐力训练

无氧耐力训练即负荷时间短、练习密度大、间歇时间短的练习方法。专门训练时，常采用以下几种方法和手段。

（1）30米、60米、100米冲刺跑。

（2）400米、800米变速跑。

（3）跳木马提膝，左右侧滑步扶地。

（4）两人一组脚靶练习。

（5）左右横踢50次（中、高）。

（6）左两次、右两次横踢30次（中、高）。

（7）单腿横踢（50次、40次、30次、20次、10次）递减法（中、高）。

（8）跳踢（50次、40次、30次、20次、10次）递减法。

（三）三人组脚靶练习

（1）横踢（前、后腿，中、高各10次）。

（2）劈腿（前、后跳各30次）。

（3）后踢（20次）。

（4）旋风踢（360°横踢20次）。

（5）双飞踢（20次）。

（6）模拟实战。

（7）移动靶4分钟×4组，间歇40秒；（4分钟×4组）+（4分钟×4组），间歇20秒。共做2～4组。

（8）1分钟×4组，两人循环无间歇；40秒钟×4组，两人循环无间歇。

（9）车轮战。采用实战或条件性实战，由练习者一人连续打3～5局，每打1局换1名体力充沛的同伴，局间休息1分钟。

（四）耐力素质训练的要求和注意事项

（1）根据训练任务的要求，科学地安排训练的运动量、强度、重复次数、间歇时间和间歇方式。

（2）跆拳道运动员的耐力具有力量性的特点，增加力量训练的次数是发展肌肉耐力的有效方法。

（3）根据跆拳道比赛时间长、强度大、对抗竞争激烈的特点和运动员的训练水平，科学地安排有氧耐力和无氧耐力训练，并使无氧耐力训练尽可能地结合专项训练进行。

（4）耐力训练不仅是对身体力量的训练，也是对意志品质的培养。因此，在耐力训练中除采用多种多样的训练手段外，还要注意培养运动员吃苦耐劳、坚忍不拔的意志品质。

四、灵敏、协调素质训练

灵敏、协调素质，是指在各种复杂变化的条件下，运动员迅速、合理、敏捷、协调地完成各种动作的能力。灵敏、协调素质是其他各种运动素质的综合体现，它有助于运动员提高反应能力，还有助于运动员更快、更有效、更合理地掌握并运用各种复杂战术。因此，跆拳道运动员具备灵敏、协调素质十分重要，这是运动员灵活运用技术的关键素质，是比赛取胜的基础。

（一）灵敏、协调素质的训练方法

（1）听信号完成动作。盘腿坐（前、后）、跪下（前、后），听信号快速起立跑到指定位置。

（2）腿部组合练习。具体方法包括单双腿跳物、前后分腿跳、并步前踢跳、左右分腿跳、后屈膝跳、前屈膝跳。采用循环跳动的方式，通过变换不同动作，训练灵敏性和协调性。

（3）跑的专门练习法。一般采用曲线跑、穿梭跑和信号应答跑进行训练。前两种方法的主要目的是训练动作的灵敏性和协调性；后一种方法是在反应速度的基础上，判断信号指令，再进行灵敏性和协调性训练。例如，教练员发令，练习者依据命令快速完成跳（分腿前后和左右各1次）、跨（分腿跨越障碍）、踢（完成进攻踢法2种）等动作。

（4）步法练习法。设立障碍，练习步法的变化和移动，以训练灵敏性。

（5）踢法动作的组合练习法。将不同踢法进行组合，训练灵敏性和协调性。例如，右横踢—左后旋踢—进步腾空左劈腿，将不同用力方向和动作方向的踢法组合在一起，既训练组合技术，又训练动作的灵敏性和协调性。

（二）灵敏、协调素质训练应注意的事项

（1）灵敏、协调素质与其他运动素质有密切的关系，故该项训练要和其他素质训练配合进行。

（2）灵敏、协调素质训练的时间不宜过长，重复次数不宜过多，因为疲劳状态下的训练不会使人更敏捷、更协调。

（3）灵敏、协调素质对运动员掌握和改进技术动作具有重要的促进作用，因而这种素质训练应贯穿整个训练之中，在不同的训练时期和训练阶段都要适当安排灵敏、协调素质训练。

五、速度素质训练

速度素质在跆拳道诸多素质中占有很重要的地位，特别是在跆拳道比赛中，速度素质尤为重要。比赛时，速度素质中的反应速度、动作速度以及动作速率将会通过具体的

攻防动作和战术意图综合表现出来。

要想取得比赛的胜利，运动员应在高度紧张和繁杂的对抗中，最大限度地表现速度素质。因此，跆拳道速度素质的训练，就是利用有效的方法和手段，使人体速度素质的各项潜能被充分激发，使综合速度素质达到尽可能完善的程度，从而提高技术和战术的运用效果，争取比赛的胜利。速度素质训练的重点是提高反应速度和动作速度，在训练过程中，要充分注意速度训练的具体要求和注意事项。

（一）反应速度的训练

1. 简单动作反应速度的训练

该训练即按动作的技术规格要求进行单个或简易组合动作的训练。简单反应速度的提高，主要取决于运动员对动作的熟练程度。

要提高跆拳道简单动作反应速度，主要可利用以下几种方法。

（1）听教练或同伴发出信号后进行快速反应。例如，依据同伴击掌的声音，迅速做出具体动作，如横踢等；或者听信号进行前进退跑、扶地转身往返跑等练习。

（2）根据教练或同伴做出的进攻动作，迅速做出防守反击或直接反击动作。例如，对方用摆踢向你进攻，你迅速利用跳换步接后踢反击。当教练或同伴在同高度和不同部位亮出脚靶时，你快速反应判断，采取适当的方法快速进攻。

（3）专门训练。随着训练时间的增加和反应速度的提高，就可进入专门训练阶段。专门训练可采用两种方法：分解法和变换法。分解法即在较容易完成动作的条件下，通过分解动作来提高反应速度。例如，练习左臂内格防守，接跳换步右后踢反击的动作组合，可先练右势站立，用左臂向内格挡防守连续顺势跳再换成左势站立，然后练习左势站位实战姿势向右后转体用右脚后踢的反击动作，以提高两部分动作的速度。变换法是指根据动作的强度，用具有时间变化的信号刺激，明显改变练习形式，来提高简单动作的反应速度。例如，临近比赛的条件性实战，以及通过消除运动员心理障碍等方法来提高简单反应速度的训练方法均属此列。

2. 复杂动作反应速度的训练

跆拳道比赛攻防激烈，瞬息万变，对选手面对复杂动作的反应速度有更高的要求。运动员对复杂动作的反应速度与技术、战术训练密不可分，因此最重要、最有效的训练方法就是条件实战，比如参加邀请赛、对抗赛、友谊赛甚至正式比赛。只有在实战中特别是在比赛中，才能发现问题，而且选择的动作是否正确、有效，只有在实战运用中才能得到证实。因此，根据教练事先设计好的训练意图，进行实战对抗和比赛，在对抗中练习复杂动作，提高对复杂动作的反应速度，是训练高水平运动员的必要方法之一。

在有目的地发展复杂动作反应速度的专门训练中，应尽可能模拟跆拳道比赛中产生复杂动作反应的条件和形式，让运动员反复适应，从而缩短反应时间。由于复杂动作反应速度的转移范围较广泛，应采用多种形式的专门练习，以稳定其反应速度，缩短反应时间。

（二）动作速度的训练

动作速度是一个模糊的概念，因为单纯的动作速度是不存在的。我们在实践中观察到的动作速度，实际上是由运动的物体或人体的其他能力，如力量、协调性、耐力、技术等因素，加上速度素质来决定的。所以，动作速度的训练与其他运动素质的训练、技术训练有密切的联系。要培养动作速度，就必须有目的地发展相应的运动能力，这是动作速度训练的特殊之处。同时，由于速度素质具有不易转移的特点，在动作速度的训练过程中，训练的任务和内容必须明确，否则收不到良好效果。另外，动作速度的提高，必须与速度耐力的提高结合起来。实战中，运动员不仅要快速完成动作，而且要把这种能力保持到比赛结束。因此，速度耐力训练是非常重要的。在跆拳道的动作速度训练中，通常采用多种方法和手段，并围绕提高动作速度做一些相关和专门性的动作速度训练。

1. 利用冲刺跑和中高速跑训练动作速度

在速度训练中，从静止到最大速度的疾跑阶段非常重要。训练时，可利用30米跑、50米跑、100米跑练习加速度和冲刺，利用200米跑、300米跑、400米跑体会持续高速度状态下的本体感觉，为提高动作速度提供最直接的身体感觉。这种感觉在跆拳道对抗中，主要体现在利用步法提高动作速度和动作加速度。这样既加快了动作本身的速度，又增加了技术运用的击打力度和效果，因而被经常采用。在专门训练时，可反复练习转体、进步接做各种技术动作组合，从而提高完成动作的速度并增加击打力度。

2. 利用下坡跑、加速跑和后蹬跑练习不同状况下的动作速度

跆拳道比赛瞬息万变，因而训练运动员在不同状况下完成动作的速度是非常重要的。在进行专门训练时，可采用将具有不同特点的两三个动作组合起来连续运用的方法，提高运动员完成不同动作的速率。例如，先做左横踢—右横踢—转身左后旋踢组合，接做腾空左前劈腿—右侧踢组合，练习熟练后，能提高不同动作形式的速率和变化速度，从而提高动作速度。

（三）发展速度素质的要求和注意事项

（1）尽量以最快的速度按规格要求完成动作。

（2）采用的技术动作必须是练习者已熟练掌握且定型的动作。

（3）训练的持续时间一般不超过1分钟，以30秒一组为宜。

（4）专门性的动作速度训练所采用的动作结构与比赛动作结构相似，从实战角度进行训练。

（5）利用重物进行专门动作速度训练时，发展单纯力量比发展速度力量所需的重量要小。

（6）合理规划间歇时间和休息方式。安排间歇时间时，应保证后一次训练完成的速度在一定范围内不低于前一次，一般为5～8分钟。休息方式以积极性休息为主，可做一些简单的模仿和想象动作，但不用力。

（7）由于速度训练具有极限强度，训练量不宜太大。

第十六章　健身瑜伽

本章导读

- 了解健身瑜伽的基础理论知识
- 掌握健身瑜伽的基本技术及练习方法
- 了解健身瑜伽的竞赛规则

第一节　健身瑜伽概述

一、健身瑜伽的定义

瑜伽，是梵语“yoga”的音译。“yoga”一词最早见于印度诗歌集《梨俱吠陀》中，本意是“连接”或“联合”，另有“制伏”之意。原始瑜伽本义的“连接”，指的是现实中的“凡我”与原始动因的“真我”合一。真我指人类本初时纯真无瑕、天人合一时的状态；而现实中的我，历经生活熏染，充满名利等贪欲，成为不纯的我，称为“凡我”。通过瑜伽的修习，能渐次消除贪欲等障碍（我执、法执），使“凡我”回归至“真我”，实现两者的“连接”，这便是瑜伽的最终目标。

印度著名瑜伽学者阿罗频多将瑜伽定义为“一种趋向自我完善的有条理的努力，其方式是通过表现其存在的潜力和个人在宇宙中表现出来的超越性存在（我们可以看到部分）的合一”。中国学者徐梵澄将瑜伽定义为“契合至真之道”。《瑜伽经》对瑜伽的定义可以表述为“瑜伽是对意识、情绪及倾向的控制”，即瑜伽可控制意识的转变，控制内心不必要的波动。

健身瑜伽是国家体育总局社会体育指导中心近年来正式提出的中国瑜伽本土化的新概念。健身瑜伽是指以促进身心健康为目的，通过自身的体位训练、气息调控和心理调节等手段改善体姿，增强身体活力，延缓机体衰老的一项运动，它是体育养生的重要组成部分。

二、健身瑜伽的起源与发展

瑜伽的起源可追溯到印度河文化时期。此时的瑜伽处于萌芽阶段，缺乏系统阐述，主要是以静坐、冥想的形式，伴随隐修与苦行，滋生于民间。后由雅利安人将瑜伽主体理念与基本体位法则带入印度。印度瑜伽修行者在遁修山林中，形成并完善瑜伽体位法。

20世纪三四十年代，瑜伽进入中国，英蒂拉·德菲女士在中国上海创办了第一所瑜伽学校，吸引了宋美龄等知名人士练习瑜伽，应该说这是现代瑜伽在中国的起点。20世纪80年代，中国香港瑜伽士张惠兰女士在央视综艺栏目中展示瑜伽术，瑜伽体位法受到关注。中国瑜伽业真正起步始于20世纪90年代晚期，从最初的少数瑜伽练习者群体出现，到瑜伽会馆的兴起，再到瑜伽教练培训机构出现，经过不到20年的时间，中国瑜伽业一跃成为时尚和具有经济潜能的行业。

2016年是中国健身瑜伽元年。国家体育总局社体中心召开首届“全国瑜伽工作会议”，成立了临时机构“全国瑜伽运动委员会”，开启了对瑜伽中国化的探索历程，确定了中国化的瑜伽推广模式——“健身瑜伽”，并在一年时间内，编制了《健身瑜伽体位标准（108式）》《健身瑜伽体位法竞赛标准与裁判法》《健身瑜伽教练员管理办法》《健身瑜伽培训管理办法》，还在安徽省九华山下建立了“健身瑜伽营地”，培养了我国第一代“健身瑜伽裁判员”和“健身瑜伽高级教练员”，为瑜伽的中国化、本土化及瑜伽的健康、有序发展打下了坚实的基础。

三、瑜伽的饮食

瑜伽提倡简单、天然的饮食方式。瑜伽修习者推崇的食物是素食，他们认为，素食的能量直接来自水、空气、阳光等自然元素，比较纯净且容易被人体消化和吸收；素食对心灵的净化和思想的平静也有很大帮助。瑜伽把食物分为悦性食物、惰性食物、变性食物三类。

（一）悦性食物

悦性食物，即健康食品，包括水果、蔬菜、坚果、种子、豆制品、粮食、牛奶和奶制品、蜂蜜、温和的香料、绿茶等。悦性食物可以培养高贵的情操，使身体变得健康、纯洁、轻松、精力充沛，使心灵宁静而又愉快，从而使人更精细、更敏锐，获得更高的灵性。

（二）惰性食物

惰性食物属压抑性食品，包括肉类、蛋类、菇类、菌类等食品，还包括不新鲜、腐烂或过熟的食品，如罐头、冷冻食品、经过加工或含防腐剂的食品，以及麻醉型饮料、烟草等。惰性食物具有一定的抑制作用，会伤害身体系统和心灵，扰乱身心安宁，让人丧失能量，使人易怒、易妒，引起怠惰、疾病和心灵迟钝。

（三）变性食物

变性食物，即刺激性食品，包括具有强烈味道，如甜、酸、苦、辣、咸的原料、佐料及制品，如洋葱、葱、蒜、酱油、白萝卜、巧克力、咖啡、可可、汽水等。变性食物在提供热量的同时也刺激身心，如果多吃，内分泌和神经系统将受到刺激，常会引起身心浮躁不安，与瑜伽的平静知足状态背道而驰。

四、练习健身瑜伽的作用

练习瑜伽具有以下作用：增强力量、柔韧性和平衡感等各项身体素质，改善心肺功能；塑形、排毒养颜；增加身体活力，延缓机体衰老；改善睡眠，缓解压力和紧张；提高思维能力和专注力。

五、练习健身瑜伽的注意事项

（1）练习瑜伽时保持空腹状态。

（2）练习瑜伽时一定要在极限的边缘温和地伸展身体。

（3）如果在练习过程中出现体力不支或身体颤抖的情况，立即休息，不要坚持。

（4）运动会导致迟发性的肌肉酸痛，如果在练习瑜伽后出现肌肉紧绷、酸痛的情况，可适当按摩或冰敷。

（5）练习瑜伽时应把注意力放在动作使自己的身体产生的感觉上，每一个姿势定型时停留不少于5秒。

（6）除非另有说明，在练习过程中，自始至终用鼻子呼吸。

（7）练习时要保持对身体的控制，做到缓慢而步骤分明，不要使身体出现失控的惯性动作。

（8）练习瑜伽时应穿着有弹性的衣物，以赤脚为佳。

（9）在练习前或练习结束60分钟后进行沐浴。

（10）练习瑜伽前或结束60分钟后方可进食。

（11）女生在生理期可以根据自己的体能适当练习，但要避免练习倒置类动作。

（12）练习瑜伽并不妨碍做其他运动。

第二节　健身瑜伽基本技术及练习方法

一、瑜伽呼吸法

瑜伽呼吸法是瑜伽练习的核心之一，主要用于调息。与我们通常的呼吸方式不同，瑜伽呼吸法通过深腹呼吸将生命的能量运送到全身各处，从而改善身体各器官的功能，使身体放松并恢复活力，消除身体的紧张与疲乏。常见的瑜伽呼吸方式有三种：腹式呼吸、胸式呼吸、完全式呼吸。

（一）腹式呼吸

腹式呼吸是瑜伽中最重要也是最基础的一种呼吸方法。腹式呼吸以肺的底部进行呼吸，即腹部在鼓动，胸部相对不动。腹式呼吸主要充分运用横膈膜的功能，所以也称为横膈膜式呼吸。它是我们学习其他呼吸或调息的基础。腹式呼吸是通过加大横膈膜的活动、减少胸腔的运动来完成的，练习者在呼吸过程中胸腔保持不动，感受腹部随着呼吸起伏。

体验腹式呼吸的简便方法之一是采用仰卧位，把你的左手或右手轻轻地放在肚脐上。当你吸气时，想象把空气直接吸向腹部，手会被腹部抬起，吸气越深，腹部鼓起越高；呼气时，就会感觉到腹部，朝脊柱方向回收。

（二）胸式呼吸

由于肋间肌舒缩而使肋骨和胸骨运动所产生的呼吸运动称为胸式呼吸。胸式呼吸用肺的中上部进行呼吸，即胸部在胀缩鼓动，腹部相对不动。在吸气时，空气直接被吸入胸部，胸骨上移，横膈膜上移，双肩微抬，腹部收紧；呼气时，肋骨向下并向内收。由于脊椎的位置是固定的，而胸骨可以上下移动，当肋间外肌收缩时，肋骨和胸骨都向上提，肋骨下缘向外侧偏转，从而增大了胸腔的前后径和左右径，产生吸气，肋间外肌收缩越强，胸腔容积增大越多。在平静呼吸时，肋间外肌所起的作用比膈肌小。

还有一种“肩式呼吸”（也称锁骨式呼吸），其特征是呼吸时伴随着双肩的微微起伏。实际上这种呼吸法只是胸式呼吸的一部分，可将其理解为胸腔扩张的最后一步，是胸式呼吸的延续，也有人将胸式呼吸称为肺中叶呼吸，将肩式呼吸称为肺上叶呼吸。

在运动时或处于紧张的状态下，人们使用胸式呼吸较多。但是很多人在紧张过后，还是继续使用这种不良的呼吸方法，形成不良的呼吸习惯，使紧张感继续。

（三）完全式呼吸

完全式呼吸是瑜伽特有的呼吸法，在瑜伽修习中有着非常重要的地位。完全式呼吸指的是肺的上、中、下三部分同时参与呼吸，练习者会感觉腹部、胸部乃至全身都在起伏胀缩，因此完全呼吸法可以看作腹式呼吸、胸式呼吸的结合。

采用完全呼吸法时，练习者可任意采用站、坐、卧姿，右手置于腹部肚脐的位置，掌握腹部起伏的感觉，轻轻吸气，首先吸向腹部区域，在这个区域鼓起的时候，就开始充满胸部区域的下半部分，然后再充满胸部的上半部分；当吸气达到双肺的最大容量，则开始按相反的顺序呼气，首先放松胸部，然后放松腹部，用收缩腹部肌肉的方法结束呼气，并确保已经从肺部呼出了最大量的空气；然后，再慢慢吸气……如此循环下去，整个呼吸过程应该顺畅而轻柔，一气呵成，如同波浪轻轻起伏。吸气时应深长而均匀，呼气时应稳定而渐进。

完全式呼吸是靠腹肌、肋间肌和横膈膜的综合运动来进行的完全胸腹式呼吸。这种呼吸均匀，缓慢又深长，可以向身体的各个器官提供更多的氧气，有利于积聚维持全身活力的宇宙能量或生命力，把较多的氧气带入血液，滋养内分泌腺、神经中枢、机体组织等，镇静神经系统，使心律变得正常有规律，让身心充满平和宁静的感觉，使心肺保持良好的功能。

二、瑜伽体位法

瑜伽体位法主要用来调身，合理练习瑜伽体位，可以增强体力，增加肌肉耐力，锻炼身体的柔韧性和平衡性，使身体更加灵活，不仅可以提高身体免疫力，还可以获得塑身美体的健身效果。本书的体位法是根据中国健身瑜伽委员会编写的《健身瑜伽体位标准（试行）》来进行体式界定的。《健身瑜伽体位标准（试行）》（以下简称《体位标准》）是以传统瑜伽为参考，结合我国国情与大众健身需求研究制定的。《体位标准》按体式完成的难易由低向高划分，按照“循序渐进、全面均衡、安全有效”的原则，在体式选择上均衡取用坐姿、前屈、后展、侧弯、扭转、倒置、平衡和其他形态类别，兼顾练习安全与健身效果。本书以《体位标准》作为参考，以丽江文化旅游学院健身瑜伽课程以及学生的具体情况作为主要依据，针对健身瑜伽初学者，分别介绍体式的类别、名称、做法、呼吸、功效、要点等。

（一）体式基础

通过学习瑜伽体式基础，掌握各个起始姿势的做法、呼吸、功效、要点等。一方面，增强学生的身体素质以及科学锻炼意识，激发学生的学习兴趣，培养终身体育意识；另一方面，使学生掌握瑜伽礼仪，尊师重教，学会尊重同学、尊重自己，拥有良好的意志品质。

1. 山式站姿

做法：双脚并拢站立，两脚大脚趾相触；微收下颌，目视前方，身体重心均匀分布在双脚上；脊柱向上伸展，腰背挺直，膝关节朝前。

呼吸：保持自然呼吸。

功效：此式可促进脊柱与骨盆正位，是站姿体式的起始姿势。

要点：脊柱保持正常生理曲度，骨盆中正，双膝不可过伸。

2. 礼敬式

做法：山式站姿；双手在胸前合掌；目视前方。

呼吸：保持自然呼吸。

功效：有助于保持专注，放松身心，为后续体式练习做准备。

要点：两前臂成一线平行于地面，双脚并拢，骨盆保持中正。

3. 健身瑜伽致敬式

做法：由礼敬式开始；身躯前屈45°，目视前方；保持片刻后回到礼敬式。

呼吸：保持自然呼吸。

要点：这是健身瑜伽规定礼仪中的致敬式。前屈时保持两前臂成一线平行于地面，指尖向上；保持宁静、恭敬的神态。

4. 山式坐姿

做法：坐于垫上，伸直腰背，双腿并拢，勾脚尖；两手放于身体两侧；目视正前方。

呼吸：保持自然呼吸。

功效：促使脊柱与骨盆正位，放松身心。这是坐式体位常见的起始姿势。

要点：保持脊柱中立伸展，坐骨两侧均衡着地。

5. 金刚坐姿

做法：跪姿；两膝并拢，两脚大脚趾重叠或并拢，足跟分开，臀部坐在两足跟之间；腰背挺直，两肩自然下沉，两手置于大腿前侧；目视正前方。

呼吸：保持自然呼吸。

功效：促进骨盆区域血液循环，有助于消化，灵活下肢关节，安定情绪。

要点：臀部在两足跟之间，腰背自然伸直。

6. 仰卧式

做法：仰卧；两脚分开，脚尖朝外，两臂微分，掌心向上；微闭双眼，全身放松。

呼吸：自然缓慢地呼吸。

功效：放松身心，培养自我觉知能力。

要点：腰背尽量贴合地面，下颌微收。

7. 婴儿式

做法：金刚坐；髋屈曲，腹部贴于大腿，额头触地，或将头转向另一侧并贴地；双手放于双脚两侧，掌心向上；两眼微闭。

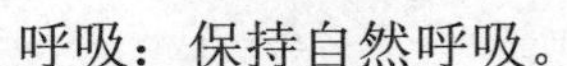

呼吸：保持自然呼吸。

功效：放松身心，舒缓腰背。

要点：臀部落于脚跟，可作为后展体式的恢复放松姿势。

（二）前屈类体式

1. 直角式

预备姿势：山式站姿。

做法：双手提前，食指交握并上举过头，上臂贴耳侧；髋屈曲，躯干、手臂与地面平行；目视下方。保持几组呼吸。

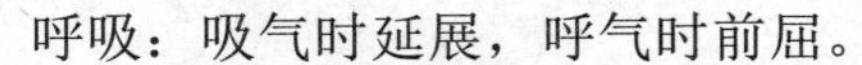

呼吸：吸气时延展，呼气时前屈。

功效：纠正驼背、脊柱侧弯，缓解紧张心理，加强双腿及身体核心力量。

要点：手臂、背部与地面平行，保持脊柱伸展，两膝不可过伸。

2. 增延脊柱伸展式

预备姿势：山式站姿。

做法：两臂从两侧上举，上臂靠近双耳，掌心向前；延伸脊柱，髋屈曲，双手抓住脚踝，保持躯干伸展；目视下方。保持几组呼吸，然后还原。

呼吸：吸气时延展脊柱，呼气时身体前屈。

功效：增强腹部器官功能，促进消化。

要点：腿后侧肌肉充分伸展，避免膝关节过伸；背部平直，头部不可过分后仰。患有椎间盘突出症者不宜练习此式。

3. 单腿背部伸展式

预备姿势：山式坐姿。

做法：屈左膝，髋外展，脚掌抵在右大腿内侧，脚跟抵近会阴，右腿向前延伸，足尖向上；骨盆中正，双手从两侧向上延伸高举过头顶，髋屈曲，上体自然伸展向前，腹、胸、额依次贴近右腿前侧，手抓脚掌或另一侧手腕。保持几组呼吸，然后还原。

呼吸：吸气时伸展，呼气时前屈。

功效：拉伸股后和背部肌群，提高髋关节灵活度，增强内脏器官功能，促进血液循环。

要点：骨盆中正，体会背部、腿后侧的伸展。患腰椎间盘突出、坐骨神经痛与疝气者不宜练习此式。

4. 站立前屈伸展式

预备姿势：山式站姿。

做法：两臂从两侧上举，上臂靠近双耳，掌心向前，延伸脊柱；髋屈曲，两手放在两脚两侧，掌根对齐足跟；屈肘，腹、胸、额依次贴近双腿。保持几组呼吸，然后还原。

呼吸：吸气时延展脊柱，呼气时躯干贴腿。

功效：增强内脏器官功能，促进消化，拉伸背部及腿后侧肌群。

要点：两手放在两脚两侧，肘部指向后方，背部平展，下肢垂直于地面，膝关节避免过伸。

5. 双角式

预备姿势：山式站姿。

做法：两脚分开，略比肩宽，十指体后相扣，掌根贴合，两臂伸直，伸展脊柱；髋屈曲，腹、胸贴向两腿前侧，头部置于两腿之间，两臂平行于地面。保持几组呼吸，然后还原。

呼吸：吸气时脊柱伸展，呼气时髋屈曲。

功效：增强内脏器官功能，促进消化，拉伸肩、胸、背部及腿后侧肌群。

要点：背部平直，两臂平行于地面，上体贴向下肢，膝关节避免过伸。

6. 坐角式

预备姿势：山式坐姿。

做法：两腿向两侧打开，两手经体侧抬起至头部上方，掌心向前；躯干前屈，直至腹、胸、额及双臂贴地；两手水平打开，以三指抓握大脚趾，脚尖指向上方。保持几组呼吸，然后还原。

呼吸：吸气时脊柱延伸，呼气时上体前屈。

功效：灵活髋关节，拉伸腿部肌群，按摩腹部，促进骨盆区域血液循环。

要点：头、颈、躯干在一个平面上。

（三）后展类体式

练习后展类体式，有助于学生释放身体和心理上的压力，培养学生积极乐观的生活态度，使学生拥有挺拔的身姿，增强学生自信心，培养学生坚忍不拔、顽强拼搏的精神。

1. 展臂式

预备姿势：山式站姿。

做法：两臂从身体两侧向上伸展至头顶，掌心向前；胸骨上提，打开胸腔，以手臂带动躯干向后上方伸展；目视上方。保持几组呼吸，然后还原。

呼吸：吸气时向上，呼气时后展。

功效：柔软背部，强化脊柱，伸展身体前侧肌群。

要点：胸腔打开，胸椎上提后展，头部放于两臂之间，不可过分后仰，骨盆中正。

2. 新月式

预备姿势：金刚坐姿。

做法：跪立，右腿向前迈一大步，双手置于前脚两侧，左腿的膝和脚趾着地，髋部前移下沉；两臂经身体两侧向上抬起至头顶合掌，脊柱充分后展；目视前方。保持几组呼吸，然后还原。

呼吸：吸气时脊柱伸展，呼气时脊柱后展。

功效：伸展大腿前后侧肌肉，促进骨盆区域血液循环，拉伸躯干前侧，伸展肩、背部，加强平衡感。

要点：骨盆中正下沉，胸腔上提、后展，前腿膝关节与脚尖指向正前方。

3. 眼镜蛇式

预备姿势：俯卧。

做法：两手放于胸部两侧，指尖对齐肩膀，肘内收，胸部上提；手掌推地，向上伸展脊柱，延伸下颌；目视前上方。保持几组呼吸，然后还原。

呼吸：吸气时抬起，呼气时后展。

功效：强化上肢及背部肌群，缓解腰部不适，按摩内脏，促进消化，灵活脊柱。

要点：推起前，手指尖与肩平齐；推起后，胸腔打开，胸椎充分上提、后展，耻骨贴地，头不可过度后仰。

4. 桥式

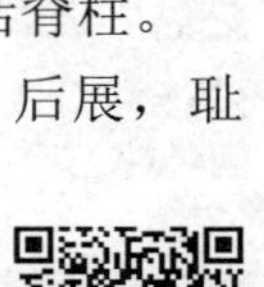

预备姿势：仰卧。

做法：屈双膝，两脚分开，与髋同宽，脚跟抵住臀部；手臂伸直，两手尽量抓住脚踝，抬起臀部、背部，上提胸腔并微收下颌。保持几组呼吸，然后还原。

呼吸：吸气时准备，呼气时抬起。

功效：伸展腹部，缓解背部不适。

要点：手抓脚踝，两膝与髋同宽，膝关节、脚尖指向正前方，小腿垂直于地面，下颌内收至胸骨。

5. 云雀式

预备姿势：金刚坐姿。

做法：先完成简易鸽式；两臂侧平举，掌心向前，胸腔上提后展，两臂向后展；目视上方。保持几组呼吸，然后还原。

呼吸：吸气时胸腔上提，呼气时后展。

功效：拉伸臀部和腿部肌群，灵活髋、膝、踝关节，缓解脊柱压力，柔软脊柱。

要点：屈膝腿的膝关节指向正前方，骨盆中正，胸腔上提后展，头不可过度后仰，手臂平行于地面。

6. 单臂支撑后展式

预备姿势：金刚坐姿。

做法：先完成斜板式；重心移至左手支撑地面，右臂带动身体向上翻转并伸直置于头顶上方；同时转左脚，脚掌落地；右脚跨过左腿向后，前脚掌撑地；目视右上方。保持几组呼吸，然后还原。

呼吸：吸气时手臂带动身体翻转，呼气时身体后展。

功效：提升平衡能力，充分伸展腰、背部、髋部，加强腿部及手臂肌肉力量，强化脊柱，促进全身血液循环。

要点：延展脊柱，支撑手臂与同侧腿伸直，另一侧腿可稍屈曲，胸腔上提，头不可过度后仰。

7. 骆驼式

预备姿势：金刚坐姿。

做法：跪立，两膝分开，与髋同宽，脚背贴地；双手扶髋，肘内收，胸部上提，两臂依次经体前向上、向后，双手合于脚掌心，大腿、手臂垂直于地面；目视上方。保持几组呼吸，然后还原。

呼吸：吸气时手臂上提，呼气时身体后展。

功效：有助于矫正扣肩、驼背等不良体态，改善胸廓形态，增强腰背肌肉力量。

要点：大腿及两臂垂直地面，胸腔充分打开，脊柱后展，头部不可过度后仰。

8. 弓式

预备姿势：俯卧。

做法：两脚分开，与髋同宽；屈双膝，手抓脚踝，头、胸、双腿同时上提，充分伸展脊柱；目视前上方。保持几组呼吸，然后还原。

呼吸：吸气时上提，呼气时后展。

功效：伸展和强化脊柱，矫正驼背，按摩腹部。

要点：两膝与肩同宽，胸腔充分打开，头部不可过度后仰。

（四）扭转类体式

1. 站立腰躯转动式

预备姿势：山式站姿。

做法：两腿分开，略比肩宽；两臂侧平举，身体向右后方转动，右手背于腰后，左手扶住右肩；目视后方。保持几组呼吸，然后还原。

呼吸：吸气时伸展，呼气时扭转。

功效：加强肩、腰、背部肌肉的灵活性，刺激脊柱神经，缓解腰背疼痛。

要点：骨盆中正，两肩在同一平面，两膝与脚尖指向正前方，自腰椎以上扭转。腰椎间盘突出及脊柱严重侧弯者谨慎练习。

2. 半三角扭转式

预备姿势：山式站姿。

做法：两脚分开，约两肩半宽；两手侧平举，髋屈曲，左手置于胸部正下方撑地，左臂垂直于地面，延展脊柱，右臂带动脊柱向右上方扭转；目视右手指尖方向。保持几组呼吸，然后还原。

呼吸：吸气时延伸脊柱，呼气时扭转。

功效：灵活脊柱，拉伸腰部和腿部后侧肌群。

要点：骨盆中正，两臂成一条直线并垂直于地面，脚尖朝前或微内扣。

3. 扭脊式

预备姿势：山式坐姿。

做法：屈左膝，左脚置于右膝外侧，脚尖与右膝成一条直线，脚掌踩实地面，屈右膝，右脚置于左臀外侧；右手臂经外侧向上延伸，身体向左侧扭转，右腋窝抵住左膝外侧，右手抓住左脚掌（踝），左手掌置于臀部正后侧，背部伸展，脊柱垂直于地面；转头，目视后方。保持几组呼吸，然后还原。

呼吸：吸气时伸展，呼气时扭转。

功效：加强脊柱的伸展，提高脊柱的灵活性，促进血液循环，按摩腹部。

要点：后侧手放在臀部正后方，下颌、双肩在同一个平面上，脊柱充分伸展，扭转时应保持骨盆稳定，臀部压实地面。

4. 半莲花扭脊式

预备姿势：山式坐姿。

做法：屈左膝，将左脚背置于右大腿根部靠近腹股沟处；左臂经体侧上举，带动身体前屈，左手三指抓握右脚大脚趾，伸直左臂延展脊柱；右臂向前抬起，带动脊柱向右后方扭转；目视右手指尖方向。保持几组呼吸，然后还原。

呼吸：吸气时延展脊柱，呼气时扭转。

功效：灵活脊柱，缓解背部不适。

要点：屈膝腿贴合地面，脊柱充分延展，右臂与地面平行。

5. 侧角扭转式

预备姿势：山式站姿。

做法：两脚分开，约两肩半宽；右脚向右转90°，左脚内收约60°，向右转髋，保持中正；屈右膝，左臂经体侧向上伸展，屈髋并向右扭转脊柱，同时左腋窝抵右膝外侧；双手合掌，两前臂成一条直线；目视上方。保持几组呼吸，然后还原。

呼吸：吸气时伸展，呼气时扭转。

功效：加强躯干两侧、背部与双腿后侧肌肉力量，缓解背部不适，灵活脊柱，按摩腹部。

要点：后脚内旋60°，两前臂成一条直线并垂直于地面，前腿屈膝90°。

6. 加强扭脊式

预备姿势：山式坐姿。

做法：屈左膝，左脚置于右膝外侧，脚尖与右膝成一条直线，脚掌踩实地面；屈右膝，右脚置于左臀外侧；右手臂经外侧向上延伸，身体向左

侧扭转，右腋窝抵住左膝外侧，右手穿过膝窝下方经体后抓握左手腕，背部充分伸展、扭转；转头，目视后方。保持几组呼吸，然后还原。

呼吸：吸气时伸展，呼气时扭转。

功效：加强脊柱的伸展，提高脊柱的稳定性与灵活性，促进血液循环，按摩腹部。

要点：一手在背后抓另一手腕，下颌、双肩在同一个平面内，脊柱充分伸展，扭转时应保持骨盆稳定，臀部压实地面。

（五）倒置类体式

1. 下犬式

预备姿势：金刚坐姿。

做法：身体前倾，两手置于肩下方，两臂、大腿垂直于地面，两脚分开，与坐骨同宽；脚尖回勾落地，伸直双膝，臀部上提，足跟下压。保持几组呼吸，然后还原。

呼吸：吸气时臀部上提，呼气时足跟下压。

功效：拉伸背部和腿部后侧肌群，增强手臂力量，改善头部血液循环，缓解疲劳。

要点：两脚分开与坐骨同宽，脚跟压地，两臂、头颈、后背保持在同一个平面上。患有高血压或血糖偏低者谨慎练习。

2. 犁式

预备姿势：仰卧。

做法：两臂下压，腹部用力抬起双腿，臀部、背部抬离地面，双腿越过头顶，脚尖回勾点地；屈双肘并内收撑地，两手推送上背部，保持背部直立。保持几组呼吸，然后还原。

呼吸：吸气时准备，呼气时抬腿越过头顶，双脚尖落地。

功效：加强颈、肩部力量，按摩腹部，放松背部肌群，改善血液循环。

要点：后背展平并垂直于地面，两肘内收撑地，与肩同宽，脚尖回勾点地。患颈椎病、腰椎间盘突出和高血压者不宜练习此式。

3. 单腿下犬式

预备姿势：金刚坐姿。

方法：身体前倾，两手置于肩下方，两臂、大腿垂直于地面，两脚分开，与坐骨同宽；脚尖回勾落地，伸直双膝，臀部上提，脚跟下压，延展后背，使两臂与后背保持在一个平面上，头在两臂之间；右腿伸直并向后、向上抬起，直至与后背在同一个平面上，脚背平展。保持几组呼吸，然后还原。

呼吸：吸气时抬腿，呼气时还原。

功效：充分伸展腰背，缓解肌肉疲劳，改善头部供血，延展跟腱，加强手臂力量，有助于改善肩胛区域僵硬。

要点：双肩不可过度下压，髋部中正，手臂、背部、上抬腿成一条直线。患有高血压或血糖偏低者谨慎练习。

4. 肩倒立

预备姿势：仰卧。

做法：两臂下压，腹部用力抬起双腿，臀部、背部抬离地面；同时屈肘，与肩同宽，两手掌推送腰背部，使躯干、双腿成一条直线并与地面垂直；脚尖回勾，脚掌心向上；下颌微收，抵住锁骨；目视脚尖方向。保持几组呼吸，然后还原。

呼吸：吸气时准备，呼气时双腿向上。

功效：加强颈、肩力量，放松背部肌群，改善血液循环。

要点：后背展平与双腿成一条直线并垂直于地面，双肘内收撑地，与肩同宽，脚掌心向上。患颈椎病、腰椎间盘突出和高血压者不宜练习此式。

5. 身腿结合式

预备姿势：仰卧。

做法：两臂下压，腹部用力抬起双腿，臀部、背部抬离地面，两腿越过头顶，脚尖回勾点地；屈双肘、内收撑地，双手推送上背部，保持背部直立；屈双膝置于两耳旁，膝关节、小腿、脚背贴于地面。保持几组呼吸，然后还原。

呼吸：吸气时背部延展，呼气时屈膝落地。

功效：加强颈、肩部力量，按摩腹部，放松背部肌群，改善血液循环。

要点：两肘分开与肩同宽，两膝贴耳，膝关节、小腿、脚背贴地，大小腿成直角。患颈椎病、腰椎间盘突出和高血压者不宜练习此式。

（六）平衡类体式

1. 摩天式

预备姿势：山式站姿。

做法：两脚分开，与髋同宽；双手体前十指交叉并翻掌向上举至头顶，伸直双臂，同时提踵；目视前方。保持几组呼吸，然后还原。

呼吸：吸气时伸展，呼气时还原。

功效：伸展脊柱，促进肩、背部血液循环，有助于缓解疲劳。

要点：骨盆中正，充分伸展腰背，双肩下沉，头部保持于两臂之间。

2. 树式

预备姿势：山式站姿。

做法：屈左膝，将左脚置于右大腿内侧，脚跟靠近会阴；髋外展，双手合掌于胸前，或伸展至头顶上方；目视前方。保持几组呼吸，然后还原。

呼吸：吸气时伸展，呼气时还原。

功效：缓解肩部不适，增强脚踝与腿部肌肉力量，提高身体平衡能力和专注度。

要点：脚掌置于对侧大腿根部，骨盆保持中正，身体在同一平面，脊柱充分向上伸展。

3. 船式

预备姿势：仰卧。

做法：双手、双脚和躯干同时上抬，重心放于坐骨；两臂向前伸直并平行于地面，掌心向下；脊柱延伸，背部展平；目视脚尖方向。保持几组呼吸，然后还原。

呼吸：吸气时准备，呼气时抬起。

功效：增强腹部肌肉力量，紧实腹部，有助于提高身体平衡能力。

要点：两臂与脚尖等高且平行于地面，脚尖向前，后背平直。

4. 侧板式

预备姿势：金刚坐姿。

做法：身体前倾，两手置于肩下方，两臂、大腿垂直于地面，两腿依次向后伸直，脚尖点地，身体成一条直线；右手移向两手之间，右臂支撑，身体转向左侧，双脚并拢，右脚外侧支撑于地面；同时抬起左臂向上，与右臂成一条直线并垂直于地面；头、颈、脊柱、腿保持在一条直线上，并与髋在同一平面；目视前方。保持几组呼吸，然后还原。

呼吸：保持自然呼吸。

功效：强化手臂、双肩、背部与腿部的肌肉力量，加强身体平衡能力与协调性。

要点：身体各部位在同一平面，两臂成一条直线并垂直于地面，脊柱中正，两脚上下重叠。

5. 鸟王式

预备姿势：山式站姿。

做法：屈膝，左腿缠绕于右腿上，左脚勾住右小腿；两臂前平举，左臂在上，双臂缠绕，双手合掌，拇指指向眉心，指尖与头部同高；脊柱延展，屈膝下蹲；目视前方。保持几组呼吸，然后还原。

呼吸：吸气时脊柱延展，呼气时屈膝下蹲。

功效：提高平衡能力和专注力，灵活四肢关节，强化肌肉力量，放松背部。

要点：两膝指向正前方，骨盆中正，背部平直。

6. 战士三式

预备姿势：山式站姿。

做法：两手经体侧向上至头顶上方合掌；髋屈曲，同时右腿向后伸展，与躯干、手臂保持在同一条直线上，且平行于地面，脚尖指向后方；目视下方地面。保持几组呼吸，然后还原。

呼吸：吸气时伸展，呼气时髋屈曲。

功效：增强腿、臀、背、肩部的肌肉力量，提高平衡能力，培养专注力和意志力。

要点：膝关节不可过伸，手臂、躯干与后展腿成一条直线，且平行于地面，髋部不可外翻。

7. 坐姿抓趾平衡式

预备姿势：山式坐姿。

做法：屈双膝，双手以三指抓握双脚大脚趾，举起双腿，伸直膝关节，以臀部支撑保持平衡。保持几组呼吸，然后还原。

呼吸：吸气时背部延展，呼气时抬起双腿。

功效：培养平衡力，伸展后背与双腿后侧肌肉。

要点：双腿并拢伸直，两臂伸直，脊柱充分伸展，以食指、中指、大拇指抓握大脚趾。

8. 舞蹈式

预备姿势：山式站姿。

做法：屈右膝向后，右手抓握右脚踝，两膝并拢，保持平衡；左臂抬起向上伸展，贴于左耳侧；胸腔上提，延展脊柱，抬起右腿向后伸展；目视前方。保持几组呼吸，然后还原。

呼吸：吸气时胸腔上提，呼气时身体后展。

功效：提高平衡能力与专注力，强化双臂、肩部、背部、髋部与腿部力量，舒展胸腔，延伸脊柱。

要点：髋部不可外翻，后伸腿大腿平行于地面，手从外侧抓脚踝，胸腔打开，脊柱向上伸展。

（七）其他类体式

1. 骑马式

预备姿势：金刚坐姿。

做法：跪立，右腿向前迈一大步，双手置于前脚两侧；左腿的膝和脚趾着地，髋部前推下沉，脊柱充分伸展；目视前方。保持几组呼吸，然后还原。

呼吸：吸气时脊柱伸展，呼气时沉髋。

功效：伸展大腿前后侧肌肉，促进骨盆区域血液循环。

要点：后脚趾点地，两手指尖与前脚尖在一条直线上，前侧小腿垂直于地面，髋部中正下沉。

2. 斜板式

预备姿势：金刚坐姿。

做法：身体前倾，双手置于肩下方，两臂、大腿垂直于地面；两腿依次向后伸直，脚趾点地，身体成一条直线；目视前下方。保持几组呼吸，然后还原。

呼吸：保持自然呼吸。

功效：提高身体的整体力量。

要点：头部与身体成一条直线，手臂与地面垂直，肘窝相对，后背平直。

3. 猫伸展式

预备姿势：金刚坐姿。

做法：身体前倾，双手置于肩下方，指尖与肩上下对齐，两膝与髋同宽；脊柱逐节伸展，扩展胸腔，然后收腹、拱背；目视肚脐方向。保持几组呼吸，然后还原。

呼吸：吸气时伸展，呼气时拱背。

功效：增加脊柱灵活性，放松肩颈。

要点：手臂垂直于地面，脚背压实于地面，伸展时，大腿始终垂直于地面。

4. 幻椅式

预备姿势：山式站姿。

做法：两臂从两侧上举至头顶合掌；屈膝，大腿与地面平行，手臂、背部保持平直；目视前方。保持几组呼吸，然后还原。

呼吸：吸气时伸展，呼气时下蹲。

功效：缓解肩部不适，矫正不良姿势，增强脚踝、腿部肌肉力量，伸展背部，扩展胸腔。

要点：膝关节不超过脚尖，后背平直且与两臂在同一平面，头在两臂之间，避免塌腰、翘臀。

5. 八体投地式

预备姿势：金刚坐姿。

做法：身体前倾，两手置于肩下方，两臂、大腿垂直于地面；脚尖着地，身体前移，屈肘，胸部落于两手之间，下颌、两手、胸部、两膝及两脚尖皆与地面接触。

呼吸：吸气时准备，呼气时身体前移下沉。

功效：增强手臂及背部肌肉力量，灵活上肢关节。

要点：肘内收并指向正后方，两脚尖、两膝、胸部、两手掌、下颌贴地。

6. 战士二式

预备姿势：山式站姿。

做法：两脚分开，约两肩半宽；右脚向右转90°，左脚内收约30°；两臂侧平举，延展脊柱，屈右膝成90°；头转向右侧，目视右手中指方向。保持几组呼吸，然后还原。

呼吸：吸气时两臂侧平举，呼气时屈膝。

功效：增强髋、膝、踝关节稳定性及腿部力量，伸展腿部内侧、后侧和手臂肌群。

要点：屈腿成90°，骨盆中正，两臂成一条直线并平行于地面，脊柱垂直伸展，身体各部位保持在同一平面。

7. 战士一式

预备姿势：山式站姿。

做法：两脚分开，约两肩半宽；右脚向右转90°，左脚内收约60°；向右转髋，保持中正；两臂经身体两侧向上抬起至头顶合掌，屈右膝成90°，脊柱向上延展；目视前方。保持几组呼吸，然后还原。

呼吸：吸气时展臂，呼气时屈膝。

功效：增强髋、膝、踝关节稳定性及腿部力量，伸展腿部内侧、后侧、侧腰及手臂肌群，胸部完全伸展。

要点：屈腿成90°，髋部中正，脊柱向上伸展。

第三节　健身瑜伽竞赛规则

一、竞赛通则

（一）竞赛办法

（1）预赛、复赛、决赛。

（2）预赛采用淘汰制，进行规定体式和自选体式比赛。复赛采用评分制，进行规定体式和自选体式比赛。决赛采用评分制，进行自编套路比赛。

（3）比赛采用10分制。其中，体式质量分值5分；展示水平分值3分；难度分值2分。

（4）体式难度包括A级难度（第七级体式）、B级难度（第八级体式）和C级难度（第九级体式）。

（5）A组裁判员负责体式质量的评分；B组裁判员负责展示水平的评分；C组裁判员负责难度分值的评分。

（6）预赛中得分排在前16名的运动员进入复赛，复赛中得分排在前8名的运动员进入决赛。预赛、复赛成绩不计入决赛成绩。

（7）集体项目只进行自编套路比赛。

（二）竞赛分组

比赛分为社会组和院校组。其中，社会组按技术水平分为专业组（专门学习健身瑜伽及从事健身瑜伽教学、训练的人群）、大众组（普通健身瑜伽练习者）。

（三）竞赛项目

（1）单人项目（男单、女单）。

（2）双人项目（混双、女双）。

（3）集体项目（5～9人）。

（四）比赛时间（自编套路）

（1）单人：120秒±5秒。

（2）双人：180秒±5秒。

（3）集体：180秒±5秒。

（五）比赛音乐

比赛必须在音乐伴奏下进行，音乐根据套路的编排自行选择，音乐中不得有唱诵、不得有歌词、不得有宗教相关内容。

（六）比赛服装

1. 运动员服装

（1）贴身瑜伽服，简洁得体，美观大方，能充分展现肢体轮廓和体式细节（男运动员不可赤裸上身）。

（2）服装上不得有宗教、迷信、广告性质的符号。

（3）佩戴组委会提供的比赛号码牌（直径12厘米）。

（4）运动员身上不得出现文身。

2. 裁判员服装

（1）男裁判员服装。深色西装外套（左胸佩戴等级裁判员胸徽）；浅色衬衫；裁判员徽章配套领带；深色正装长裤；黑色袜子；黑色正装皮鞋。

（2）女裁判员服装。深色西装外套（左胸佩戴等级裁判员胸徽）；浅色女装衬衫；裁判员徽章配套领带；深色裙子或深色正装长裤；黑色正装皮鞋。

（3）特殊情况。特殊情况下可以穿着统一款式的休闲装，例如，左胸印有专用标志的短袖衬衫或T恤衫。

（七）比赛顺序

在竞赛委员会和裁判长的监督下，由编排记录组抽签决定比赛顺序。

（八）运动员检录

运动员须在赛前30分钟到达指定地点报到，参加第一次检录，并接受服装和辅具检查；赛前20分钟进行第二次检录；赛前10分钟进行第三次检录。三次检录均未到，视为弃赛。

（九）示分

（1）运动员的比赛结果应公开示分。

（2）A、B、C组裁判员所示分数应取到小数点后两位数。

（十）运动员得分

1. 应得分

（1）体式质量应得分。5分减去体式质量的扣分，即为体式质量应得分。

（2）展示水平应得分。按照三档七级的标准给予评分，即为展示水平应得分。

（3）难度体式应得分。A、B、C级难度体式分值之和，即为难度体式应得分。

2. 应得分数的计算方法

应得分数计算到小数点后两位数，小数点后第三位数不做四舍五入处理。

3. 最后得分

体式质量应得分、展示水平应得分、难度体式应得分之和减去副裁判长给出的其他错误扣分，即为运动员的套路最后得分。

（十一）比赛礼仪

（1）比赛开始前和结束后运动员须行合十礼。

（2）介绍和替换裁判员时须行合十礼。

（3）运动员不得唱诵上场、退场。

二、评分标准与方法

（一）单人、双人项目

1. 预赛

（1）预赛包括规定体式和自选体式比赛两个环节。

（2）规定体式在《健身瑜伽体位标准（试行）》第三、四级中抽签决定，5个类别（前屈、后展、扭转、平衡、倒置）各选取1个体式，共5个体式。

（3）自选体式在《健身瑜伽体位标准（试行）》第三至第九级体式中自行选取，前屈、后展类体式各1个，共2个体式。

2. 复赛

（1）复赛包括规定体式和自选体式比赛两个环节。

（2）规定体式在《健身瑜伽体位标准（试行）》第五、六级中抽签决定，5个类别（前屈、后展、扭转、平衡、倒置）各选取1个体式，共5个体式。

（3）自选体式在《健身瑜伽体位标准（试行）》第三至第九级体式中自行选取，平衡、倒置类体式各1个，共2个体式。

（4）自选式比赛中，每完成1个七级体式（A级难度体式）得0.6分，每完成1个八级体式（B级难度体式）得0.8分，每完成1个九级体式（C级难度体式）得1.0分。双人项目完成不同的难度体式，取平均分。

3. 决赛

（1）决赛内容。决赛只进行自编套路的比赛。

（2）自编套路评分依据。自编套路比赛中，每完成1个A级难度体式得0.1分，每完成1个B级难度体式得0.3分，每完成1个C级难度体式得0.5分。体式难度分值不超过2分。

自编套路中的体式必须在《健身瑜伽体位标准（试行）》中选取，并包含5个类别（前屈、后展、扭转、平衡、倒置），每个类别不少于2个体式。音乐与体式契合。双人项目自编套路的开始和结束须有固定造型。运动员配合默契，肢体连接顺畅，情感交流自然。

（二）集体项目（5~9人）

1. 体式选取

自编套路中的体式必须在《健身瑜伽体位标准（试行）》中选取，并包含5个类别

（前屈、后展、扭转、平衡、倒置），每个类别不少于2个体式。难度体式须3人以上（含3人）共同完成。

2. 团队配合

团队配合默契，运动员肢体连接顺畅，情感交流自然。

3. 音乐

音乐与体式契合。

4. 规定体式

运动员在自编套路比赛中须同时完成以下5个规定体式。

前屈类：站立前屈伸展式。

后展类：骆驼式。

倒置类：犁式。

平衡类：战士三式。

扭转类：侧角扭转式。

5. 队形要求

每个套路的开始和结束须有固定队形，且至少有3次队形变换。

（三）体式质量的评分

（1）规定体式和自选体式流程不规范，扣0.10、0.15或0.20分。

（2）与体式无关的肢体位移、失衡、晃动，扣0.10、0.5或0.20分。

（3）髋屈曲幅度不够，扣0.10、0.15或0.20分。

（4）背部平展度不够，扣0.10、0.15或0.20分。

（5）膝关节过伸或弯曲，扣0.10、0.15或0.20分。

（6）脊柱过度弯曲、非伸展，扣0.10、0.15或0.20分。

（7）头部过度后仰，扣0.10、0.15或0.20分。

（8）偏离中正位（骨盆非中正、脊柱弯曲等），扣0.10、0.15或0.20分。

（9）支撑点位移，扣0.10、0.15或0.20分。

（10）扭转不到位或过度扭转，扣0.10、0.15或0.20分。

（11）两肩不在同一平面，扣0.10、0.15或0.20分。

（12）不按裁判组口令，提前结束体式或超时结束规定体式和自选体式，扣0.10、0.15或0.20分。

（13）自编套路体式保持未达3秒，扣0.10、0.15或0.20分。

（14）第一次未完成，第二次完成体式，扣0.30分。

（15）非口令要求体式、未完成体式，扣0.5分。

（16）每个体式质量扣分不超过0.5分，体式质量总扣分不超过5分。

（四）展示水平的评分

展示水平的评分分为3个档次，具体的分数段和评分标准如表16-1所示。

表16-1　展示水平的评分

档次	分数段	评分标准
好	2.91～3.00	体式展示富有表现力、感染力；节奏分明；体式连贯流畅，姿势优雅舒展；自编套路中体式与音乐契合；运动员配合默契，动作一致，情感交流自然
	2.71～2.90	
	2.51～2.70	
一般	2.31～2.50	体式展示有表现力、感染力；节奏较分明；体式较流畅，姿势舒展；自编套路中体式与音乐较契合；运动员配合较默契，有情感交流
	2.11～2.30	
	1.91～2.10	
不好	1.61～1.90	体式展示缺乏表现力、感染力；节奏混乱；体式脱节，出现明显的喘息、憋气；自编套路中体式与音乐不契合；运动员配合不默契，无情感交流

（五）体式难度的评分

体式难度的评分由C组裁判员完成。如2名以上（含2名）裁判员认定运动员完成了该难度体式，则运动员可得到该难度体式相对应的分数。

集体项目3人以上（含3人）未共同完成难度体式，不得分。

（六）其他错误的扣分

（1）运动员比赛中暴露文身，扣0.50分。

（2）运动员比赛服装出现严重失误，扣0.50分。

（3）运动员比赛开始前和结束后不行合十礼，扣0.50分。

（4）运动员超过或不足规定的比赛时间，每3秒扣0.10分。

（5）运动员唱诵上场、退场，扣0.50分。

（6）自编套路的配乐中出现唱诵、歌词及与宗教相关的内容，扣0.50分。

（7）自编套路中体式的数量不符合5个类别的要求，每少1个，扣0.50分。

（8）双人、集体项目自编套路开始和结束时缺少固定队形造型，扣0.50分。

（9）集体项目自编套路中，每缺少1个队形变换，扣0.50分。

（10）集体项目规定体式未同时完成或缺少规定体式，每出现1次，扣0.50分。

（11）运动员比赛中，每出现1次站立托举动作，扣0.50分。

三、名次评定

（一）单人、双人和集体项目名次评定

按比赛成绩的高低排列名次，得分最高者为该项目第1名，次高者为第2名，依次类推。

（二）团体名次评定

根据竞赛规程中关于确定团体名次的办法进行评定。

（三）得分相等的处理

1. 单项得分相等

单项得分相等时，按下列顺序排列名次。

（1）体式质量得分高者列前。

（2）展示水平得分高者列前。

（3）体式质量最高分高者列前。

（4）展示水平最高分高者列前。

（5）如再相等，则并列。

2. 团体总分相等

团体总分相等时，以全队获得单项第一名多者列前；如仍相等，则以获得第二名多者列前，以此类推；如获得单项名次均相等，则并列。

四、裁判人员

（一）裁判人员的组成和职责

1. 裁判人员的组成

（1）裁判长1人，副裁判长1～2人。

（2）设A、B、C共3组裁判员，其中A组裁判员3人，B组裁判员3人，C组裁判员3人。

（3）编排记录长1人。

（4）检录长1人。

（5）场上指挥裁判员1人。

（6）后备裁判员若干。

2. 裁判人员的职责

1）裁判长

（1）组织本裁判组开展业务学习和实施裁判工作。

（2）指导各裁判组的工作，保证竞赛规则的执行，检查并落实赛前各项准备工作。

（3）解释规则与规程，但无权修改规则与规程。

（4）在比赛过程中，可根据比赛需要调动裁判人员工作；当裁判人员发生严重错误时，有权进行处理。

（5）对运动员或教练员在赛场上的无理纠缠，有权给予警告；对不听劝告者，有权建议组委会严肃处理，直至取消其比赛资格或成绩。

（6）制止比赛过程中一切有违健身瑜伽健康发展的做法和行为。

（7）审核并宣布成绩，做好裁判工作总结。

2）副裁判长

（1）协助裁判长工作。

（2）裁判长缺席时，代行其职责。

（3）负责比赛中其他错误的扣分。

3）裁判员

（1）服从裁判长的领导，做好本组裁判工作。

（2）依据规则，独立进行评分并做详细记录。

（3）A组裁判员负责运动员体式质量的评分。

（4）B组裁判员负责运动员展示水平的评分。

（5）C组裁判员负责运动员体式难度的评分。

4）编排记录长

（1）审查报名表，并根据大会要求编排秩序册。

（2）准备比赛所需表格。

（3）负责抽签，协助裁判长安排竞赛日程，向裁判组和运动队公布单元竞赛结果。

（4）处理运动员更换等事宜。

（5）审查、核实比赛成绩及名次，编排成绩册。

（6）做好与编排记录有关的其他工作。

5）检录长

（1）按照比赛顺序按时检录，并检查运动员的服装、辅具。

（2）运动员检录情况如有变化，及时向裁判长和宣告员报告。

（3）负责颁奖的检录工作。

（4）做好与检录有关的其他工作。

6）场上指挥裁判员

（1）指挥运动员站位与位置调动。

（2）协助大会完成颁奖环节的工作。

（3）处理场上突发事件。

（二）辅助裁判人员的组成和职责

1. 辅助裁判人员的组成

（1）编排记录员3～5人。

（2）检录员3～5人。

（3）宣告员1～2人。

（4）放音员1～2人。

（5）竞赛摄像人员1～2人。

（6）医务人员2～3人。

2. 辅助裁判人员的职责

1）编排记录员

根据编排记录长分配的任务进行工作。

2）检录员

（1）根据检录长分配的任务进行工作。

（2）将比赛运动员带入场后，向检录长递交检录表。

3）宣告员

向观众介绍上场运动员，报告比赛成绩，介绍有关竞赛规程、规则和比赛项目的特点及健身瑜伽相关知识。

4）放音员

负责比赛音乐的收集、管理及播放。

5）竞赛摄像人员

（1）对全部竞赛项目进行现场摄像。

（2）遵照仲裁委员会的要求，负责播放相关项目录像。

（3）按竞赛委员会的规定保留全部录像。

6）医务人员

（1）审核运动员的体格检查表。

（2）负责运动员临场伤病的治疗与处理。

（三）电子评分操作人员的组成及职责

1. 电子评分操作人员的组成

电子评分操作人员由2～4名专业技术人员组成。

2. 电子评分操作人员的职责

电子评分操作人员负责整场比赛过程中电子评分系统的运行；协助编排记录组工作。

第十七章　健美运动

本章导读

◆ 了解健美运动的基础理论知识
◆ 了解健美训练的思想基础
◆ 掌握健美训练的方法

第一节　健美运动概述

一、健美运动的概念

健美运动是一项通过徒手和各种器械，运用专门的动作方式和方法进行锻炼，以发达肌肉、增长体力、改善形体和陶冶情操为目的的运动项目。它是举重运动的一个分支，也是一个独立的竞赛项目。

健美运动可以采用各种徒手练习方式，如健美操、韵律操、形体操以及各种自抗力动作；也可采用各种轻重不同的运动器械来练习，如杠铃、哑铃、壶铃等举重器械，单杠、双杠等体操器械，以及弹簧拉力器、滑轮拉力器、橡筋带和各种特制的综合力量练习器等。

健美运动的动作方式多种多样，既有成套的徒手健美体操，也有球、棒等轻器械体操，这些主要用于女子健美训练，可减肥和改善体形体态，提高韵律感。更有许多能发达身体各部位肌肉的举重练习动作和其他动作，这些动作主要用于男女竞技健美训练。

为了达到健美的目的，需要采用专门的训练方法。例如，采用举重等器械做各种动作时，在器械的轻重，动作的做法、次数、组数、速度等方面，都有特殊的要求和安排。

健美运动不仅包括以比赛为目的的竞技健美，也包括以减肥或改善体形体态为目的的群众性健美操活动。健美运动作为一个运动项目，除了具有一般体育活动所共有的锻炼身体、增进健康、增强体质的作用外，还特别能发达全身各部位的肌肉，增长体力，改善体形体态，以及陶冶美好的情操。它不仅强调“健”，而且强调“美”，把体育和美育融为一体。

二、人体健美的标准

从古至今，人们都执着地追求人体美，但由于人们所处的时代不同，以及文化程度、社会经历、职业、性别、年龄、民族等的差异，对什么是人体美有着不同的看法。

我国体育美学研究人员胡小明根据中国人的实际情况提出了如下人体美的标准。

（1）骨骼发育正常，关节不显粗大突出。

（2）肌肉均匀发达，皮下脂肪适当。

（3）五官端正，与头部配合协调。

（4）双肩对称，三角肌宽大且圆。

（5）脊柱正视垂直，侧看弯度正常。

（6）胸廓隆起，正背面略呈V形，女性胸廓丰满而有明显曲线。

（7）腰细而结实，呈圆柱形。

（8）腹部扁平，男子有腹肌垒块隐现。

（9）臀部圆满适度。

（10）腿修长，大腿线条柔和，小腿腓部稍突出，足弓高。

人体美是健、力、美三者的结合与统一，它包含生长发育健康而又完善的机体，发达有力的肌肉，优美的人体外形和健康向上的精神气质。

三、健美运动的作用

长期不懈地坚持进行健美锻炼，能够起到以下作用。

（一）发达肌肉，增长力量

健美运动的一个突出作用是可以有效地发达全身肌肉，增长力量。在人体中，由肌肉、骨骼、关节和韧带等共同组成了运动器官，使机体能够进行各种各样复杂精细的运动，而一切运动的原动力就是那些大大小小的肌肉。由于健美比赛评分的主要标准之一是肌肉的发达程度，健美训练中要经常采用杠铃、哑铃等做负重动作，对全身各部位肌肉进行锻炼，特别是一些极限练习，能够使肌肉得到强烈的刺激，从而使肌纤维增粗、肌肉中的毛细血管网增多、肌肉的生理横断面增大，从而使肌肉变得丰满、结实、发达，也就是通常所说的肌肉块头增大了。

此外，由于中枢神经系统调节机能的改善，可促进神经过程的强度和集中能力的提高。在力量训练的影响下，肌细胞内的肌动蛋白和肌球蛋白等收缩物质含量增加、脂肪减少，从而使肌肉的黏滞性减小。所有这些变化促进了肌肉力量的增长，特别是某些局部肌肉群的力量，能达到相当高的水平。例如，某些最轻级别健美运动员的卧推成绩能超过100公斤，个别健美运动员甚至能用90公斤的杠铃做弯举和颈后臂屈伸动作，由此可见其惊人的臂力。

（二）增进健康，增强体质

经常从事健美锻炼，能对心血管系统、呼吸系统和消化系统等各内脏器官的功能产生良好的影响。

健美锻炼可使心肌增强，心脏容量增大，血管弹性增强，从而提高心脏的收缩力和血管的舒张能力，使心搏有力，心排血量增加。由于心脏的工作能力和储备能力都提高了，就能承受更大的负担量。

健美锻炼能使血液中的红细胞、白细胞和血红蛋白增加，从而提高身体的营养水平、代谢能力和对疾病的抵抗能力。

健美锻炼对呼吸系统的机能有良好的影响，它能提高呼吸深度，增加每次呼吸时的气体交换量。这既有利于呼吸肌的休息，又可提高呼吸系统的功能储备，从而保证在激烈运动时满足气体交换的需要，提高机能水平。

健美锻炼能提高消化系统的机能，因为肌肉活动时要消耗大量的营养物质（尤其是能源物质），这就需要及时补充。同时，肌肉的活动可促使胃肠蠕动增强，消化液分泌增多，使消化和吸收能力得到提高，从而增加食欲。

综上可见，健美运动能有效提高人体健康水平，增强体质。

（三）矫正畸形体形，改善体形体态

矫正畸形体形是指使全身各部位的比例匀称、协调、平衡、和谐，以及使主要肌肉群具有优美的线条。体态主要是指整个身体及各主要部位的姿态。我国自古以来就很重视体态，强调一个人要站有站相、坐有坐相，也就是通常所说的“站如松、坐如钟”。如果长时间不注意体态端正，就可能影响某些骨骼的正常生长和发育，如脊柱侧屈以及含胸驼背等，都会影响体态美。健美运动的各种动作能影响身体某些部位的生长发育，促使骨骼的生长和肌肉的发展。科学的训练还可减少肌肉中的脂肪含量，达到消脂减肥的目的。这些变化都能够有效地改善人的体形体态。例如，三角肌发达，肩部就显得宽阔；背阔肌增大，能使身体呈现美丽的倒三角形；腹肌发达，会使腹部扁平、坚实。改善体形体态，能使男子变得体格魁梧、肌肉发达、英姿勃勃、风度翩翩；女子变得体态丰满、线条优美、明朗多姿、秀丽动人。

正因为健美运动的各种动作能够影响身体某些部位，所以当一个人的体态出现某些缺陷的时候，就可以有针对性地选择某些动作来进行锻炼，以达到矫正畸形的作用。例如，四肢不成比例者，可以采用先练差的一侧的办法使之发达起来，使其匀称协调；含胸驼背者，可多练些卧推举和扩胸动作，可使胸廓挺拔、肌肉发达充实。由于健美运动的这一作用，某些动作已被进一步用于医疗体育方面，辅助练习者恢复肢体的某些功能。

（四）调节心理活动，陶冶美好情操

人的心理活动，其本质是大脑对外界客观事物的反映。现代生活的紧张节奏，会使人产生紧迫感、压抑感，而紧张的体力劳动和脑力劳动又会使人产生疲劳感。出现以上情况，可以通过休息、睡眠、沐浴、按摩等恢复措施消除疲劳。但神经疲劳是产生深度疲劳的主要因素，因此，除采用上述方法外，还可采用一些调节心理活动的积极措施，而健美运动则能起到这方面的作用。例如，通过一段时间锻炼后，肌肉增长了，多余的脂肪减掉了，体形健美了，人在心理上就会产生一种满足感。通过优美明快的音乐，节奏鲜明的形体练习，可调节人的心理活动，松弛紧张的神经，转移和消除人的疲劳感、压抑感，使大脑得到的休息。

健美运动还可以陶冶人的美好情操。爱美之心人皆有之，如果一个人执着地追求健

与美，追求生活中真、善、美的东西，他就能自觉地抵制假、恶、丑的现象，有助于他在工作和学习中精神振奋、精力充沛、注意力集中、充满信心。此外，健美训练所带来的形体美、姿态美的良好变化，也会使人变得活泼开朗、朝气蓬勃。

所以说，健美运动是一种青春常在的运动，它可以调节人的心理活动，陶冶人的美好情操。

（五）提高神经系统机能，培养顽强的意志品质

中枢神经系统由脑和脊髓构成，而人体的最高指挥机关则是大脑皮层。它一方面管理和调节人体内部各器官系统的活动，保持人体内部环境的平衡；另一方面则维持人体与外部环境的平衡。健美运动是在中枢神经系统的支配调节下进行的；反过来，进行健美锻炼也能提高中枢神经系统的机能水平。它能够提高神经过程的强度，集中人体的能力，提高均衡性和灵活性，从而提高机体对内外环境的适应能力。经常坚持健美锻炼的人，一般睡眠质量较好，很少患神经衰弱症。

在健美训练中，肌肉经常要工作到极限，运动员要经常克服由于大运动量训练所带来的肌肉酸痛等疲劳感觉和各种困难，长期坚持刻苦训练，可以培养顽强的毅力，培养不怕苦、不怕累、不怕疼痛、不怕枯燥的意志品质。

第二节　健美训练的思想基础

一、初学健美应注意的事项

（1）在锻炼之前应向内科医生咨询身体状况是否适合练习健美，特别是患高血压、有心脏病史、体重过重、长期不参加运动的人群。

（2）循序渐进，先选择容易学和安全的动作，不要操之过急。

（3）一周锻炼3天（星期一、星期三、星期五或星期二、星期四、星期六），如果时间较少，也可每周锻炼2天。

（4）每次锻炼时长不超过90分钟。

（5）锻炼强度控制在你所能承受的最大强度的70%～80%。

（6）把注意力集中在大肌肉组的锻炼上。

（7）缓慢有控制地做好每一个动作，注意力集中在所锻炼的肌肉上。

（8）在锻炼中用口和鼻呼吸，以吸取充足的氧气。

（9）在每组动作之间休息1～2分钟。

二、健美锻炼十问

（1）健美锻炼是否受年龄限制？

健美锻炼不受年龄和性别限制，男女老少均可参加。各人可根据自己的身体条件和体力强弱来确定练习的动作内容，选择锻炼器具和增减运动量。实践证明，不同年龄阶

段的人，只要经过较系统的锻炼，都能取得较好的效果。

（2）健美锻炼要多长时间才能见效？

见效的快慢因人而异，除了个人的身体条件不同，还与锻炼的程度和掌握动作的准确性有关。大多数人经过2～3个月的锻炼后，体力都会有明显的增长。

（3）健美锻炼中，肌肉酸痛是怎么回事？

刚开始锻炼的人，锻炼过后会感到肌肉酸痛，这是由于肌肉在运动时产生了大量的乳酸，是正常的生理现象。

（4）某些已经比较粗壮的肌肉还要不要进行锻炼？

如果某些部位的肌肉比较粗壮，对这部分肌肉可以少锻炼，但不应完全停止锻炼。如果长期不锻炼，这部分肌肉的素质就会逐渐衰退，弹性和力量也会下降，对其他部位的健美有消极作用。

（5）锻炼后何时肌肉增长得较快？

一般情况下，锻炼开始后前2～3个月肌肉增长得较快。因为前2～3个月的锻炼给肌肉带来了前所未有的强烈刺激，使肌纤维突然扩张，从外表看肌肉会增粗，所以给人的感觉是肌肉增长比较快。加大运动量与平衡营养可保持增速。

（6）为何想锻炼的肌肉没有酸胀感？

这是因为对动作的技术要领掌握得不够准确。例如，有的人在做“划船”动作时，重量不轻，组数不少，次数也足够，可由于两手向上提拉杠铃时，两肘没有夹在体侧尽力往上提，使杠铃沿着腿上拉至腹部，而是两肘外展垂直向上提拉杠铃至胸前，其结果是背阔肌没有充分收缩，而让其他肌肉“代劳”。

（7）什么季节最适合进行健美锻炼？

任何季节都适合健美锻炼。夏季锻炼虽然会汗流浃背，体力消耗较大，肌肉增长稍慢，但更容易减少脂肪、雕塑肌肉线条。

（8）经常进行健美锻炼会不会把肌肉练僵？

经常系统合理地进行健美锻炼，不仅不会把肌肉练僵，而且还能对身体产生积极的作用，使肌肉发达起来。然而，如果违背科学的锻炼规律，就会引起过度疲劳，导致机体创伤或有肌肉僵硬的感觉。因此，应按要求去做，循序渐进，特别是锻炼后，必须做放松活动，使肌肉得到完全放松。

（9）停止锻炼后会发胖吗？

健美锻炼应该是经常性的。如果由于环境和条件的改变不能继续进行健美锻炼，可以进行其他体育活动。如果完全停止锻炼，同时维持原来的食量，就会造成热量供给大于消耗，体内多余的热量就会转化为脂肪，逐渐积存于体内。

（10）为何越练越胖？

越练越胖不外乎两个原因：一是运动项目不对路，减肥锻炼应采取较长时间的有氧运动；二是没有适当地控制饮食，造成热量的吸收大于消耗。因此，减肥锻炼既要严格坚持定时定量进餐，科学搭配饮食，还要根据情况选择锻炼项目，科学合理地安排运动的量、强度、密度和时间。

三、健美误区

健美锻炼的目的除了美化形体，更重要的是保持身体健康。因此，应避免进入以下误区。

（1）不吃早餐。有人误认为不吃早餐能减少热量的摄入，从而达到减肥的目的，殊不知不吃早餐对人体伤害极大，无益健康。

（2）固定食谱。这样做固然减少了许多热量的摄入，但久而久之会使身体营养失衡，有害无益。

（3）高纤维食品摄入不当。如果是精麦包，其中的高纤维在加工中已被去除，营养也不全面。

（4）混淆烦躁和饥饿。有时心情不好，肠胃不适，会让人误以为是想吃东西。

（5）缺钙饮食。一味追求身材苗条，忽视钙的摄入，容易患骨质疏松症。

（6）以药物代替天然食品。例如，一味服用营养品、维生素类药物，而忽视了日常饮食的营养均衡。

（7）认为鸡肉比牛肉脂肪含量低。去皮鸡肉为低脂肪食物，而鸡翅部位的胆固醇含量却很高。

（8）认为勤擦脸能保护皮肤。如果经常用毛巾擦脸，特别是易长暗疮的皮肤，可能会增加皮肤分泌物，促进暗疮的生长，正确方法是以按摩的方法洗脸。

（9）忽视颈部护理。颈部暴露在外，易受污染侵袭，同样需要每天清洁护理。

（10）油性皮肤不用涂润肤霜。油性皮肤只是不适合使用含油性成分高的润肤霜，但同样需要护理。

第三节　健美训练的方法

一、健美冠军的训练方法

波特·科尔是“冠军之夜”健美大赛冠军，他在长期的训练中积累了丰富的经验。他认为，如果你想成为一个真正的健美力士，甚至想参加健美比赛，那么你必须有专门的教练指点，仅靠家庭健身器是不够的。一般来说，健美的目的可以简单地归纳为三个方面：第一，减少脂肪（即减肥）；第二，增强力量；第三，塑造健美的体魄。以上三个目标通过家庭健身器都可以实现吗？答案是肯定的。那么怎么实现呢？或者说，使用同一台器械，怎样才能达到不同的效果呢？关键在于力量的选择。

家庭健身器一般都可以调节力量的大小，这就是我们实现上述目标的基础。具体来说，如果你想减少脂肪，关键是轻负荷、大数量。锻炼时将健身器的力量调得小一些，标准是做起来很轻松，可以做很多次，一般要求至少能做20次，每次锻炼要做3～5组。但是，力量也不能太小，如果能做到50次以上，那就证明力量不够，这样是达不到效果的。

力量训练与减肥刚好相反，它要求你将健身器的力量调大，标准是你用尽全身力气也只能完成1～2次，每次锻炼要做2～3组。但是，为防止受伤，也不要太勉强，量力而行即可。

如果你的目标是增加肌肉，那么训练的关键是适量的负荷与数量。练肌肉的力量调整介于上述两者之间，标准是你能完成8～12次，再想多做就做不动了。每次锻炼要做3～4组。

二、制订训练计划

在开始健美训练之前，应制订一个符合你的身体特点、工作性质和时间安排的训练计划。

为了计划的准确制订和正确实施，你首先要选择一个合适的健身房，合适的健身房应具备两个条件：①充足和实用的设备；②专业健美教练。专业教练非常重要，他可以帮你制订计划，而且在你今后的训练过程中可以给你正确的指导，从而避免走弯路。如果你现在的教练是举重教练或其他不具备健美专业知识的人，那就应另择健身房，换一个教练。

制订训练计划应遵循以下要点。

（一）简单至上

每个训练者刚开始训练时都想找到能令肌肉快速发达的秘诀，因此有些人会参照明星的训练方法。但明星的训练方法大多比较复杂，包含很多孤立练习，有些还是自创的动作，技术性很强，强度也很大，不一定适合初练者。健美训练的秘诀其实就是科学训练。对初练者而言，应做一些简单的、基本的复合式训练，如卧推、深蹲、硬拉等。尽管这些简单的动作很乏味，但效果不容置疑，几乎每个冠军都是靠复合式训练获得了“超级大块”。连续八届获得奥林匹亚先生的李·哈尼在夺得全美冠军后才开始分部训练，在此之前他的训练计划中大多是复合式训练。

把基本的复合式训练列为“主菜”，目的是增强基本素质，练出大肌肉块，为将来的“精雕细琢”打下坚实基础。

（二）目标明确

训练计划最好用大规格的纸张、大号字列出来，训练目标应用红笔写在最醒目的位置，越明确越好，比如“我要练出60厘米围度的大腿”或“体重70公斤、8块腹肌”。当你对枯燥的训练感到厌烦时，当你想偷懒时，那些醒目的字会深深地刺激你，让你意识到自己的惰性并快速调整状态。

（三）持续性和渐进性

持续性和渐进性是制订训练计划的两项重要原则。不坚持训练，肌肉就得不到持续的、有规律的刺激，将导致生长迟缓；训练强度不增加，肌肉会对刺激产生适应性，生长也会迟缓。因此，一个有效的计划除了保证训练的持续性外，还要保证循序渐进地增加训练强度。频度、数量、强度是训练计划的三个要素，这些要素的量和度都决定了训练者能否保持训练的持续性和渐进性。所以，不要中断训练，不要错过一节训练课；反之，训练也不能过于频繁，训练量不能过大，增加重量不能急于求成，否则会造成训练过度，甚至会因负荷过大而受伤，那样你就不得不中断训练了。

（四）频度

频度是指一星期练几次。频度的设定取决于你训练后的恢复能力，恢复能力又取决于身体素质、睡眠和营养三个因素。另外，你的工作性质和家庭负担对恢复能力的影响也不容忽视。如果你的工作和家务每天都耗费很多体力和精力，那就会延缓你的恢复过程。

一般来说，有工作、有家庭的初级训练者一星期进行两个循环的重量练习比较合适。对学生而言，一周三个循环也可以。每个循环的具体安排视时间和身体状况而定，最好一个循环练两天，一天练上身，一天练腿。

一周两循环是基于人体的平均恢复能力而言的，保证充足合理的恢复时间既兼顾了训练的持续性，也不会破坏训练的渐进性。

一般来说，一星期进行两个循环的重量练习能使时间比较宽松，体脂率较大者还可在两个循环之间的休息日安排30～40分钟的有氧训练。但有氧训练的强度不能太大，以训练时心率为120～140次/分为宜。

（五）数量

数量是指训练量，包括练多少组、每组多少次以及组间休息时间的长短等。

首先，组数的安排不是固定的，但每个动作必须有一个热身组。热身组的作用：加速代谢，帮助训练者进入训练状态；充分活动关节和韧带，避免受伤。

其次，正式组以2～4组为宜，较少的组数有助于提高训练效率。每个正式组的训练次数为6～12次，热身组不少于20次。

再次，每组的间歇时间一般不多于2分钟，具体视身体状况而定，有时候2分钟以上也是允许的，但不允许在休息时聊天或做其他影响训练的事情，否则不但拖延了训练时间，而且降低了训练效率，破坏了训练的持续性。

最后，每次训练不要超过1小时，因为在无氧训练40分钟后，一些影响训练的重要的内分泌激素就会大幅度减少，这会造成肌肉损耗。对初级训练者而言，精简时间、提高效率是必须养成的习惯。

（六）强度

强度是指训练中你所承受的负荷水平。负荷水平取决于三个因素：重量、训练间歇、力竭程度。高强度是指在训练间歇较短的前提下，每组都使用较大重量训练至接近力竭。力竭的概念是“无能力完成一次”。高强度的要点是达到力竭的边缘，而不是力竭。因为力竭的时候肌肉无法完成一次完整的动作，肌肉收缩不充分，肌纤维就得不到足够刺激。另外，力竭时肌肉对训练重量失去控制，随时都有受伤的危险。所以，训练至力竭对初级训练者来说不可取。

了解高强度的概念和要点对增加重量是极其重要的，因为增加重量就要影响训练次数和力竭程度。刚入门的朋友要注意，增加重量不可操之过急。下面介绍一种行之有效的方法。

刚开始训练时，正式组使用的重量允许你完成的次数就是练至力竭的次数，即目标次数加5次。例如，你的目标次数为8次，那么所使用的重量应该允许你完成13次，而你完成8次就停下来。接下来的6～8周内，逐渐增加重量，直到所使用的重量允许你完成的次数变为8～10次，而你仍是完成8次就停下来。保持这样的强度训练2～3周，然后改变目标次数为6次，使用力竭次数为11次的重量训练。接下来仍然用上述方法增加重量。

肌肉的生长取决于所受的刺激。经常改变重量、次数等可变因素，才能使肌肉对刺激保持敏感，从而不断生长。

掌握以上要点可以帮助你制订一个适合自己的训练计划，而真正的考验是计划能否严格实施。树立了目标就要付诸行动，不要为了偷懒而找任何借口。健美运动是强壮体格的运动，也是增强意志的运动。懒惰就是懦弱，克服它，才会更强。

三、健美训练者耐力测试

（一）注意事项

在开始进行耐力测试之前，请先阅读注意事项。

（1）不要做任何使你感到疼痛的动作，如果你有慢性疾病或近期有疾患，更应慎重。

（2）做好热身练习，一开始动作不要太猛。

（3）不要强迫自己，即使是为了多做一个动作，你的身体会告诉你何时该停下。

（4）不要与别人比赛，按照自己的速度来做。

（二）具体方法

沿一段约有15级台阶的楼梯走上去，再走下来，要尽量快，往返3次。完成之后，你应该可以进行一次正常的谈话，而不是气喘吁吁，上气不接下气。

原地跑步，脚离地面至少15厘米，在感到有点吃力时就停下来。如果你的年龄在50岁以上，应该能将上述动作轻松地持续2分钟；年轻人持续时间更长些。

找一把坚固的小椅子，单脚站上去，另一只脚悬空，然后下来，换脚，重复进行。如果你的年龄在50岁以上，上述动作持续2分钟之后，你应该可以轻松自如地讲话；如果你的年龄在50岁以下，上述活动你应该能轻松地进行3分钟。

慢跑1500米，时间依你的年龄而定。如果你是45岁以下的男子，应在10分钟之内跑完，女子可放宽到12分钟；如果你的年龄在45岁以上，每超过5岁（不足5岁按5岁计），时间加长1分钟。据此，一位60岁的女士，应在15分钟之内跑完。

四、全身各部位肌肉锻炼

（一）颈部肌肉锻炼

1. 单手侧压颈屈伸

起始姿势：一手按头右侧，另一手叉在左侧腰间。坐立均可。

动作过程：按在头右侧的手用力把头向左侧推压，而颈部则用力顶住，不被轻易压倒，但应逐渐被压倒；然后，颈部用力把头向上向右抬起，而右手则用力压住头部，不让其轻易抬起，但逐渐完全竖直。如此反复多次，直到颈部感到酸胀。练完一侧，换练另一侧。

呼吸方法：一手用力侧压头部时吸气，压到底时呼气。

注意要点：注意不要用过大过猛的抗力，前几次用力要小些，再逐渐加大，以避免颈部扭伤。切勿让颈部有任何旋转，而只是屈伸。

2. 双手正压颈屈伸

起始姿势：双手十指交叉，按在脑后。

动作过程：双手用力压头部，使其向前向下屈，颈部则用力顶住，不让其轻易下压，但逐渐被压到颈部触及锁骨柄；然后，颈部用力把头向上抬起，而两手则用力压住头部，不让其轻易抬起，但逐渐抬到原位。

呼吸方法：两手用力压头时吸气，压到底时呼气；头部上抬时吸气，抬到原位时呼气。

注意要点：头部屈伸时，身体不要前俯后仰，注意不要用过大过猛的抗力，前几次用力要小些，再逐渐加大，以避免颈部扭伤。切勿让颈部有任何旋转，而只是屈伸。

（二）肩部肌肉锻炼

1. 三角肌前部前平举

起始姿势：两腿直立，挺胸收腹；两手正握哑铃或杠铃，两臂下垂于腿前。

动作过程：直臂持铃向上举起，至稍高于肩，静止1秒，再直臂徐徐放下，还原至腿前。如用哑铃，可左右手各1次，连续交替做。

呼吸方法：上举时吸气，下落时呼气。

注意要点：上举和下落时全身保持直立，两臂保持直伸，意念集中在三角肌。

2. 三角肌中部侧平举

起始姿势：两脚自然开立，两手握哑铃，下垂于身体两侧。

动作过程：收缩三角肌，直臂向侧上方举起，直到略高于肩，静止1秒，再让两臂徐徐放下到下垂位置。

呼吸方法：上举时吸气，静止时呼气；下降时吸气，完全落下时呼气。

注意要点：上举和下落时，全身保持直立，不要摇摆弯曲，臂部保持直伸。

3. 三角肌后部俯身侧平举

起始姿势：把杠铃从地面上拉到胸上，全身直立。

动作过程：两臂向上直推至完全伸直，静止1秒，让杠铃慢慢下落到胸上。

呼吸方法：上举时吸气，下落时呼气。

注意要点：上举和下放杠铃时，身体不要摆动。该动作对上臂三头肌也有较大锻炼作用。如将杠铃下落到颈后肩上，则对三角肌后部有更大的锻炼作用，称为颈后推举。胸前和颈后推举，也可坐在凳上做。还可用哑铃，左右两臂同时交替做上推和下落。在上推和下落时吸气，静止时呼气。

（三）胸部肌肉锻炼

1. 平卧举

起始姿势：仰卧长凳上，将杠铃放在乳头上方。

动作过程：将杠铃垂直上举至两臂完全伸直，胸肌彻底收缩，静止1秒，慢慢下落。

呼吸方法：上举时吸气，下落时呼气。

注意要点：上举时背部、臀部要平贴凳面，两脚用力向下踏。

2. 上斜卧举

起始姿势：头朝上斜卧（30°～45°）长凳上， 两手正握杠铃，置于胸部上方。

动作过程：把杠铃垂直上举至两臂完全伸直，静止1秒，慢慢下落至原位。

呼吸方法：上举时吸气，静止时呼气；徐徐下落时吸气，落到原位时呼气。

3. 下斜卧举

起始姿势：头朝下斜卧长凳上， 两手正握杠铃，置于胸部下方。

动作过程：把杠铃垂直上举至两臂完全伸直，静止1秒，慢慢下落至原位。

呼吸方法：上举时吸气，静止时呼气；徐徐下落时吸气，落到原位时呼气。

4. 仰卧飞鸟

起始姿势：仰卧长凳上，两手拳心相对，持哑铃；两臂向上伸直并与地面垂直，两脚平踏地面。

动作过程：两手向两侧分开下落，两肘微屈，直到不能更低时止，静止1秒，让胸大肌完全伸展；然后将两臂从两侧向上，回合到开始位置。

呼吸方法：两臂拉开时吸气，回合时呼气。

注意要点：两手不要紧握；分臂时，背部肌肉要收紧；意念集中在胸大肌的收缩和伸展上。

（四）臂部肌肉锻炼

1. 上臂三头肌臂屈伸

起始姿势：两手正握或反握杠铃，或两手合握一个哑铃，将其高举过头顶后，屈肘，让前臂向后下垂；全身直立或坐在凳上。

动作过程：两上臂贴近两耳，保持竖直，不摇动；收缩三头肌，逐渐伸展肘关节，把前臂向上伸，直到臂部完全伸直，三头肌彻底收紧；静止1秒，再屈肘，让前臂徐徐下垂到开始位置，使三头肌尽量伸展。

呼吸方法：挺伸前臂时吸气，屈降时呼气。

注意要点：挺伸前臂时切勿摆动上臂。

2. 上臂三头肌俯身臂屈伸

起始姿势：向前屈体，单手握哑铃，另一手撑开或一手扶膝后腿上，让握铃的上臂贴靠身侧，与上体平行；屈肘，让前臂自然下垂。

动作过程：上体和上臂保持不动，收缩三头肌，前臂向后上方挺伸，直到臂部完全伸直，同时彻底收缩三头肌；静止1秒，再屈肘，让前臂徐徐下垂到开始位置。

呼吸方法：挺伸前臂时吸气，下垂时呼气。

注意要点：挺伸前臂时尽可能勿使上臂上下摆动，臂部完全挺直后，还要把手腕往上抬，使三头肌收缩更彻底。

3. 上臂二头肌两臂弯举

起始姿势：全身直立，两手仰握杠铃，两臂下垂。

动作过程：上臂尽量保持不摆动，屈肘，弯起前臂到可能的最高点，同时收缩二头肌，静止1秒；松展肘关节，让前臂徐徐下落到两臂完全伸直。

呼吸方法：弯起前臂时吸气，回落时呼气。

注意要点：要依靠二头肌的力量使前臂向上弯起，在前臂弯起到最高点时，彻底收缩二头肌1秒，而不是立即放松它。不要在弯起前臂时让两肘随之向前上方摆动来使前臂上弯得更高。

4. 上臂二头肌单臂蹲坐弯举

起始姿势：蹲在地上或坐在凳上，一手握哑铃，让上臂贴在大腿内侧，前臂向下直垂，另一只手扶压在另一大腿上。

动作过程：收缩握铃一臂的二头肌，使前臂向上弯起，到可能的最高点时，彻底收缩二头肌1秒；然后伸展肘关节，让哑铃徐徐下落到开始位置。练完一侧，换练另一侧。

呼吸方法：弯起前臂时吸气，下垂时呼气。

注意要点：让上臂贴靠大腿是为了确保不在弯起前臂时移动肘部。

5. 前臂腕弯举

起始姿势：两手反握杠铃，蹲坐下来；将前臂贴放在大腿上，把手腕向前伸出，垂于膝盖前。两手也可正握杠铃，反握主练前臂内侧肌肉，正握主练前臂外侧肌肉，还可把上臂贴靠在平板或斜板上做或用哑铃左右轮流做。

动作过程：前臂平贴大腿，只把手腕尽力向上、向内屈转（收缩屈指肌），直到不能再屈转时，静止1秒；放松前臂肌肉，让手腕向前回落。

呼吸方法：屈转手腕时吸气，回落时呼气。

注意要点：屈转到最后时，一定要尽力收缩前臂肌肉（屈指肌）1秒，再逐渐放松。

（五）背部肌肉锻炼

1. 上背部立式耸肩

起始姿势：身体直立，两手用正（俯）握法握杠铃或哑铃，握距稍宽于肩。

动作过程：先让肩部尽量下倾，两臂完全不使劲，然后耸起两肩（主要是收缩斜方肌），静止1秒，松下肩，重复再做。

呼吸方法：耸起肩部时吸气，松下时呼气。

注意要点：耸起肩部把杠铃稍稍上提要完全靠收缩斜方肌所产生的力量，两肘不能有丝毫弯曲。

2. 上背部直立划船

起始姿势：两脚自然开立，两手握杠，用上握法，握距比肩窄（可窄到两拳在杠中央相接）。

动作过程：把杠铃徐徐向上拉起，直到横杠几乎触及全颌部；静止1秒，让杠铃徐徐下垂到两臂完全伸直，重复再做。

呼吸方法：杠铃上拉时吸气，下垂时呼气。

注意要点：上拉时要让横杠尽量贴近身体。如握把较宽，杠铃上提时让两肘尖向上。上拉时身体不要摆动。下垂杠铃要徐徐而行，最后要让杠铃尽量下垂到可能的最低点。

3. 背阔肌引体向上

起始姿势：两手用宽握距正握（掌心向前）单杠，两脚离地，两臂自然下垂伸直。

动作过程：用背阔肌的收缩力量将身体往上拉起，直到单杠触及或接近胸部。静止1秒，使背阔肌彻底收缩；然后逐渐放松背阔肌，让身体徐徐下降，直到恢复完全下垂，重复再做。

呼吸方法：将身体往上拉时吸气，下垂时呼气。

注意要点：上拉时意念集中在背阔肌，把身体尽可能拉高，不要让身体摆动，下垂时脚不能触及地面，可在腰上钩挂杠铃片来加重。

（六）腹腰部肌肉锻炼

1. 仰卧起腿

起始姿势：仰卧平垫上，或头朝上仰卧斜板上，两手握住头后方的固定物件，全身伸直。

动作过程：收缩腹肌，将保持伸直的两腿最大限度地向上弯起，保持1秒，再让两腿徐徐回落。

呼吸方法：向上弯起两腿时吸气，回落时呼气。

注意要点：下落两腿时，仍要控制腹肌，勿使下落过快。

2. 仰卧抬腿蜷缩上体

起始姿势：平卧床上或地上，两膝弯曲，抬起小腿，勿使下降，两手抱头。

动作过程：在保持小腿不下放的姿势中，尽力把上体向前蜷缩，身体实际上不会上抬很高。

呼吸方法：向前蜷缩时吸气，回落时呼气。

注意要点：向前蜷缩时，腰要下沉贴床或地面，腹肌尽量收缩。

（七）小腿肌肉锻炼

驴式提踵

起始姿势：站在一长垫木边上，向前屈体，两手扶在身前凳上，让同伴骑坐在身后臀部上。

动作过程：收缩小腿腓肠肌，使脚跟尽量上提，静止1秒，降下脚跟，重复再做。

呼吸方法：提起脚跟时吸气，降下时呼气。

注意要点：要让骑在身上的同伴尽量后坐，使身体重量主要压在臀部，而不要在腰上。降下脚跟时要低于垫木面。开始做时，不要立即达到最高度，以免小腿抽筋，然后逐步提高，并彻底收缩腓肠肌。脚跟下降时，要尽量低于垫木面，以加大升降幅度。

第十八章　啦啦操运动

本章导读

◆ 了解啦啦操的基础理论知识

◆ 掌握花球啦啦操的基本手位与练习方法

第一节　啦啦操概述

啦啦操是在音乐的伴奏下，通过运动员集体参与完成复杂、高难度的基本手位与舞蹈动作以及各种队形转换，充分展现团队高超的运动技能技巧，体现青春活力、积极向上的团队精神，并努力追求最高团队荣誉的一项体育运动。随着体育的普及，集体操、舞蹈、音乐、健身、娱乐于一体的啦啦操广受大众喜爱。

一、啦啦操的起源与发展

美国普林斯顿大学在19世纪70年代成立了第一个啦啦操俱乐部，这里也成为现代啦啦操表演的发源地。这项运动至今已有一百多年的历史。历史上第一位啦啦操队长是美国明尼苏达州立大学学生约翰尼・坎贝尔（Johnny Campbell），他带领6名男生组成世界上第一支啦啦操队。在第一次世界大战之前，美国的啦啦操队均由各高校男生组成，战后女性也开始参与啦啦操运动。啦啦操作为一项运动被人们熟知是在哥伦比亚广播公司于1978年第一次通过电视向全国转播学校啦啦操评选赛事后。20世纪80年代，啦啦操开始向世界传播并建立了统一的啦啦操标准。啦啦操具有团队协作、奋发向上、自信热情的特点，现已成为世界范围内的一项群众体育运动。其中，花球啦啦操的历史最为悠久。

啦啦操于1998年进入我国，至今已有多年的历史，作为一项新兴的体育项目，啦啦操深受广大青少年和大学生的喜爱。2001年9月，我国在广州首次举办啦啦操比赛，这标志着啦啦操文化在我国体育史上写下了第一页。从2002年开始，啦啦操正式进入教育部中国大学生体育协会（简称大体协）两操协会。把我国啦啦操运动的发展推向高潮的是2008年北京奥运会体育展示活动。同年，国家体育总局体操运动管理中心把啦啦操比赛从技巧项目中独立出来，成功举办了首届全国啦啦操锦标赛。

目前，啦啦操已成为我国参赛人数最多的校园体育项目，啦啦操运动也已经发展成为一个相对完整、成熟的运动项目。

二、啦啦操的分类

啦啦操的分类方式繁多，我国较常用的方法是按照活动目的，将其分为竞技性啦啦操和表演性啦啦操。其中，竞技性啦啦操又分为舞蹈啦啦操和技巧啦啦操。舞蹈啦啦操在音乐的伴奏下，运用多种舞蹈元素的动作组合，结合转体、跳步、平衡与柔韧等难度动作以及舞蹈的过渡连接技巧，通过空间、方向与队形的变化表现不同的舞蹈风格，强调速度、力度与运动负荷，展示运动舞蹈技能以及团队风采。舞蹈啦啦操包括花球啦啦操、爵士啦啦操、街舞啦啦操和自由舞蹈啦啦操。在这里，我们重点介绍花球啦啦操。

第二节　花球啦啦操的基本手位与练习方法

一、花球啦啦操的基本手位

啦啦操是一项鼓舞人心的运动，其基本手位动作充满了创造性。例如，“V”字形源于单词“victory”，寓意胜利；“H”字形源于单词“hero”，寓意英雄；“T”字形源于单词“team”，寓意团队；“W”字形源于单词“win”，寓意获胜；“A”字形源于单词“active”，寓意积极的；“L”字形源于单词“light”，寓意光明；“M”字形源于单词“majesty”，寓意雄伟的；“R”字形源于单词“running”，寓意奔跑；“K”字形源于单词“kind”，寓意友好。

二.花球啦啦操的练习方法

（一）花球啦啦操基本动作训练方法

1. 手臂技术训练方法

训练目的：让学生熟练动作，熟记名称。

（1）快速反应法。教师说出动作名称，全体同学快速反应并做出相应的动作，教师再根据出现的问题强调动作规格。

要求：发力正确，反应灵敏。

（2）依次衔接法。学生站立围成一个圆圈，每名学生代表一个基本手位的动作名称。从某一个学生开始，边做边说出自己所代表的动作名称，做完再加一个下蹲的动作，完成后随意喊出一个动作名称，代表该动作的学生接力做该动作，以此类推。例如，“倒V蹲，倒V蹲，倒V蹲完上H蹲”，接下来，代表“上H”的学生开始做动作。

要求：动作及名称相对应。

2. 手臂位置控制训练方法

训练目的：使学生掌握准确的手臂位置，明确发力方式。

（1）单个手位的耗时控制练习。例如，手臂成一条斜线，手臂摆在正确位置，保持2～3分钟，每次做3组。

要求：在控制的同时感觉肌肉力量，形成肌肉记忆。

（2）相邻手位的连接发力练习。例如，练习“加油”接“高V”动作，连续做两次，练习发力连接的准确性、控制力和美感。练习时，可以朝着正前方、左前方、右前方3个方向做动作。熟练后，可以配合口号来加强手臂控制。

要求：动作短促有力，衔接有美感。

（3）动作做慢，感受手臂的发力方式。例如，练习“T”动作，确定动作的准确位置后，用清晰的路线把手臂动作做到位，体会慢动作时的肌肉感觉。

要求：不能让慢动作影响身体的控制。

（4）徒手对着镜子练习。例如，选择一组动作，对着镜子进行分解练习，增加动作的精准性。

要求：注意发力的感觉。

（5）手持器械负重练习。例如，练习“上H”动作，双手握小哑铃，感受发力方式。每次间隔2～3秒，一组做8次，做5组。

要求：不能因为手持器械，动作就变形。

（6）让肌肉感受不同的控制力量。例如，练习“上A”和“下M”动作，先用一条手臂做动作，间隔3～5秒，再用另外一条手臂做动作，感受不同的控制力量。

要求：在变换手臂做动作时，应保持稳定的身体控制状态。

（7）变换节奏练习动作。例如，练习“加油”“斜线”“X”这3个动作，分别采用4拍、2拍和1拍变换动作节奏。

要求：确保动作的准确性和发力的连续性。

3. 下肢技术训练方法

（1）腿部控制练习。例如，半蹲姿态控制练习。双腿分立比肩宽，屈膝蹲成马步，上体直立，两臂侧举。每组坚持3分钟，一次5组，间歇 2～3 分钟。

要求：重视运动后的拉伸练习。

（2）平稳移动练习。运用小组合练习，强化身体重心的平稳移动。例如，指定4个8拍的小组合动作，先练习第一个8拍的单拍动作，然后连接起来，再用同样的方法练习下一个8拍的动作，最后将4个8拍进行递加连接，节奏逐渐加快。

要求：避免弹动的发力方式。

（3）绑沙袋步伐练习。例如，两腿绑沙袋做下肢技术练习的动作。两腿绑上沙袋后，做步伐组合练习，用递加法。间歇 3～5分钟，再进行练习。坚持做6组，每组3次。

要求：重视运动后的拉伸练习。

（4）肌肉控制练习。例如，无支撑控腿，每次坚持2分钟，然后换另外一条腿。

要求：保持身体重心稳定。

（5）变换节奏练习。例如，做相同的动作，节奏由慢变快。可以找一组4个8拍的动作，先慢慢地喊拍，再逐渐加快速度，然后变成击掌，击掌节奏越来越快，最后配音乐。每天练习2组。

要求：技术要正确。

（二）花球啦啦操教学示范套路介绍

《云南青少年校园足球四级联赛啦啦操规定动作（花球啦啦操大套）》如表18-1所示。

表18-1 云南青少年校园足球四级联赛啦啦操规定动作（花球啦啦操大套）

节	拍	动作内容
准备		两腿并拢，自然站立，双手做“下A”手位
一	1～4	双脚原地踏步，左手向前上方冲拳，右手收在胸前（左右手交替）
	5～6	双脚打开，略比肩宽，双手由“加油”手位分别向斜上方打开
	7～8	双脚、双手收回，双手再打开到原来位置
二	1～4	以左脚为支撑，右脚从右往左360°点地（4下），左手向上冲拳，右手点髂骨（4下）
	5～6	右脚向右膝微屈，双手向下，自腹部向右屈臂，同时左脚并右脚
	7～8	左脚向左膝微屈，双手向下，自腹部向左屈臂，同时右脚并左脚
三	1～4	右脚向右变成马步，双手扶膝，左脚并右脚直立，双手过头顶击花球1次；左脚向左变成马步，双手扶膝，右脚并左脚直立，双手过头顶击花球1次
	5～8	双脚并拢纵跳，左手叉腰，右手抬起与肩同高，屈臂向右前方敲击4次
四	1～4	往右跳一小步，右手叉腰，左手敲击右肩两次；往左跳一小步，同时将左手向左前方伸直
	5～8	双脚前脚掌支撑，左右转动各2次，右手叉腰，左手左右摇摆各2次
五	1～4	右脚向右变成马步，同时左手从身体前侧画圈，回原位时右脚向左脚并拢；左脚向左变成马步，同时右手向右上方伸直
	5～8	身体转向左方，左脚向左变成小弓步，双手拳心相对，并拢手臂伸直，回到双手“加油”手位；左脚向前一小步，右脚并左脚，双手侧平举，回到“加油”手位
六	1～4	双脚跳开，略比肩宽，右手在上为“K”手位；身体重心往下，屈膝，同时双手回到“加油”手位，双手扶膝，身体前倾，并从左至右正脚收回
	5～8	右脚往右，脚尖点地，双手大拳眼相对，手臂向左上方伸直，左脚移向右脚后方，脚尖点地，双手向右下方伸直；双脚打开，与肩同宽，双手向上做“高V”手位
七	1～4	双脚内扣，小臂回收，大拳眼对着锁骨，接着双手向外画圈到“下A”手位
	5～8	双脚依次向后跳，脚后跟着地（2次），双手左右交替变成“低X”和“倒V”手位，双脚收回并拢，大臂与肩同高，小臂折叠，小拳眼在上，双手在耳旁
八	1～4	双脚原地后踢腿，双手前两拍不变，后两拍变为“前H”手位
	5～8	双脚跳开一小步，右脚脚后跟着地，左手叉腰，右手沿脸画圈，脚换方向，左脚脚后跟点地，左手不变，右手向右向外画圈
九	1～4	右脚后撤一步，脚尖点地，双手臂伸直在身前画圈，脚回正，手回正，换另一边
	5～8	双脚重复上一拍动作，双手做左上右下环抱式动作，然后画圈，打开回到“下A”手位
十	1～4	双脚并拢站立，屈臂，小臂向右小幅度画圈2次，双脚不变，双手回“加油”手位
	5～8	双脚分开，膝盖微屈，双手扶膝，马上回到准备姿势，左脚支撑，左手前平举，右手侧平举转一圈，回正

（续表）

节	拍	动作内容
十一	1～4	左脚支撑，右脚脚尖点地2次，双手伸直高举过头顶左右摇摆1次，伸直向下，左右摇摆1次
	5～8	双脚跳开，双手伸直画圈，回到准备姿势
十二	1～4	左右脚向后跳2次，双手做“上H”手位屈臂2次
	5～8	以左脚支撑，右脚原地点地，双手置身侧做“低W”手位，双脚分开，略比肩宽，左手叉腰，右手向上冲拳
十三	1～4	膝盖微屈，右手臂伸直向下，上半身做绕环动作，同时屈臂做“X”手位，回到准备姿势
	5～8	左脚支撑，右脚原地点地，双手置于身侧做“低W”手位并上下摆动，身体转向右侧，左手叉腰，右手向上冲拳
十四	1～4	左脚支撑，右脚原地点地，左手前平举，右手在体侧沿顺时针方向画圈
	5～8	双脚并拢，原地纵跳，双手屈臂，由肩向上冲拳2次，左脚支撑，右脚点地转圈（4次），双手置于身侧做“低W”手位
十五		动作与十四节一致，方向相反
十六	风格	左脚支撑，右脚向前，脚跟着地，双手采用环抱式，右手在上，左手在下，向左右拉开；双脚分开，与肩同宽，双手做“倒V”手位，左手叉腰，右小臂来回击打2次，同时向右顶胯2次；右脚向右并步，小臂向左上方摆动2次，手脚同时换方向；右脚向前点地4次，双手采用环抱式，左手在上，右手在下，小臂相碰2次，右手击打髂骨2次，左手屈臂在额前；左右脚前后交换位置，双手一起击打髂骨；左右脚来回垫步，双手置于身侧做“低W”手位；双手过头顶相对，向内顶胯2次，滑步双手打平；双脚垫步，双手向下，小臂上下来回击打，双脚分开，与肩同宽，双手采用“K”“T”“上H”手位；双脚左右并步，小臂向下，上下击打；双脚分开，双手采用“短T”手位且前平举；双脚打开，原地小碎步，双手采用“倒V”手位，抖肩，屈臂上下摩擦，双脚并拢
十七		动作方向与十四节一致
十八	1～4	左右脚交替向前，脚跟着地，双手沿腿从上往下画圈2次
	5～8	双脚分开，与肩同宽，采用“弓箭”手位左右摆动，左脚向后退，同时左手向左上方冲拳，右脚向后退，同时右手向右上方冲拳
十九	1～4	左右顶胯2次，双手侧平举到头顶，直臂交叉2次
	5～8	右并步，同时右手在体前画圈；左并步，同时左手在体前画圈
二十	1～4	双脚分开，与肩同宽，左右顶胯，双手前后摆臂，右脚向前一步，双手相碰，向前上方冲拳
	5～8	左右脚依次向后撤步，双手采用“倒V”手位上下击打，双脚分开，与肩同宽，双手采用“高V”手位
二十一	1～4	左脚支撑，右脚点地2次转360°，双手从上到下画圈2次
	5～8	右脚向后跳，同时双手采用“前X”手位，右脚向前一步，双手向上画圈
二十二	1～4	双脚分开原地走，双手直臂向上左右摇摆，向下摇摆，回到“短T”手位
	5～8	右脚向后撤步，双手额前交叉，双脚收回并拢，左手叉腰，右手向上冲拳
结束		双脚原地踏步，双手环抱式画圈2次，双脚分开，与肩同宽，右脚支撑，左脚脚尖点地，向右顶胯，左手叉腰，右手在身侧45°定格

第十九章　体育舞蹈

本章导读

◆ 了解体育舞蹈的概况

◆ 了解体育舞蹈的基础理论知识

◆ 掌握体育舞蹈的基本技术

第一节　体育舞蹈概述

体育舞蹈也称国际标准舞，是体育运动项目之一。它是以男女为伴的一种步行式双人舞竞赛项目。体育舞蹈分为摩登舞和拉丁舞两个系列，共10个舞种。其中，摩登舞系列包括华尔兹、维也纳华尔兹、探戈、狐步和快步，拉丁舞系列包括伦巴、恰恰恰、桑巴、牛仔和斗牛。每个舞种均有各自的舞曲、舞步及风格。

一、体育舞蹈的起源与发展

体育舞蹈的前身是交际舞，起源于欧洲、拉丁美洲，历经圈舞、对舞、集体舞等民间舞蹈演变过程，成为流传广泛的社交舞蹈。1924年，由英国皇家舞蹈教师协会发起，欧美舞蹈界人士在广泛研究传统宫廷舞、交谊舞和拉美国家的各式土风舞的基础上，对此社交舞蹈进行了规范和美化加工，于1925年正式统一了华尔兹（慢三步）、探戈、狐步、快步等舞种的步伐，总称摩登舞。

1950年，英国ICBD（国际交际舞理事会）主办首届世界性大赛——黑池舞蹈节，并把规范后的舞蹈命名为国际标准交谊舞，我国简称“国标”。此后每年的5月底，在英国“黑池”都会举办一届世界性大赛。

国际标准交谊舞通过比赛在世界各地不断推广，其自身也得到了发展。1960年，英国皇家舞蹈教师协会整理并规范了拉丁舞蹈，并将它纳入国际标准交谊舞范畴。这样就形成了具有统一舞步的两大系列共10个舞种的国际标准交谊舞。

体育舞蹈的发展离不开体育舞蹈组织的管理以及推广。目前，国际上存在两个体育舞蹈组织：世界体育舞蹈联合会（World Dance Sport Federation，WDSF）和国际体育舞蹈联合会（International Dance Sport Federation，IDSF）。

国际标准交谊舞于20世纪30年代传入中国，自1986年正式引进后，发展迅速。1991年5月，中国体育舞蹈运动协会成立。中国现在是世界体育舞蹈理事会的准会员、国际体育舞蹈联合会（IDSF）的正式会员。中国体育舞蹈运动协会至今举办了一系列国内国际体育舞蹈大赛。

1992年，体育舞蹈被国际奥委会列入比赛项目；2000年，体育舞蹈成为悉尼奥运会表演项目。我国国家体育总局于2006年将其列入全国体育大会比赛项目，于2008年将其列入奥运会表演项目，于2010年将其列入亚运会项目。

近年来，“国际标准交谊舞”已统一改称为“体育舞蹈”。虽然交谊舞历尽沧桑、改名换姓，舞姿舞步日趋规范严谨，与传统的交谊舞比较已发生了根本变化，但是万变不离其宗，其源头仍然是交谊舞。

二、体育舞蹈的特点

体育舞蹈是由属于文艺范畴的舞蹈演变而来的体育项目，它兼有文艺和体育的特点，是介于文艺和体育之间的边缘项目。具体来说，体育舞蹈是以竞赛为目的，具有自娱性和表演观赏性的竞技舞蹈。体育舞蹈具有以下三个特点。

（一）严格的规范性

体育舞蹈的规范性首先表现为它是一个完整的舞蹈系统，它和中国古典舞及西方芭蕾舞一样，都是经过数百年历史锤炼，由几代人整理、规范而成的；其次表现为技术的规范性，它严格到多一分嫌过、少一点欠火，必须遵守动作标准。

（二）表演观赏性

体育舞蹈融音乐、舞蹈、服装、风度、体态美于一体，既有观赏价值又有一定的参与度，被认为是一种“真正的艺术”。

（三）体育性

体育舞蹈的体育性一方面表现为竞技性，选手参加比赛的目的是创造优异成绩、夺取比赛胜利，拿冠军，为国争光；另一方面表现为锻炼价值，体育舞蹈能够促进人的生理变化，带来愉悦的心情，它是锻炼体魄、陶冶情操的好方式。

三、体育舞蹈的价值

体育舞蹈是一项新兴的体育项目，是体育与舞蹈的结合，它具有运动与艺术的双重性，同时具有健身价值、欣赏价值和社会价值。

（一）健身价值

1. 健美体形

经常参加体育舞蹈锻炼，可以对形体进行“生物学”改造，使其符合一定的健美标准，还可以减肥瘦身，保持健美的体型和良好的体态。

2. 健身

长期进行体育舞蹈锻炼，能使人的心肌发达，有效提高心肺机能。

3. 健心

经常参加体育舞蹈锻炼，能调整身心健康，促进人际交往，消除情绪障碍，有助于取得心态平衡，保持乐观的心情，促进心理健康。

（二）观赏价值

体育舞蹈具有独特的艺术表演价值，给舞蹈者和观赏者以美的享受，提高人们的艺术修养和审美情趣。例如，体育舞蹈表现出来的人体美、运动美、音乐美、服饰美、礼仪美等，都具有一定的观赏价值。

（三）社会价值

体育舞蹈能把不同阶层、不同年龄、不同性别的人融合在一起，有助于人们交流思想、抒发情感、消除隔阂、相互沟通。

第二节　体育舞蹈的基本知识

一、体育舞蹈术语

（1）舞程向。在一个舞池中，为避免互相碰撞而规定舞者必须按逆时针方向行进，这个行进方向叫舞程向。

（2）舞程线。在跳舞时为了防止碰撞，规定舞者必须按规定的行进路线有序行进，这条按逆时针方向行进的路线叫舞程线。

（3）团体舞。团体舞是现代舞或拉丁舞的混合舞，由8对选手组成，借助音乐的引导，将5种舞蹈在变化莫测的队形变动中编织出丰富多样的图案，它将音乐、舞姿、队形、图案和选手的和谐配合融为一体，达到了完美的统一，使体育舞蹈的风格特点得到了更为鲜明的展现。

（4）合对位舞姿（闭式舞姿）。“合”指男女交手握抱，“对”指男女面对面。合对位舞姿泛指男女面对面双手扶握的身体位。

（5）开式舞姿。开式舞姿指男士的右侧与女士的左侧紧密贴靠，身体的另一侧略向外展开成“V”形的站立或行进的身体位。

（6）影子位舞姿。影子位舞姿是指男女舞伴向同一方向重叠而立，形影相随的身体位，以女士居前较常见。

（7）升降动作。升降动作是指在跳舞时身体的上升与下降。升降动作是在膝、踝、趾关节的屈伸转换中完成的。

（8）节奏。节奏指按一定规律反复出现，赋予音乐以性格的具有特色的节拍。

（9）速度。这里的速度指音乐速度，即每分钟所演奏的小节总数。

（10）组合。组合指两个或两个以上的舞步型的结合。

（11）套路。套路是指由若干个组合串编而成的一套完整的舞步。

（12）擦步。当动力脚从一个开位向另一个开位移动时，先向主力脚靠拢而重心不变的舞步即为擦步。

（13）滑步。滑步指在第二步双脚并拢时第三步的舞步。

（14）锁步。锁步是指两脚前后交叉的舞步。

（15）轴转。轴转是指一只脚脚掌旋转，另一只脚处于或前或后的反身动作位置。

二、体育舞蹈各舞种简介

（一）摩登舞

摩登舞除了探戈外，其余舞种都源于欧洲大陆。它的伴奏音乐时而激情昂扬，时而缠绵性感，舞蹈动作细腻严谨，穿着十分讲究，着重体现男士的绅士风度和女士的妩媚。男士需身着燕尾服，女士则以飘逸、艳丽的长裙表现她们的华贵、美丽、高雅。摩登舞的舞步流畅，轻柔洒脱，舞姿优美，起伏有序。伴奏音乐节奏鲜明，舞蹈富于技巧性，是老少皆宜的舞蹈。

1. 华尔兹

华尔兹又称“圆舞”，是体育舞蹈中历史最悠久的舞蹈，起源于奥地利。华尔兹伴奏音乐旋律优美抒情，舞者在起伏倾斜中旋转，并配有优美的造型，在音乐中表现飘逸、潇洒、典雅的舞蹈风格。升降、反身、摆荡、倾斜技术是华尔兹的必要元素。

华尔兹是维也纳华尔兹（快三步）的变化舞种。伴奏音乐节拍是3/4拍，速度为每分钟30～32小节。每小节3拍为1组舞步，重拍在伴奏音乐的第1拍上。

基本步形有左脚并换步、右脚并换步、左转步、右转步、右旋转、拂步、侧行追步等。

2. 探戈

探戈是摩登舞中较为特殊的舞蹈，是摩登舞中唯一带有拉丁特色的舞蹈，它起源于非洲民间舞蹈——探戈诺舞。16世纪后期，随着黑奴贩卖进入美洲，探戈诺舞和拉美风格舞蹈结合形成现在的墨西哥探戈和阿根廷探戈。在探戈独特的节奏中，通过刚劲有力的闪动曲行，尽显深沉、豪放、洒脱的舞蹈风格。

探戈的伴奏音乐节拍是2/4拍，速度为每分钟31～33小节。重拍每拍相等，基本节奏为“慢慢快快”或“慢快快慢”，一个“慢”等于1拍，一个“快”等于1/2拍。

基本步形有常步、直行侧步、分式左转步、右摇转步、直行连步、左扭转步、并式滑行步等。

3. 狐步

狐步起源于20世纪的美国，由美国人福克斯创造。它轻快活泼，富于动感和表现力，舞步轻柔、圆滑、流畅，流动性较强。

狐步的伴奏音乐节拍是4/4拍，重拍在1拍和3拍（1拍更强烈），速度为每分钟28～30小节，动作节奏为“慢慢快快”，一个“慢”等于2拍，一个“快”等于1拍。

基本步形有羽毛步、左转步、三步、右转步、换向步等。

4. 快步舞

快步舞起源于美国，早期的舞步吸收了狐步动作，后又引入芭蕾舞动作，使快步舞更加轻快灵巧。现在体育舞蹈中的快步舞是“英国式”快步舞，其特点是在快速的舞步运行中伴以快速的身体运动，在音乐中轻松弹跳、欢快奔跑。快步舞洒脱自由，热情奔放，富有动感和表现力。

快步舞的伴奏音乐节拍是4/4拍，重拍在1拍和3拍（1拍更强烈），速度为每分钟50～52小节，动作节奏为“慢慢快快慢”，一个“慢”等于2拍，一个“快”等于1拍。

5. 维也纳华尔兹

维也纳华尔兹起源于奥地利，它的伴奏音乐旋律活泼欢快，舞蹈动作轻快流畅，舞步旋转性较强。它的舞步在摩登舞中是最简单的，但由于其旋转性强，舞者必须在快速旋转中完成各种动作技巧，具有一定难度。

维也纳华尔兹的伴奏音乐为3/4拍，每分钟58～60小节。第1拍为重拍，2、3拍为弱拍，6拍完成1组动作，前3拍注重发力，后3拍较为舒缓。

（二）拉丁舞

拉丁舞除斗牛舞外，其余舞种都起源于美洲各国和非洲。与摩登舞不同的是，拉丁舞的舞伴之间可贴身、可分离，各自在固定范围内辐射式地变换方向角度，展现舞姿。它的步法灵活多变，各舞种通过对胯部及身体摆动的不同技术要求，完成各种舞步，表现各种风格。舞姿妩媚潇洒、婀娜多姿，风格生动活泼、热情奔放，曲调缠绵浪漫、活泼热烈、节奏感强。拉丁舞着装浪漫洒脱，男着上短下长的紧身或宽松装，女着紧身短裙，以显露女性曲线美。

1. 伦巴

伦巴起源于古巴，伴奏音乐缠绵浪漫，舞蹈风格柔媚、抒情，是表现爱情的舞蹈。它的伴奏音乐具有独特鲜明的节奏，配上拉丁美洲的打击乐器，给人一种轻松甜美之感。舞蹈充满浪漫情调，有“拉丁舞之魂”的美誉。

伦巴伴奏音乐节拍为4/4拍，速度为每分钟27～31小节。伦巴是4拍走3步的舞蹈，要“先出胯，后出步”，节拍是“2、3、4～1”，第2拍和第3拍各走1步，第4拍和第1拍共走1步。

基本步形有基本动作、库卡拉恰、扇开步、阿列曼娜、曲棍步、定点转、纽约步、手接手、右陀螺转步、闭式扭胯转步、开式扭胯转步、右分展步、左分展步、螺旋步等。

2. 恰恰恰

恰恰恰起源于古巴，由于舞蹈节奏欢快，风格诙谐、花俏，备受欢迎，是拉丁舞中最流行的舞蹈。舞者以音乐的第2拍开始前进或引导。舞蹈开始时，男士正确的做法是两脚稍微分开站立，重心置于左脚，第1拍时，以右脚向右侧跨一小步（女士相反），然后以左脚前进（女士右脚后退）进行基本动作。

恰恰恰伴奏音乐节拍是4/4拍，速度为每分钟29～32小节，4拍跳5步。包括3个慢步和2个快步。慢步占1拍，快步占半拍。

基本步形有追步、锁步、基本动作、扇开步、阿列曼娜、曲棍步、定点转、手接手、纽约步、右陀螺转步、闭式扭胯转步、开式扭胯转步、右分展步、左分展步、交叉基本步、古巴断步等。

3. 牛仔舞

牛仔舞起源于美国，伴奏音乐欢快跳跃，舞步活泼矫健，风格热烈、诙谐、轻捷、灵巧。牛仔舞的舞步都是由追步形成的，舞姿较松弛和自由，所有的舞步都用脚掌来跳，舞步较小，舞步与舞步之间往往由踝膝关节的弹动来连接。

牛仔舞伴奏音乐节拍为4/4拍，速度为每分钟40～46小节。

基本步形有追步、原地基本步、并退基本步、连接步、右到左换位、左到右换位、背后换手、侧行走步、美式旋转等。

4. 桑巴

桑巴起源于巴西，它的风格特点是动作粗犷，起伏强烈，舞步奔放、敏捷，富有强烈的感染力，在拉丁舞中属于行进性的舞蹈。

桑巴的伴奏音乐节拍是2/4拍，速度为每分钟40～56小节。

5. 斗牛舞

斗牛舞起源于西班牙，它是模仿西班牙斗牛士动作，由西班牙进行曲伴舞的一种拉丁舞。男为斗牛士，气宇轩昂，刚劲威猛；女为红色斗篷，英姿飒爽，柔美多变。

斗牛舞的伴奏音乐为旋律高昂雄壮、鲜明有力的西班牙进行曲。节奏为2/4拍，每分钟60～62小节。1拍1步，8拍一循环。它的特点是舞步流动大，沿着舞程线绕场行进；舞姿挺拔，无胯部动作及过分膝盖屈伸；用踝关节和脚掌平踏地面完成舞步；动静鲜明，力度感强，发力迅速，收步敏捷顿挫。

第三节　体育舞蹈基本技术训练

体育舞蹈动作是以骨骼为杠杆，以关节为转动轴，以肌肉收缩为动力来完成的。基本功的训练内容是运用骨骼、关节、肌肉带动正确的步法、身法，借助地板的弹力，轻盈舒展地获得身体平衡，巧妙地进行重心移动。只有不间断地重复这些基本功训练，才能为练好规范舞步和竞技比赛舞步打下坚实的基础，从而少走弯路，尽快跳出优美的舞蹈动作。

体育舞蹈训练包括一般技术训练和专项技术训练。其中，一般技术训练包括形体训练和舞蹈基本功训练；专项技术训练包括各舞种的基本舞步训练和套路动作训练（本节以华尔兹为例）。

一、一般技术训练

一般技术训练是最初阶段的训练，训练目的是为掌握专项技术练好扎实的基本功。摩登舞和拉丁舞可以采用基本相同的一般技术训练内容和方法，具体包括如下内容。

（一）舞蹈基本功训练

舞蹈基本功训练的主要内容有立颈、收腭、沉肩、挺胸、收腹、立腰、直膝、绷脚、两眼平视等。舞蹈基本功训练主要培养正确的身体姿态、优美的舞蹈动作和高雅活泼的气质，有助于舞者掌握基本的舞姿和丰富的动作素材。

（二）站姿

双脚并立，身体尽量挺直，使头、肩、胯三点成一线，两眼平视，脖子拉直，下颚稍微内收，使人可以从后面看到后颈较直；挺胸，使两肩胛骨向后向内关闭，两肩下沉，同时将身体的中段（胸腰部分）向上拔起，使身体的中段和两肩有个互相顶压的力；臀部稍向内收，小腹向上拉，但不可使身体变形，上身躯干应挺直；两条大腿要稍内收，双膝要绷直，不可弯曲，大腿和小腿的肌肉要收紧，向反方向拉紧。

预备步站立姿态：左脚在前，脚尖向前方，身体重心在左脚，身体尽量挺直，使头、肩、胯三点成一线；右脚在后打开，膝盖绷直，大脚趾内侧点地，脚跟向内侧下压，不要翘起来，脚面绷直；右胯向后斜45°打开，使身体从上身到右脚尖成一条直线，这样可以在舞蹈中表现出漂亮的形态和体型。

（三）摩登舞持握姿势

男伴双脚并拢，全足着地，双膝放松，要感觉自己很高，尽量把身体拉高到极限；还要感觉自己身体很宽，双臂平抬，双手肘尖与心窝成一条直线，左小臂向斜前上方上举与左上臂成角略大于90°，右小臂向斜前下方平伸。

女伴同样要把身体拉高，双手肘尖成一条直线，轻轻搭在男伴的手臂上。女伴要感觉到身体成两条弧线：一条是由胸腰到头部向后仰的弧线；另一条是由胸腰到头部向左倾的弧线。

（四）四个接触点

（1）男伴左手轻握女伴的右手，男伴的左手拇指与中指稍用力，女伴的中指稍用力。

（2）男女双方身体的垂直中心线与身体右边线之间的垂直中心线的腰部部分重叠接触。

（3）男伴右手掌轻托女伴左肩胛骨，手掌平伸。

（4）女伴左手虎口张开，放在男伴右上臂三角肌下部，拇指在内侧，其他四指在外侧，腕部和小臂放平，不得突起。

二、专项技术训练

体育舞蹈专项技术训练包括各舞种的基本舞步训练、套路动作训练。我校体育舞蹈课程主要教授摩登舞中的华尔兹，故本教材重点介绍华尔兹基本舞步、华尔兹铜牌套路和华尔兹示范套路。

（一）华尔兹基本舞步

1. 康德拉交换（一小节完成）

男进左、女退右，有侧身和C.B.M.P位。注意男伴前掌不可先落地，上身稍加左旋转。双方视点同向。

第二只脚向第一只脚并拢，并上升至前掌，同时双方视点经上弧线运动向P.P位转移，上身稍加右旋转。身体上挺。

形成P.P位，男进左、女进右。在上升运动中前拿运步，呈开放式形态。在最后一刹那落下脚跟，向下发展。

2. 侧行并滑步（一小节运行四步）

节奏表现力一、二嗒、三。其中第二拍是一次并式滑步。

第一拍在P.P位，男进右、女进左。

第二拍前半拍男进左、女进右，横移一步变成C.P位；后半拍男进右、女进左，滑脚并拢。注意这两步既要保持上升的态势，又要保持平稳滑行，不可跳跃和颠簸。

第三拍由C.P位变为P.P位，同时男进左、女进右。在上升运动中前掌运步，呈开放式形态，在最后一刹那落下脚跟，向下发展。

3. O.P式右转身90°（一小节完成）

这是基本右转90°的变形式旋回，由于体位的变化而使脚位出现交叉动作，其余要求不变。

在右外侧（O.P.）男进右、女退左，有侧身和C.B.M.P位。

右转90°，男横左、女横右，形成C.L位，有倾斜。

双方并脚（上升和运步的规律不变）。

4. 后退顿滑步（一小节运行四步）

节奏表现为一嗒、二、三。第一拍就开始出现锁滑形态。

第一拍前半拍男退右、女进左，在肩部引导下出现倾斜，并向O.P发展；后半拍形成O.P位，男左脚锁在右脚前面，女右脚锁在左脚后面。

第二拍男退右、女进左，向C.P位变化。

男退左、女进右，回到C.P位。

5. 重倾斜（二至三小节完成）

重倾斜也可称为过度倾斜，也就是被人们称为“下腰”的舞姿。实际上，女伴并不是在“下腰”，而是身体纵轴偏离垂直状态的过度表现。

（二）华尔兹铜牌套路，见表（9-1）

表19-1　华尔兹铜牌套路

舞步	训练要点
1. 左足并换步123	（左1右23左）
2. 右转步123456	（右1左2右3左4右5左6）

（续表）

舞步	训练要点
3. 右足并换步123	（右1左23右）
4. 左转步123456	（左1右23左）（右1左23右）
5. 叉形步123	（左1右23左）
6. 侧行并步	（右1左2 and 3左）
7. 右转步 123	（右1左2右3）
8. 减弱右旋转	（左1右23左）
9. 左转步456123	（右1左23右左1右23左）
10. 纺织步 123456	（右1左23右左1右23左）
11. 侧行并步	（右1左23右）
12. 犹豫步	（左1右23左）
13. 左转 123	（左1右23左）
14. 左侧转	（右1左23右）
15. 外侧换步	（左1右23左）
16. 侧行并步	（右1左23右）
17. 犹豫步	（左1右23左）

（三）华尔兹示范套路

准备：男女左右手掌心相贴，另一侧手相互触碰2次；男女面对面站立相互问候，回到原位。

开始：双方向前垫步5次，前后垫步2次，同时双手伸直向上向下；面对面相互垫步6次，前两次背手，中间两次男女手心相碰2次，最后两次双手伸直向上向下；转圈垫步，男士右手背身后，左手叉腰，女士左手挽男士，右手经胸前在体侧来回摆动；男女垫步分开，转身垫步向前2次，面对面垫步2次；男女双手相碰，向前打开；男士下蹲，女士围绕男士转一圈，男士起立与女士面对面双手相握，一前一后垫步，相互背手转一圈，再次面对面双手相握，背手反方向转圈，错开一个身位，男士背右手，左手与女士右手相碰，女士左手置于身侧微屈，两人前后垫步。相同动作男女换位置再做一遍，再换一次位置。

结束：男女双手相握，向女方侧点地3步，又向男方侧点地3步；两人牵手面向正面，依次向左向右点步，向右转一圈，相同动作相反方向做1次；向前垫步2次，向左转圈，继续向前垫步2次，向右转圈，向前垫步，向左转圈，向前垫步2次，结束姿势。

第二十章　滇西特色少数民族传统体育运动

本章导读

- 了解滇西自然地理与人文地理的概况
- 了解滇西特色少数民族及体育项目概况
- 了解滇西特色少数民族体育项目的基本技术和练习方法

第一节　滇西自然地理与人文地理简介

云南民族的多样性与其特殊的地理位置和自然条件关系至深。云南地理位置和地势的显著过渡性，使云南地区从远古时代就成为东南亚多种原始人群交汇、渗透、分化、融合的历史舞台。自然地理环境的地域差异对民族分布区域的划分具有明显的影响。云南远古原始族群的分布，与自然地理单元的区分基本一致。

云南自然地理环境的差异，主要体现为两大自然地理单元。其中，滇西北作为青藏高原的南缘，在区域划分上属于青藏高原地理单元；而自永仁、大理、保山一线以南，在区域划分上属于东南亚山地地理单元。两大地理单元分别成为远古不同原始族群活动的舞台。滇西北的寒温带横断山区，是古代北方游牧民族游徙之地；而除滇西北以外的云南其他亚热带山地高原，则是南方农耕民族生息的摇篮。

云南境内昆明以西的地区统称滇西，包括大理州、丽江市、迪庆州、怒江州、德宏州、保山市。地势以高山峡谷为主，有三大河流怒江、澜沧江、金沙江。滇西地区的少数民族主要分布在大理的白族自治州，丽江的玉龙纳西族自治县、宁蒗彝族自治县、部分傈僳族乡镇，迪庆藏族自治州，怒江傈僳族自治州、兰坪白族普米族自治县、贡山独龙族怒族自治县，德宏傣族、景颇族自治州，保山市部分彝族、傣族乡镇。

第二节　滇西特色少数民族与传统体育活动概况

一、纳西族

（一）纳西族简介

纳西族主要聚居于云南省丽江纳西族自治县、维西、中甸及宁蒗县的永宁区、德钦、永胜、鹤庆、剑川、兰坪等县和四川省盐源、盐边、木里等县，西藏自治区的芒康县也有分布。纳西族使用纳西语，属汉藏语系藏缅语族彝语支。由于同汉族交往较多，纳西族群众多能使用汉语文。

纳西族民居多系土木结构，普遍采用“三房一照壁”的形式，正房较高，偏房略低，山区民居多系木楞房，上盖石片。纳西族男子的服装大体与汉族相同，丽江纳西族妇女身穿大褂，宽腰大袖，外加坎肩，系百褶围腰，穿长裤，披羊皮披肩，缀有刺绣精美的七星，旁缀日、月，披星戴月表示勤劳之意。宁蒗纳西族妇女穿着长可及地的多褶裙及短上衣，用青布包头，戴大银耳环。纳西族以玉米、大米和小麦为主食，宁蒗地区纳西族喜食青稞，喜喝酒、饮浓茶，喜酸、辣、甜口味。丽江的火腿粑粑，宁蒗的琵琶猪和泸沽湖的酸鱼、鱼干，是纳西族的特色食品。纳西族普遍信仰“东巴教”；明代喇嘛教传入丽江地区后，曾被部分纳西族群众所信仰；道教、基督教都曾先后传入丽江地区，但信仰者不多。

纳西族传统节日有“正月农具会”（正月十五棒棒会）、“三月龙王庙会”（现为物资交流会）和“七月骡马会”。此外，还有春节、清明节、端午节、中秋节、火把节及本民族的三朵节（农历二月初八）等。纳西族人骑马到寨前必须下马，也不能把马拴在祭天堂的地方，不能蹬踏三脚架，也不能翻弄灶里的灰。祭天堂、祖先、战神时，忌外人观看，忌在门槛上坐和用刀斧在门槛上砍东西。有的地方还忌在家里唱山歌，忌杀耕牛、驮马和报晓的雄鸡，忌食狗肉。

（二）纳西族的民族传统体育活动

纳西族在民族文化创造方面成果丰硕，在民族传统体育方面也表现出这样的特点。

据统计，纳西族传统体育活动主要有布球、木球、草球、猪尿泡球、摔跤、赛马、投石器、秋千（磨秋、荡秋）、射箭、转山转海、赛跑、东巴跳、登刀梯、踢毽子、达理兹、拔河、驯牛、掷坑、拔拔拉、摔牛、跑罐子。

纳西族传统体育活动在吸收周边各民族体育活动特色的基础上，创造出具有本民族特色的传统体育活动，丰富了本民族的传统体育活动，同时又在与外界的交流中使本民族的体育活动不断发展。例如，纳西族民族传统体育活动与现代体育的结合，就比其他民族更加积极。

东巴跳，为纳西族原始宗教东巴教文武二道场中的武道场，原是一种跳神的舞蹈。这种舞蹈多在祭礼、婚丧或节日中由东巴集体演练，并保留较完整的原始形态。随着社会的发展，演化至当代的东巴跳已经成为一种具有体育娱乐特点的舞蹈。

东巴跳的表演形式包括耍刀跳、弓箭跳以及磨刀跳等，其所体现的有益于身心健康的古典练操武功部分是其特色。东巴跳使用的武器有刀、盾、弓箭、矛、叉、剑、棍等。从东巴跳的动作和其所表现的主题来看，其展现的是纳西人出征前的操练祈祷和胜利后的祝捷。

在东巴跳表演中，表演者身着战装，手执刀、矛、叉等兵器，伴随着雄浑的战鼓声分两队入场。在接下来的实战操练中，两队左砍右杀，不断变化阵法，其中穿插投叉和飞矛表演。参与东巴跳的表演者，均为刀法攻防意识很强的能手。东巴跳的技术动作有劈、砍、扎、刺、缠等；步法有弓步、跪步、磋步、虚步、蹲步和跳跃等。东巴跳所展现的动作，古朴实用，包含武术的基本特征，但在循序渐进的套路体系中又表现出随意自然的特点。

二、白族

（一）白族简介

白族是云南省世居的特有少数民族，大多居住在云南省大理白族自治州。白族其余分布于云南省各地、贵州省毕节地区、四川省京山彝族自治州及湖南省桑植县。白族使用白语，属汉藏语系藏缅语族，绝大部分居民使用本族语言，通用汉语文。

白族民居形式根据居住区域的不同而有所区别。坝区多为“长三间”，衬以厨房、畜厩和有场院的茅草房，或“一正两耳”“三方一照壁”“四合五天井”的瓦房。山区多为上楼下厩的草房、“闪片”房、篾笆房或“木垛房”。白族服饰各地略有不同，在大理等中心地区，男子头缠白色或蓝色的包头，身着白色对襟衣和黑领褂，下穿白色长裤，肩挂绣着美丽图案的挂包。大理一带妇女多穿白色上衣，外套黑色或紫色丝绒领褂，下着蓝色宽裤，腰系缀有绣花飘带的短围腰，足穿绣花的“百节鞋”，臂环扭丝银镯，指戴珐琅银戒指，耳附银饰，上衣右衽佩戴银质“三须”“五须”。已婚者挽髻，未婚者垂辫于后或盘辫于头，都缠以绣花、印花或彩色毛巾的包头。平坝地区白族人民主食稻米、小麦，山区白族人民则以玉米、荞子为主。白族人民喜吃酸、冷、辣等口味，善于腌制火腿、弓鱼、油鸡枞、猪肝酢等菜肴，又喜欢吃一种别具风味的“生肉”或“生皮”，即将猪肉烤成半生半熟，切成肉丝，佐以姜、蒜、醋等拌而食之。白族人民还喜喝烤茶。本主崇拜是白族独有的一种宗教信仰。此外，白族普遍信仰佛教。“三月街”又名“观音市”，是白族盛大的节日和佳期，每年夏历三月十五至二十日在大理城西的点苍山脚下举行。“火把节”是另一盛大节日，每年夏历六月二十五日举行。此外还有“绕三灵”“耍海会”等节日活动。白族忌在上午访友或探望病人，以下午或晚间为宜，正月初一忌讳串门。待客时，斟茶只斟半杯，喝完再续，若斟满杯则被认为不礼貌。妇女分娩时，忌外人上门。

（二）白族的民族传统体育活动

白族的先民是氐羌民族的后裔，有着游牧生活的传统，但白族先民的生产方式在云南很早实现了定居农耕化，这使得白族的民族传统体育活动具有较鲜明的农耕民族的特点，但一些原始的游牧民族的习俗仍在传统体育活动中得到保留。

据统计，云南白族的传统体育活动主要有赛花船、绕三灵、霸王鞭、登山、人拉人拔河、老虎跳、跳花棚、射箭、赛马、秋千（荡秋）、陀螺、跳火把、抢秧旗、耍海会、耍龙、白族武术。

在这些传统体育活动中，属于早期生产活动遗存的活动有射箭、赛马、霸王鞭等，而赛花船、耍海会等与白族主要的聚居地处于洱海之滨有关，绕三灵等与白族的宗教信仰有关。这些传统体育活动全面展示了白族的民族文化，同时全面展示了白族的文化发展。下面重点介绍三种体育活动。

（1）赛马。赛马是大理白族传统节日“三月街”的重要活动内容，每年农历三月中旬在大理苍山中和峰下举行。白族赛马已有1300多年历史，它是伴随“三月街”物资交流而产生的。白族的“三月街”是在宗教节日观音会的基础上演变而来的，开始是以药材、牲畜为交易主体的集市贸易；牲畜中又以作为交通工具的马匹为主。为扩大交易、选择好马，便在这里举办骑马比赛，以显示马匹的骠壮、走法和速度，由此兴起了“三月街”的赛马，并形成了传统。每年“三月街”期间，白族和各族骑手身着节日盛装，牵着骏马从四面八方赶来参加赛马。由于有此传统，大理白族在现代少数民族运动会的赛马项目中均有上佳表现。

（2）赛龙船。大理白族因邻近洱海，经常举办水中竞赛活动，耍海会中的赛龙船是其中的代表。白族耍海会，又名捞尸会，是为纪念杀蟒英雄段赤诚而形成的习俗。从每年农历七月二十三日开始，至八月二十三日结束，前后持续一个月，其中最热闹的活动是八月初八的赛龙船。每逢这一天，洱海上白帆点点，岸上人山人海。附近很多村寨的龙船都装饰一新停在洱海边。每条龙船的船舷上都绘有黄龙、黑龙或青龙，船的四周插着数面彩旗，船中央站立头包彩巾、手提铜锣的指挥者，船尾插柳树枝，枝前站立舵手，其左右前方两人身穿白衣褂，一人执牛尾蚊帚，一人摇扇子，唱赛龙船调，祝愿风调雨顺、五谷丰登。一声炮响后，比赛开始，锣鼓、唢呐和呐喊声响彻玉洱银苍，每条龙船上数十名划手随着指挥者的锣声有节奏地挥桨。岸上、水中，欢声如雷，锣鼓齐鸣，条条龙船由东向西往洱海心五百米插着标记处驶去，绕过标记，首先转回岸边终点的船胜利。获胜的划手可获得主持者颁发的奖品，并应邀到村寨中共同饮酒，欢庆胜利。

（3）霸王鞭。霸王鞭是具有鲜明白族特色的健身及娱乐活动，可单独进行，多半配合耍龙、龙耍狮、耍马、耍白鹤一起开展。霸王鞭是用一根长三尺左右、比拇指粗的竹竿制成的，在竹节处等距离凿几个孔，孔洞中串上铜线，两头饰以花穗，稍一甩动即发出有节奏的“唰唰”响声。

三、彝族

（一）彝族简介

彝族是云南人口数最多的少数民族。彝语属汉藏语系，有六种方言。经整理的规范彝文，现已正式使用。彝族与语言相近的民族存在文化近似的现象，这种现象在民族传统体育活动中有所体现。

在部分地区，彝族的房屋结构和周围的汉族相同。凉山彝族居民住房多用板顶、土墙。彝族服饰各地差异较大，在有的地区，彝族人通常穿黑色窄袖右斜襟上衣和多褶宽裤脚长裤；而在有的地区，彝族人穿小裤脚长裤，并在头前部正中蓄小绺长发并戴头帕，右方扎一钳形结。彝族妇女较多保留民族特点，通常头上缠包头，有围腰和腰带；一些地区的彝族妇女有穿长裙的习惯。男女外出时身披擦尔瓦，首饰有耳坠、手镯、戒指、领排花等，多用金银及玉石制成。肉食主要有牛肉、猪肉、羊肉、鸡肉等，通常切成大块（拳头大小）煮食，汉族称之为“砣砣肉”。彝族人喜食酸、辣口味，嗜酒，有以酒待客的礼节，酒为解决各类纠纷、结交朋友、婚丧嫁娶等各种场合中必不可少之物。彝族传统工艺美术有漆绘、刺绣、银饰、雕刻、绘画等。其中，漆绘多施于碗、盘、壶、杯、盔甲、护腕、盾牌、箭筒、马鞍、马笼头、月琴、口弦之上，以黑、红、黄三种色彩为主。刺绣为彝族妇女所擅长，常绣在头帕、擦尔瓦、衣袖、衣大襟、裤脚、挂带、烟荷包、腰带等上。彝族宗教具有浓厚的原始宗教色彩，崇奉多神，主要是万物有灵的自然崇拜和祖先崇拜。彝族的节日主要有“火把节”“彝族年”“拜本主会”“密枝节”“跳歌节”等。其中，“火把节”是彝族地区最普遍且最隆重的传统节日。彝族人忌讳在家里吹口哨和大声喧哗。到彝家做客时，不能用脚踏火塘（锅庄）或从火塘上面跨过，也不能用手摸火塘上的三脚架。彝族男子最忌讳别人触摸自己头上的蓄发，否则会被认为是一种侮辱。有的地区还忌食马肉、驴肉和骡肉。

（二）彝族的民族传统体育活动

彝族的民族传统体育活动与彝族的山区居住环境及传统的游牧生产方式有很大的关联。云南彝族的传统体育项目主要有摔跤、秋千（荡秋、磨秋）、飞标、飞石索、葫芦飞雷、陀螺、弹弓、弩弓、赛马、骑术、棋类（十六赶将军、月亮棋、吃一跳）、跳牛、跳板凳、跳大火钳、球类游戏、追逐游戏、弹戏、抛丢游戏、俄卜哈、阿过喊儿丽、阿列克丽、骑马打架、砸跳、跳大海、耍龙、耍狮、跳河、跳乐、跳脚、跳歌、跳霸王鞭、游泳、潜水、日尔嘎杠术、蹲斗、顶头顶肩、拉手、扭扁担、顶扁担、三方拔河、抽望骂掷、跳高脚马、爬油竿、阿都念各、字都丽丽、类火果、绵羊拉绳、辣地、阿社左暖屋、嘎巫、阿克登登土、久都互都、讨小狗、尼罗余、柴来来格、取蜂、迫牛打火把、彝族武术等。这其中有彝族游牧民族特有的竞技类活动，如摔跤、陀螺、棋类及彝族武术等；也有大量源于彝族生产、生活的体育活动，如飞石索、弹弓、弩弓等；当然更多的传统体育活动属于娱乐性质，如球类游戏、追逐游戏等。

彝族的传统体育活动多在民族节庆活动中开展，部分在日常闲暇时间开展。从形式上看，有些活动受其他民族体育活动的影响，如汉族的武术对彝族武术的影响等。从彝族的民族传统体育活动中，还可看出彝族的一些游牧民族的文化习俗。

四、傈僳族

（一）傈僳族简介

傈僳族主要聚居在云南省怒江傈僳族自治州，其余分布在丽江、迪庆、大理、保山、德宏、楚雄、临沧等州市。傈僳语属汉藏语系藏缅语族彝语支，先后分别使用过三种文字。

傈僳族民居有两种结构：一种是木结构，傈僳族大多居住这种房屋；另一种是竹木结构，这种房子流行于怒江傈僳族地区。傈僳族的服饰，各地大同小异，傈僳族大多穿自织的麻布衣服。男子一般着短衫，裤长及膝，有的用青布包头，左腰佩砍刀，右腰挂箭袋；妇女上穿右衽短衣，下着长裙，头上饰以红白色料珠，戴彩色料珠串成的项圈。

各地因衣服颜色的差异而被称为“白傈僳”“黑傈僳”或“花傈僳”。傈僳族以玉米、荞子为主食，由于有狩猎习惯，肉食极为丰富。无论男女，都善饮酒。傈僳族过去信奉原始宗教，崇拜自然，相信万物有灵，有巫师。傈僳族行用自然历，借助花开、鸟叫，将一年分为花开月、鸟叫月、烧火山月、饥饿月、采集月、收获月、煮酒月、狩猎月、过年月、盖房月十个季节月。主要节日有澡塘会、收获节、过年节等，云南保山市傈僳族每年农历二月十七日过“刀杆节”。产妇分娩时，外人不能闯入室内，尤其忌讳持刀箭者闯入。屋内火塘上的三脚架禁止脚踏或移动，也不能溅上唾沫和鼻涕，不能用脚代手往三脚架下添柴。忌伤害蜘蛛。丧事期间，死者的亲友和同村人都禁止吃辣椒，否则被认为对死者不敬。

（二）傈僳族的民族传统体育活动

傈僳族是云南特有民族，在山区狩猎是其生活的主要内容，游耕在民族经济发展过程中曾占有一定的地位，这使得傈僳族的传统体育活动具有较强的狩猎特性，同时有一些与农耕相适应的体育活动出现。

据统计，傈僳族的主要民族传统体育活动有跳高、跳远、爬树、爬竿、爬绳、扒爬子、爬山、顶杠、扭扁担、尼昂急、拉绳、踢脚、四方拔河、游泳、球戏、滑板子、跳牛、拿石头、陀螺、秋千（磨秋、荡秋、车秋）、投掷、砍竹竿、弩弓射击（射粑粑、射鸡蛋、射刀刃）、泥弹弓、爬刀竿等。在这些活动中，爬刀竿具有较强的技巧性及观赏性，是傈僳族较有代表性的民族传统体育活动。

五、普米族

（一）普米族简介

普米族主要分布在云南省兰坪、丽江、维西、永胜、宁蒗等县。普米族使用普米语，属汉藏语系藏缅语族，现通用汉字。

普米族的村落多处于半山缓坡上，民居为木结构，墙壁用圆木重叠垛成，用木板盖顶，四角竖圆柱，中央立一大方柱，普米族群众称之为“擎天柱”，认为是“神灵”所在的地方。住宅一般为两层，楼上住人，楼下关牲畜，屋内设火塘（锅庄），中间支铁三脚架，后方置神龛。普米族男子服饰，各地大同小异，上着麻布短衣，下穿宽大长裤，披白羊皮坎肩。较为阔绰的人，穿氆氇和呢质大衣，以毛布裹腿，腰间佩刀。妇女服饰各地则不尽相同，永胜、宁蒗地区的普米族妇女爱包大头帕，着大襟衣、百褶长裙，用宽大而染有红、绿、蓝、黄的彩带束腰，背披羊皮；兰坪、维西一带的妇女，爱穿青、蓝、白色大襟短衣，外着坎肩，穿长裤，腰系绣有花边的围腰布，耳坠银环，手戴镯圈等物。普米族主食玉米，辅以大米、小麦、青稞、燕麦、荞子、稗子等，喜食用猪肉做成的“琵琶肉”，也常食牛、羊和兽肉，喜饮茶，嗜烟酒。普米族崇拜多神，祭祀祖先。兰坪称巫师为“师毕”，宁蒗称为“讳规”，各地有请巫师祭山神、龙潭和锅庄神堂的宗教仪式，部分群众信仰喇嘛和道教。普米族的节日主要有大过年、大十五节、尝新节等，有些地方也过清明节、端午节等节日。

（二）普米族的民族传统体育活动

在滇西北地区生活的普米族主要从事游牧生产，其传统体育活动表现出与此相关的特点。

据统计，普米族的传统体育活动主要有射弩、秋千（磨秋）、摔跤、跳高、板羽球、丢鸡毛球、堵鲁、赛跑、转山转海、划猪槽船等。

普米族的摔跤活动有悠久的历史，比赛时不分年龄、不分体重，也不受时间限制，使用腰带。比赛规则是一方手握对方腰带或双方互相抱腰，不能用脚使绊，不准抱腿，用肩、臂和腰做动作摔倒对手，脊背着地算输。胜负采用三战两胜制。如比赛双方同时着地为“平肩”，平肩为平分，不分胜负，假若出现三次“平肩”，即停止比赛，由其他对手上场。

普米族生活在深山密林中，为了防身和狩猎，男子弓弩不离身。普米族射弩狩猎是经常性的活动，年节期间各村寨要举行群众性的射弩比赛。射弩所用的靶子从大到小，各式各样，有的地方用油煎粑粑或腊肉做箭靶，谁射中就归谁所有，最后获得油煎粑粑和腊肉最多的人，就是最优秀的射弩手，受到人们的尊敬。

六、藏族

（一）藏族简介

云南藏族聚居区迪庆州位于青藏高原东南边缘，横断山脉的南段北端，地势北高南低，境内地理为三山夹两江。云南藏族有着悠久的历史和灿烂的文化，境内戈登新石器文化遗址证明早在六七千年前各民族先民就在这里生息繁衍。在德钦县纳古、永芝，中甸市尼西等地发掘的石棺墓及其他文物显示，约在2300年前，土著先民就在这里创造了丰富多彩的土著文化。

云南藏族以农业和畜牧业为主，过着半农半牧的生活。女子衣着对襟长袍，加坎肩，下围七彩“邦典”，以彩色毛线系辫盘于头顶；男子上衣下裤，外套圆领长楚巴，足着靴子。德钦的乌拉靴是其中的精品。男子多佩短刀，带护身银制佛盒，喜戴狐皮帽或毡帽；女子喜佩珊瑚项链、银饰和手箍。近几年，各种现代时装在当地也很受欢迎。

云南藏族以青稞制成的糌粑作为主食。藏家妇女从牛奶中分离出健胃消食的酸奶渣和营养丰富的酥油，由酥油和茶水制成的酥油茶是高原不可缺少的饮料。藏族的住宅主要是两层或三层的土墙碉楼式建筑，墙厚楼高，下层关牲畜，二层住人，三层为佛堂，屋顶为晒场，房角设一香台，每天燃香柏求平安。设于二层室中的火塘是炊饮之所，也是待客之处。家庭成员要按各自的位置就座，客人有客人的座位。藏家人出入、住、坐、言语，对长者、客人都有一套礼仪。

藏家人豪放、幽默、热情，热爱生活，能歌善舞。德钦“弦子”、中勾“锅庄”、维西塔城“热巴”各具特色。云南藏族有自己的节日，如正月十五祈愿大法会、五月端午赛马大会、七月“旺果”节、冬月二十九跳神会等。

（二）藏族的民族传统体育活动

云南藏区属康藏地区，是藏族东向发展与文化交流的主要区域，其体育文化也表现出双重性的特点，既有浓郁的藏族风格，又有汉族及其他民族的特点。

据统计，云南藏族的传统体育活动主要有赛马、马术、秋千（磨秋、荡秋）、藏棋、射箭、跳高、跳绳、双人拔河、顶头、掰牛角、打五梅花、丢窝、撑舌等。

云南藏族的传统体育活动既体现了藏族游牧生活的习俗特点，同时也体现了定居农耕的一些文化特征。例如，藏棋就包含这两方面的特点。

德钦藏族专有射箭节，为期2～3天，各村都有专门的射场，以德高望重且属相与当年相同者为主持人。射箭开始时，射手以箭分队，在相距五十步处各立一靶相对，射手可选任意方向射箭。比赛中每人每轮可射一对箭，凡男子都要射箭，老人和儿童由他人代射。射箭前要饮酒、唱射箭歌。每个射手准备一根木棍，落靶一次刻一道记号，以每队全部人射箭中靶的多少定胜负。赛完一轮后再分队再赛，每天赛数轮，每轮成绩最好者，由主持人赠哈达一条。最后根据射手手中木棍上的记号数量定胜负，技高者受人尊敬，输者要为来年的射箭节准备食物。

藏棋称“密芒”，意为“多眼棋”，与围棋相似，但与围棋有许多不同。藏棋的棋盘纵横各十七线，对局前要摆好十二子，黑白各六子，交叉摆放，持白子一方先走。藏棋不仅可以两人对下，而且可以四人对下，甚至六人对下，没有时间限制，一般三四个小时下完一局，棋艺高者要花一天时间，甚至通宵达旦才能终局。该项活动在云南藏区原已失传，近年来从西藏自治区引入在云南藏区传播，受到了广大藏族人民的喜爱。

赛马为中甸藏俗，是为了祭五凤山和龙老仙人洞开展的竞技活动，以求吉利平安、六畜兴旺。赛马活动内容包括：直线竞速，赛程为1000～5000米；赛步伐，比“走手”的相貌、体形、步伐；拾物赛，置小物体于地上，如石子、小旗，比谁拾得多；跑圆圈，在一个规定的圆圈内跑马、赛马技、竞速；跑马射箭。

七、独龙族

（一）独龙族简介

独龙族聚居在云南省贡山独龙族怒族自治县独龙江流域的河谷地带。独龙族使用独龙语，属汉藏语系藏缅语族，与贡山怒语基本相同，没有本民族的文字。

独龙族民居多为木房或竹房，木房与竹房结构形状相同，只有用料以木或以竹为主的区别，房间内设有两个以上火塘，火塘可对称排列在房内两边，也可设在房内四角。一个火塘相当于一个小家庭，已婚子女只是围着自己的火塘而宿，不分家。若几个子女结婚，住房不够，则在紧挨父房处加盖新房。独龙族男女过去均穿麻布衣，穿衣时由左肩腋下抄向前胸，露右背，用草绳或竹针拴结，披落自如，大多是白天为衣，夜间做被。男子下着短裤，平时喜佩砍刀和箭包。男女都喜好蓄发，发式前齐眉、后齐肩、左右盖耳，男女没有区别。妇女头戴耳环，颈戴珠串，腰系染色的细藤圈，出门腰挂小篾箩，下身多系花色麻布围裙，小腿上有麻布带绑腿，女子有文面的习俗。独龙族主食大米、小麦、荞子，过去由于缺粮，猎取野兽也是食物来源之一。独龙族喜饮水酒、喝茶和抽旱烟，吃肉习惯烤食。独龙族过去相信万物有灵，崇拜自然物。独龙族唯一的节日是过年，时间为农历腊月，没有固定的日期，节日的长短视食物的多少而定。客人进门后只能坐在火塘的下方或两边，妇女分娩的产房外人不得入内，放在粮库里的鸡蛋外人不得挪动。

（二）独龙族的民族传统体育活动

独龙族分布区域较为集中，与周边民族交流较少，形成一个相对独立的生活空间，其体育活动有着较为突出的民族特色。

据统计，独龙族传统体育活动主要有跳高、撑杆跳高、掰手劲、溜索比赛、赛跑、独木天梯、绳梯、老熊抢石头、标枪、摔跤、射弩、投石器、拉姆等。

独龙族居住的地区山高路险，河流湍急，不便行舟，在长期的实践过程中，独龙族发明创造了征服江河激流、危崖险隘的渡江交通工具——溜索。溜索以一条竹索或钢索连接山谷两侧，人可使用滑轮或溜梆做工具横过江面。这是怒江及独龙江上独特的交通工具，也成为独龙族极具民族特色的体育活动。

八、怒族

（一）怒族简介

怒族主要分布于云南省碧江、福贡、贡山三县，兰坪、维西两县也有几处怒族的聚居点。怒族使用怒语，属汉藏语系藏缅语族，各地语言差别很大，没有本民族的文字，大多使用汉文。

怒族民居分木板房及竹篾房两种，在木桩上铺设木板或竹篾席建成，一般分为两间，外间待客，并设有火塘，火塘上安置铁三脚架或石三脚架，供烧饭之用；内间为主人卧室，也用于储藏粮食，不许外人进入。怒族男女服饰多为麻布质地，妇女一般穿敞襟宽胸、衣长到踝的麻布袍，在衣服前后摆的接口处，缀一块红色的镶边布，年轻少女喜欢在麻布袍的外面加一条围裙，绣各色花边；男子一般穿敞襟宽胸、衣长及膝的麻布袍，腰间系根布带或绳子，腰以上的前襟往上收，便于装东西。怒族男女都注重装饰，妇女用珊瑚、玛瑙、料珠、贝壳、银币等穿成漂亮的头饰和胸饰，戴在头上和胸前，耳上戴珊瑚一类的耳环，喜欢用青布或花头巾包头；男子蓄长发，用青色布包头，裹麻布绑腿，腰佩砍刀，肩挎弩弓和箭包。怒族主食玉米、荞子等。贡山北部怒族也食青稞面，少数怒族受藏族生活方式影响，有时也吃酥油糌粑，副食除鸡、鱼、猪、羊、牛肉外，还有猎获的野味。怒族普遍喜欢吃饭菜合煮的较稠的饭粥，将野味一起煮在里面，鲜美可口。怒族男女均喜饮酒，并喜欢豪饮。怒族相信万物有灵，奉行自然崇拜，部分怒族信仰喇嘛教或天主教、基督教。怒族居住的内间卧室，外人一般不得入内，客人不能拒绝主人馈赠的食品和礼品。好朋友互相敬酒时，须两人脸靠脸，将同酒杯喝下，不可拒绝。

（二）怒族的民族传统体育活动

怒族是云南特有民族，居住环境较为封闭，民族传统体育活动特色较为突出。

据统计，怒族的传统体育活动主要有秋千（荡秋、磨秋、车秋）、射弩、跳竹、怒球、爬绳、老鹰捉小鸡、老熊抢石头、特拉拉、滑草、摔跤、划猪槽船等。

射弩是怒族较有代表性的体育活动，也是云南现代民族体育的代表性项目。怒族盛行射弩，弩弓是他们生活和生产中必不可少的工具，多用于自卫、保护庄稼和猎获野兽。怒族男子弓弩不离身，妇女也善射弩，她们和男子一样从小每人有一支弩弓，多用于射飞禽和山鼠等小动物。孩子长到十多岁，父母就要给他制作正规的弩弓。射弩这项传统活动沿袭至今，在怒族地区依然很普及，技术水平也较高。

怒族的跳竹活动类似跳高，一般在节日和农闲时节进行。这种跳高不用跳高架，就地取材，通常将一根本地较常见的新鲜龙竹片或很细的竹子弯成弓形，将其两端分别插入土里，或用大土块等顶住，可通过调整插入地下竹片两端的距离来调整高度，距离越近，弓背越高，高度也越高。跳高开始后，围观的人群让开，青年们依次从弓背最高处跳跃而过，高度不断增加，跳得最高者为胜。

九、傣族

（一）傣族简介

傣族主要聚居在云南省西双版纳傣族自治州、德宏傣族景颇族自治州和耿马傣族佤族自治县、孟连傣族拉祜族佤族自治县，其余散居云南省的新平、元江、金平等30余县，多居住在山间平原地区，属亚热带气候。傣族使用傣语，属汉藏语系壮侗语族壮傣语支。本族有拼音文字，各地不尽相同。

傣族村寨大多建于平坝近水的地方，翠竹掩映，溪流环绕。傣族住房为干栏式建筑。傣族男子着无领对襟或大襟小袖短衫，下着长管裤，冷天披毛毡，多用白布或青布包头。文身的习俗很普遍，男孩到十一二岁时，即请人在胸、背、腹、腰及四肢刺上各种动物、花卉、几何图案或傣文等作为装饰。西双版纳傣族妇女着白色或绯色内衣，腰身细小，下摆宽，下着各色筒裙。芒市等地妇女婚前着浅色大襟短衫、长裤，束小围腰，婚后改着对襟短衫、黑色筒裙。傣族以大米为主食，德宏地区的傣族吃粳米，西双版纳等地的傣族爱吃糯米。傣族喜饮酒和食酸、辣口味，好吃鱼虾等水产，普遍有嚼槟榔的习惯。过去傣族普遍信仰小乘佛教，同时保留原始鬼神崇拜。农村中佛寺很多，佛教对傣族的日常生活、风俗习惯都具有明显影响。傣族的节日多与宗教活动有关，主要有关门节、开门节、泼水节等。傣族忌讳外人骑马、赶牛、挑担和蓬乱头发进寨子；进傣家竹楼，要把鞋脱在门外；在屋内走路要轻，不能坐在火塘上方或跨过火塘；不能进入主人内室，不能坐门槛，不能移动火塘上的三脚架，也不能用脚踏火；忌讳在家里吹口哨、剪指甲；不准用衣服当枕头或坐枕头；晒衣服时，上衣要晒在高处，裤子和裙子要晒在低处；进佛寺要脱鞋，忌讳摸小和尚的头。

（二）傣族的民族传统体育活动

傣族是云南特有的少数民族。

据统计，傣族的传统体育活动主要有陀螺、赛马、打蔑弹弓、赛龙舟、打水枪、放高升、鸭子赛跑、青蛙赛跑、抓子、打藤球、独木舟、游泳、跳水、丢包、象脚鼓对踢、跳竹竿、堆沙、傣族武术等。

在这些活动中，可以看出傣族的体育活动内容与其居住环境关系密切，活动内容与水相关，体现出水居民族的特色，如赛龙舟、游泳等。这些活动也是在傣族群众中较流行、影响较大的活动。

傣族的传统体育活动中，有许多是带有竞技性质的，如赛龙舟、傣族武术、象脚鼓舞等。

（1）赛龙舟。每年的傣历新年，在西双版纳州的“泼水节”期间，傣族人都要在江流湍急、波浪滚滚的澜沧江上举行传统的龙舟赛。傣族龙舟长18～24米，宽1.4～1.6米。傣族龙舟的龙头和龙尾与两湖、两广的汉族龙舟截然不同，在划法上更加独特。比赛时船头有3人压头号，船尾有5人站立掌舵，船中间有1人击碓为号指挥，划手数量根据船体长度来定，有30～40人，最多时可达60人。划手身着节日盛装，头扎带，显得英姿勃勃。压船头的3人手扶船帮，根据船体的行进，做类似俯卧撑的动作，此起彼伏，推舟向前。划手在号手的指挥下，众桨齐发，劈波斩浪。舵手立在船尾，掌握舵向，在“水、水、水”的欢呼声中，龙舟如离弦之箭向终点冲击，场面极为壮观。傣族还有女子赛龙舟。龙舟赛举行时，江面上“彩龙”木桨齐飞，水花四溅。女子龙舟队的划手上身着红、白、黄、绿、天蓝等色紧身圆领窄袖衫，下穿印有孔雀羽毛图案或各色花样的长筒裙，结发于顶，上插彩色梳子，盘彩花。划手们个个身材苗条、婀娜多姿。女子龙舟队的出现，体现了傣族妇女地位的提高。

（2）傣族武术。傣族武术历史悠久，受汉族武术派系的影响，同时结合缅甸、泰国、老挝的功法，综合形成了傣族民间武术套路。傣族武术项目有刀、匕首、棒、棍、铁楔、练术等。它是傣族人民在长期的劳动和生活中模仿动物的动作发展起来的，并在实践中不断完善，形成了富有民族特色的独特风格。

（3）象脚鼓舞。象脚鼓舞是傣族舞蹈中流传最广、最有特色的一种群众性男子舞蹈。因挎着形似象脚的鼓起舞，所以称为象脚鼓舞。象脚鼓舞在傣族的文化生活中占有重要地位。在工作之余、节日或赛鼓盛会上，身背象脚鼓的小伙子从村寨赶来，跳起矫健、浑厚、灵活的象脚鼓舞。傣族象脚鼓舞分长象脚鼓舞、中象脚鼓舞、小象脚鼓舞三种。长象脚鼓舞舞蹈动作不多，以打法变化、鼓点丰富见长。打法包括一指打、二指打、三指打、掌打、拳打、肘打、脚打、头打。多为一人表演，或为舞蹈伴奏。中象脚鼓舞一般用拳打，个别地区用械打。它没有更多的鼓点，一般一拍打一下，个别地区左手指加打弱拍，以鼓音长短、音声高低及舞蹈时鼓尾摆动大小为取胜标准。中象脚鼓舞舞步扎实、稳重、刚健，大动作及大舞姿较多。舞蹈时不限定人数，人少时对打，人多时围成圆圈打。小象脚鼓舞仅在西双版纳多见，舞步灵活，以斗鼓、赛鼓为主，最后抓住对方帽子或包头为胜，一般为两人对赛。

十、景颇族

（一）景颇族简介

景颇族主要分布于云南省德宏傣族景颇族自治州的潞西、瑞丽、陇川、盈江和梁河等县山区，在怒江傈僳族自治州的片马、古浪、岗房，临沧地区的耿马傣族自治县，以及思茅地区的澜沧县等地，也有少数散居。景颇族主要使用景颇语，属汉藏语系藏缅语族景颇族支，也使用载瓦语，有以拉丁文字母为基础的拼音文字。

景颇族民居为竹木结构的茅屋，只有个别地方少数山官头人住瓦房。茅屋呈长方形，屋顶为双斜面，门从两头开，前门供客人进出，埋鬼桩、拴牛马，后门禁止外人出入，更不允许穿室而过。景颇族男子喜裹白包头或黑包头，着黑色衣裤或白衣黑裤，外出佩长刀，背挎包。妇女一般着黑色短上衣和枣红自织羊毛花围裙，戴黑红色藤制腰箍和腿箍，裹毛织护腿，并佩戴各种银饰物。景颇族群众以大米为主食，少数地区以玉米为主食，主要饮料是山泉和水酒。杀牛祭鬼时，全寨人分食牛肉，猎物见者有份，对客人均热情招待饭食。景颇人喜嚼沙枝（一种用草烟、芦子、熟石灰等配成的嚼料），见面互赠沙枝是传统礼节之一。景颇族过去普遍信仰万物有灵的原始多神教，近年来有小部分群众信仰基督教。祭祀节庆活动有祭官庙（一年一度的破土仪式）、吃新谷、献谷堆、叫谷魂等，大多与农业生产有关。隆重的祭祀活动是目脑，现已发展成为景颇族——年一度的节日—“目脑节”。景颇族忌骑马入寨，须在寨门外下马；进门先脱鞋，进屋后不要久站，应按位置就座；如有人告辞，不得抢坐其位置或板凳；妇女不能托下巴而坐，也不能跷二郎腿；禁止在房内吹口哨，不得在长辈面前开玩笑、做怪动作、乱翻动包头；用阔叶代替碗碟时不能反用；身上佩挂的刀枪忌外人触摸。

（二）景颇族的民族传统体育活动

景颇族也是山区民族，其传统体育活动与其生活方式有着密切的联系。

据统计，景颇族的传统体育活动主要有景颇族武术、扭杠、跳高、跳远、爬滑竿、打弹弓、蛇龙、摔跤、秋千（荡秋）、走子棋、打汤跌、目脑纵歌等。

目脑纵歌是景颇族规模最大的群体活动。目脑纵歌在农历正月中旬择双日举行，为期2～3天。活动在广场上举行，广场中心竖有一根高约20米的“目脑”柱。典礼开始时，盛装的景颇族妇女先背着礼物篮入场，大家互换礼物，然后由4名穿龙袍、头插各种鸟类羽毛、装饰着野猪长牙的“闹双”（ 领舞者）首先跳舞，引领大家按规定的路线行进。男子手持亮闪闪的长刀，妇女手持花环或花手帕，边跳边舞，通宵达旦。随着活动的进行， 舞队越来越长，好似一条长龙在场内缓缓移动。

景颇族喜爱长刀，男孩一出生，外公、外婆就为他准备一把长刀；长到五六岁时开始配小刀，从此刀不离身。景颇刀一般长80厘米，上宽下窄，没有刀尖。景颇族的长辈会教孩子刀术，村里有拳师，也可请教拳师。景颇刀法有单刀、双刀、“十字跳”、“五步跳”和“三步砍豹”等，主要模仿生产劳动中的收、种、砍等动作，具有浓郁的生活气息。

景颇族武术带有浓厚的民族色彩，有攻有防，随身带的东西都可作为格斗武器，充分体现了景颇族人民彪悍、顽强、机智的性格。景颇族武术常用到砍地、劈兽、开路的动作，还吸收了傣族、德昂族武术的长处，丰富了武术内容。

第三节　滇西特色少数民族传统体育运动项目基本技术及练习方法

一、东巴跳

东巴跳是东巴教在祭祖仪式上所表演的原始武舞。东巴跳由60余个动作组合而成，其中又有各自独立的武舞体系，如“中姐伏麻磋”（耍刀跳）、“考日米九磋”（弓箭跳）等，包含武术技法。刀法的攻防意识很强，有劈、砍、扎、刺等。步法有弓步、跪步、踏步、虚步、蹲步和跳跃等。使用的器械有刀、叉、剑、棍、弓箭、矛、盾等。演练者身着战装，手执兵器，伴随着雄沉的战鼓声分两队入场，双方左砍右杀，不断变化阵法进行操练。跳完预定动作后，一齐呐喊，欢呼胜利。

二、民间舞蹈——打跳

打跳流传于丽江市、宁蒗县、华坪县、永胜县等地，纳西语称“纽踔”或“咚啰丽”。“咚啰丽”有“欢乐地跳舞”或“大家一起来跳舞”等含义。在一些地区，因用笛子和葫芦笙伴奏，故也称打跳为“芦笙舞”或“笛子跳”。打跳具有不受时间和场地限制的特点。在丽江市，每逢婚丧嫁娶、起房盖屋、佳节庆典，不论场地大小，只要音乐响起，人们就会围成大大小小的圈跳舞。打跳在丽江地区很盛行，分为纳西打跳和傈僳打跳。打跳舞曲节奏感较强，动作简单易学，分4拍、6拍、7拍、8拍等。

（一）纳西打跳

（1）《玉龙欢歌》。《玉龙欢歌》是打跳曲目中最简单的一首，舞步共有4拍，第1拍右脚往右边迈步，第2拍左脚往右前迈交叉步，第3拍右脚往右边迈步并点地1次，第4拍右脚在原地点地1次，重复这4拍动作即可。《玉龙欢歌》节奏分明，第3、4拍点地都落在音乐的重音上，只要多听音乐、找好节奏，就能顺畅地完成。

（2）《纳西三部曲》。《纳西三部曲》是纳西族流传甚广的舞曲，舞步共8拍，第1拍右脚往右边迈步，第2拍左脚前交叉，第3拍右脚往右边迈步，第4拍左脚并步，第5拍左脚往左边迈步，第6拍右脚后交叉，第7拍左脚往左边迈步，第8拍右脚并步。重复此步舞，直至音乐停止。

（二）傈僳打跳

（1）《子拉勒》。《子拉勒》是傈僳族歌手创作的歌曲，舞步较简单，共6拍，第1拍右脚向右迈步，第2拍左脚前交叉，第3拍右脚向右打开，第4拍左脚向前踢，第5拍左脚落地，第6拍右脚前踢。重复此舞步。重音部分向前踢腿。舞步简单，但是节奏较快，是很好的健身操。

（2）《舞动三江》。《舞动三江》共有7拍，第1拍右脚向右迈步，第2拍左脚前交叉，第3拍右脚向右打开，第4拍左脚向前踢，第5拍左脚落地，第6拍右脚点地，第7拍踢右脚。重复此舞步。

（3）闪脚舞。这个舞步较为复杂，共有18拍，第1拍右脚向前上步，第2拍左脚向前上步，第3拍右脚向左脚前做漫步，第4拍左脚向后退一步，第5拍右脚向前迈步，第6拍左脚向前迈步，第7拍右脚做漫步，第8拍左脚退步，第9拍右脚向右迈步，第10拍左脚前交叉，第11、12拍右并步，第13、14拍左并步，第15、16拍右并步，第17、18拍左并步。重复以上舞步。

三、霸王鞭

在白族的表演中，通常同时使用霸王鞭、金钱鼓和双飞燕。金钱鼓又叫八角鼓，是一种六角形的手鼓，鼓的一面绷有羊皮，每角钉有铁钉，拴上铜钱，推打时发出的声音比霸王鞭更为奔放。双飞燕用四块竹片做成，饰以彩带，用手各握两片，用身体各部分敲击，动作舒展矫健，铿锵有力。一般男子舞金钱鼓、双飞燕，女子舞霸王鞭，从两人到十几人都可以，但要组成双数。进行这一活动时，舞者一手的手指上扣着绣有各种图案的方巾，另一只手执鞭、鼓或者竹片，按规律打手、磕肩、碰腿、踢脚、敲地，随着跳动的步伐，这些器械发出整齐悦耳的响声，形成一套跳跃、舞打的连续动作。霸王鞭运动量大，需用到跳跃、下蹲、转体等舞蹈动作，能使四肢、腰腹、肩臂等全身各处都得到锻炼。

白族民间舞《霸王鞭》充满喜庆欢乐的气氛。霸王鞭用约1米长的空心竹或扁形木条制成，空心竹或木条上有4～5个孔，每个孔内装2组铜钱，每组铜钱有2～3枚。舞蹈时，舞者用霸王鞭围绕身体的主要关节碰击，发出的响声配合上身的拧、摆和小腿的变化、双脚的跳动，形成各式各样的舞姿，舞动过程中须击打或碰击地面、脚心、膝、胯、肩、肘、手掌部位。该舞蹈既刚毅矫健又婀娜多姿，热情、开朗、豪放、潇洒，情绪高昂时，随着音乐节奏变快，动作亦更加奔放热烈。

技术动作：

（1）右手持鞭中端，左手拍、拨鞭的两端，身随鞭移，左右脚后踢，左脚前点。

（2）用鞭击打左手手肘和左右肩部，双肩前后摆动，左右扭腰转胯，走十字步。

（3）双脚与肩同宽，霸王鞭分别碰击左右腿后上举过头顶，交替拍打霸王鞭的两端。

（4）舞动过程中，分别击打或碰击地面、脚心、膝、肩、肘、手掌部位。双脚随节拍上下颤动，随着舞步起落。

（5）左手连续拍打霸王鞭左右两端8次，二位脚，随节拍颤动。

（6）外八字绕鞭背手，左脚上步2次，用鞭击打左手手肘和右肩部，双肩随重心前后摆动。

（7）单跪右膝，霸王鞭前后打地，身随鞭动。

四、打陀螺

打陀螺是彝族的一个成熟的竞技项目。

（一）器材与方法

该项目所用陀螺为平头大陀螺，有碗口粗，用坚硬的木料制成，重1～2千克。抽线用麻线搓成，长1米左右，线头处系上鸡毛，另一头拴于一根约半米长的抽鞭上。用手操作，先将抽线绕在陀螺上部，然后一手放陀螺，一手执鞭，用力抽拉，陀螺便旋放于地上。攻打的一方，将缠好线的陀螺摔出，去撞击地上旋转的陀螺。

（二）活动规则

打陀螺多为团体比赛，双方参赛人数不限，但需对等，每队有固定的压阵“老王”。“老王”是打得最准的陀螺能手，根据技术类别还分为“头王”“二王”“三王”等，以下为一般的小兵。“老王”作用最大。比赛开始时，由双方“老王”放自己的陀螺，谁的陀螺旋转的时间长，即为胜方，也就成为攻方。败方为守方，要逐一旋放自己的陀螺，让攻方来打。正式比赛时，小兵先上场，先兵后王，最后由“老王”压阵。攻方无论兵或王，只要有一人打中对方的陀螺，且自己的陀螺旋转的时间比对方长，就算帮本队取得胜利。若打中对方陀螺，但自己的陀螺旋转的时间没有对方长，则算失败。一方打完后攻守方互换，攻方成为守方，守方成为攻方，以胜多者为最终胜利者。现代陀螺比赛在民间比赛的基础上进行了改进，规范了场地、器材及规则，使比赛更加客观、公平，成为少数民族运动会的正式比赛项目，这也是云南省为全国民运会贡献的一个符合现代竞技标准的传统体育项目。

（三）技术动作

（1）缠绳。钉朝上摆放，依陀螺尖长短缠绕2～3圈，再由上而下缠绳，依序拉紧，约逾三分之一为佳。

（2）上陀螺。一手持绳，扣住陀螺顶部圆周处，另一手持陀螺尖处，抱起陀螺靠腿，陀螺尖朝前向下。

（3）抛陀螺之际，持陀螺尖处之手立刻离开，持绳扣住陀螺顶部圆周处之手顺势打转，产生旋转动力，随即两手交互扯绳，保持陀螺不倒地。

（4）反方向收绳快跑，勿回头，等绳拉完即成。

五、射弩

弩在中国古代是一种重要的狩猎工具，它是在弓箭的基础上改良而成的。作为中国少数民族传统体育项目，射弩流行于云南、贵州、广西、广东、海南等地，深受苗族、彝族、佤族、普米族、独龙族、德昂族、阿昌族、拉祜族、傈僳族、瑶族、怒族、基诺族、黎族等少数民族的喜爱。

（一）不同民族的射弩

独龙族使用的弩，是用楸木或亚缘青木制成的。这种木质坚而轻，遭雨水浸淋也不变形。弩长约80厘米，上平，下做鸟首之形。弓背用岩桑木背阴一面制成，长约120厘米，弓身上挖箭槽。弩机用野兽骨制成。弓弦用麻编制而成。箭用硬竹制成，长约10厘米，尾羽用三角形竹片制作。箭包长50厘米、宽25厘米，用两块带毛的生熊皮缝合而成，上口有一搭盖，用皮带缝上以便佩戴，可斜套于肩上。

傈僳族经常从事的传统体育项目是射弩，弩弓和箭是傈僳族男子的标志。傈僳族男孩五六岁时就练习射弩，外出时肩扛弩弓，腰挂箭包，人死行土葬，也将其生前所用的砍刀、弩弓、箭袋等悬挂在墓旁作为随葬品。

傈僳族的弩弓制作精良，弩扁担（弓背）用岩桑木制成，弩身用栗木或柘木制成。大弩的弓背长110厘米，射程为150米左右；小弩的弓背长70～90厘米，射程为50～100米。弩箭用雪山实心竹制成，配尾羽，分有毒、无毒两种。毒汁用野生药熬制，素有见血封喉之称。清代《维西见闻纪》载："药矢，弩所用也，矢及镞皆削竹而成，扎篾为翎，镞沾水裹药，药采乌头，曝而研末者，猎中禽兽入皮肤，飞者昏而坠，走者麻木而僵。"

（二）弩的组成

弩的原理与弓箭一样，但操作方法和弓箭不同。弩由弩批（弓片）、弩床、弩弦组成。弩批呈月牙形，一般有1米长（小的50厘米）。弩床即弩身，中间有弩槽，是放箭的地方，后面是镶口，由牛骨做成"发牙"（扳机）。操作时，先把用黄麻搓成的弩弦拉入镶口，槽内放箭，扣动扳机便可射出。射弩有横射、立射、跪射、卧射等不同方式。

（三）技术要领

1. 立姿

立姿是指射手站立射弩的姿势。

动作要领：两脚前后或左右开立，与肩同宽；左（右）手握弩身下部，右（左）手控制扳机。需注意，两臂应悬空，弩身不得接触身体的其他部位。

2. 跪姿

跪姿是指射手下跪射弩的姿势。

动作要领：左（右）腿屈膝，全脚掌着地；右（左）腿膝盖和前脚掌着地，与左（右）腿成三角支撑；臀部可坐在右（左）脚后跟上，脚跟和脚掌的中心垂直线，左右倾斜不超过45°；持弩手势同立姿，托举弩身一肘可放于膝上，弩身不得接触身体任何部位。

3. 瞄准

可用单眼瞄准，也可用双眼瞄准，双眼瞄准可缓解视疲劳，有利射击。射手能否用双眼瞄准，可用以下方法检验：右手伸直，捏住一张带有小圆孔的硬纸，睁开双眼，通过小圆孔瞄定目标，然后闭左眼，此时如仍能透过小圆孔看到双眼瞄准时所瞄的目标，那么该射手可用双眼瞄准。

4. 击发

射手用右手食指第一节均匀正直地向后扣压扳机（食指内侧与弓弩应有不大的空隙），余指力量不变。当瞄准线接近瞄准点时，开始预压扳机并减缓呼吸。当瞄准线指向瞄准点时应停止呼吸，继续增加对扳机的压力，直至击发，击发瞬间应保持正确一致的瞄准。若瞄准线偏离瞄准点或不能继续呼吸时，应不增加也不放松对扳机的压力，待修正或换气后，再继续扣压扳机。

射弩运动对于提高人们的心理素质、集中注意力有很好的作用。少数民族射弩活动内容丰富多彩，包括狩猎、娱乐、竞赛等，便于不同年龄、性别、体质条件和爱好的人自由选择，而且场地、器材可因陋就简，具有广泛的适应性。射弩活动还是一种很好的社交方式，能够消除各民族因地理环境、生活方式、文化传统等带来的隔阂，为人们提供感情交流和社会交往的环境，有助于增进民族地区的经济与文化交流，促进民族团结。

六、竹竿舞

竹竿舞是傣族民间的一项传统体育活动，与傣族生活的地理和自然环境有着密切的关系。

傣族是雨林里的民族，其生活地区气候炎热、雨量充沛、竹林婆娑，秀丽的风景与淳朴的民俗民风，造就了与其地理环境相融的体育活动。而竹竿舞就是以其盛产的竹子为器械发展出来的一项体育活动。

傣族的竹竿舞分打竹竿和跳竹竿两种。其中，打竹竿参加者有十几人，两人一组。在打竹竿过程中，每人分别执竿一端相对而坐，以竹竿互敲或敲击地面，时起时落，时分时合。随着音乐伴奏，竹竿一击一分的频率不断变化、加快，可以引起人们的共鸣。跳竹竿需要跳者灵巧地跳跃在竹竿的分合之间，可运用双脚跳、单脚跳等形式，变化出优美、舒展的动作。在跳竹竿的过程中，既可男打女跳，也可女打男跳，还可男女混合跳。

参考文献

[1] 张玉超. 大学体育与健康教程[M]. 北京：高等教育出版社，2020.

[2] 李大威. 北方高校体育与健康[M]. 北京：清华大学出版社，2018.

[3] 杨克新. 健身气功全书[M]. 天津：天津科学技术出版社，2014.

[4] 钱利安. 课程思政视域下体育与新时代大学生思想道德素质养成的理论研究与实践调查[M]. 北京：九州出版社，2021.

[5] 郭玉成，丁丽萍. 武术与民族传统体育专业课程思政教学指南[M]. 北京：人民体育出版社，2021.

[6] 李超，王聚安，施吉良. 云南民族传统体育[M]. 长春：吉林大学出版社，2015.

[7] 戴显岩. 体育与健康[M]. 北京：清华大学出版社，2021.

[8] 袁守龙. 大学体育与健康[M]. 北京：人民邮电出版社，2019.

[9] 刘亚云，雷艳云，王国军. 现代大学体育与健康[M]. 2版. 北京：高等教育出版社，2021.

[10] 秦小平，黄传勇，夏青. 大学体育教程[M]. 北京：高等教育出版社，2016.

[11] 刘景刚. 体育与健康（南方版）[M]. 北京：高等教育出版社，2021.

[12] 张春合，周曙. 大学体育与健康[M]. 北京：高等教育出版社，2019.

[13] 常生. 大学体育健康教程[M]. 北京：高等教育出版社，2017.

[14] 谢霞. 大学体育与健康教程[M]. 北京：高等教育出版社，2016.

[15] 国家体育总局武术研究院. 二节棍[M]. 北京：高等教育出版社，2009.

[16] 李德印. 太极功夫扇[M]. 北京：北京体育大学出版社，2002.

[17] 国家体育总局健身气功管理中心. 健身气功[M]. 北京：人民体育出版社，2012.

[18] 蔡仲林，周之华. 武术[M]. 3版. 北京：高等教育出版社，2015.

[19] 王家宏. 球类运动——篮球[M]. 3版. 北京：高等教育出版社，2015.

[21] 王昆仑. 高尔夫球运动教程[M]. 北京：人民体育出版社，2012.

[21] 吴亚初，李康，李浩. 大学生高尔夫文化讲堂[M]. 北京：人民体育出版社，2016.

[22] 王继军，黄志勇. 校园高尔夫[M]. 北京：高等教育出版社，2019.

[23] 黄彩华，赵双印，闫艺. 大学体育运动与健康教程[M]. 北京：高等教育出版社，2016.